中国新闻出版研究院 / 编

第八届中华优秀出版物奖
全国优秀出版科研论文奖
获奖文集

中国书籍出版社
China Book Press

图书在版编目（CIP）数据

第八届中华优秀出版物奖全国优秀出版科研论文奖获奖文集 / 中国新闻出版研究院编. -- 北京：中国书籍出版社，2023.7
ISBN 978-7-5068-9482-1

Ⅰ.①第… Ⅱ.①中… Ⅲ.①出版工作—中国—文集 Ⅳ.①G239.2-53

中国国家版本馆CIP数据核字(2023)第123087号

第八届中华优秀出版物奖全国优秀出版科研论文奖获奖文集
中国新闻出版研究院　编

责任编辑	李　新
责任印制	孙马飞　马　芝
封面设计	东方美迪
出版发行	中国书籍出版社
地　　址	北京市丰台区三路居路97号（邮编：100073）
电　　话	（010）52257143（总编室）　　　（010）52257140（发行部）
电子邮箱	eo@chinabp.com.cn
经　　销	全国新华书店
印　　刷	北京九州迅驰传媒文化有限公司
开　　本	889毫米×1194毫米　1/32
字　　数	348千字
印　　张	13.5
版　　次	2023年7月第1版
印　　次	2023年7月第1次印刷
书　　号	ISBN 978-7-5068-9482-1
定　　价	58.00元

版权所有　翻印必究

目 录
CONTENTS

构建全媒体出版格局的发展策略研究……………………张立科（001）
《著作权法》颁布30年：历史、经验与反思……………阎晓宏（013）
主题出版的作用、功能和使命………………………………李建红（029）
新时代大学出版社教材建设的使命与实现路径…………李永强（038）
地方出版社如何做好主题出版………………………………陈兴芜（052）
科普出版精品化生产和品牌化建设路径探析………………傅 梅（063）
抗"疫"背景下出版创新与服务的探究
　　——以全国第一本防疫图书《新型冠状病毒感染防护》出版为例
　　………………………………………………朱文清　尉义明（073）
出版单位运营私域流量的思路、架构和策略
　　………………………………………………张 茂　康 宏（080）
"后疫情"时代的总编辑出版战略……………………………杜 贤（095）
品牌图书是强社之本
　　——三谈出版精品是这样打造的……………………乔还田（106）
"学术集林"对新时代学术出版的启示……………………张万兴（118）
试论分众时代编辑力锻造……………………………………袁 楠（127）
学术出版在数字学术发展中的定位与作用…………………谢 炜（137）
中国数字出版产品"走出去"：现状、挑战与对策
　　………………………………………………陈 丹　郑泽钒（150）
关于建设世界一流科技期刊的思考与探索…………………林 鹏（168）

科技期刊服务科技创新的路径研究……………葛建平　刘德生（182）
改革开放40年高校哲学社科学术期刊的分期、特征与经验
　　………………………………………………………姬建敏（191）
中国特色出版学理论体系建设论纲………………周蔚华（216）
试论中国特色新型出版智库的内涵、功能及展望
　　………………………………………………范　军　欧阳敏（244）
媒介融合与出版进路………………………徐丽芳　陈　铭（257）
平台经济视角下出版直播营销关系研究…………李　晶（286）
心中有孩子　手下方能出精品
　　——童书出版中"儿童性"的认识和体验…………常　青（298）
第一、二版《共产党宣言》中文全译本封面印刷特征研究
　　…………………………………………章泽锋　邢　立（308）
中国化出版、民间化交流、产业化运营
　　——由稻盛和夫系列著述运营谈起………………张德军（326）
《之江新语》现象与思想理论创新、执政能力现代化
　　——兼论图书政治文化价值的提升与引领…虞文军　李祖平（334）
基于知识链的全球学术出版服务模式创新研究…………丛　挺（346）
盘活"小"期刊：特色科技期刊产业集群建设路径……曾建林（362）
发挥社群网络效应　构建新型参与式出版……陈　洁　吴申伦（374）
书籍的革命………………………………………………耿相新（395）
我国出版科研协同创新的模式、瓶颈与对策研究………黄逸秋（414）
后　记……………………………………………………………（425）

构建全媒体出版格局的发展策略研究

张立科

摘　要：融合出版已逐渐从为传统出版赋能的相加阶段走向全媒体融合的相融阶段。在这个转变过程中，传统出版机构作为内容生产的主力军开始面临多方掣肘。本文从实际业务的经验总结出发，结合现有融合发展业务的本位逻辑，阐述了传统出版机构未来融合出版的战略目标，分析了融合出版的发展现状，并结合具体案例，对传统出版机构在融合发展过程中应当遵循的行动原则进行了归纳性总结，为未来一段时期内传统出版机构融合出版的发展策略与实施方针提供了参考性意见。

关键词：融合出版　结构调整　渠道构建　可持续发展

今天我们讨论融合发展，需要从根上理解出版自身的基础属性。从古至今，出版容易被人理解也显而易见的是其所具有的产业属性和文化属性，与之相匹配的则是经济效益和社会效益；而相对被人所轻视的，则是出版的技术属性。放眼整个出版的发展史，技术属性一直都存在，且在不同历史时期以不同的方式推动产业向前发展。出版的本质就是将筛选集成的优质内容在更大范围内传播，不管是优质内容的生产还是传播，技术对出版均起到了巨大的推动作用。如果没有纸张的发明，没有印刷机的出现，就没有现代出版业；如果没有铅与火向光与电再向数与网的迭代，我们今天也就没有机会讨论融合发展。大信息时代的蓬勃发展，标志着融合发展大时代的来临，而出版社对于出版技术属性把控力度的强与弱，将会成为推动出版行业发展壮大的关键。

信息化为我们带来难得机遇，却也蕴含着风险。对于绝大多数出版机构而言，在数十年的传统出版业务中形成的企业文化与相对固化的业务模式惯性极大，这种惯性在编辑对新兴业务的不适应中表现得淋漓尽致。如何正确地处理好传统业务和新兴业务的关系，需要从多个角度进行思维的转换，没有变化就不可能获得成功。无论是内容的生产与运营模式，还是人才培养与制度的优化，均需要出版机构的决策层站在全新的高度来进行系统的布局，需要认真思考融合发展的终极目标是什么，当前发展的核心问题在何处，该用何种策略去推动新兴业务的发展。

一、构建全媒体出版格局——融合发展的整体目标

在事物发展的多种矛盾中，必有而且只有一种矛盾居于支配的地位，起着规定或影响其他矛盾的作用，这种矛盾即为主要矛盾，而主要矛盾的发展变化势必会影响事物发展的方向，融合出版亦如此。在早期阶段，融合出版的主要矛盾是信息运用能力与数字内容生产能力等生产力的严重低下，而以生产流程再造、组织结构保障、体制创新等为典型代表的生产关系为其次要矛盾。随着近十年来的逐步发展，生产力低下的问题已经基本解决，当前融合出版的主要矛盾已经变为落后的生产关系与较为先进的生产力的不均衡。主要矛盾的变化，需要我们重新定位自己，在新的环境下重新明确融合发展的整体目标。

在当下，融合发展的整体目标就是要运用信息革命成果，坚持一体化的发展方向，加快从相加阶段迈向相融阶段，加快构建融为一体、合而为一的全媒体传播格局。关于这一点，习近平总书记在中共中央政治局就全媒体时代和媒体融合发展举行第十二次集体学习时明确给过指示：出版传媒机构需坚持一体化发展方

向，加快从相加阶段迈向相融阶段，通过流程优化、平台再造，实现各种媒介资源、生产要素有效整合，实现信息内容、技术应用、平台终端、管理手段共融互通，催化融合质变，放大一体效能，打造一批具有强大影响力、竞争力的新型主流媒体。

推进融合发展，需要正确处理好传统出版与新兴出版的关系，两者不是取代关系，而是迭代关系；不是谁主谁次，而是此长彼长；不是谁强谁弱，而是优势互补。对于绝大部分出版机构而言，当前融合发展的相关业务特别是纯数字化业务所产生的利润相对全社的总体规模而言仍是九牛一毛，在未来几年其体量也会有较大差距，这种状况也直接造成大部分编辑对融合发展的重视程度不够，使得以知识服务为典型代表的融合出版相关业务游离于传统业务之外，虽有交叉，但远远达不到相通相融的程度。虽星星之火，亦可成燎原之势。展望未来，信息技术的进一步发展以及用户对内容选择的多样化，迫切需要出版社进行全方位的变革，决策者和执行者均需以发展的眼光看待市场的变化，并对变化快速响应，才能在未来取得发展的先机。

二、现阶段融合发展主要矛盾的变化

近年来，在国家相关指导性意见以及财政资金的支持下，各出版机构在信息化流程再造、数据管理与运营、知识服务等融合出版领域均进行了积极的探索，并取得了一定的成绩。以人民邮电出版社为例，通过持续多年的资金投入、人才培养、思维创新以及平台开发，基本完成了面向未来转型发展的技术基础建设，正处于从融合发展的初级阶段迈向相融阶段的分水岭。在业务层面，通过信息技术为传统出版物赋能效果明显，2018年实现新形态图书发货码洋1.2亿元，电子书和有声书业务也保持高速增长。在技术平台建设层面，围绕顶层设计打造了人邮融智知识服务平台（图1），依托于出版社的优势出版领域初步实现了线下出版机构向线上知识服务机构的转变，每一个线上运营产品就相当于传统出版机构中的一个出版分社（图2）。通过底层数据平台支撑，各产品矩阵通过多样化的知识服务模式为用户提供多形态的知识服务，实现了线下图书销售到线上知识服务的转变，为全媒体出版格局以及知识服务生态体系的构建奠定了基础，使出版社从"相加"迈向"相融"。

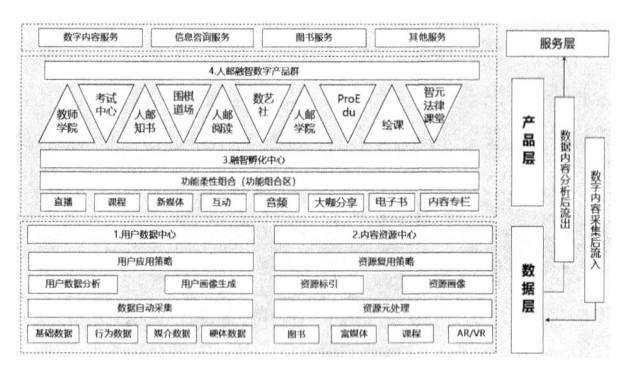

图1 人邮融智知识服务平台顶层设计

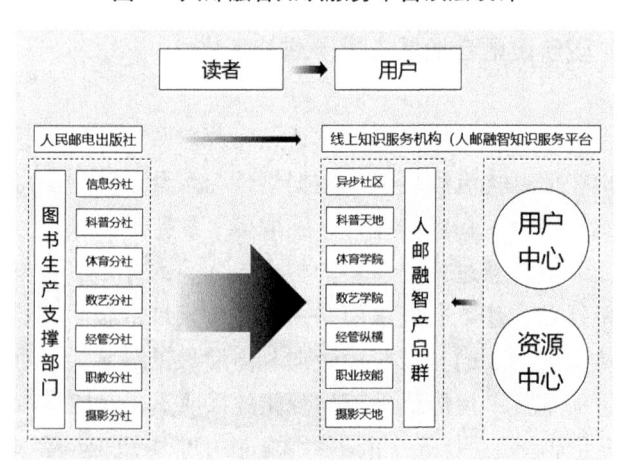

图2 从传统出版社走向线上知识服务机构

当前绝大部分出版机构虽然还走在技术开发迭代和内容生产模式复制的路上，但就整体而言，融合发展在信息技术运用层面和数字内容生产层面已不存在太大问题，几年前存在的生产力严重落后于市场需求的问题已经得到很大程度的解决。从矛盾发展的角度来看，以技术或者内容为代表的生产力的欠缺当前已成为次要矛盾，而生产关系与生产力不匹配、生产关系相关要素严重制约生产力发展已成为当前融合发展的主要矛盾，也就是说，在未来一段时间，组织结构创新等生产关系要素的融通将比技术的更新更为重要。以人邮社为例，面对错综复杂的网络环境及互联网公司的跨界挑战，我们面临内容流失、人才流失、数据流失的多重风险，其关键原因在于数字业务生产流程再造、组织结构保障、体制创新、运营开展等还相对滞后，这些生产关系的要素会成为下一阶段发展的掣肘。

因此，主要矛盾的转变需要出版机构的决策者和执行者立足当下进一步创新，从分头探索向总体布局、统筹规划、系统推进进行转换，围绕流程再造、组织结构调整、体制创新、提升运营能力等多个角度进行全面的结构性的优化，以适应全媒体出版格局发展的需要。

三、构建全媒体出版格局的核心原则

构建全媒体出版格局，需要结合自身的情况与市场的情况，审时度势、循序开展。各出版机构的业务模式虽有差异，但其成功背后所遵循的原则却基本一致，尤其是市场检验原则、比较优势原则与生态链原则，这三条原则均是推动融合出版业务良性发展的关键。

（一）市场检验原则

市场检验原则指的是融合出版相关业务必须以市场为导向，围绕真正的市场需求开展，业务逻辑清晰，用户愿意购买服务，具备自身造血功能而不是单纯依靠输血。市场检验原则的本质是贴近用户并服务于用户，以用户需求为导向。融合出版业务探索到今天，没有明确目的的内容开发可以暂停，不能通过市场检验只能依靠政府和出版社资金投入才能续命的项目可以止损；反之，对于已经实现盈利、有发展潜力的部门和项目则要加大投入。融合发展之路，必须遵从市场原则，不能为了保护而保护，不能给落后产能或者落后的商业模式打强心针，而应当尊重市场的选择，加快自身调整的节奏来适应市场。

（二）比较优势原则

适者生存、赢者胜出是自然法则，赢是因为有比较优势，有自己的核心价值。做事业要把我们有什么、目前哪些能做、哪些做不了弄清楚，我们必须立足于自己的核心价值之上去创造新的价值，而不能抛却自己的比较优势去搭建空中楼阁，这就是比较优势原则的核心内涵。以人民邮电出版社的人邮学院为例，2015年上线的人邮学院慕课平台如果单纯以在线教育平台的商业逻辑去开展业务的话，有很大的可能性会失败，因为类似的项目合作模式并非邮电社所擅长，在市场中也必然超越不了众多具备高强度服务能力的竞争对手。反过来思考，出版社的核心价值是什么？是优秀的内容生产者和版权拥有者，而我们的比较优势是什么？是长期以来形成的成熟的传统出版物商业模式。因此，人民邮电出版社转换思维，2015年就明确把人邮学院、微课云课堂的慕课的价值附加到纸书上，通过适当提高定价突出了数字内容的价值，以我们擅长的方式赢得市场的认可，既推动了传统出版物高速增长，又变相获得了数字收益，而人邮学院慕课平台也因此获得第四届中国出版政府奖网络出版物奖提名奖。

（三）生态链原则

生态链原则是指融合出版业务必须融入产业生态，出版机构所能从事的工作只是生态链上的若干个环节，不管是过去还是将来，闭门造车做不大也做不长久，围绕生态来思考未来的发展才是正途。在过去，传统出版的生态链为"作者—出版社—渠道—读者"，层层相关、环环相扣，但是在用户数据上，我们并不能直接获取，大量的数据被以电商为典型代表的渠道商截留。出版机构坚持融合发展，从相加迈向相融，确实有机会能够直接触达用户。以人民邮电出版社为例，我们已经可以通过融智知识服务平台实现内容向近 200 万用户的直接传递，产品的触达率较高。但是，我们也要清醒地认识到，短期内出版机构通过自建平台直接触达的用户还是少数，用户获取数量有限，用户留存更是问题，单纯依靠自己的平台来发展力量非常有限。因此，从生态共荣的角度出发，我们应当将视野放宽，守住内容源头的同时构建充沛的数字分销渠道，团结更多的合作伙伴，和所有具备流量的平台建立合作，比如大型内容分发平台、优质的自媒体平台等。江河千万，汇聚成海，逐步构建用户之海，就不能只盯着门前的几十条江河，流量在哪儿，数字业务就应该耕耘到哪儿。海纳百川，有容乃大，未来出版机构和互联网平台的流量之争还会持续很长时间，孤立不能使自己壮大，牢牢把握住内容的源头，在竞争中提升自己才是正途。

四、构建全媒体出版格局的发展策略

构建全媒体出版格局是融合发展的整体目标，围绕此目标，出版机构应当顺应主要矛盾的变化，推进融合出版的创新发展，以市场检验原则、比较优势原则、生态链原则为行动准则，对外部环境与自身条件进行准确判断，构建完备的全媒体出版格局发展策略。

首先要以前端编辑部门组织重构为基础，鼓励内容优势领域从单一图书的一元向图文课程、音视频课程、专栏等多元化产品拓展，实现一次创意多种产品。在产品开发的过程中，应当培养大选题观，改变产品的生产流程，将原来的"选题—图书—图书衍生品"生产流程转换为"选题—选题—多形态产品"（图3）。不同形态的数字产品其对内容的处理方式会有不同（图4），因此选题在一开始就应该做好产品线的整体设计，选择适合的产品形态进行专业的产品设计，而不是仅视其为图书的衍生品。需要注意的是，多形态内容生产的过程与现有的出版流程有所不同，不同形态产品的生产需要相应的生产流程来配合，这也就意味着业务流程体系和组织结构必须再造。

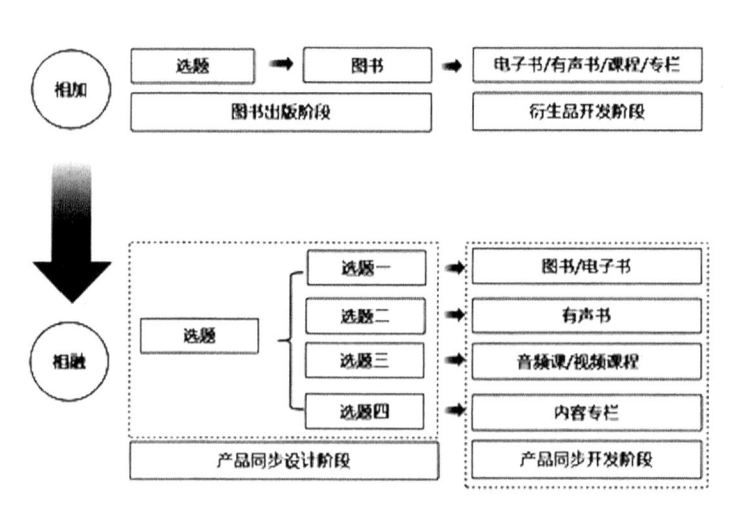

图3 生产流程再造

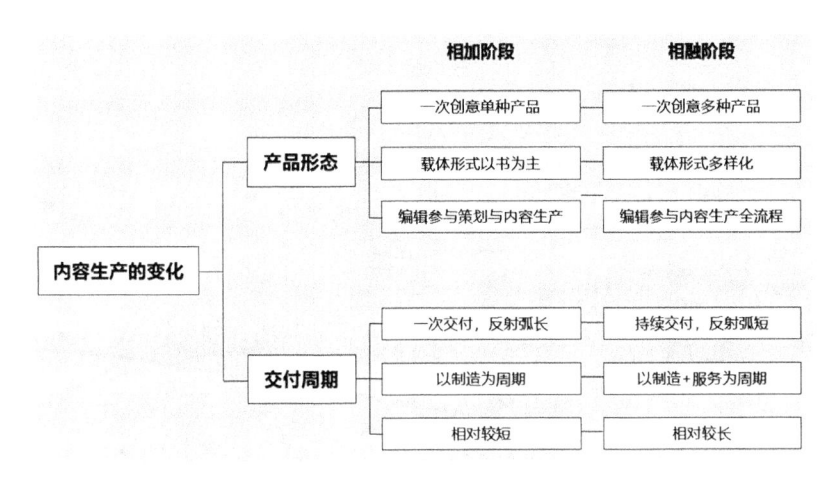

	相加阶段	相融阶段
产品形态	一次创意单种产品	一次创意多种产品
	载体形式以书为主	载体形式多样化
	编辑参与策划与内容生产	编辑参与内容生产全流程
交付周期	一次交付，反射弧长	持续交付，反射弧短
	以制造为周期	以制造+服务为周期
	相对较短	相对较长

图 4 内容生产在融合发展不同阶段的变化

其次需要构建完备的数字分销体系，形成适合自己的产业模式。从相加走向相融，产业生态在未来会发生很大的改变，与生态共荣发展，需要出版人在新的环境中尽可能地把握住多元的市场需求，通过竞争使自己成长，最终构建完备的数字分销体系，形成自己的数字产业模式。当前可行的产业模式主要包括三种（图5）。第一种是依托内容平台的产品分销模式（2B），通过和产品形态所对应的大的内容平台建立分销合作机制，利用内容平台的超高流量完成产品的销售，这种模式目前已经在电子书、有声书等领域广泛应用；第二种是自建平台或者利用第三方技术搭建平台，通过和自媒体进行合作或者直接进行自媒体流量的购买，完成产品的销售（B2C）；第三种是自建平台，通过图书导流，完成用户积累并实现数字产品的销售（2C）。

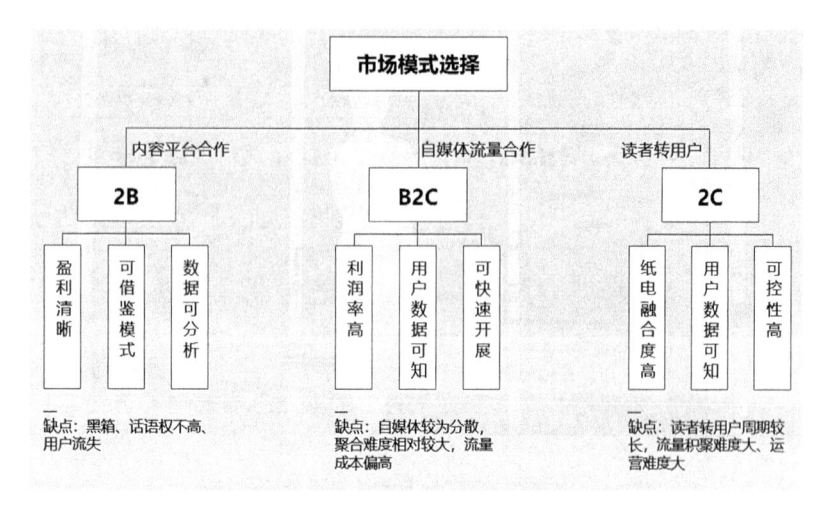

```
                            市场模式选择
        ┌───────────────────────┼───────────────────────┐
     内容平台合作              自媒体流量合作              读者转用户
       ┌──┴──┐                ┌──┴──┐                ┌──┴──┐
       │ 2B  │                │ B2C │                │ 2C  │
       └──┬──┘                └──┬──┘                └──┬──┘
    ┌─────┼─────┐          ┌─────┼─────┐          ┌─────┼─────┐
   盈利  可借  数据        利润  用户  可         纸电  用户  可
   清晰  鉴    可          率高  数据  快         融合  数据  控
         模式  分析              可知  速         度高  可知  性高
                                       开展
```

——缺点：黑箱、话语权不高、用户流失

——缺点：自媒体较为分散，聚合难度相对较大，流量成本偏高

——缺点：读者转用户周期较长，流量积聚难度大、运营难度大

图 5　市场模式选择

再次是要坚持试点先行，通过试点来确立将来可以复用的商业模式，试点成功后再进行大面积推广。在试点的过程中要坚持三个原则。第一个是优势垂直领域试点原则。选择垂直领域试点是因为我们原本就是服务于这类用户，只是服务的手段、载体用的是图书，知识服务的本质并未改变，信息技术只是赋能手段，因此编辑在熟悉的出版领域里进行数字业务试点会如鱼得水，比另起炉灶探索新业务稳健得多。同时还应该选择优势领域，如果我们按照设想的商业逻辑，选定一个不具备优势的垂直领域开展业务，那么试点成功与否并没有参考性，因为摸不清到底是商业逻辑不行还是因为项目本身的内容不佳、资源不充沛、品牌认可度不高，这样就会丧失试点的意义。第二个是一体化原则。对于试点的项目，一定要组建从上到下的团队，采用项目组的方式来进行试点业务的开展，并且必须明确第一负责人，建立相应的权责利机制，否则难以形成上下合力，严重影响项目试点的正常开展。第三个是择优原则。对于在试点工作中涌现出来的优秀项目或者

优秀个人应当重点扶持，让其发挥自身优势，树立典型标杆，上下同欲者胜，想干事、能干事、干成事。出版机构融合出版相关业务的发展并不均衡，只有强化试点遴选工作，将优秀的个人或者团队抽离出来，给予人员、资金、技术、财务等支持以快速提高其战斗力，才能在瞬息万变的市场环境中蜕变成有思路、有干劲、有判断力的战斗尖刀，并通过尖刀的示范带头作用，推动全员向融合发展深水区健康发展。

最后，需要强化领导职能，提高具体业务线上的管理效率。必须明确第一负责人，明确领导线条，如果业务开展到一定程度发现路线不对头，该由谁来进行抉择调整？探索业务，就像创业，一开始想的路，通常都不是最后走的路、成功的路，到了分岔路口怎么走、由谁来领着走需要明确。数字业务发展到一定阶段以后会出现一定的不均衡，有些业务必然会走到需要调整的十字路口，这个时候如果我们的管理效率跟不上，不但会损失人力物力的投入，还会因为错过市场机会而使得机会成本高昂，因此，强化领导职能是未来融合发展过程中出版社能够快速响应市场、调整策略的关键所在。

五、构建全媒体出版格局对未来业务的启示

电商的兴盛给图书的销售带来了极大的增量，在过去的几年里，绝大部分出版机构的纸书业务经营状态都很不错，这也让很多编辑产生了数字时代还远未到来的错觉。即便在融合发展在决策层越来越受重视的今天，仍然有很多编辑对数字业务持观望态度。我们应该清醒地看到，电商红利并非纸书用户总量增长的表现，而是信息效率提升、支付便捷后，单一用户复购率的提升带来的增量。我们还应该看到，用户的需求正在多样化发展，已经有少量用户尤其是年轻世代已经养成了脱离纸书获取知识的习惯，且这种趋势还在扩大。未来纸书不会消亡，但用户习惯会持续转变，这正是我们要构建全媒体出版格局的根本原因。趋势在发生之时，新生事物会将它庞大的身躯藏于阴影之下。只有构建全媒体出版格局，提供多形态的内容产品与服务，构建完备的流量渠道，才有可能在未来直面用户需求，顺应时代的变化。未来已来，出版人还需持续努力。

（作者单位：人民邮电出版社有限公司）

参考文献：

[1] 冯宏声.大数据时代，新闻出版业如何跟进？[N].中国出版传媒商报，2016-09-09.

[2] 中国出版社转企改制走出关键一步[N].中国财经报，2011-01-13.

[3] 张立科.守正创新 推动出版工作高质量发展[J].中国编辑，2019（6）.

[4] 郑诚.浅谈全媒体发展中体制机制创新的三个发力点[J].出版发行研究，2012（7）.

《著作权法》颁布30年：
历史、经验与反思

阎晓宏

30年前的9月7日，《中华人民共和国著作权法》（以下简称《著作权法》）正式颁布，拉开了中国特色社会主义版权事业新的帷幕。30年间，中国著作权法律制度从无到有、逐步完善，取得了举世瞩目的成就。如今，《著作权法》第三次修改工作已到最后阶段，中国版权事业必将在新时代开启新的篇章。

自2004年4月出任国家版权局专职副局长，到2017年卸任，我有幸亲历了这30年中的"半程"，回顾参与版权管理工作的点滴往事，回顾《著作权法》在立法、修法、执法与实施过程中所经历的筚路蓝缕，深知其中的艰辛与不易，更为中国版权事业取得的长足进步感到骄傲和自豪。

一、历史回顾与总体评价

评价30年来《著作权法》的发展，著名作曲家、中国音乐著作权协会终身荣誉主席王立平跟我讲过这样一句颇为中肯、到位的话，他说："30年，我们干了一件大家都不熟悉的事情。"

1979年1月，在时任国务院副总理邓小平同志率领下，中国政府高级代表团访问美国。在双方签订《中美高能物理协议》时，美方提出还需要签署一个关于版权的协定，作为附件。

为履行中美双方科技与经贸有关磋商及协议做出的承诺，中方访美代表团回国后立即向中央反映了版权保护的问题。同年4月，国家出版局将一份关于起草版权法并逐步加入国际版权公约的报告，呈递给时任国务院副总理耿飚，并转送给时任中共中央秘书长兼宣传部长胡耀邦。胡耀邦同志批复："同意报告，请你们赶快动手，组织班子，草拟版权法。"《著作权法》起草工作由此启动，拉开了中国建立现代著作权法律制度的帷幕。

事实上，对于什么是版权？不仅代表团是陌生的，在很长一段时间里，对国内管理者、从业者来说也是陌生的。我对两件事印象很深：一个是在国家出版局被誉为"小百科"式的人物汪衡，也不清楚什么是版权；另一个是在我国《著作权法》出台之前，世界知识产权组织在南京曾举办过一个版权培训班，接受培训的多为出版社社长，当讲到版权是作者的权利时，全场哗然。对于出版社而言，这与其长期以来的观念是相悖的。

这两个例子从一个侧面反映了当时社会对版权的普遍认知。1910年，清政府曾颁布中国第一部著作权法《大清著作权律》，中华民国北洋政府和中华民国国民政府也分别于1915年和1928年颁布了《北洋政府著作权法》和《中华民国著作权法》，但上述法律并没有得到有效实施。我国版权事业是从"一无所知""摸着石头过河"一步步发展起来的，我国著作权法律体系建设也是伴随着改革开放开始起步的。

由于著作权保护牵涉利益主体众多，社会关系复杂，起草过程中不可避免地伴随着分歧与争议，《著作权法》制定自1980年开始历经十余年的漫长过程。经过不懈努力，《著作权法》于1990年由七届全国人大常委会第十五次会议审议通过，并于1991年6月1日施行。自此我国版权事业迎来了一个新时代。

《著作权法》从起草到颁布实施，很多工作是前所未有的、开创性的，这是在党中央、国务院高度重视和强力支持下，在司法部门、行政部门、科研院校和众多版权产业实体从业者的共同努力下取得的成果。

中国版权事业30年风雨兼程，值得铭记的，先后还有很多领导或参与过版权工作的老领导、老前辈：中共中央书记处原书记、中共中央政法委员会原书记、最高人民法院原院长任建新，全国人大常委会原副委员长许嘉璐，中央政治局原委员、国务院原副总理吴仪，国家副主席、中央政治局原常委、国务院原副总理王岐山，中央政治局常委、全国政协主席汪洋，版权部门老领导宋木文、刘杲、沈仁干、石宗源、龙新民、柳斌杰、蔡赴朝……以及我国第一代知识产权学者，著名法学家、知识产权专家郑成思，中国知识产权法学科奠基人之一、中国人民大学法学院教授郭寿康，中国知识产权高等教育与研究的先行者、中国人民大学教授刘春田、吴汉东，著名音乐家王立平、谷建芬，著名作家陈建功、张抗抗，等等。他们见证了中国版权事业的起步与发展，在推动版权法律制度建设方面发挥了重要作用。

二、重要成果与发展经验

《著作权法》制定之初，我国尚处于计划经济时代，这部法律不可避免地带有计划经济的烙印，但我们应该看到：《著作权法》颁布30年来，我国版权面貌发生了根本性转变，版权意识从一无所知到人人皆知；版权制度从无到有、逐步完善；版权产业从小到大，成为国民经济支柱；版权贸易从弱变强，实现较快发展。

因此，我们首先要总结和肯定的是，《著作权法》在保护著作权人合法权益、推动文化繁荣发展、创造社会财富、提升国家核心竞争力等方面所取得的重要成果。

（一）立法方面，构建了较为完备的著作权法律体系

我国用不到20年的时间，构建了一套较为完备的版权法律体系，为版权事业发展奠定了坚实的法律基础。其基本内容，可以概括为"一法六条例"（一部法律、六部行政法规）。

"一法"即《著作权法》。作为我国著作权法律制度中最重要和最基本的法律，《著作权法》在规范著作权行为中起着统领作用。

"六条例"是国务院根据《著作权法》相关规定，先后制修订的管理条例，包括《实施国际著作权条约的规定》（1992年9月25日发布，1992年9月30日施行）、《计算机软件保护条例》（2001年12月20日发布，2002年1月1日施行）、《中华人民共和国著作权法实施条例》（2002年8月2日发布，2002年9月15日施行）、《著作权集体管理条例》（2004年12月28日发布，2005年3月1日施行）、《信息网络传播权保护条例》（2006年5月18日发布，2006年7月1日施行）、《广播电台电视台播放录音制品支付报酬暂行办法》（2009年11月10日发布，2010年1月1日施行）。

同时，为了与国际衔接，我国先后加入了6部国际著作权条约，包括《保护文学和艺术作品伯尔尼公约》《世界版权公约》《保护录音制品制作者防止未经许可复制其录音制品公约》、世界贸易组织《与贸易有关的知识产权协定》《世界知识产权组织版权条约》以及《世界知识产权组织表演和录音制品条约》。

2020年4月28日，《视听表演北京条约》（以下简称《北京条约》）正式生效。在9月21日，刚刚迎来该条约生效后的首届《视听表演北京条约》缔约国大会，我本人也有幸当选大会主席。

2012年6月26日，《北京条约》在北京召开的世界知识产权组织保护音像表演外交会议上成功缔结。《北京条约》作为新中国成立以后，首个在中国签署并且以我国城市命名的国际条约，

意义重大。它不仅首次明确了对影视演员、音乐人等视听表演者的保护，同时打破了由美国、欧盟等发达国家和地区制定国际规则的惯例，中国和发展中国家在参与条约制定中发挥了重要作用，《视听表演北京条约》涉及知识产权的领域虽然比较窄，但这在国际知识产权进程中，具有重要意义。

应该说，中国用短短30年，完成了发达国家数百年走过的制度变迁之路。中国在版权保护领域形成了集"一法六条例"以及地方性法规、部门规章、司法解释等于一体的，既符合中国国情又与国际规则相衔接的法律体系，为保护中外著作权人的合法权益提供了法律依据。这是一个了不起的成就。

（二）执法方面，营造了良好的国内国际环境

从20世纪90年代中期起，我国打击侵权盗版等违法犯罪行为的力度不断加大，我国版权工作的重点也从法律制定逐步发展到法律执行，版权司法保护与行政保护并行的新阶段。

2005年，我到国家版权局工作前后，国内受侵权盗版问题困扰，盗版书刊、盗版光盘影碟一度猖獗。当时的美国电影协会（MPAA）主席丹·格里克曼每次来北京，第一件事就是在路边摊儿买盗版光盘，然后到国家版权局投诉。

那时社会公众的版权意识也很薄弱。国家版权局2005年举办的一场公益活动上，作为嘉宾的冯小刚与主持人张国立有过一段关于正版与盗版的经典对话。冯小刚谈到，尽管他尽可能压低了价格，但人们在8元一张的正版光盘与5元一张的盗版光盘之间，往往还是会选择盗版。张国立紧接着向台下观众提问，买正版还是买盗版？现场出现了戏剧性的一幕："买盗版"的声音远远高过"买正版"的声音。

这就是当时国内版权环境的真实写照。这时，我国已加入世界贸易组织，中美商贸联合委员会谈判，乃至中美两国首脑会谈，

知识产权特别是著作权保护问题都是一项重要议题。我国面临着内外部的双重压力,既关系到要全面履行在知识产权领域中所承担的权利与义务,又关系到我国版权产业自身的健康发展。

中国政府是负责任的政府,坚决履行国际承诺,对非法侵权盗版活动予以坚决打击。作为行政管理部门,国家版权局更是责无旁贷,真查、严打,坚持对侵权盗版保持高压态势,坚决保护权利人的合法权益、维护市场秩序。

2006年初在全国开展的查处违规光盘复制企业专项行动,就是一次重要成果。为了贯彻落实党中央、国务院关于打击侵权盗版、保护知识产权的一系列指示,新闻出版总署高度重视、态度坚决,与各地公安等有关部门形成合力,精心部署了此次行动。最终,18个省区市的48家光盘复制企业被清查,14家确有违规复制行为的企业依法受到行政处罚,6家企业被吊销复制经营许可证,8家光盘复制单位被责令停业整顿。由于执法有力,当时负责此次专项治理行动的印刷发行司王岩镔司长,破例成为当年4月举行的第17届中美商贸联委会代表团的一员,带着具有中国特色的版权执法治理经验踏上赴美磋商之旅。

在版权保护问题上,美方最为关注的,还有软件著作权的保护。对此,党中央和国务院高度重视。2005—2017年间,国务院时任副总理吴仪、时任副总理王岐山、时任副总理汪洋,多次听取推进软件正版化工作汇报,亲自督办推进软件正版化相关工作。针对版权工作经费紧张的情况,吴仪同志特别协调财政部予以支持和解决;针对软件正版化工作进展缓慢的问题,王岐山同志曾专门抽出时间与12个省的省长直接通话,对推进软件正版化工作提出明确要求;汪洋同志在一年之内4次召开打击侵权盗版和假冒伪劣领导小组会议,每一次都专门安排听取软件正版化的工作汇报。

软件正版化工作取得显著成效,一组数字是有力的证明。

我国软件著作权的登记总量从 2005 年的不到 3 万件，到 2017 年突破 50 万件；我国软件产业总产值从 2005 年仅有 750 亿元，到 2017 年底突破 5 万亿元。至 2019 年，我国软件著作权登记量已达 148.44 万件，同比增长 34.36%，软件业务收入达 7.18 万亿元，同比增长 15.4%。

快捷有效的版权执法，为软件企业提供了健康的发展环境，对软件产业的推动作用也是巨大的。一个典型案例是江苏国泰新点公司由于其软件屡遭盗版，利润曾一度降到谷底，2013 年犯罪团伙被打掉后，公司盈利一下子上升到 4000 多万元，现在该企业的纯利润过亿。

不得不提的，还有已经连续开展 16 年的打击网络侵权盗版专项行动——"剑网行动"。针对网络环境下的侵权盗版现象，"剑网行动"不仅查办了境外权利人和权利人组织投诉的案件，也查办了一大批侵犯国内权利人的侵权盗版案件。譬如番茄花园软件网络盗版案，追究了侵权者的刑事责任，起到很大的震慑作用，在规范网络秩序方面发挥了重要作用。

此外，通过探索建立知识产权法院，实现知识产权专门化审判也成为一大特色。以最高人民法院知识产权法庭为首，"北、上、广"知识产权法院和 2017 年以来成立的江苏南京、苏州，湖北武汉，四川成都，浙江杭州等 21 家知识产权法庭，每年审理数十万各类知识产权案件，其中 70% 左右都是著作权案件。一批具有社会影响力的案件成为范例和标杆，充分展示了我国对知识产权保护的重视。

（三）市场层面，版权运营和管理产生重大变化

版权作为内容产业的基础，给人们带来精神文化享受的同时，也给经济发展带来贡献。

2007 年开始，中国国家版权局与世界知识产权组织合作、委

托中国新闻出版研究院开展"中国版权产业经济贡献调研"。调研结果显示：2006—2014年，中国版权产业取得较快发展，对国民经济的贡献持续增长。版权产业行业增加值从2006年的13489.33亿元增长至2014年的46287.81亿元，翻了一番多；对中国GDP贡献的比重从6.39%增长到7.28%，9年间提高了0.89个百分点。到2018年，中国版权产业的行业增加值已达6.63万亿元人民币，占GDP比重达到7.37%，中国版权产业在国民经济中的比重稳步提升，总体规模进一步壮大，版权的经济价值进一步凸显。

日本学者梅田久曾说："20世纪是专利的时代，21世纪是版权的时代。"认识版权的价值，就是要认识到版权在文化传播发展中的地位是基础性、资源性、战略性的。

在这一点上，党中央、国务院高瞻远瞩。党的十八大以来，以习近平同志为核心的党中央把创新摆在国家发展全局的核心位置，围绕实施创新驱动发展战略，并且高度重视知识产权工作，将知识产权作为创新驱动发展的关键支撑。习近平总书记强调，要完善知识产权运用和保护机制，让各类人才的创新智慧竞相迸发。党的十九大报告指出要"倡导创新文化，强化知识产权创造、保护、运用"，版权资源的创新、使用、保护、管理进入新阶段。

2020年是《国家知识产权战略纲要》（以下简称《纲要》）收官之年。《纲要》自2005年启动、2008年正式发布实施，迄今为止已经15年，到2020年"把我国建设成为知识产权创造、运用、保护和管理水平较高的国家"这一目标，已基本实现。

作为《纲要》实施10年评估工作的专家组成员，我深切感受到，国家知识产权战略实施的效果是显著的。作为市场主体的文化企业在观念上发生了巨大转变，普遍将版权作为重要的资产，通过版权资源的保护、管理和运营获得收益。我们也进行了很多前所未有的尝试，比如建设全国版权示范城市，建立版权研究基地和版权贸易基地，创办中国国际版权交易博览会，联合世界知识产权组织共同开展中国版权金奖评选活动,等等。从被动、薄弱到主动、强大,我国版权工作在一些领域已经由"跟跑者"变为"领跑者"。

过去30年,是《著作权法》从无到有、逐步完善的30年,也是版权事业蓬勃发展、取得重大进步的30年。成绩的取得,实属不易。如果看不到这一点,只看到版权工作存在的问题,我认为第一是不客观的,第二也无助于版权事业的进一步发展。

三、直面问题与挑战

党的十九届四中全会审议通过了《中共中央关于坚持和完善中国特色社会主义制度、推进国家治理体系和治理能力现代化若干重大问题的决定》,从13个方面总结了我国国家制度和国家治理体系的显著优势,为我们战胜前进道路上的各种风险挑战奠定了坚实基础。此次抗击新冠肺炎疫情斗争取得重大胜利,就充分展现了党的领导和我国社会主义制度的显著优势。

如何在中国特色社会主义制度框架内,推进国家治理体系和治理能力现代化,值得每个行业去思考。

就版权工作而言,在看到成绩的同时,也要清醒地认识到,我们与新形势下的发展要求、与人民的期待还有不小差距。版权工作要直面技术发展带来的新情况、新挑战,立足于我国实际,做出及时和必要的调整,在下一步工作中对差距和不足加以改进。

(一)关于当前形势的认识和判断

第一,要处理好保护与创新的关系。《著作权法》出台后,经历了以立法为主的版权法律制度建立阶段和以执法为主的版权法律实施阶段。这两个阶段的工作重点都是加强版权保护,这是由当时的主要矛盾——侵权盗版猖獗、版权保护不足所决定的。

进入新时代，版权工作的重点发生了一个很大的转变：文化领域不断涌现出优秀创作、优秀作品，尊重版权成为社会风尚。我国的版权制度发展已经从以版权保护为主过渡到保护与创新并重的新阶段。那么，一提到版权首先想到的还是保护，这种惯性思维就是一个很大的问题。应该看到，保护与创新是版权工作的一体两面，在加强版权保护的同时，又能将创新成果加以推广和运用，才能形成一个良性的发展环境。

第二，要处理好与国际衔接和立足我国实际的关系。客观上讲，在《北京条约》之前，我国加入与著作权相关的国际条约大都是被动的。最具代表性的就是《与贸易有关的知识产权协定》，不签署这个协定，中国就加入不了世界贸易组织。因此，与国际规则衔接，是我们在改革开放进程中必须跨越的门槛。

在经济全球化背景下，与国际规则相衔接仍然是一种必然选择。但同时应该看到，经过30年发展，我们在某些领域已经超越国际平均水平甚至处于领先地位，比如互联网应用、大数据等，这为我们参与国际规则的制定提供了有力支撑。我们既要坚持与国际规则相衔接，也不能甘于人后，要立足我国实际、立足新时代去思考，我们在哪些领域可以实现超越和引领，积极主动地参与国际规则的制定。

第三，要厘清版权"轻"与"重"的关系。对于"轻"与"重"，针对美国国会部分议员指责中美贸易逆差，全国人大常委会原副委员长成思危有过这样一个形象的对比：中国一船一船的货物拉到美国卸下来，其价值却抵不过一个装有美国微软操作系统的手提袋。

尽管人们的版权意识有了很大提高，但对于版权价值的认识还不够科学和充分。以前我们讲版权就与"轻资产"联系在一起，现在不能这么看。版权作为文化产业发展最核心的资源，我们的从业者在这个问题的认识上还要再提高一步。

（二）关于版权立法的审思

《著作权法》第三次修改进程已进入全国人大常委会审议的最后收官阶段。

我国曾经分别于2001年和2010年对《著作权法》进行过两次修改。从立法进程上看，已经滞后于时代发展变化；并且这两次修改基于特定时期的特殊背景，难免具有局限性，适应我国实际发展需要对《著作权法》作出主动、全面、系统的调整，势在必行。

因此，业界对于《著作权法》第三次修改的呼声很高。这就要求我们面对我国版权法律制度存在的局限与不足，不能抽象地讲"大修中修小修"，不能简单地讲"可修可不修的不修"，这样的观念会让法律与实践脱节。

此次修法是在《著作权法》实施30年，以及我国进一步扩大对外开放的背景下进行的，其核心问题是如何平衡权利和权利的使用。"利益平衡"是《著作权法》的基本精神，《著作权法》第三次修改不应回避问题和矛盾，而要从实际出发，着眼于解决现实中遇到的突出问题。在立法中把握好"度"，妥善处理好创作者、传播者、使用者以及社会公众利益之间的基本平衡，就是一部良法。

《著作权法》第三次修改工作是令人期待的，从目前的进展来看有两个突出亮点：一是在指导思想上突出法律要"管用"，二是着眼于抓住主要矛盾，比如在作品界定问题上强调它是智力成果，这也是很大的突破。

（三）关于版权执法的思考

进入新时代，版权工作整体上进入"鼓励创造、有效运用、依法保护、科学管理"的新阶段，版权保护已经不再是版权工作唯一的主要矛盾。但保护知识产权作为我国一项长期的战略任务，仍然需要版权执法工作进一步完善体制机制，进一步提升专业化水平，在保护创新、创造良好的发展环境方面有所作为。

加强版权执法，包括行政执法与司法保护两个层面。司法保护是我国版权保护最基本、也是最强有力的法律救济手段，在版权保护中发挥着主导性作用；行政执法作为中国特色版权保护制度的一个显著特点，优势在于便捷及时、成本低、见效快。

特别是在我们加入世界贸易组织之初，版权保护力度不够，行政执法可以最大限度地发挥作用。2006年查处违规光盘复制企业专项行动在很短时间内清查了18个省区市的近50家光盘复制企业，这种效率只有行政执法能实现。当时的做法也符合我国作为发展中国家尚处于转型期、市场经济又不完善的实际情况。

随着市场经济越来越完善，司法保护与行政保护并行的双轨执法体制如何更好地作用于当下，我认为应该倡导刑事司法优先，因为其威慑力更大，执法效能更高。特别是在当前环境下，很多网络侵权把服务器设在境外，网络版权执法难度较大，虽然罚款数额提高了，但行政执法力度远远不如追究刑事责任。在加强知识产权（包括版权）刑事司法方面，应当有专门的执法队伍。

无论行政执法案件还是刑事案件，都应注重案件量刑标准的平衡问题。同等情况，不能有的判得轻，有的判得重，这需要在法律的基础上建立一种平衡机制，建立案件的信息共享数据库。

此外，鉴于作品数量巨大，各类作品在使用中矛盾纠纷层出不穷，在今后相当长的一段时期内，著作权案件将是数量最大的。在这样的背景下，一方面要加强知识产权法院的建设；另一方面要加强民事纠纷调解。大量的案子在事实认定清楚的基础上，可以在法院、行政管理部门或行业组织及第三方机构的指导下进行调解。这样的做法有两个好处，一个是可以有效降低诉讼的时间和经济成本；另一个是可以最大限度地化解矛盾，对于构建和谐社会具有重要意义。

（四）关于作品的再定义

2020年《中华人民共和国民法典》（以下简称《民法典》）的颁布，是中国法治进程中具有里程碑意义的事件，将对我国经济社会发展产生深远影响。《民法典》系统地将知识产权纳入其中，著作权在其中主要体现为"作品"两个字。对著作权而言，作品的界定极其重要，我想专门再讲一下这个问题。

1709年英国女王颁发了《为鼓励知识创作而授予作者和购买者就其印刷成册的图书在一定时期内的法案》，该法案第一次明确了著作权保护的主体是作者，客体是作品。这个概念非常重要，因为没有作品就没有著作权，著作权的各种权利都由此延伸而来。

随着技术的发展和时代的变迁，作品数量呈井喷式增长。以文学作品为例，20年前，我国每年出版的小说只有不到600种，而今天仅在阅文平台上生产的网络小说每年就高达600万部。再比如，现在普通公众用手机拍摄出来的作品，可以媲美20年前用专业相机和胶卷拍摄的摄影作品。

相比以前作品的稀缺性，现在的作品无论从数量还是种类上看都大大超出想象。怎样定义作品？什么样的作品应该被纳入著作权保护的范畴之内？这是进入新时代，我们需要面对的一个重要问题。

最新修改的《著作权法》对作品的界定有了新的表述："具有独创性并能以一定形式表现的智力成果。"这一定义强调了三个特点：具有独创性，以一定形式为载体，并且是一种智力成果。

按照这三个标准，《著作权法》对作品有了质的规定，其意义在于可以厘清海量的各类作品中，哪些能够构成著作权法意义上的作品，从而把最优质的作品纳入著作权保护的客体之中。

同时这样区分的好处是，可以将纳入著作权保护的作品基于自愿原则分成两种类型：一种是需要得到许可并支付报酬的作品；另一种是不需要得到许可和支付报酬，鼓励广泛传播的作品。这种法律设定既符合权利人的诉求,也可以减少纠纷、诉讼,降低社会成本,可以说充分体现了人文精神,非常有意义。

对于创作者而言,对作品的再定义所带来的变化是,强调质量是最重要的。一个作品能否成为著作权法意义上的作品,最核心的问题不是它的篇幅多长或规模多大,而是与其他同类作品相比,是否具有独到性,是否称得上智力成果。

对于文化单位来讲,这也意味着,未来最核心的工作、最需要重视的问题是怎样获取和掌握优质,因为优质的版权资源(即作品)才是文化产业与事业发展的基础。这里需要注意的一个倾向是,不要盲目去追逐所谓的大IP,作品的价值并不是价格越高越好,成本过高是无法实现投入再生产的。应该着力关注的是如何掌握那些有潜力的新作品,就像找到"冒尖儿"的竹笋一样,挖掘到优质版权。

(五)关于新技术带来的新问题

《著作权法》诞生之时,作品只有图书一种形态。1877年,爱迪生发明了一台能录制声音并回放的机器——留声机,通过震动原理将声音固定在留声机上,从而产生了一种新的作品形式。之后随着技术的发展,以声、光、电、磁为介质的作品日益增多,丰富了作品的形式与内容。互联网的出现,又催生了无介质但可以在网络中重复使用与阅读、观看、收听的网络作品,发展势头汹涌澎湃。

从作品的产生来看,技术始终推动着《著作权法》向前发展。著作权保护的主体是创作者,但是客体一直在发生变化,不仅包括影视、图书、音乐、计算机软件等版权产业的核心领域,还包括建筑外观设计、装饰品设计,甚至地毯图案等,可以说今天的著作权已经无所不在。

只要技术发展没有终止,创造没有终止,版权的法律制度就会一直处于不断的创新和突破之中。因此，对待新技术带来的新问题，应该用开放的、发展的眼光去看待，而不是轻易地去否定或下结论。从这个角度审视社会公众比较关注的话题，比如人工智能、体育赛事算不算作品，应不应该受到版权保护，我觉得一方面要遵循现行法律法规，另一方面又不能被现有的思维所局限。

社会需求与数字技术的发展催生了现行著作权的多种权利，今后也必然会催生其他的权利。如果一个作品本身是稀缺的、创新的，凝聚了人类智慧，同时又有很高的经济价值，即便不纳入著作权保护的范畴，也肯定会有别的法律加以保护，否则鼓励创新就是一句空话。

2021年，我国即将开启"十四五"新征程，向第二个"百年目标"进发。伟大的时代，呼唤一部与时俱进的良法。期待《著作权法》第三次修改工作尽早完成，中国版权事业将会在新的起点之上，开创新局面，取得新成就。

（作者单位：中国版权协会）

参考文献：

[1] 阎晓宏.《著作权法》第三次修改的几个问题 [J]. 知识产权，2012（5）.

[2] 阎晓宏."利益平衡"是著作权立法的基本精神 [N]. 中国新闻出版报，2012-05-17.

[3] 阎晓宏.新常态下深入推进版权执法监管工作 [J]. 中国出版，2015（19）.

[4] 阎晓宏.难忘版权 13 年 [J]. 中国出版，2018（11）.

[5] 杨成.各级版权部门今年前三季度关闭非法网站 307 个 [EB/OL]. http://ip.people.com.cn/GB/136672/136683/173930/173994/1040

1026.html.

[6] 阎晓宏.我国著作权法第三次修订需关注的几个问题[J].现代出版,2020(4).

[7] 钟楚.出版要闻[J].中国出版,2006(4).

[8] 李君如.在守正创新中坚持和完善中国特色社会主义制度——深入学习贯彻党的十九届四中全会精神[J].当代兵团,2019(24).

主题出版的作用、功能和使命

李建红

摘　要：本文分析了主题出版的作用、功能和使命，认为主题出版体现了思想上层建筑对政治上层建筑的重要作用；在党的各个时期，无论是在民主革命时期，还是社会主义建设时期和改革开放新时期，主题出版在党的事业发展中发挥了重要功能；此外，主题出版还承担着理论创新的重要使命，其面向多个重大现实问题、重大理论问题进行了及时回应与创新阐释，走出了一条具有中国特色的发展之路。

关键词：主题出版　国家意志　时代精神　理论创新

当今世界正经历百年未有之大变局，我国正处于中华民族实现伟大复兴的历史关键期。主题出版作为中国特色社会主义文化的有力组成部分，围绕马克思主义及马克思主义中国化的创新性成果、社会主义核心价值体系、党和国家中心工作进行了系列重大出版活动。主题出版是"出版中'普照的光'，决定了整个出版的导向和方向"[1]，在坚持和完善中国特色社会主义制度、推进国家治理体系和治理能力现代化的进程中，主题出版作为中国特色的社会主义文化，已经和正在发挥重要的功能和作用。

一、主题出版体现了思想上层建筑对于政治上层建筑的重要作用

马克思主义唯物史观认为：人们在自己生活的社会生产中发

生"同他们的物质生产力的一定发展阶段相适合的生产关系"[2]。在唯物史观的概念中,生产力是最革命、也是最具活力的因素,它是唯物史观的逻辑起点,其发展水平和发展状况,决定着生产关系的性质。就经济基础而言,它被生产力状况与发展变化所决定,又决定着上层建筑的各个方面。上层建筑既指政治思想、法律思想、文化传媒、哲学宗教、道德艺术等思想上层建筑,又包括一定经济基础上的政治、法律制度以及国家机器和政治组织等政治上层建筑。就思想上层建筑与政治上层建筑的关系而言,思想上层建筑为政治上层建筑提供了建立、运行的理论根据与思想基础,政治上层建筑决定着思想上层建筑的本质和方向。思想上层建筑对于政治上层建筑的服务保障作用,既有正向加强、巩固的积极作用,也有反向削弱、松懈的消极作用,甚至破坏作用。

从马克思主义唯物史观来看,主题出版有其存在和发展的内在必然性。出版作为思想上层建筑的重要组成部分,既是思想上层建筑实现自己功能和定位的重要手段和本质,又是思想上层建筑的有机组成部分。它是通过作为统治阶级忠实的思想工具去履行自己文化传播、文明传承的使命,去完善社会的生产关系,巩固现有经济基础,从而达到推动生产力发展的目的。出版的功能是多方面的,它通过策划选题、发现作者、打造精品、资政育人,为人民群众的生产生活服务。但在这一切功能定位中,它必须十分明确地首先和根本上要服务于国家的统一、民族的团结、社会的进步与政权的巩固。这恰恰是主题出版的核心功能与主要责任。马克思在《〈政治经济学批判〉导言》中说:"在一切社会形式中都有一种一定的生产决定其他一切生产的地位和影响,因而它的关系也决定其他一切关系的地位和影响。这是一种普照的光,它掩盖了一切其他色彩,改变着它们的特点。这是一种特殊的以太,它决定着它里面显露出来的一切存在的比重。"[3]从马克思主义经典著作的出版,到包括毛泽东、邓小平、江泽民、胡锦涛、习近平等马克思主义中国化代表人物著作的出版，再到弘扬社会主义核心价值观，宣传党和国家各个时期的政治主张、中心任务与工作重点，最直接、最集中、最长期为党和国家工作大局服务的出版业务只能是主题出版。而主题出版也只有最直接、最集中、最长期地为党和国家工作大局服务，才算是找到了自己的定位，才能充分实现自己的价值。从产生的序列上看，出版是被决定的；而从运行的序列上看，出版则往往属于决定系列的范畴，是为以生产力为基础的整个社会存在的总和服务的。

主题出版是经济基础在出版领域的反映和体现，是以经济基础发展和变动作为发生条件的形式，同时在本质上又反作用于其他社会领域。在主题出版的生产和传播系统中，出版机构本身是经济基础的构成部分，它影响上层建筑，又反作用于自身。"这些生产关系的总和构成社会的经济结构，即有法律的和政治的上层建筑竖立其上并有一定的社会意识形式与之相适应的现实基础……"[4]

出版机构在服务党和人民事业发展大局的同时，通过主题出版活动，也发展壮大了自身实力，获得了良好的社会效益和丰厚的经济效益。上层建筑反作用于经济基础的作用原理，再次在出版领域得到验证。

二、主题出版在党的各个时期发挥了重要功能

党的十九届四中全会指出，中国共产党领导是中国特色社会主义最本质的特征，是中国特色社会主义制度的最大优势。所谓"主题出版"，就是紧紧围绕、瞄准、针对中国共产党曾经经历或正在面临的主要问题、主要任务、主要思想，所进行的一系列出版活动。中国共产党的历史经验表明，无论是在民主革命时期，还是社会主义建设时期和改革开放新时期，主题出版都大力推动

了党的主要工作。可以说，如果没有主题出版的凝心聚力，党和国家难以取得辉煌的成绩。主题出版为民族、党和国家提供了不可或缺的文化传承、思想源泉、理论滋养和智力支撑。列宁讲："党的出版物的这个原则是什么，写作事业应当……成为由整个工人阶级的整个觉悟的先锋队所开动的一部巨大的社会民主主义机器的齿轮和螺丝钉。"[5] 思想上层建筑对社会经济基础会产生巨大的反作用，在主题出版和社会发展的互动关系上，这一点表现得尤为突出。

主题出版具有鲜明的时代性，与时代主题同步，体现时代精神，把握时代脉搏，反映时代价值，与党和国家的事业齐头并进，在党的各个时期都发挥了重要的作用。党的发展离不开主题出版，在党的发展的任何时期都可以找到主题出版清晰的历史印记，主题出版逐渐成为党宣传政治主张和意识形态的重要阵地，与其他宣传舆论工作载体一样，是党和人民群众的耳目喉舌。主题出版与党的事业发展同声相应，同气相求，从党的产生、发展、创新历程来看，承载的是党和国家主流价值观。主题出版在中国共产党的历史发展中，在各个重要的历史时期，体现出一贯性和继承性的特征，对于全党、全社会的引领作用十分明显。其主要作用体现在三个方面。

一是宣传。在1920年代，当时的主题出版即马克思主义在中国的翻译和出版传播关乎民族和国家命运，对中国共产党的创建与成立起到了至关重要的作用，可以说在革命早期这个作用尤为明显。中国共产党在成立早期成立了人民出版社，出版了《马克思主义全书》等一大批马克思主义著作。五四运动前后，《新青年》以倡导民主、科学和倡导新文学为主要内容。新青年出版社还集中翻译出版了《国家与革命》《共产党宣言》等一系列能够传播先进思想的理论著作，当时主要是马克思列宁主义经典著作，通过宣传马列主义的科学性、先进性、实践性，团结广大人民群众，组成革命统一战线。

二是组织。在苏区时期,党的宣传管理机构中央出版局成立,出版了大量革命图书。在抗日战争时期,成立集出版与发行为一体的新华书店,出版了一大批马列著作,以及毛泽东等领导同志的著述,成为抗日民族统一战线的思想武器。比如,毛泽东同志集中全党智慧,在《解放》周刊发表了《抗日游击战争的战略问题》,同时又撰写出版了经典著作《论持久战》,直接回答了抗日战争的战略问题,从中国和国际的客观情况出发,清晰回答了战争的可能性、必然性,展示了马克思主义原理在战争中的合理应用,在国内外产生了极大影响。抗日战争时期一系列主题出版物,深刻地分析了战争的局势,鼓舞了中国人民的志气,对战争的走向指出了正确道路,使得中国的抗日战争揭开了新的篇章。

三是传播。在新中国成立之后,大量英雄形象在文学出版物中得以体现,形成了奉献、团结、集体在前的价值追求,一大批可歌可泣的英雄人物通过出版物走入社会各个阶层的阅读视野,也为后期的影视、广播等媒介提供了内容资源。与此同时,受益于新中国的飞速发展,主题出版不仅仅提供了"鼓与呼"的宣传力量,而且有了更多的学术资源、传播渠道,贡献了大量理论著作、文学经典、外宣案例,这些作品形成了强大的思想动力。在改革开放时期,党中央制定颁布了一批文件,出台了一批部门规章和管理办法,主题出版更加直接地服务于主流意识形态的阐释与传播,更加直接地致力于中国特色社会主义市场经济体制的全面建立和完善,也更加全面地致力于社会主义核心价值观的传播和深化。

党的十八大以来,从宣传贯彻党的十八大精神、深化理想信念教育、深化社会主义核心价值观宣传阐释等系列主题出版活动,到马克思主义中国化的最新成果——习近平新时代中国特色社会主义思想系列著作的出版,主题出版更加契合当代传播特征,更加抓住了时代发展的重大主题——当然这也是当前最重要的出版任务。主题出版与国家共命运、与民族同呼吸，在新时期发挥了它特有的价值，将国家成就与党的方针政策传播给民众和世界，让世界人民看到了中国的成就，增强了民族自尊心与自信心。

三、主题出版肩负着党的理论创新的重要使命

习近平总书记曾在哲学社会科学工作座谈会上指出，中国社会的深刻变革和独特的伟大实践给理论创新带来广阔的空间。中央宣传部部长黄坤明也撰文指出，马克思主义"最鲜明的理论品格是与时俱进、开拓创新，其强大生命力、凝聚力、引领力也来自与时俱进、开拓创新……我们党终始终把马克思主义基本原理同中国具体实际相结合，不断推进实践基础上的理论创新，形成了马克思主义中国化一系列重大理论成果，为党和人民事业发展提供了既一脉相承又与时俱进的科学理论指导，为增进全党全国各族人民的团结统一提供了坚实基础"[6]。在当代中国，主题出版实际上是直接围绕着中国共产党所领导的中华民族伟大复兴中国梦这一重大主题而进行的出版活动。即围绕运用马克思主义及马克思主义中国化创新性成果的立场、观点和方法解释和分析国内外现实中遇到的重大理论和实践问题，而进行的出版选题策划和出版实践活动。[7]

可以说主题出版的政治属性和学术属性是其与生俱来的固有属性，抛开政治属性的主题出版失去了"主题"的核心要义，失去了学术性的主题出版物，更是抛弃了传播的原始推动力和传承的持久性。主题出版的政治性和学术性相伴相生，正是因为主题出版始发于社会问题，大部分主题出版都是围绕社会问题运用理性思维分析问题、解决问题的理论著作。从《共产党宣言》到《论持久战》体现的客观透彻的马克思主义哲学原理，再到《习近平谈治国理政》（第一卷）（第二卷）等经典著作，无不渗透着、

体现着学术性的支撑。主题出版的前提和本质是学术出版。"与学术出版相同的是,主题出版也是出版领域中相对独立的范畴……两者不可分离,尤其是作为主题出版来说,没有学术的支撑,它不仅缺乏生命力,更不能维持长久的传播。"[8]"主题出版首先是学术出版,建立在学术研究扎实的基础上。"[9]从内容的真实性、科学性、前瞻性、系统性而言,主题出版的内核应该是学术出版。主题出版作为具有社会动员能力和价值观引领能力的出版物,必然要具备能够影响读者行为的感染力,而这种感染力,不同于一般的文学作品和科普读物的趣味性和可读性,这要求更高层面的逻辑力量和理论推演,唯有如此,才能让关乎时代的重大主题、命题、议题,站得住脚,具备理论层面的深刻性。

主题出版的过程是理论创新。主题出版的创新意义在于对重大主题的创新阐释。在不同的历史阶段,主题出版对党和国家重大题材的回顾、分析、学习、提炼,体现了其独特价值。主题出版从选题策划开始,就意味着理论创新已经萌动,或者可以说,主题出版活动的全过程是与理论创新同步发生的。主题出版反映的现实,不仅仅是从实践到理论、从理论到理论、从创新到理论,还是回应时代问题的伟大作品,《习近平新时代中国特色社会主义思想学习纲要》《决胜攻坚之路——中国精准扶贫战略研究书系》《论文化自信》《中国共产党革命精神系列读本》等,都是以社会问题作为起点,而以理论创新作为归宿。

于同一件历史事件,在不同的社会背景中,以不同的理论视角分析,就会产生具有创新价值的理论成果。这些理论成果不仅停留在纪念意义和象征意义层面,更会凝练成为一种学术精神,支撑和推动更深层面的创新。在国家层面,每年提出的出版主题,在时间空间的预设性、出版资源配置的合理性等方面,都为主题出版的学术创新留下了极大的空间和清晰的方向。例如,在"抗震救灾"等国家重大突发事件中,主题出版在社会组织和重大活动的国家动员能力方面，回答了很多的学理性思考。在"庆祝新中国成立 70 周年"这一重大时间节点，出版界策划了许多重大主题出版选题，思考了新中国从站起来、富起来到强起来的伟大过程，对党员干部和社会群众的认知了解产生了非常大的震撼效果，都在不同层面引发了深刻而又持久的思考。习近平新时代中国特色社会主义思想是马克思主义中国化的最新成果。"推动全面贯彻落实习近平新时代中国特色社会主义思想，必须健全用党的创新理论武装全党、教育人民工作体系。"[10]与此同时，面向多个重大现实问题、多个重大实践问题、重大理论问题的研究，主题出版弥补了空白，延伸了研究内容。跳出主题出版的内容，以主题出版作为研究对象来看，主题出版的发生发展过程就十分具有理论创新价值，对比其他国家和地区，中国的主题出版已经走出了一条具有中国特色的发展道路，这已经在出版编辑领域、市场营销领域、对外传播领域产生了很大的影响。

（作者单位：出版参考杂志社）

参考文献：

[1] 周蔚华. 主题出版及其在当代中国出版中的地位 [J]. 编辑之友，2019（10）.

[2] 中共中央马克思恩格斯列宁斯大林著作编译局. 马克思恩格斯选集（第二卷）[M]. 北京：人民出版社，2012：32-33.

[3] 中共中央马克思恩格斯列宁斯大林著作编译局. 马克思恩格斯文集（第 8 卷）[M]. 北京：人民出版社，2009：31.

[4] 中共中央马克思恩格斯列宁斯大林著作编译局. 马克思恩格斯选集（第二卷）[M]. 北京：人民出版社，2012：32-33.

[5] 双传学，吴日明. 列宁的文学党性原则及其现实启示——

重读《党的组织和党的出版物》一书[J].马克思主义研究,2012(6).

[6] 黄坤明.坚持马克思主义在意识形态领域指导地位的根本制度[N].人民日报,2019-11-20.

[7] 周蔚华.主题出版及其在当代中国出版中的地位[J].编辑之友,2019(10).

[8] 周峥.如何让主题出版行之久远——以上海人民出版社主题出版的实践为例[J].中国编辑,2016(5).

[9] 主题出版要不断回应时代课题[N].解放日报,2015-08-21.

[10] 黄坤明.坚持马克思主义在意识形态领域指导地位的根本制度[N].人民日报,2019-11-20.

新时代大学出版社教材建设的使命与实现路径

李永强

摘　要：高质量教材体系建设是落实党在新时代教育方针的核心和基础。大学出版社作为我国高等教育教材建设的引领者和主力军，要把教材建设作为出版工作的重中之重，坚持服务高等教育教学的根本地位不动摇，在导向把关、队伍建设、内容形式、质量管理等方面完善机制，努力打造培根铸魂、启智增慧的精品教材，为实现教育强国作出应有的贡献。

关键词：大学出版社　教材建设　使命　路径

一、建设教育强国是新时代教材体系建设的新使命

百年大计，教育为本。中国特色社会主义建设进入新时代，面对民族复兴的历史重任，建设教育强国无疑是进行伟大斗争、建设伟大工程、推进伟大事业、实现伟大梦想的重要基石和重点工程。习近平总书记在全国教育大会上指出，新时代要培养德智体美劳全面发展的社会主义建设者和接班人，加快推进教育现代化、建设教育强国、办好人民满意的教育。这是新时代中国特色社会主义的办学方向和人才培养目标。新时代的教育要抓住立德树人的根本任务，全面贯彻党在新时代的教育方针，把新时代的新要求落到实处。新时代的中国教育已经进入从规模增长向质量

提升转变的新阶段,高质量成为教育工作的主要目标和衡量标准。在"两个一百年"奋斗目标的历史交汇点上,党的十九届五中全会审议通过了"十四五"规划和二〇三五年远景目标,全会明确指出"建设高质量教育体系"的目标,为"十四五"乃至未来十五年教育发展指明了方向,是围绕教育强国开展各项工作的根本遵循和行动指南。

高质量的教材体系建设是落实党在新时代教育方针的核心和基础,是高质量教育体系中的重要内容,是加快推进教育现代化乃至国家现代化的重要支撑。十八大以来,习近平总书记多次就教材体系建设发表重要论述,为新时代教材建设指明了发展方向。例如,2016年的哲学社会科学工作会议上,习近平总书记强调"要抓好教材体系建设,形成适应中国特色社会主义发展要求、立足国际学术前沿、门类齐全的哲学社会科学教材体系";2016年的全国高校思想政治会议上,习近平总书记将教材体系建设上升为国家意志和国家事权;2018年的全国教育大会上,习近平总书记对教材建设提出"五个体现"要求,即充分体现马克思主义中国化要求、充分体现中国和中华民族风格、充分体现党和国家对教育的基本要求、充分体现国家和民族基本价值观、充分体现人类文化知识积累和创新成果;2020年,习近平总书记在给人民教育出版社老同志的回信中再次强调教材建设要围绕立德树人的根本任务,坚持正确的政治方向,弘扬优良传统,推进改革创新,用心打造培根铸魂、启智增慧的精品教材。习近平总书记关于教材建设的重要论述反映了新时代教材体系建设在国家意识形态建设和现代化建设中的重要地位,是新时代打造高质量教材体系的基本观点和总方向。

近年来党中央高度重视教材体系建设,从中央精神宣讲到建立完善工作制度和管理制度,从教材建设顶层规划设计到具体政策落地实施,都进行了周密部署和制度安排。"十三五"期间,我国教材"五大体系"建设取得重大突破，新的教材领导体制和工作体系初步确立，新的教材规划和管理制度体系系统构建、新的教材把关体系有效运行，新的教材保障体系不断完善，新的课程教材体系基本形成。近年来，国家还加快了对教材出版管理进行战略布局。2019年以来，教育部相继出台了《中国教育现代化2035》《全国大中小学教材建设规划（2019—2022年）》《中小学教材管理办法》《职业院校教材管理办法》《普通高等学校教材管理办法》《学校选用境外教材管理办法》等，这些规范性文件是当前教材体系建设的系统性规范性的制度框架。同时，教育部还发布了首批11个国家教材建设重点研究基地，作为教材体系建设的落地措施。2020年，教育部召开了中华人民共和国成立以来首次大中小学教材工作会议，确保新时代党的教育方针落实到教材建设的各方面。同年，教育部、中宣部联合印发了《新时代学校思想政治理论课改革创新实施方案》。2021年，教育部印发了《习近平新时代中国特色社会主义思想进课程教材指南》和《关于大力加强中小学线上教育教学资源建设与应用的意见》。两个文件为在大中小学课程教材中系统融入习近平新时代中国特色社会主义思想进行了顶层设计，同时针对当下疫情特殊情况及未来融合出版趋势提出了线上教育指导意见。同年，教育部发布了《关于首届全国教材建设奖拟奖励名单的公示》，全国共有1000种教材、100个教材建设先进集体、200个先进个人获奖，高质量教材建设取得阶段性成果。

这一系列措施勾勒出新时代高质量教材体系建设的制度框架，标志着新时代我国教材管理新格局全面形成。可以说，高质量的教材体系建设作为教育领域和意识形态领域中的重要工作和国家事权，已经成为推进国家治理体系和治理能力现代化的重要内容。新时代、新使命要求教育界和出版界持续推动教材体系建设，整体提升教材治理水平和教材体系建设水平。

二、打造高质量教材是新时代大学社的首要任务

大学出版社是伴随着新中国高等教育事业发展而生的。1955年，新中国成立的第一家大学出版社——中国人民大学出版社，就是为解决大学教材使用短缺而组建的。1954年10月，高等教育部召开了为期近10天的讨论会，集中探讨中国人民大学的教学经验，要求在全国各院校推广，加强马列主义教育；同时认为中国人民大学出版的一批内部教材水平很高，随即提出推荐一批已在该校内部教学使用过的教材公开出版发行。但当时的社会出版力量无法及时完成这一任务，而中国人民大学教材出版处有足够的出版能力，在此情况下，成立了中国人民大学出版社。而后成立的第二家大学出版社——华东师范大学出版社，也是为了适应华东师范大学教学科研发展的需求而组建的。中华人民共和国成立初期，一北一南两家大学出版社在很大程度上解决了当时高等教育文科教材匮乏的难题。出版大学教材是大学出版社的重要任务和基本定位，这成为独具中国大学出版特色的传统，成为中国大学出版社的出版方向。

作为高校意识形态的重要阵地，我国一直以来高度重视大学出版社的发展，通过相关部委公布的规范性文件和管理办法对大学出版社的出版任务、出版性质、出版功能、工作方向等关键性问题进行明确的指导和规定。1986年，国家教委和新闻出版署召开了第一次全国高校出版社工作会议，并制定了《高等学校出版工作若干问题的暂行规定》，指出"要把出版教材、教学参考书及其他教学用书放在首位，要把出版科学著作作为重要任务，重视专家、学者的学术著作的出版"；1988年和1991年，又相继召开了两次工作会议，明确指出大学出版社的首要任务是出版教材和高水平的学术著作，这是大学出版社的选题之源、立社之本。大学出版社也进一步明确了为高等教育教学科研服务的宗旨。

进入新时代，面对中国教育出版发展的新使命、新要求，国家对大学出版社的功能定位做了进一步明确。2015年，《教育部、国家新闻出版广电总局关于进一步加强和改进高校出版工作的意见》指出，"高校出版是我国教育事业和出版事业的重要组成部分，是传播社会主义先进文化的重要阵地，是培养德智体美全面发展的社会主义建设者和接班人的重要力量"，强调了大学出版社在出版工作中的三个重要领域，即主题出版、教材出版和学术著作出版，提出"要做好各类教材和教学用书的出版工作，在出版物的数量、质量、结构和载体等各个方面满足各级各类学校教育教学需要"。

从新中国大学出版社的出版实践来看，大学出版社一直是我国高等教育教材建设的引领者和主力军。大学出版社拥有背靠母体大学的独特优势，与高校教学科研结合紧密，可以第一时间感知学科教学的新变化，及时把教师课堂教学的创新成果反映在教材上。大学出版社在基础学科、新兴学科、交叉学科等诸多领域投入开发最大，成果最丰富，可以说是我国高校教材体系建设中最具创新能力的力量。大学出版社不同于一般的出版机构，其主要服务对象是大学生和高校教职工，在教材营销的渠道建设方面具有长期的积累和经验，是优质教材快速推广的有力保障。

在新中国教育出版的不同历史时期，大学出版社一直走在高校教材出版的前列，承担着高校教材体系建设的独特使命和历史责任。在新时代，大学出版社更要守正创新，深入学习贯彻习近平新时代中国特色社会主义思想，把教材建设作为出版工作的重中之重，坚持教材出版的主体地位不动摇，把新时期党对高等教育的新要求全面落实到高等教育教材出版的实际工作中，以立德树人为根本任务，以打造培根铸魂、启智增慧的精品教材为关键抓手，从思想性、先进性、科学性、适用性等方面不断完善教材的内容与形式，推进新时代高质量教材体系的研发与推广工作，以培养德智体美劳全面发展的社会主义建设者和接班人为教材编写方向，为建设教育强国提供坚实有力的支撑。

三、大学社教材建设的现状和瓶颈

大学出版社经过近70年的辛勤耕耘，规模不断扩张，教材建设成果蔚为大观，为新中国高等教育事业发展奠定了坚实的基础。截至2020年，我国出版社共有585家，其中大学出版社有108家，占全国出版社总数的近20%，年销售码洋过亿的大学出版社有30余家。笔者在开展"高校出版单位把社会效益放在首位保障机制研究"课题研究过程中，调研了9家在京有影响力的大学出版社，其每年出版品种细分分类中，教材发货码洋平均占全社总码洋的52%。这些大学出版社在作者团队、编辑团队、各类评奖、市场份额、品牌效应等方面优势突出。以中国人民大学出版社为例，作为我国哲学社会科学教材出版的重镇，该社1982年被教育部确定为全国高等学校文科教材出版中心，2000年以来有600余种教材入选国家级规划教材，38种教材获得首届全国教材建设奖，148种教材入选国家级、省部级"经典教材""精品教材"。中国人民大学出版社出版的经典教材惠及几代学人，如李秀林等主编的《辩证唯物主义和历史唯物主义原理》发行量达千万余册；高鸿业先生领衔主编的《西方经济学》至今已经出至第8版，是迄今为止中国学者编写的发行量最大的西方经济学教科书。此外，中国人民大学出版社规模最大的"21世纪系列教材"，涵盖了政法、经管、人文等所有人文社科专业领域，成为由近百个系列2200多个品种构成的庞大的系列教材群，累计销量超过5000万册，是我国哲学社会科学教材体系建设中的代表性教材。中国人民大学出版社的出版实践和出版成果，是新中国大学出版社助力高校学科建设、支持教学改革、推动高等教育事业发展的一个缩影。

2021年10月的首届全国教材建设奖评选是落实新时代党对教材建设新要求的具体体现，国家级奖项的设置是建立教材质量监督评估机制的重要举措。评选结果集中总结和展示了新时代我国教材建设取得的重大成就。2021年，400种获评全国优秀教材（高等教育类）的出版物中，大学出版社出版的有100种（其中研究生教材18种），占比25%；全国优秀教材（职业教育与继续教育类）总数400种，大学出版社出版的有117种，占比29.2%。从获奖比例和获奖品种来看，大学出版社在高质量教材建设体系中占有重要位置，对于全国教材质量体系建设具有示范和带动作用。

大学出版社在发展中不是一帆风顺的。转企改制后，面对中国教育出版市场的激烈竞争，以及良莠不齐的出版现状，大学出版社也存在一定的发展困难。从教育出版的大环境来看，"十三五"期间中国高等教育毛入学率不断提升，由2015年的40%提高到2019年的51.6%，在学总人数达到4002万。研究生教育规模也在不断扩大。我国已建成世界上规模最大的高等教育体系。庞大的高等教育规模孕育了庞大的高等教育出版市场。以人均每年15本教材使用量、每本教材定价中位数40元计算，每年高等教育教材市场总额保守估计约240亿元。教材出版具有市场风险小、利润有保障的特点，在教材利润的驱使下，一些不具备教材出版能力和资质的出版社和民营机构以独立出版或合作出版的形式涉足教材出版。不具备大学教材出版水准的出版机构进入高等教育教材出版领域的一个弊端，就是导致高校教材质量下降，同质化现象严重，内容陈旧老化，拼凑痕迹明显。特别是在大课公共课这类用量大、涉及面广、学术门槛较低的教材品种上，这种现象尤为严重。以大学语文为例，在中国国家图书馆馆藏目录中检索同名图书，竟有340种之多。大量同质化教材恶性竞争，一定程度上出现了劣币驱逐良币的现象。同时，我国高等教育教材体系在学科门类建设上又存在不均衡的现象，对一些招生数量少、市场容量小的冷门学科、交叉学科教材的开发动力不足。大学出版社自身虽然背靠大学的学术资源，但也迫于市场压力参与到这种教材开发的恶性竞争中，过于追逐利润，追逐教材出版热点专业，导致特色不鲜明，没有在特色专业领域中涵养学术品牌，教材质量堪忧。在融合出版方面，大学出版社由于经济力量薄弱，自主开发立体化、多媒体教材的能力不足，高等教育教材出版普遍缺乏新形态教材建设经验，新媒体出版远远落后于传统出版，与高等教育教材体系建设的主体地位极不匹配。在队伍建设方面，大学出版社转企改制后人力资源后劲不足，优秀编辑力量流失，在教材研究、策划、编辑、审核等诸多方面面临挑战。在出版合作方面，大学出版社在开发大型系列教材的过程中，往往各自为政，在可合作的领域过度竞争，导致资源分散、重复开发，行业协会没有充分发挥协调作用。

四、新时代大学社高校教材建设的实现路径

新时代大学出版社要以教材建设为工作重心，落实立德树人的根本任务，紧扣习近平新时代中国特色社会主义思想铸魂育人主线，坚持正确方向，加强整体谋划，提高编写水平，全面推进教材建设高质量发展。精品教材建设需要大学出版社不断探索新形势下教材高质量出版机制，在教材的研究、编写、编辑、印制、发行、培训等各个环节精益求精，形成全方位的高质量教材出版新生态。主要要做好以下几个方面。

（一）坚持正确政治方向，做好内容把关

立德树人对教材的思想性提出了更高的要求。为谁培养人、培养什么样的人，以及如何培养人成为高等教育改革发展面临的根本问题，也是高校教材建设的首要问题。新时代针对党对教材

建设的新要求，坚持党的领导，扎实推进高校思政课教材建设，使习近平新时代中国特色社会主义思想与当前新工科、新医科、新农科、新文科建设相结合，要在教材中加强重大主题教育在课程教材中的细化落实，把党的理论、中华优秀传统文化、革命优良传统以及国家安全等重大主题内容在教材中体现出来。

全面系统推动习近平新时代中国特色社会主义思想进教材是当前大学出版社教材建设的首要任务和重点工程。2021年国家教材委员会制定发布的《习近平新时代中国特色社会主义思想进课程教材指南》是新思想进教材的行动纲领，其分阶段分学科阐述了大学阶段思政课以及学科类课程如何系统融入新思想的主要内容，是今后一个时期大学出版社落实新思想进教材的重要依据。大学出版社在教材建设中要重点解决好全面系统和有机融入的问题，重视新思想研究与教学实践的结合，在不同学科，特别是哲学社会科学学科中加强教材的思想性建设，弘扬中华民族优秀文化，紧扣社会主义核心价值观，把马克思主义中国化最新理论成果及时反映到教材编写中去，贴近中国特色社会主义建设伟大实践和伟大成就，深刻解读和回答中国现实问题。大学出版社要主动参与到高校思政课建设中来，以高校大力投入马克思主义学院等思政课相关学院建设为契机，策划开发系列教材，助力国家思政课建设和改革。大学出版社还要不断提高教材建设中的质量门槛，做好内容把关；在教材策划、出版和再版修订的过程中，严把政治关和学术关，重点审核教材的政治方向和价值导向；重点审核教材内容的科学性、先进性和适用性。

（二）加强队伍建设，完善制度保障

人才队伍建设问题是高质量教材体系建设的关键问题。一流的教材需要一流的专家队伍和一流的编辑队伍形成合力，才能完成经典产品的开发。目前我国教材体系建设中专业人才投入教材研发力量不足，学科带头人、重量级专家、高层次人才参与教材编写的动力不足。教材专业研发机构很少、专业编审人员匮乏，优质教材编写研发的奖励机制有待进一步加强。大学出版社人员招聘制度不完善、福利待遇普遍偏低，对优秀人员吸引力不够，编辑流失已经成为大学出版社的普遍现象。两方面的人才队伍建设困难制约着大学出版社高质量教材研发工作的推进。

新时代大学出版社要突出队伍建设的问题导向，在作者和编辑两个层面加强人才队伍建设，为打造教材建设的精品工程提供人才保障。在作者队伍建设上，新时代国家针对高校教材研发出台了一系列鼓励政策，建立了专门的教材研究机构和教材管理部门，出台了教师编写教材的激励机制。大学出版社要抓住教材建设在高校教学改革中的重要变化，以此为契机建立一支政治素质过硬、理论和专业功底扎实、知识讲授有吸引力、教师梯队配置合理、涵盖专业领域全面的作者队伍。要发挥作者队伍在教材编写、教材审读和教材遴选中的专业作用，探索建设专家智库以为教材建设把好政治关、思想关和学术关。在编辑队伍建设上，大学出版社要不断完善人事管理制度，深化人事制度改革，完善人才培养使用的保障机制。大学出版社与一般的出版社不同，以学术出版为品牌特色，要求编辑具有较高的政治素养和学术水准。要加强编辑的专业素质培养，加强继续教育培训的组织落实，锻造一支爱国爱党、有责任感、有大局意识、专业基本功扎实的编辑队伍。

（三）强调选题质量，不断创新形式

大学出版社要贴近高校教学实践一线，从时代要求、学科要求、教学要求三个方面重视教材选题研发工作，不断提升选题质量。教材选题开发要重视政治性，把是否体现习近平新时代中国特色社会主义新思想、新理念，以及国家的新发展、新成就作为衡量选题质量的首要政治标准。教材选题开发要重视先进性，把是否将反映学科发展的新理论、新问题、新方法及时编写进教材作为衡量选题质量的重要学术标准。教材选题开发要重视科学性，立足于我国高校数量众多、学校层次和学生层次不均衡的高等教育发展现状和人才培养特色，针对教育目标的多层次性研发规划不同层次的教材，把是否满足不同层次高等教育教学需要作为衡量选题质量的实用标准。大学出版社要以社会效益为中心，以课程为依据，以市场为导向，合理控制教材品种规模，策划作者权威、内容精湛的各学科专业教材，减少同质低效教材的出版。

大学出版社要关注高校教材建设的新动向，不断创新形式，适应精品课程建设的需要。目前高等学校教材具有很强的学科特征，伴随着学科的发展而发展，并且随着新媒体技术的发展不断丰富传播形式。高校教学正在经历从纸质化教材宣讲向立体化课程的转变。高校教材研发正从教学内容向整个教学过程转化，教材形式呈现出载体形式不断迭代演化的新特点。新技术和新教学理念不断推动教材从单一形式向多种形式的教学资源演进。加快教材多媒体融合形式开发是未来教材开发的趋势和方向。数字化创新是大学出版社教材建设的重要课题。特别是"后疫情"时代，数字化教学场景被广泛应用，融合教育出版进程加速，大学出版社在加快开发多形式的优质教材内容、课程和教学服务的同时，还要加强改造传统教材推广营销服务模式，以新媒体思维贯穿出版全流程，在新时代为广大高校师生提供现代化的整体教学解决方案。

（四）严格过程把控，做好流程监管

精品教材是教育出版高质量发展的关键，是建设高质量教育体系的核心。精品教材建设需要强化教材出版质量保障体系建设。大学出版社要做好教材出版各环节的把关，严格执行三审三校制度，教材内容质量和编校质量要经得起市场的持久检验。

以中国人民大学出版社为例。通过长期的建设，中国人民大学出版社形成了一整套保障教材出版质量的制度体系，在选题论证、编辑加工、生产印制、图书质检等各个流程强化质量管理，确保教材具有一流的出版品质。

在导向管理方面，中国人民大学出版社始终严格执行国家有关出版管理的法律法规和规章制度，坚持三级论证、三审三校、重大选题备案、书号管理、样书送检、出版物质量检查等基本制度；制定了《贯彻落实意识形态工作责任制实施办法》《选题论证管理规定》等一系列管理制度，严格流程管理，保证出版质量；在涉及意识形态把关的关键环节——选题论证和审读加工两个工作流程中，严格政治导向把关，执行政治导向"一票否决制"，坚定政治立场，严禁问题教材进入出版流程。

在学术价值方面，中国人民大学出版社制定了严格的教材出版准入标准，从作者标准、内容标准等方面强化管理教材的学术质量。中国人民大学出版社坚持优质作者队伍建设和实现教材立体化开发战略不动摇，组织全国哲学社会科学各个学科的重点学科负责人、学术带头人和中青年骨干教师，开发了涵盖政治、法学、新闻、经济、管理等几乎所有哲学社科专业领域的系列原创教材，打造了由上百个系列、2000多个品种构成的庞大的系列教材群，根据教学需要分层级出版。中国人民大学出版社充分重视教材版本的修订更新工作，重视一线教师的教学反馈，及时把教学中的最新成果反映到再版教材中；邀请学科专家在选题推荐、论证出版、评审评价等环节为教材出版提供智力支持，为选题质量把关。

在编辑加工方面，中国人民大学出版社严格落实三审三校制度，重视学科编辑专业能力培养，加强印装质量，严格图书检查，从严消灭教材中的各类错误，确保教材质量标准高于一般出版物。中国人民大学出版社对三审三校的主体提出了明确的任职要求，责任到人；加强专业分工，重视交叉学科跨专业审读，避免因编辑专业能力缺失带来的教材质量问题，重点教材适当增加审读次数以确保内容质量过硬；不断强化编辑队伍建设，重视编辑选拔培养和任职考核，始终保持教材编辑业务能力与水平在全行业领先。

在生产管理方面，中国人民大学出版社在印前检查、印装工序监督、工艺材料把关、样书送检、入库抽检等环节建立起一整套生产质量控制体系和责任问询机制；强化质量管理部门的监管责任，在印前抽查、成品书抽查、印制质量抽查等方面将质量管理内化到出版生产的全流程。质量管理部通过不同形式的检查对图书质量进行监督管理和动态监控，组织专题讲座，定期就图书质量问题进行督导。

五、结　语

习近平总书记指出："教育兴则国家兴，教育强则国家强。高等教育是一个国家发展水平和发展潜力的重要标志。今天，党和国家事业发展对高等教育的需要，对科学知识和优秀人才的需要，比以往任何时候都更为迫切。"在新的历史使命和历史机遇下，大学出版社要继续秉承服务高等教育的优良传统，以打造高质量教材体系为核心，为我国高等教育事业提供强有力的出版支撑，为实现教育强国作出应有的贡献。

（作者单位：中国人民大学出版社）

参考文献：

[1] 推进教材建设高质量发展 打造更多培根铸魂、启智增慧的精品教材——访教育部教材局局长田慧生[J].人民教育，2021（5）.

[2] 宗俊峰，刘志彬.新时代大学出版社高校教材出版的思考与

展望[J].现代出版,2021（3）.

[3] 建成世界规模最大高等教育体系，服务经济社会能力显著提升——"十三五"高等教育取得突破性进展[N].中国教育报,2020-12-04.

[4] 教育部.我国已建成世界规模最大的高等教育体系[N/OL].（2020-12-03）[2021-10-21].https://baijiahao.baidu.com/s?id=1685026997709981269&wfr=spider&for=pc.

地方出版社如何做好主题出版

陈兴芜

摘　要：主题出版是出版机构的政治责任、社会责任和文化责任。文章梳理分析了地方出版社主题出版工作的现状和面临的问题，并结合重庆出版集团的主题出版实践，就地方出版社如何在主题出版上做出特色、打造精品提出针对性的对策和建议。

关键词：地方出版社　主题出版　精品出版

主题出版是挖掘中国文化资源、探究中国智慧进而建设中国特色社会主义文化的主要途径之一[1]，也是出版业义不容辞的责任和担当。2019年3月，中宣部办公厅下发《关于做好2019年主题出版工作的通知》，要求打造更加丰富优质的出版精品，自觉担负起举旗帜、聚民心、育新人、兴文化、展形象的使命任务，积极建设具有强大凝聚力和引领力的社会主义意识形态，大力培养担当民族复兴大任的时代新人，更好地满足人民精神文化生活需求，不断提升中华文化影响力，为推动党和国家事业发展提供有力的思想保证和强大的精神力量。对地方出版社来说，主题出版既是政治责任、社会责任和文化责任，也是市场的必然要求。但从全国来看，部分地方出版社的主题出版工作与新形势下中央提出的新任务、新要求相比，还有一些不相适应的地方，还面临一些亟待解决的问题。本文通过梳理、分析地方出版社主题出版工作的现状和面临的问题，并结合重庆出版集团主题出版的工作实践，就地方出版社如何扬长避短，发挥自身优势，做出特色，打造精品，提出针对性的对策和建议。

一、地方出版社主题出版的现状

党的十八大以来，在中宣部和原国家新闻出版广电总局的高度重视下，主题出版已起到唱响主旋律、传递正能量、提振精气神的重要引领示范作用。除中央级出版社外，地方出版社也越来越多地参与到主题出版之中，推出了一大批具有广泛社会影响力和地方特色的主题出版精品，题材上不再只是以重大题材和重要节庆为主，选题角度逐渐多样化，市场化程度增强，"走出去"步伐也逐渐加大。例如，重庆出版集团出版的以红岩精神为主线的纪实文学《忠诚与背叛——告诉你一个真实的红岩》，被中宣部、国家新闻出版署确定为庆祝建党90周年重点出版物，入选"大众喜爱的50种图书"，荣获中宣部"五个一工程"奖。以重庆大轰炸为历史背景的长篇小说《重庆之眼》获得"2017年度中国好书"；《马克思·恩格斯·列宁画传》被刘云山同志誉为"推进马克思主义大众化的有益尝试"；《马克思画传：马克思诞辰200周年纪念版》作为中宣部纪念马克思200周年诞辰的3种重点图书之一，被评为第八届优秀通俗理论读物、2018年向全国青少年推荐百种优秀出版物和"2018年度中国好书"。集团依托设立的"马克思主义中国化研究出版基金"出版了马克思主义相关图书300余种，其中"中国特色社会主义'五大建设'丛书"、《中国梦的理论视域》、《法学变革论》等图书实现了向日本等国家的海外版权输出。

目前，地方出版社的主题出版工作与中央级出版社仍然存在较大差距。中宣部的"主题出版重点出版物"选题目录中，2015年100种图书选题，地方出版社占比39%；2016年96种图书选题，地方出版社占比34%；2017年77种图书选题，地方出版社占比

27%；2018 年 69 种图书选题，地方出版社占比 46%。2019 年 77 种图书选题，中央级出版机构占了 40 种，地方出版社只有 37 种，占 48%。纵观 2015—2019 年的选题目录，地方出版社占比都没有达到 50%。根据 2019 年 8 月国家新闻出版署发布的《2018 年新闻出版产业分析报告》，共有 7 种主题出版图书进入年度印数前 10 名，均为中央级出版社，分别是《习近平新时代中国特色社会主义思想三十讲》，年度印数超过 3200 万册；《习近平谈治国理政》（第一卷、第二卷），印数超过 600 万册；《新时代面对面——理论热点面对面·2018》印数超过 980 万册；《红岩》《红星照耀中国》《红星照耀中国（青少版）》年度印数继续超过 100 万册，《共产党宣言》年度印数超过 100 万册[2]。与中央级出版社动辄上千万的优秀主题出版物相比，地方出版社的差距较大。如重庆出版集团销售最好的主题出版物《忠诚与背叛——告诉你一个真实的红岩》，累计销量不过 40 多万册。由此可见，中央级出版社在主题出版方面一枝独秀，资源禀赋得天独厚，地方出版社的发展空间还非常大，尚需加快追赶的步伐。

二、地方出版社主题出版存在的主要问题

（一）地方财政对主题出版资助的方式有待改进

一些地方特色主题出版项目题材重大，时效性强，成本较高，启动阶段就需要投入大量的人力物力财力，光靠出版单位自筹资金启动非常困难。财政资助应该从一开始就介入，才能持续有效地推动整个项目的开展。例如，重庆出版集团的《影像中国 70 年·重庆卷》前期需要垫付较高版权费用，图片选取涉及很多机构部门，若没有资金资助和政策扶持，推动起来就十分困难。

（二）选题范围较为局限，产品整体布局不明晰

随着越来越多出版机构参与主题出版的市场竞争，跟风出版现象也随之增加，选题内容同质化现象严重。特别是在重大节点上，多家出版社同时围绕同一主题进行策划，选题高度相似，撞车现象严重。大量低端重复的选题不仅浪费了出版资源，而且由于缺乏有特色的精品出版物，导致同质化竞争激烈。

主题出版物内容质量不高和不接地气，主要表现为有的作者把握和处理内容的方式较为生硬，编写格式化、空洞化、口号化情况比较常见，致使主题内涵不深入。有的出版物追求高大全，过于注重宣传功能而忽视阅读需求，内容注重说教，缺乏创新，形式陈旧，片面追求宏大主题，忽视对社会现实的关切，出版后得不到市场认可；有的出版物书名锤炼不够、装帧设计缺乏创意，难以吸引读者，不利于图书销售和思想传播；有的出版社产品布局缺乏整体思路，主题出版生产线零碎，重点产品不多，拳头产品更少，市场影响力不够。

（三）形式载体陈旧，融合创新的市场营销宣传不够

在中央政策的推动下，主题阅读的市场持续升温，主题出版的读者群不断扩大。但不少地方出版社主题出版的形式载体和营销宣传还未能适应大众市场的需求。在移动互联网时代，人民群众对文化生活的需求日益多样化，而大多数地方出版社的主题出版仍以实体图书、电子书为主，以图书选题为桥梁向多媒体、多平台延伸的思路和能力不足，最常见的音视频形式采用较少，结合VR技术等新兴智能科技的出版物则更少，对人民群众的吸引力不足。

有的地方出版社囿于过去对主题出版的固有思路，把营销宣传的重心放在党员干部和政府工作人员中，侧重团购和馆配渠道，对零售市场不够重视。相比其他出版物，主题出版物的宣传方式

也较为陈旧，多以纸媒为主，在新媒体平台上的传播扩散力度明显不够。

（四）"走出去"成效有待提高

当前，主题出版"走出去"还是以版权输出为主，受到外方传播平台、语言翻译、文化差异等诸多因素制约，从"走出去"到"走进去"的转变还不到位；基于海外读者需求侧的选题创新不足。在内容上，有的出版物因为翻译问题未能采用贴近当地的表达方式，在版权输出后针对海外主流市场的营销不够强力，导致主题出版图书在海外上市后影响力未能达到预期。在国际传播中，传播载体也不够与时俱进，除纸质书的输出外，以新技术为主题出版"走出去"服务的成功案例还不多。如何真正掌握话语权，有力传播中国声音，仍然是地方出版社需要认真思考的课题。

（五）作者资源、编辑储备不足

主题出版内容要有权威性、可靠性，就要求作者既要具有深厚的理论素养、通俗化的表达能力，又要有强烈的政治意识和责任意识。学术水平高、影响力大的作者大多集中在京、沪等经济文化中心，在发掘高端作者资源上，中央级出版社具有先天优势。地方出版社更多的是寻找各地高校专家、各类研究机构的作者资源，这些作者虽在其研究领域有突出成就，但常常由于经验不足，对主题出版内容撰写的特殊要求不够了解，导致精品不多。

主题出版对编辑把握政策、把关导向的能力也有更高要求。有的地方出版社的编辑队伍知识结构和专业较为分散，由于专业限制，在政策敏感性和宏观视野上也有欠缺，在主题出版方面的素养还有不足，综合素质高的编辑人才不多。

三、地方出版社做好主题出版工作的对策建议

(一)主动策划,优质服务,善于借力借势借智

当前,主题出版大多数是直接或间接反映国家和地方在政治、经济、科技、文化、社会等各方面取得的成就和经验,受到各级党委政府的重视和支持,这为地方出版社做好主题出版工作提供了良好的社会土壤。例如,涉及理论建设、党史题材的选题,可依靠党委宣传部、党史研究室等部门;反映文化建设、旅游地理的选题,可联合政协、文旅委、艺术研究院等单位。各级党政部门把本部门的重要决策部署、主要工作成就向读者呈现,让群众了解,既是政治任务、政治责任,也是工作所需。出版社要抓住党政所需、社会关注、群众期盼的关键点,放开视野,借力借势借智,通过主动策划、优质服务,激发各级党政部门参与文化建设的积极性,将出版社的意愿与各方所需结合起来,并转化为多部门的联合行动,争取财力物力和政策支持,减轻经济上的压力。同时,对经济效益预期不太好、时效性较强的重大项目,各级出版基金应变"事后补助"为"事前资助+事后补助",给予出版社一定的项目启动资金,从源头上保障精品生产。

(二)深入挖掘特色文化资源,精心构建特色品牌产品线

鲁迅曾说,"有地方色彩的,倒容易成为世界的,即为别国所注意。打出世界上去,即于中国之活动有利"[3]。主题出版内容很多都是地方特色鲜明的,但其影响却是全国性甚至世界性的。拿重庆来说,本地文化特色资源富集,有源远流长的巴渝文化,有享誉世界的三峡文化,有可歌可泣的抗战文化,有彪炳史册的革命文化,有别具一格的统战文化,有感天动地的移民文化……这些多彩多姿的地域文化是中华优秀传统文化的重要组成部分,特别是近代以来,革命文化、红色基因已成为这座城市最鲜明的

特征。

习近平总书记2019年4月视察重庆时强调，重庆是一块英雄的土地，有着光荣的革命传统。毛泽东同志在这里进行了决定中国前途命运的重庆谈判，周恩来同志领导中共中央南方局在这里同反动势力展开了坚决斗争，邓小平同志在这里领导中共中央西南局进行了大量开创性工作。众多被关押在渣滓洞、白公馆的中国共产党人，经受了种种酷刑折磨，不屈不挠、宁死不屈，为中国人民解放事业献出了宝贵生命，凝结成红岩精神。深挖红色资源、弘扬革命文化，是重庆出版人的光荣与责任。在挖掘特色出版资源时，出版社只有坚持"有所为有所不为"，充分挖掘优势资源，取其精华去其糟粕，扬长避短，选好重点突破口，抓好头部产品，做到"人无我有、人有我新、人新我精"，构建并完善品牌产品生产线，主题出版才能出新出彩出亮点。

（三）准确识变，科学求变，坚持系列化开发和市场化运作

地方出版社要做好主题出版工作，首先必须认真学习习近平新时代中国特色社会主义思想和习近平总书记关于宣传文化系列重要讲话精神，认真学习党的十九大和中央有关文件精神，认真领会地方党委政府的重大决策部署，围绕中心，服务大局，不断提高策划主题出版的敏感性和把握能力，在学深悟透中找准选题、深挖选题、挖透选题。同时，以深化供给侧结构性改革为指导，加大主题出版内容创新的力度，主动深入调研，使主题出版物真正反映国家之需、民族之需和时代之需。其次，要契合当今社会变革潮流，坚持创造性转化与创新性发展，实现主题出版内容形式大众化。只有实现了大众化，才能更好地市场化。再次，要充分考虑主题出版的读者对象是谁，再结合读者选择宣传平台、营销手段、上架渠道等，想方设法利用多种方式推广，扩大主题出版物发行范围，放大社会效益，最终实现两个效益最大化。在实

现双效的基础上，对主题出版进行滚动开发，实现产品系列化，保持持久的市场影响力，让好作品叫得响、立得住、传得开。

（四）创新传播机制和手段，推进"互联网＋主题出版"建设

"'互联网＋主题出版'将成为新的发展趋势。"[4]主题出版的全媒体形式，能更全面地满足不同受众的差异化需求，增强不同场景下的内容体验，让主题出版的终端能够更普及、更有趣，更适合新型读者、年轻读者的阅读特点。主题出版只要找准点位、切中读者心理，就会有受众，"学习强国"App的风靡恰好反映出主题出版大有可为。出版社必须紧跟时代步伐，抓住知识服务、付费阅读、复合出版等出版行业发展趋势，加强技术革新，提升电子书、音频视频等数字出版形式的比重，实现一体化传播。

现阶段，重庆出版社一方面积极推进主题出版数字资源库建设，搭建中国抗战大后方历史文献知识库、中国石窟雕塑全集数据库、巴渝非物质文化数字出版平台、大足石刻数据库等平台，把历史文化资源转化为强有力的文化竞争力，满足人民群众对美好生活的新期待，为全市文化繁荣兴盛多积尺寸之功；另一方面，依托重点出版物策划开发新的主题出版数字多媒体产品，构建主题出版图书数字化展示阅读平台；同时，加快主题出版与影视、演艺、动漫、旅游的深度融合，结合红色文化、扶贫攻坚等内容精心策划打造影视作品，探索主题出版融合发展之路，深耕细作产品生产线。

（五）守正创新，进一步深化和拓展"走出去"渠道

在主题出版"走出去"上，地方出版社要进一步加大供给侧结构性改革的力度，深入了解"走出去"目标国家的经济发展水平、社会文化环境、民众阅读习惯以及对中国的了解程度，真正

做到因地制宜、量体裁衣；要针对目标读者转化适宜的叙事方式和话语逻辑，增强作品的感染力、可读性，运用国际表达方式讲好中国故事；要不断深化国际出版合作，拓展合作的渠道和模式，运用国际组稿、共同出版等方式深度融入国际出版；要建立完善的海外市场营销团队，积极利用新技术创新主题出版国际化模式，使主题出版内容与多媒体融合，形成主题出版物海外传播的强大网络，扩大其影响的广度和深度。

（六）强化高端作者、编辑队伍建设，储备、运用好优秀人才

优质的内容资源和作者资源是产品的核心竞争力，只有找到最合适的作者才能有最好的内容资源，才能有更好的作品。主题出版内容的政治性、思想性、导向性要求高，要求作者政治立场过硬、学术科研能力过硬。地方出版社要站在全国的高度，在全国范围内不断挖掘、积累高层次、权威性的作者资源，重视对作者群的涵养，从源头上保证学术著作的出版质量。同时，还要重视借助"外脑"，做好专家学者顾问团的资源储备，共同把好选题关，保证主题出版物导向正确，内容权威、有分量。

主题出版在组稿、编校、设计、印制等方面要求极高，不是每一个编辑都能胜任，这就需要出版社积极培养与主题出版要求相匹配的高素养学者型编辑。一方面，要不断提升编辑的业务技能，提高主题出版物的编校质量和内容质量，增强编辑的脚力、眼力、脑力、笔力；另一方面，要不断提升编辑的理论水平、政治素养和把关能力，以及运用系统思维、战略思维、受众思维、创新思维分析和解决问题的能力。同时，还要培养编辑服务党和国家工作大局的意识和对政策敏锐把握、科学解读的能力，使编辑善于将本地资源能动地与主题出版有机结合，在策划过程中通过选题的整体设计来主动对接国家战略，服务发展大局。

"凡事预则立，不预则废。"主题出版时效性强，要求出版社把握好恰当的时间节点。但好的主题出版并不是水龙头里的水，可以随时拧开放出来[5]，出版社需要始终坚持"主动跨前、提早介入、科学组织、合理谋划"的原则，按照思想精深、艺术精湛、制作精良相统一的要求，在选题策划上精心论证，在编辑加工中精心打磨，在印制生产环节精心把控，不断提高主题出版的精神高度、文化内涵、学术价值、格调品味，做有责任、有温度、有情怀的优秀文化产品提供者、服务者。

四、结　语

做好主题出版工作，既是出版社以精品奉献人民、用明德引领风尚的重要体现，也是出版社提升核心竞争力和社会影响力的重要途径。"主题出版的本质就是与时代同呼吸、共命运，独特而深刻地反映出时代的最强音"[6]，因此，地方出版社要打造优秀主题出版物，就必须抓住新时代的重大主题，深刻把握主题出版特征和规律，深入发掘自身优势和潜力，因事而化、因时而进、因势而新，以新视野、新思想、新路径开拓主题出版新局面。

（作者单位：重庆出版集团）

参考文献：

[1] 于殿利. 用出版涵养国家文化自信 [N]. 人民日报，2017-12-05.

[2] 2018年新闻出版产业分析报告（摘要版）[N]. 中国新闻出版广电报，2019-08-28.

[3] 鲁迅. 鲁迅全集（第十三卷）[M]. 北京：人民文学出版社，

2005.

[4]邱俊明.新时代主题出版的内容打造[J].出版广角,2018(7).

[5]周建森.地方出版社做好主题出版的自信在哪里?——江西教育出版社的实践与思考[J].出版广角,2017(18).

[6]李岩.为时代奉献精品力作营造主题出版时代新格局[J].出版参考,2018(2).

科普出版精品化生产和品牌化建设路径探析

傅 梅

摘 要：在党和国家高度重视科技创新与科普工作的背景下，作为科普工作的重要组成部分，科普图书出版迎来发展黄金期。研究结合江苏凤凰科学技术出版社（以下简称"苏科社"）科普出版的实践，提出科普出版精品化生产和品牌化建设的具体路径：立足优势领域，挖掘原创选题；高品质呈现，打造精品图书；抢抓优质资源，垂直深化发展；品牌化建设，引领未来方向；创新营销手段，向单品要效益；举全社之力，助力精品生产。

关键词：科普出版 精品化 品牌化

习近平总书记指出：科技创新、科学普及是实现创新发展的两翼，要把科学普及放在与科技创新同等重要的位置。[1]进入新时代，中国科普事业肩负着传播科学精神、科学思想、科学知识、科学方法的使命，在科技创新与科学普及协同发展中，让公众理解科学，让科学普惠人民，以更加强劲的科学普及之翼服务社会主义现代化强国建设。

近年来，国家高度重视科普工作，作为科普工作的重要组成部分，科普图书出版也迎来了发展的黄金时代。一段时间以来，市场上涌现了一大批各具特色、满足读者需求的本土原创科普作品；与此同时，一些引进版科普图书以其先进的科学理念、精美的内容呈现等特点受到读者青睐。如何在激烈的市场竞争中脱颖而出,笔者认为,可从以下六个方面入手着力加强精品化生产和品牌化建设,打造具有自身特色的科普图书精品。

一、立足优势领域,挖掘原创选题

科普出版工作中,专业出版社积累了丰富的内容资源和作者资源,有着得天独厚的专业优势。应立足各出版社的优势领域,从品牌化建设视角出发,策划、开发独具特色的选题。

以苏科社为例,长期以来,苏科社与中国科学院植物研究所、中国科学院南京地质古生物研究所、中国科学院紫金山天文台以及江苏省农业科学院等专业科研机构紧密合作,在生命科学、天文学等领域积累了专业而丰富的作者资源,在此基础上,策划出版了一批得到市场认可的科普精品图书。

打造品牌,引进优质科普作品。2005年,苏科社敏锐捕捉并密切跟进尊重科学、崇尚知识的思想潮流,推出了"青鸟文丛"。这套书以探索生命奥秘、关爱生命、保护生态为主题,渗透着"生态文化"理念,突出了"人、自然、生命"的和谐之美,引进了道金斯、古尔德等一批世界著名科学家的科普作品,并邀请生命科学等领域的学术专家进行翻译,出版了《奇妙的生命——布尔吉斯页岩中的生命故事》《大象之耳——自然法则与生命的秩序》《信天翁的眼睛——寻访海洋生物的世界》《祖先的故事——生命起源的朝圣之旅》等一批备受关注的科普作品。"青鸟文丛"这一科普品牌在读者中得到了一定的认可。

紧盯一流,孵化原创科普精品。从服务党和国家提升全民科学素养和生态文明建设事业发展的大局出发,从科普图书的市场前景出发,专业出版社更要紧盯国内科技创新的最新趋势,"以我为主"孵化原创科普精品。在此思路下,苏科社推出了一批国内一流科学家的科考笔记，如荣获"国家科技进步奖"的周志炎院士主编的《远古的悸动——生命起源与进化》为代表的"远古系列"；著名滇金丝猴保护专家龙勇诚先生主编的《守望雪山精灵——滇金丝猴科考手记》；中国大熊猫研究第一人胡锦矗先生主编的《寻踪国宝——走近大熊猫家族》等。

  加强合作，布局专业产品线。在聚焦专业领域、发挥专业优势的基础上，更要布局产品线的开发。苏科社在生命科学、环境科学等重点领域着力打造自然科普、人文科普和少儿科普产品线。如自然科普产品线，与国际一流品牌合作，聚焦地球科学、生命科学、天文学，出版了《蓝色星球Ⅱ》《珍稀动物全书：美国国家地理"影像方舟"》《国家地理珍稀鸟类全书——世界濒危物种的最后影像》《宇宙全书——国家地理新视觉指南》《BBC人体如何工作——照顾好你的身体》《NASA自然百科：认识宇宙》《BBC科普三部曲》等引进版科普作品。图书资源高端、稀缺，视觉呈现精美，收获了一定的市场认可度。人文科普产品线，则将人文思考带入科普领域，推出了一批优质的原创科普精品。如《芳华修远》《嘉卉：百年中国植物科学画》，将植物科学画这一珍贵的表现形式从科研机构推向读者，掀起了一股以艺术的方式让读者认知自然、认知科学的热潮；再如以"轻阅读"为特色的"手绘自然书系"，结合科学知识的专业描述和精彩的手绘图，既展现了科学之真、也传达了自然之美，吸引了广大年轻读者，让其在愉悦和美感中受到科学熏陶，培养观察自然、体味人生的生活态度。该系列陆续推出《遗世独立：珍稀濒危植物手绘观察笔记》及《笔落草木生》《撷芳：植物学家手绘观花笔记》等作品，其中《遗世独立：珍稀濒危植物手绘观察笔记》获评"中国科普作家协会优秀图书"，《笔落草木生》《撷芳：植物学家手绘观花笔记》获江苏优秀科普作品奖一等奖。

二、高品质呈现，打造精品图书

高质量的精品科普图书必须重视图书的呈现形式，要坚持精品意识，重视内容、图像的高品质以及图书装帧设计的一流品位，让精品图书有精致"品相"。这需要在内容提升与版式设计上下足功夫，力求把每一本书打造成内容价值高、视觉冲击力强、装帧设计美的高品质图书。

内容上，力求科学与艺术完美结合。以《嘉卉：百年中国植物科学画》为例，潜心三年深入整理，由植物分类学家和著名植物画家联袂主编，100位文字作者参与撰稿，20位研究员参与审稿，收集了5代植物科学画师在百年间绘制的精美物种肖像，精选了680余幅精品画作，[2]采用目前最为前沿的植物分类系统——基于分子生物学的APG Ⅳ系统进行编排，同时系统梳理了中国植物科学画的百年史。精美的植物科学画和知识性的文字相结合，与内容浑然一体的高水平装帧设计，成就了一部视野宽广、内容厚重，有温度、有色彩、有情怀的科普佳作。鉴于内容上科学与艺术完美结合的要求，装帧设计必须上水准、有创新。国际著名平面设计师赵清潜心创作，为成书添彩。全书的色调饱含草木大地的气息，四种不同质地的轻薄艺术纸使得这本908页的重磅之作具有意外的轻盈手感。为尽可能还原手稿资料的丰富灵动，在严谨编排的基础上形成恰到好处的留白。开篇的解读部分以木色纸张印刷，介绍了植物科学画的起源和背景；内页单色与彩色对等的版式，系统展示了精选画作的多样性；文字运用了横竖结合的排版，清晰有序，一目了然；书中收集的精美作品，清晰地勾勒出万千植物的婀娜倩影；末尾收录的图像简史，则又回归了初始的木色，构成了完整的历史回溯。这些精心设计将整本书推向了艺术与科学相结合的新高度。

形式上，力求内容与技术优势互补。由新华社编写的《60万米高空看中国》("2020年度中国好书"），以卫星图像的独特视角，体现了本书的独创价值。图书以"一省一脉络，一地一经纬"为主线，呈现了全国34个省区市的自然地理区位和突破性变迁，保证了内容的权威性。全书精选了200余幅专题地图与卫星影像，[3] 从太空高度、历史角度、区位精度、时代维度，涵盖农业、经济、城市、交通、能源、工业、生态等方面记录祖国大好河山，特别是从太空贯穿至地面"一镜到底"的俯瞰镜头，最长近两米的拉页设计，呈现出震撼人心的视觉体验。值得一提的是，借助AR增强现实技术与遥感卫星技术新成果，纸质图书与互联网数字技术有效嫁接，在这部书中得到了较好体现。

理念上，力求学术与科普兼容并蓄。科普出版既要守科学之本，又要思阅读之便，在内容创作与设计理念上就要尽力保证学术价值与科普阅读的平衡。获2019年国家出版基金资助出版的《山川纪行：第三极发现之旅——臧穆科学考察手记》，是国际知名真菌学家臧穆自1975年参加我国第一次青藏高原综合科考起30余年间留下的野外科考日记，被誉为"当代生物科学界图文版的'徐霞客游记'"。这部著作体现了一位精神世界丰富深邃、趣味广博的中国科学家眼中的大美中国，有着珍贵的文献价值和学术价值。为了保证图书的精益求精，仅手稿的录入、校勘就经历了两年多时间。相关专家依照各自专业所长，对种子植物、真菌、地衣、苔藓的拉丁学名进行了翻译和校勘，充分保证了这本书内容的精良。同时，为了最大限度地吸引读者，图书在尽力保持手稿原貌的基础上，通过多种渠道广泛收集了臧穆的大量科考及学术生涯照片，更鲜活地与日记相互印证，在版式设计上采用横开本，将日记原稿扫描件居中展示，经过专家整理校勘的内容居于两侧，方便读者阅读对照。在专家团队和编辑团队的心血浇灌之下，图书内容更为深厚、立体，得以高品质出版。

三、抢抓优质资源，垂直深化发展

在得到一定市场认可的基础上，深挖抢占高端资源，是科普出版深化发展的重要基础。笔者认为，在专业出版的基础上，一方面，要强化与国际一流品牌的长期合作；另一方面，更要抢抓国内高端资源，携手专业科研机构共同开发科普产品。

强强联手，提升出版品质。与高端、权威科普机构和重要传媒机构合作，可以有效保障书稿来源的高质量。如苏科社与BBC、NASA、美国国家地理等全球顶级科普品牌资源合作，以世界一流精品科普图书为目标，抢占高端资源。先后推出的《蓝色星球Ⅱ》《珍稀动物全书：美国国家地理"影像方舟"》《BBC宇宙三部曲》《BBC科普三部曲》《NASA深空探索：钱德拉X射线天文台20年全记录》等精品自然科普图书，获得了不俗的市场表现。国内与新华社合作出品的《60万米高空看中国》，以及之后的《登峰测极》《太空见证》等选题，是高品质与读者信任的保障。

搭建平台，夯实发展基础。高价值的科普选题和高品质的科普出版，要想形成持续性输出，有赖于成熟的生产机制和平台保障。可探索通过与顶尖机构建立合作平台，夯实未来出版发展基础。例如苏科社利用地缘优势，积极与包括前文提及的科研机构在内的相关单位建立了长期紧密的合作，搭建了"凤凰·紫台联合科学传播中心""凤凰·南古联合科学传播中心""凤凰·南医大联合出版中心""凤凰·苏农科联合科学传播中心"等战略合作平台，还与南京大学、伯明翰大学联合成立"凤凰·南大·伯大医疗社会史研究与出版中心"。在合作平台基础上，积极组织策划了《悟空传：中国暗物质空间探索20年》《星耀苍穹：将名字镶上宇宙星空》《中国天文爱好者观星实践指南》《认识星座：打开通向宇宙的大门》《地层金钉子》《精品蔬菜丛书》等图书项目，以及"发现·中国：走近天文学""发现·中国：古生物大讲堂"等融媒体项目，为科普板块的未来发展打下坚实的基础。

四、品牌化建设，引领未来方向

在打造精品的基础上，科普出版还需要明确品牌定位、提高品牌形象、传达品牌内涵，有意识地从品牌化建设的角度做好科普产品线规划布局。

从2021年开始，在已有精品科普产品线的基础之上，苏科社进一步明确了科普图书产品定位，强化高品质内容、高品质装帧设计的产品特色，推出全新"青鸟科普"品牌。"青鸟科普"以"交融人与自然的情感"为理念，聚焦"人·自然·生命"，关注自然、生命等领域最前沿的科研动态，致力于用独特的视角和贴近时代的思维，推出探索生命奥秘、保护自然生态、思考人类发展的科普佳作，力图以新锐的知识、震撼的画面、深邃的思考带给读者全新的知识和情感体验。

"青鸟科普"重点规划了"新知""新觉"两个板块。其中，"新知"聚焦前沿知识，汇集天文学、地球科学、生命科学等相关领域的优秀专家和作者，通过有趣、有料、有深度、有美感的内容呈现科学新知。这一板块将继续与BBC Books、美国国家地理、大英博物馆、大英自然历史博物馆等机构合作出版畅销科普图书，还将与前述国内一流的科研机构、传媒机构合作推出追踪科学前沿、具备国际视野的原创精品科普图书。"新觉"聚焦科学与人文的交融，重点关注科学家典范的洞见、思考，传播科学精神、科学思维。这一板块将邀请国内外科学界"大家"，结合其研究领域，向读者阐述科学精神、科学思想、科学方法，给广大读者与顶尖学者交流思想的机会，窥见其学术精神与个人风采；还将邀请国内外优秀的新生代学者向读者讲述他们在深入前线的科考经历中所收获的新鲜观点与最新思考和发现，表达贴合新锐潮流的科学见解。

此外，为进一步挖掘细分市场的潜力，苏科社也将少儿科普纳入"青鸟科普"的阵营，推出全新的"小青鸟"品牌。在持续培育主题式儿童科普读物《科学博物馆》基础上，精心打造《神奇绿色营》《亲近大自然》等高品质儿童生态科普绘本，未来还将围绕长江大保护等生态环保重点选题，持续推出原创精品。

五、创新营销手段，向单品要效益

为了让科普类图书紧跟市场化营销步伐，出版社应积极探索，开拓新媒体营销渠道。一方面，打造重点板块的媒体宣传矩阵，建立包括当当、京东、天猫、微博、微信、小红书、抖音、社群、新闻媒体等线上平台和线下活动相结合的营销矩阵，紧随时代发展，实施短视频、直播等有效营销策略；另一方面，积极挖掘各大型电商和专业电商的销售潜力，建立市场图书重点板块的销售网络，学习、运用先进销售模式和促销手段，重点维护头部品种，开展垂直化精准营销，保证畅销书和重点新书的曝光率。通过这些举措，科普出版重点图书的单品效益显著增加。

以《山川纪行：第三极发现之旅——臧穆科学考察手记》为例，该书的专业性和高定价，决定了其小众性的特点，恰当的营销策略对于销售至关重要。编辑部门与发行部门充分沟通后，根据图书的内容特点厘定受众人群、确定销售渠道。在图书上架前，联系了与本书受众群契合的微博科普大V，借助流量平台，以讲述本书作者臧穆的人生故事的方式先期预热。图书上架后，一天之内销售超300套。在持续的定向宣传以及读者极高口碑的辐射效应影响之下，第一次印刷的近800套3周售罄。通过调研市场、研判读者对于该书的高分评价，苏科社对这套书的市场容量进行了讨论和判断,加印的同时安排第二轮营销工作,利用好第一批读者的口碑效应,通过书评、短视频、限量赠品、直播等全媒体营销方式,继续扩大该书的认知度和影响力,实现双效丰收。

六、举全社之力,助力精品生产

精品的出版非一日之功,需要社编委会在社级层面做好顶层设计,指导编辑部围绕产品线策划选题,对重点项目举全社之力投入研发。

为了更高效地打造科普精品,苏科社除科普出版中心外,还鼓励全社各编辑部加入科普图书的产品线建设,集全社之力推动科普板块发展。一是社领导亲自挂帅、组建队伍,反复锤炼重点项目。如在《60万米高空看中国》的出版过程中,社领导亲自部署推进各项工作,带领编辑团队多次进京研讨出版计划和细节,与专家一起对200余幅专题地图、3D混合示意图反复核对把关;邀请业内专家对600余页书稿从数据精确性、内容科学性、文字可读性等方面反复打磨,力求准确、精彩;在全社范围召集优秀编辑投入编校工作,力求在有限时间内做到精益求精。二是从政策和培训等方面全方位保障原创科普图书的发展空间。苏科社在社内制度上,加大对原创科普图书的扶持和奖励力度;重视对骨干编辑的培养任用;在培训和选题运作过程中,以引进版优秀科普书为例,学习借鉴其策划、创作、制作经验,要求编辑以国际水准做原创科普图书。

七、结　语

近年来,苏科社通过持续的探索与深耕,一系列双效精品图书在国内科普出版领域推出,获得了"中国出版政府奖""中国好书"

等重要奖项，同时输出了版权，成为极具潜力的发展板块。有理由坚信，坚守精品初心、立足时代所需，始终以一流品质为目标，科普出版一定大有可为。

（作者单位：江苏凤凰科学技术出版社）

参考文献：

[1] 习近平.为建设世界科技强国而奋斗——在全国科技创新大会、两院院士大会、中国科协第九次全国代表大会上的讲话（2016年5月30日）[N].人民日报，2016-06-01.

[2] 2019年度中国好书|《嘉卉：百年中国植物科学画》[EB/OL].（2020-04-24）[2021-11-10]. https://www.sohu.com/a/390928029_643303.

[3] 新华荐书|阅读就是回家[EB/OL].（2021-02-10）[2021-11-10]. https://cbgc.scol.com.cn/news/831504.

抗"疫"背景下出版创新与服务的探究
——以全国第一本防疫图书《新型冠状病毒感染防护》出版为例

朱文清　尉义明

摘　要：新冠肺炎疫情发生后，广东科技出版社出版的《新型冠状病毒感染防护》一书以快速出版、免费阅读，新媒体的高质量、高效率服务，创造了社会效益和经济效益的双效统一。本文以新冠肺炎疫情发生后出版的全国第一本科普防护图书为例，结合疫情中图书出版发行中的创新经验与做法，以期为图书出版在面对社会突发公共事件、推动出版改革创新方面提供借鉴。

关键词：新冠肺炎　出版实践　创新　服务

2019年底开始，新冠肺炎在我国肆虐，疫情发生后，党中央高度重视，习近平总书记对新冠肺炎疫情作出重要指示，强调要把人民群众生命安全和身体健康放在第一位。出版社作为传承文明、传播知识的主体，为大众普及防疫科普知识，做好防护措施，本着服务社会、服务大局的职责使命应采取积极行动。

广东科技出版社及时响应社会关切，经过48小时昼夜奋战，于2020年1月23日，率先出版了第一本疫情防护手册《新型冠状病毒感染防护》，本书出版后，全国150多家媒体进行了报道、转载，阅读量上亿次，发行约200万册，公益免费赠送30多万册。随后，数十家出版社先后策划并出版了百余种疫情相关图书，向公众普及抗疫防疫知识。这不是广东科技出版社第一次为突发性公共卫生事件承担普及任务，2003年抗击非典时出版了《生命救助手册》，2008年手足口病流行时出版了《手足口病防治手册》，2011年日本核辐射事件时出版了《核辐射安全防护问答》，2019年出版的《非洲猪瘟防控知识问答》等，都体现了出版人在社会突发公共事件中作出的贡献。

由于疫情的发生，国家经济、社会、生活也会受到不同程度影响，控制成本、互联网创业、在线培训将成为社会关注的热点话题，读者对知识付费的需求也随之增加，具有互联网思维、人工智能、大数据思维的出版机构将在此次事件中率先作出贡献。

一、免费阅读是传播的最大助力

（一）免费阅读彰显出版人的责任与使命

在特殊时期免费是公益行为，既是出版人的责任与使命，也是推动新媒体最大力度传播的关键点，正式出版物的电子版是大众刚需，及时将科学有效的相关知识提供给全社会阅读、下载，在网络各种谣言和不确定信息满天飞的时刻，快速上线的《新型冠状病毒感染防护》电子书，供公众免费阅读，多种方式、多平台传播，不但丰富了大众获取知识的途径与选择，更为打赢此次疫情防控战稳住了民心，奠定了科学防护的基础。

为满足公众抗"疫"期间的精神文化需求，出版社除了出版防疫图书之外，还通过各种形式免费向公众开放全种类数字资源。比如，广东科技出版社提供居家健身锻炼的"八段锦"等视频；长江文艺出版社"长江乐读App"开通线上资源免费获取功能，为公众提供小说、散文、诗歌等大众出版类数字资源；人民教育出版社免费开放数字教材、教辅和在线课程资源；社会科学文献出版社面向读者免费开放先晓书院数字化学术服务平台，这些都是免费提供专业出版类数字资源的典型。[1]

（二）免费授权多语种出版，提升出版国际影响力

为提升社会效益及国际影响，传播大国责任和出版使命，广东科技出版社通过不断地沟通交流，采用免费版权输出等策略，快速输出版权。《新型冠状病毒感染防护》一出版，出版社第一时间启动版权输出工作，对内做好少数民族语言翻译出版，对外选取重点国家，及时联系国外出版机构，同步启动翻译工作。

二、发挥团队优势是项目成功的保障

各级组织高度重视，协调执行到位。上级重视、组织到位、分工明确、执行有力都为整个项目打下了坚实基础。从集团领导到社领导，从一线编辑到职能部门，每一位员工都积极参与其中，都是项目的重要拼图。

团队协同作战是项目成功的基础。新冠肺炎疫情发生以来，各级政府全面落实习近平总书记有关疫情防控工作的重要讲话精神，作为出版机构，第一时间把正确科学的防护知识呈现在公众面前，因为这个定位决定了我们的速度和效率。《新型冠状病毒感染防护》的出版，离不开团队作战，疫情发生不久，出版社迅速成立由社长带队，编辑、校对、印制、发行及新媒体等11个部门组成的项目攻坚团队，制定工作方案、做好业务分工，倒排工期，列出任务书、时间表、作战图，同步联系作者队伍，讨论选题内容，确定编写图书框架、内容，滚动式作业，马不停蹄，争分夺秒地开展攻坚，编校印装，产供销宣同步推进，保障了图书的顺利出版。

三、创新编辑营销思维，精准发力营销战略

（一）编辑营销思维调整到位

出版工作从策划到发行需要数月甚至更长时间。然而，在应对此次疫情时，出版社主动出击，迅速响应，出版周期大为缩短，呈现出版周期新闻化的现象[2]，出版社从项目开始就倡导编辑从全媒体产品的角度去思考做好图书产品，编辑的市场能力、见识、视野、高度发生了根本转变，《新型冠状病毒感染防护》成功出版，也为后续做畅销书积累了经验。

传统出版，思维一直停留在图书的策划、出版、营销上。过去出版社的做法大多是等书出版后才去做营销，但是《新型冠状病毒感染防护》从策划到出版只有短短两天时间，出版社反其道而行之，第一次将宣传、推广、发行布局到出版环节的前面，这是整个项目运作成功的关键，优先提供融合出版产品及服务，满足多样化知识需求，是重要的营销法宝。如山东人民出版社《新型冠状病毒感染的肺炎防控知识120》3天组稿，4天上线新媒体，5天出版，这些都是打破了传统出版的典型案例。新冠肺炎疫情对出版效率、出版流程、出版服务都产生了明显影响，这就要求我们未雨绸缪，管理部门和出版社应提前进行顶层设计规划，提升编辑的市场化能力、营销的渠道拓展能力、数字化人才出版融合能力等，迎接编辑出版业的新一轮挑战与繁荣。[3]

（二）营销战略精准到位

图书出版后，营销战略上做好省内省外、线上线下分工协作。营销方案上制定图书出版后第一时间发往"北上广武深"计划，抢占战略要地，力争春节前上市，能让读者看到本书。

营销策略上，打破原有的订单发货，主动通过提前预售、电话营销、网络营销、团购直销等多渠道多物流快速发货。传统渠

道保证武汉、北京、上海、广州、深圳等主要新华书店当天发货。网络渠道在书还没出来前就联络各电商平台预售。各地宣传部门发文征订及宣传，各地政府部门团购联系。全员营销，全程跟进发货，执行坚强有力。

四、坚持内容科普，通俗易懂便于推广

出版机构有着内容资源的优势，同时会根据市场判断内容的取舍。作者权威专业、内容通俗易懂、问答解惑很容易制作电子音频视频，这些都是优质出版物的定位，读者在哪里，需求在哪里，我们就去哪里，用服务的心态做出有温度的内容。

作者权威、内容通俗是《新型冠状病毒感染防护》图书能取得成功的重要因素。同时，也为其他兄弟出版社策划选题提供了思路，如云南科技出版社、湖南科学技术出版社等均是选择当地的省疾病预防控制中心为作者单位。权威机构的作者才掌握着权威的资讯和第一手材料。出版社则从读者需求出发，与作者一起确定图书框架内容，注重科普性、权威性和实用性，及时为广大群众提供正确的防护知识，帮助大众科学防控疫情。

五、组合拳打造全媒体产品

媒体宣传迅速扩大影响。《新型冠状病毒感染防护》出版当天立即策划线下4场活动，这个速度也是在出版界少有的，活动的开展为图书传播提供了素材，为媒体报道提供了载体、基础。

借力使力是加速器。在有限的时间、资源条件下，借力平台资源能快速制作立体化产品，以最快的速度推向市场，起到立竿见影效果。音视频制作不是传统出版社的强项，借力音频、视频

平台，可快速完成制作，且省时省力。

组合拳强化产品效应。电子版在全国主要平台免费阅读，推动了《新型冠状病毒感染防护》的影响力不断扩大，出版社的品牌影响力和社会公信力急速提升。我们乘胜前进，及时策划开发制作音频产品。在国内主要音频平台喜马拉雅、懒人、熊猫、百听播放。与喜马拉雅共同策划的55个主播共同献声抗"疫"，播报本书。同步制作视频版，上线国内主流视频网站。国内三大视频平台腾讯、爱奇艺、优酷都有上线。在这个特殊时期，已具有数字出版优势的出版机构进一步发挥了自己的特长，所涉及的出版形式早已不仅限于电子书，也有听书、直播、知识服务、在线教育等新形式，还有许多社依托自己的平台，完成了又一次融合出版，如中国中医药出版社以其在微医互联网总医院收到的问题为基础，编辑出版《新冠肺炎问答》手册，并在手册中加入了关于疫情的在线免费问诊入口[4]。

六、结　语

48小时快速出版的《新型冠状病毒感染防护》彰显了出版人的速度与激情、责任与使命、创新与服务。应对突发公共事件，出版单位应本着人民需求、社会需要、质量至上的原则，从作者、读者、市场和专业出发，不断推进出版转型，实现融媒体出版。通过打造垂直领域用户私域流量，聚焦、转化、变现，持续开发满足读者需要的高品质融合图书产品，做好图书出版的创新和服务工作。

突如其来的疫情直接考验出版业的应急能力、数字化进程，线上内容资源储备不足、后期服务能力有限等问题也随之显现。这次疫情是对线上渠道布局和数字出版能力的一次检视，出版机构有着怎样的布局决定了在此次疫情中能做的事情。十几年对出版创新和数字出版的理解，不如这次疫情带给大家的启发更深刻。

（作者单位：广东科技出版社）

参考文献：

[1] 贺子岳，王夏云，刘永坚，等.我国出版业应对"新冠疫情"的实践与展望[J].新阅读，2020（3）：9-13.

[2] 高照.出版人的使命与坚守：新冠肺炎疫情暴发后的危机响应[J].科技与创新，2020（5）：101-102，127.

[3] 郝振省.疫情防控战役中编辑出版人的工作策略[J].出版发行研究，2020（2）：1.

[4] 朴莹.抗击疫情下的图书出版[J].新阅读，2020（3）：35-37.

出版单位运营私域流量的思路、架构和策略

张 茂 康 宏

摘 要：在新冠肺炎疫情的影响下，我国传统图书销售渠道加速向线上迁移。随着流量从增量竞争转为存量竞争，各大平台不断强化对流量的垄断和管控，运营私域流量成为各出版单位应对公域平台流量垄断、提升营销性价比的出路。为此，出版单位要树立以用户为中心的运营理念，构建精细化的运营体系，打造社交化的营销推广模式，围绕引流、固流、变现三个环节，整合各类营销手段和优质资源，制定针对性的运营策略，有计划、有步骤地打造私域流量运营体系，实现线上营销的新突破。

关键词：出版营销 出版转型 私域流量 运营思维

2020年的新冠肺炎疫情倒逼出版业加快转型融合，图书销售加速向线上迁移。北京开卷公司发布的《危机与变局——2020—2021中国图书零售市场报告》指出，2020年图书线上渠道在整体零售市场占比已将近80%。[1] 伴随渠道格局的嬗变，传统的图书推广和营销模式已无法为图书销售提供强劲动力，越来越多的出版单位开始重视线上营销，关注线上流量，特别是私域流量。多家出版社如广东人民出版社、华东师范大学出版社、长江少年儿童出版社等都提出要建立私域流量池，下沉市场直接面对用户。[2] 可以预见，私域流量将成为出版单位今后线上营销推广的焦点。

一、出版线上营销的转变：从公域流量到私域流量

流量概念伴随互联网的发展而产生，高流量意味着能够在互联网上获得更多的发展机会。近年来，流量概念逐渐分化为公域流量和私域流量。对于这两个概念的讨论从业界开始，主要集中在实践操作层面，学术界尚未形成规范的定义，但普遍认可的说法是：公域流量是指属于淘宝、京东、微博、抖音等开放性平台的流量，企业或个人入驻平台，即可获得一定的流量关注和转化，但如果想得到更多的用户和成交额，就需要向平台支付一定的推广费用或让利；而私域流量则是由企业或个人所有的流量，如微信的好友，直播、短视频的粉丝，自有 App 的用户等。利用私域流量，企业可以反复、免费并随时随地直接触达用户，[3] 实现多次交易。相较于公域流量，私域流量的优势在于：企业自主把控、直接触达用户、免费或低成本反复使用。

随着互联网用户规模增速放缓，流量从增量竞争转为存量竞争，各大平台不断强化对流量的垄断和管控，相关利益分成逐步收紧，公域流量价格逐年攀升。流量概念的分化，特别是私域流量的兴起，反映了公域流量性价比的下降及企业的增长焦虑。相较于其他企业，出版单位在流量方面更加受制于人。多年来，出版单位受电商平台在供货折扣与返点系数上的不断施压，回款周期过长、优惠让利过大，利润空间受到极大压缩。而随着公域流量成本的提升，各出版单位付出越来越高的代价，亟须开拓私域流量进行破局。

私域流量并不是一个全新概念。樊登读书会将线上线下会员作为营销对象，以樊登书店为中介建立的"樊登读书体系"，既有传统的复合业态模式，也尝试开发自有虚拟知识付费产品。这种基于内容供给实现会员价值开发并打通线上线下的模式，已具有私域流量营销的雏形。[4] 近年来，不少出版单位围绕微信、微博、

抖音、快手、知乎、喜马拉雅等平台，吸引品牌粉丝，开展线上营销推广、分销售卖，均属于流量运营的具体手段。只是相对于具有互联网基因的樊登读书会来说，目前取得成功的出版单位不多。其中的主要原因在于，出版单位对流量运营缺乏深入认识和完整思路。很多出版单位只是在市场的压力和转型的焦虑中被媒体创新的热潮裹挟，在缺乏相关规划、没有明确目标、没有运营体系的情况下匆匆试水流量运营，收效不大且难以持久。以当下热门的流量入口短视频和直播为例，据统计，90%以上的出版社及书店自办短视频账号，粉丝不超过1万；90%以上的书企账号，没有进行规律的定期直播；90%以上的书企账号，在最近30天内没有进行过直播。[5] 这一尴尬数据的背后是出版单位流量运营思路和管理体系的混乱。不少出版单位迫于疫情对传统营销渠道的冲击，盲目追随短视频和直播的风口，要么过度依赖折扣和优惠聚拢人气，造成图书利润下降，赔本赚吆喝；要么借助网红或名人荐书，依靠其影响力收割短期利益，难以吸引忠实的粉丝；[6] 要么人气寥寥，自娱自乐，造成资源的浪费。

毋庸置疑，私域流量为出版单位开展线上营销带来诸多优势。出版单位应围绕私域流量运营，明确相关思路和举措，整合各类营销手段和优质资源，打造科学有效的运营体系，实现线上营销的新突破。

二、出版单位运营私域流量的思路

从依靠公域流量到运营私域流量，出版单位需要转变的不仅是营销的手段、方法及工具，更核心的是理念和模式的转型。私域流量的兴起有其深层的市场逻辑，主要基于三方面的转变：一是市场结构由以往的大众化为主体转变为圈层化、多样化结构；二是市场渠道由传统线下为主、相对单一的形式，转变为"线上＋

线下"的全渠道模式;三是在互联网技术赋能下,企业与用户间建立起更加直接、即时的联系,使以往通过品牌影响用户的营销模式转变为直接运营用户的新模式。围绕这些转变,出版单位在运营私域流量时,应明确相应思路。

(一)树立以用户为中心的运营理念

流量的本质是用户的集合,运营流量即运营用户。在以往的出版营销模式中,出版物主要通过线下发行商及当当、京东等线上平台进行销售,出版单位较少直接面对用户。近年来,各出版单位纷纷开通电商平台旗舰店等自营渠道,与用户的联系更为直接,但这种基于公域流量进行营销的模式依然侧重完成当下的产品销售。

从公域流量转向私域流量,要求出版单位与用户建立更加长期稳定的关系,实现双向良性互动。出版单位应将工作的重点放在用户关系的建构与维系上,树立以用户为中心的运营理念。这里说的以用户为中心,强调的不仅是传统营销中发现和满足用户需求,而是围绕用户建立一套能够直接触达用户、精细管理用户、深度发掘用户价值的体系。在这个体系中,传统的品牌运营成为服务于用户运营的一种手段,其目的是增加用户对出版单位的认同,提升对流量的吸引和黏性。

(二)构建精细化的运营体系

作为应对流量由增量竞争转向存量竞争的手段,私域流量的运营有别于以往的粗放式运营方式。出版单位需构建更加精细化的运营体系,实现全面数据整合、全景用户画像和全渠道精准触达,主要体现在三个层面。

一是收集精确信息。在用户越来越圈层化、多样化和小众化的情况下,精确的市场和用户信息是出版单位运营私域流量的基础。出版单位可以借助数据分析技术对用户信息进行挖掘和整合,通过大数据分析结果进行市场细分和用户定位。此外,出版单位也可通过建立社群等方式,搭建与用户直接沟通的渠道,了解用户反馈信息。二是进行精准定位。根据收集到的用户性别、年龄、职业、所处地域、消费水平、浏览记录、收藏书单、书籍评价等信息,出版单位可进行市场细分和用户画像,相对准确地掌握目标用户群体的文化消费习惯,并对用户进行分层和标签化管理,明确潜在用户、普通用户、活跃用户和核心用户,开展针对性的营销、促活和转化,增强流量黏性。三是采取精细化的运营策略和手段。一方面,出版单位要构建全渠道的整合营销格局,强化现有营销资源的统筹,避免分散力量、四处出击,形成资源的浪费。另一方面,出版单位要采取差异化的营销策略,对不同渠道、不同用户群体采取针对性的营销手段,发挥不同营销工具的优势,以精准化的资源投入,实现低成本、高效率的营销。

(三)打造社交化的营销推广模式

在互联网时代,网络通行法则是无社交不传播、无社交不价值。[7]社交实际上是建立关系的连接,而要构建长期稳定的关系,就必须增进彼此的信任。私域流量沉淀与转化的核心就是信任。同时,私域流量不是一个短期收割的逻辑,需要长期积累、持续经营,以深度挖掘用户的全生命周期价值。[8]可见,社交化的营销推广模式十分契合私域流量的运营需求。对于出版单位而言,社交化的营销推广模式不仅是利用社交平台和社交工具开展营销活动,更是抱持与用户做朋友的理念制定营销方针,统领各类营销工作。在具体实践中,可分为四个层次。一是利用内容资源优势穿针引线,积累关系资源,[7]出版单位要注意分析用户的心理需求,满足用户获取知识和社交传播的需要,形成对用户的稳定吸引。二是要与用户建立一种价值互惠关系,强化关系连接的基础。

出版单位虽然以挖掘用户价值为目的,但不能抱着向用户无限索取的态度,而是要持续创造价值,满足用户参与私域社群的需求,赢得用户的认同和忠诚。同时,提供价值也是出版单位实现变现的前提条件。三是与用户形成基于品牌的信任关系。在出版单位与用户双向沟通的过程中,用户将不断深化对出版品牌的认知,同时也将自身的价值取向传递给出版单位。四是通过用户的社会关系开展口碑传播,促进流量裂变。上述四个环节的顺畅运转,可形成私域流量吸引、留存、复购和裂变的稳定闭环,实现用户的长期价值。

三、出版单位运营私域流量的架构和策略

私域流量运营的过程可分为引流、固流、变现三个环节。出版单位应围绕这三个环节搭建私域流量运营的架构和体系。

(一)出版单位私域流量的引流渠道及策略

1.出版单位私域流量的引流渠道

私域流量运营中的引流是将原本存在于公域和其他私域流量池中或分散在他处的流量引入私域流量池。出版单位引流的渠道有以下四种。第一,公域流量平台。常见的公域流量可分为四大类型:电商生活平台(淘宝、京东、美团等)、信息平台(今日头条、百家号等)、社区平台(微博、知乎等)、短视频平台(抖音、快手等)。[3]理论上所有开放的互联网平台都是一个公域流量池,出版单位可以通过入驻这些平台进行引流。第二,线下书店。除线上平台,出版单位也应关注线下渠道。实体书店与出版单位长期合作,是理想的引流渠道。一方面,可在书店显著位置张贴标识,引导用户加入社群;另一方面,实体书店的粉丝群阅读素质较高、阅读习惯较好,是当下较为重要的阅读群体,将他们维系在一起

的实体书店便是高效的流量入口。出版单位应通过合作互利的方式，尝试与书店共享流量。第三，出版物。作为连接出版社和用户的桥梁，出版物本身具有媒介属性，也可以发挥流量入口的作用。目前，已有不少出版单位通过在图书上印制二维码，邀请用户关注自营网店或微信公众号等。第四，已有流量裂变。私域流量池内的用户基于自身对出版品牌、出版物的熟悉和认可，会主动向流量池外的亲朋好友进行推介，或通过豆瓣、微博等公域流量平台进行分享，吸引更多用户进入私域流量池。出版单位可以采取一定的激励措施，鼓励或配合池内用户吸引流量。

2. 出版单位私域流量的引流策略

目前，出版单位可采取的引流策略有以下四种。一是批量引流。一方面，出版单位根据用户画像的结果，通过一些技术性手段，批量导入用户信息，开展针对性的优惠吸引和促销活动；另一方面，出版单位可利用公域平台的流量分配机制进行批量引流，如快手对每个发送内容的用户都分配至少300+的流量，还可以通过建立合作关系，与其他私域流量运营主体如书店等交换一定的流量。二是广告投放引流。出版单位可基于搜索排名、平台算法推送广告，采取给用户发送短信、微信、邮件等方式，帮助用户了解出版物促销活动，提升出版品牌知名度；通过直播、软文、短视频等方式，由作者、编辑对出版物、出版品牌进行推介；邀请KOL（关键意见领袖）进行推介，如一些出版单位邀请薇娅等网红主播推荐图书；围绕相关话题做文章，紧跟时事热点发布内容、推出图书，如新冠肺炎疫情期间，很多出版单位推出了抗疫图书，并通过公众号、视频等定期发布相关科普知识，吸引粉丝关注。三是裂变引流。出版单位可基于已有的私域流量，通过发放红包、优惠券，提供消费折扣、赠品等方式鼓励用户分享品牌信息，利用用户的人际关系网和社会影响力开展口碑传播，吸引新的用户进入私域流量池。四是线下导流线上。出版单位可组织各类线下活动，如图书分享会、讲座、展览、用户互动以及其他文化活动吸引用户；也可利用图书上的二维码、书店、商场的海报张贴等吸引松散流量，壮大私域流量池。

对于上述引流策略，出版单位应根据实际情况综合统筹，既可以同时采用多种方式，也可以采取单一手段进行重点突破。但需注意的是，无论采用何种方式，出版单位都要注意尺度，尤其是推送广告、信息等不能过于频繁，以免引起用户反感。

（二）出版单位私域流量池的搭建及固流策略

出版单位通过不同渠道吸引的流量，只有固定下来长期持有，才能反复触达用户，实现流量变现的目标。为此，出版单位需搭建能够归集和承载私域流量的流量池，做好管理运营，与用户构建起长期稳定的信任关系，使用户产生归属感和陪伴感，为后续的商业转化打好基础。

1.出版单位私域流量池的搭建

私域流量的运营主体通常使用各类流量运营工具作为载体搭建自己的流量池。这些载体以连接关系的强弱、消息触达的效率为维度可划分为强关系型载体及弱关系型载体。强关系型载体是指可与用户进行即时、直接沟通的载体，主要包括微信、QQ、钉钉以及社群等。弱关系型载体则以单向传播为主，主要包括微信公众号、小程序、线上店铺、直播间等。[8]考虑各类运营工具的用户基础、使用频率和技术功能，结合自主把控、多次直达用户、提高复购率等需求，微信是目前较适合出版单位的平台。微信作为一个社交平台，具有社交的、本地的、移动的三大属性，让传播变得更容易。[9]其较低的使用成本，封闭性、扁平化的社群体系以及朋友圈、公众号、小程序、微店等多样化的功能，能够满足出版单位运营社群、推送内容、数据分析、裂变传播、流量变现等需求，实现高效连接和反复触达用户，推动业绩增长等目标。

出版单位可将微信作为总流量池或终端流量池,将其他视频号、直播间、微博等弱关系型载体作为分流量池或中转流量池,构建分层次、精细化的流量管理体系,做好流量整合,避免设立过多流量池,造成重复投入和资源的无效消耗。

2. 出版单位私域流量的固流策略

一是做好社群管理和运营。在私域流量构建初期,不同渠道的用户被聚集在流量池内,对出版品牌的认知程度不尽相同,彼此间也不具备亲密的感情关系。为增强流量黏性,出版单位可采取建立社群的方式,对集聚的用户进行集中管理和运营,通过构建固态的社交空间和显性的交流场景,为强化与用户的关系提供便利。社群建立初期,出版单位要制定人性化的社群规则,设计用户管理流程,区分核心用户、活跃用户、普通用户和沉默用户,对用户进行标签化管理,搭建合理的社群体制。社群的框架搭建完成后,出版单位应注意维护社群内的良好环境,围绕群内用户兴趣增加互动频次,了解用户需求,提升用户对社群的信任感,增强用户黏性;鼓励用户相互交流、分享感受、强化连接,营造社群的陪伴感,加深用户的归属感。社群稳定后,出版单位可定期举行线上线下活动,保持社群的活力和黏性。如广西师范大学出版社定期在社群内开展红包抢书、用户交友、用户夜聊等活动,提高了社群活跃程度,强化了用户对出版品牌的信任。

二是开展特色化、个性化、精准化的服务营销。为实现用户留存,出版单位应为私域流量的用户提供特色化、个性化、精准化的服务,以独特价值提升用户黏性。除为流量池内的用户提供更多优惠让利,使其更有获得感外,还应充分发挥内容储备优势,定期开展知识普及和文化交流活动,满足用户对知识的渴求。当前,很多出版单位定期邀请权威专家或文化名人进行直播,如故宫出版社围绕2021年《故宫日历》中包含的牛文物、牛文化,延伸讲解故宫文化及中国传统文化;江苏凤凰少年儿童出版社开设"名师带你读""名家讲堂"两个栏目系列直播课程等,均受到用户的广泛欢迎,激发了用户进一步关注的兴趣。此外,可以结合流量池中用户的个性化需求,提供定制化的产品和服务。就出版物形式而言,除平装版、精装版之外,还有毛边书、签名本、钤印本等形式,也可为出版物附带不同的赠品,如天地出版社的《好好过》根据赠品不同分为手账版、明信片版等,广西师范大学出版社为《鲍勃·迪伦诗歌集》附赠口琴等,以此满足用户的个性化需求,增强用户的被尊重感。此外,可允许流量池内的用户提前购买未公开发售的新品,享受特殊福利,加强用户的身份自豪感和独特感,提升其忠诚度。

三是持续强化用户的品牌认知。品牌的作用在于提供信任,出版品牌是用户阅读选择偏好和消费的依据。[10] 良好的品牌形象能够帮助出版单位巩固私域流量。出版单位应以明确的产品定位塑造专业的品牌形象,保持出版物的规模、特色和稳定性,形成相对固定的用户群。同时,应建立鲜明的品牌标识,通过直播、视频、软文、广告等多种方式,借助作者、编辑及 KOL、KOC（关键消费领袖）等,在线上线下各类场景中不断强化自身的品牌形象,争取用户对品牌的心理认同。要结合社交化传播的特点,打造有个性、有温度、没距离、能互动的品牌人设,如上海读客图书有限公司运营的微信公众号"书单来了"的人设就是一只"深情又逗比"的书单狗,其鲜明、接地气而具有情感的品牌人设,成功吸引了数百万"狗粉",其用户留存率、活跃度均远远高于其他出版类公众号。此外,以品牌认同为凝聚点,出版单位可鼓励兴趣相投、价值观相近的用户强化关系连接,进一步加深用户与品牌的心理捆绑和情感连接,使用户持续关注出版品牌建设,不断购买出版产品,自发开展品牌宣传,提升流量稳固性并促进流量裂变。

（三）出版单位私域流量的变现方法

流量变现的过程实际上是发掘用户价值的过程。出版单位可以采取多种手段促进用户的价值转化，完成私域流量运营全链路。

1. 发掘用户的付费价值

一是售卖产品和服务。出版单位应充分发挥私域流量可免费、直接、多次触达用户，以及用户对品牌的忠诚度较高等优势，促进自有出版物、文创产品和服务的销售。一方面，可结合内容传播、电商直播等，根据自身布局和不同用户的平台使用喜好，将私域流量引入不同的自营销售渠道进行变现。另一方面，充分发挥用户社群的集聚效应，通过发送优惠活动信息、销售平台限时折扣信息以及限时发行、限量发行等促销信息，实现快速、集中售卖产品的目标。此外，还可将线上流量的价值转移到线下，如教育类出版单位就可以在线上聚合成员，在线下开展培训，从而拓展自身的产业链条，扩大收入来源，获得一定的经济效益。

二是社群资格变现。出版单位可针对用户社群的准入资格设定会费，将社群资格变现。这种做法既可为出版单位增加固定收入，也使得用户因加大付出而增强流量黏性，还可帮助出版单位筛选核心成员，为探索更多的商业模式打好基础。在出版领域，广西师范大学出版社旗下品牌理想国的"理想家"会员计划，湛庐文化旗下的"庐客汇"等，均是收费会员制经营的典型案例。实行会员制，出版单位应做到：其一，对原有的流量社群进行分级管理，根据成员的兴趣偏好、消费能力、价值取向等筛选出愿意付费享受高端产品和服务的成员，组成会员制社群；其二，持续提供物有所值的产品和服务，满足付费会员的需求。如理想国会员可享受特定图书、视频节目和学术原创系列课堂等线上服务，以及讲座、旅行等线下服务，还可开发专属业务如咖啡、茶叶等，受到用户欢迎。

2. 发掘用户的营销价值

私域流量与公域流量最大的区别就在于其真正拥有了用户——私域流量的用户对品牌具有情感层面的认同,进而影响用户对品牌价值观的认同。[11]出版单位可利用用户对品牌的认同,借助其人际关系网开展口碑传播,促进营销信息的传播和扩散。而流量本身的集聚效应,也有利于形成宣传声势,帮助出版物"出圈"。如全球畅销的《岛上书店》一书,就借助了用户在社交媒体上的积极推介。尤其是对于内容品质好、受众范围小、定价较高的出版物,公域电商平台能够提供的资源有限,出版单位可以利用社群、微信公众号、直播及短视频平台等私域流量渠道先行推广,待出版物被用户熟知和认可后,再投放到其他公域平台,营销的效果将更好。为此,出版单位可设置一些激励条件,引导用户转发营销信息。同时,注意从私域流量中挑选活跃用户,培养属于自己的KOC,鼓励他们在社群中积极发言,在公域平台上扩散信息,促进产品的营销和推广。

3. 发掘用户的资产价值

一是"出租"用户。除了售卖自身的产品和服务外,出版单位也可借鉴媒介的二次售卖理论,通过收取一定的广告费用、争取赞助或资源交换等方式,将用户的忠诚度和注意力"出租"给其他品牌开展推广营销。如可以利用自身的流量资源交换实体书店的用户资源、场地资源等。需注意的是,出版单位在选择合作对象时要做好甄别,选择志同道合的合作机构,以实现共赢为目标。同时要确保合作品牌与出版品牌的特性相互契合,符合用户社群的场景氛围,避免引起用户反感。

二是沉淀数据资产。私域流量依靠互联网及各类软件平台连接和聚合,用户的行为轨迹更易于追踪和记录,具有较高的数据价值。出版单位应尽量收集出版物策划、生产、营销,品牌塑造、推广,以及私域流量管理、运营等方面的相关信息。由于出版单位在流量运营中经常需利用多个互联网平台，要对不同来源的数据进行整合，必要时可以与技术公司合作，围绕流量运营链条，对其中的重点用户进行信息搜集和分析，从而更精确地进行用户画像。[12]

4. 发掘用户的创意价值

在出版领域，借助社群进行创意开发早已有之。如余秀华的诗集首先在社群中发酵，之后才被出版机构发现并成为畅销书。[13]私域流量中社群成员的兴趣追求、价值认同的相近性以及相互的信任感，使得社群成为出版单位开展图书和创意项目开发及众筹的理想场所。出版单位应注意从社群成员的交流发言及意见反馈中发掘产品创意，将支持率较高的创意转化为图书或文创产品。

四、结　语

在疫情影响下，出版物线上市场持续扩张。随着流量增量见顶，私域流量成为各出版单位应对公域平台流量垄断，提升营销性价比的出路。与公域流量相比，私域流量的运营更加精细。出版单位要有计划、有步骤地运营私域流量，明确清晰的运营体系和针对性的运营策略。由于私域流量本身是免费的，但构建流量获取的通道却不免费[14]，出版单位必然要进行相关资源的投入。这就要求出版单位做好统筹，在充分考量自身优势、特色、需求、产品品类、用户对象、运营成本等因素的情况下，对相关举措进行优化选择，在重点环节实现突破。

当前，私域流量运营作为新兴的营销推广模式，还面临着一些问题。受限于技术、资金等因素，出版私域流量将长期依存于公域流量平台，受到平台规则和生态的限制。如何处理好私域流量与公域流量的关系，实现公域流量平台与私域流量运营主体的互利共赢值得思考。同时，基于私域流量所形成的圈层很容易形成相互分割的流量壁垒，从长远来看，将进一步加剧出版单位强者恒强、弱者退场的两极分化局面，不利于出版产业的整体提升和健康发展，相关的问题也亟须厘清。

（作者单位：山西出版传媒集团）

参考文献：

[1]《2020中国图书零售市场报告》解读：图书市场的危机与变局[EB/OL].[2021-01-28].光明网，https://m.gmw.cn/baijia/2021/01/28/1302075966.html.

[2] 预测 | 都说2020年渠道重点仍在线上，出版社线上营销都在想什么做什么？[EB/OL].[2020-01-08].搜狐网，https://www.sohu.com/a/365486049_99924332.

[3] 段淳林.KOC：私域流量时代的营销新风口[J].中国广告，2019（11）：115-116.

[4] 张雪.私域流量营销：后疫情时代实体书店直播转型再思考[J].出版科学，2020，28（5）：82-90.

[5] 路毅.图书行业直播能否按下快进键[N].中国新闻出版广电报，2021-03-08（008）.

[6] 聂书江.出版私域流量的构建与创新[J].中国出版，2020（16）：43-45.

[7] 喻国明.新型主流媒体：不做平台型媒体做什么？——关于媒体融合实践中一个顶级问题的探讨[J].编辑之友，2021（5）：5-11.

[8] 何懿轩.2020年中国私域流量运营生态图谱[EB/OL].[2020-03-23].https://www.analysys.cn/article/detail/20019713.

[9] 张卫林.大数据背景下私域流量研究[J].现代商业，2020

（32）：78-80.

[10] 曹建，张钰.我国出版品牌建设的经验与思考[J].出版广角，2020（20）：6-9.

[11] 李正良，韩利君.从弱关系到强关系：私域流量中的用户关系新建构[J].现代广告，2020（20）：42-46，64.

[12] 王丹丹.出版类社群变现的五种策略[J].出版发行研究，2019（7）：34-39.

[13] 陈洁，蒋三军.自发秩序：社群的理论定位及其出版应用再考察[J].出版科学，2021，29（2）：49-55.

[14] 丁俊杰.公私流量的照妖镜[J].中国广告，2020（1）：93-94.

"后疫情"时代的总编辑出版战略

杜 贤

摘 要： 进入"后疫情"时代，出版社的总编辑应及时总结、凝聚共识、找准方向，制定"后疫情"时代出版单位的总编辑出版战略，以在时代危机中育出版新机，于时代变局中开出版新局。本文立足人民卫生出版社抗疫出版实践，提出通过提升科技力、应急力、免疫力、胜任力、创新力、融合力、传播力、管理力等八大能力的总编辑出版战略，凝聚强大出版力，构建核心竞争力，推动"后疫情"时代出版高质量发展。

关键词： 新冠肺炎疫情　总编辑　出版战略　编辑　出版

新冠肺炎疫情是新中国成立以来传播速度最快、感染范围最广、防控难度最大的一次重大突发公共卫生事件。在以习近平同志为核心的党中央的坚强领导下，全国上下众志成城、同舟共济、精准施策、科学防控，取得了疫情防控人民战争、总体战和阻击战的重要胜利。科技出版界执笔出征、出版上阵、知识服务、科学战疫，推出一系列助力疫情防控方面的图书，为战胜疫情提供精神食粮和知识基础，为抗疫作出出版界应有的贡献。进入"后疫情"时代，如何在抗疫常态化的前提下，创新推动出版工作，各出版单位总编辑应及时总结、凝聚共识、找准方向，制定"后疫情"时代出版单位的总编辑出版战略。笔者立足人民卫生出版社（以下简称人卫社）抗疫出版实践，提出以提升八大能力为重点凝聚出版力，构建"后疫情"时代出版的核心竞争力。

一、提升科技力，践行科技出版新使命

科技是战胜困难的有力武器。当新冠肺炎疫情突如其来、蔓延肆虐时，作为科技出版社的总编辑，须做到大局当前站位高、危急关头勇担当，用冷静的思维和科学的思考，遵循科学的规律来指导、引领科技抗疫出版。人卫社遵循新发突发传染病发生、发展、防控、诊治、转归、常态、总结和反思的规律，制定总编辑抗疫出版战略，启动应急出版机制，依靠科学的力量，遵循科学的规律，组织权威的专家，根据疫情防控的要求和疫情防控不同阶段的特点，推动科学策划、科学组织、科学出版、科学传播、科学宣传、科学普及的出版传播工作，推出系列防疫战疫出版物，打赢了一场科技和出版应急出征、科技和科普协同抗疫、医学和人文共同防控、纸媒和新媒融合传播的新冠肺炎疫情防控出版阻击战，出版了一批疫情防控、心理疏导的权威普及读物，一批加强健康理念和传染病防控知识教育的科普读物，一批宣扬生态保护理念、革除滥食野生动物陋习、倡导健康文明生活方式的大众读物，一批讴歌一线医护人员和科研人员、展现广大党员干部和社会各界万众一心抗击疫情的优秀作品，用科学应急出版的体系和成果建立科学呵护健康、科学防控疫情、科学诊治患者、科学救死扶伤的卫生健康长城。

随着全国疫情防控阻击战取得重大战略成果，我国新冠肺炎疫情防控向好态势进一步巩固，防控工作已从应急状态转为常态化。在"后疫情"时代，我们既要立足当前，科学精准打赢疫情防控阻击战，全面落实"外防输入、内防反弹"的总体防控策略；更要放眼长远，科学总结经验、吸取教训，全面提升科学预防、科学应急、科学防控、科学诊疗的能力。这场对国家治理体系和治理能力的大考带给国家公共卫生体系建设的启示逐步明晰，带给健康中国战略实施和医疗卫生能力提升的思考逐步明朗，带给

科技出版和文化传播的反思逐步明确。总编辑必须遵循科学规律、依靠科技力量、提升科技出版能力，才能为人民安全奠定坚实的知识基础，才能为国家安全夯实坚定的科学基石。只有科学谋划健康科普大众出版战略，做好大众科普出版工作，才能全面弘扬科学精神、提升大众科学素养、提倡健康科学的生活方式，才能构筑全民的免疫力；只有构建强大的公共卫生出版体系，健全预警应急响应出版机制，才能全面提升防控和救治能力；只有深刻反思、系统总结、吸取教训、织网补墙，才能借助科技出版结晶智慧、创新成果、知识服务、传播推广。只有结合"后疫情"时代的常态化抗疫和百年未有之大变革，遵循科技发展规律和出版科学规律，提升出版科技力，才能通过科学战疫的出版实践，创新实施"后疫情"时代总编辑出版战略，创新践行科技出版的初心和使命。

二、提升应急力，构建公共卫生出版新机制

防控新发突发传染病是人类永恒的主题，此次新冠肺炎疫情给我们的警示是必须完善重大疫情防控体制机制，建立健全公共卫生应急管理体系，也必须建立与之相适应的应急出版体系。作为总编辑要有应急理念和公共卫生意识，时刻保持科学清醒的头脑，依靠专家资源和出版资源，在重大疫情防控机制体制建设和重大公共卫生事件应急方面，建立公共卫生和预防医学专家委员会，建立疫情预测研判应对机制，制定科学前瞻的选题规划，从重大疫情防控、重大传染病救治、公共卫生应急等维度开展选题工作，丰富完善相关选题储备、相关大数据资料积累、相关编写专家队伍建设、编印发管绿色应急流程、应急出版传播质量管控、海内外传播宣传绿色通道等应急出版长效机制和体制，形成科学、规范、快速、务实、有效的重大疫情防控和公共卫生应对的应急

出版体系。

自 2003 年防控 SARS 和 2008 年汶川地震救援以来，人卫社建立了紧急应对新发突发传染病疫情和重大灾害灾难事件的应急出版机制，此次新冠肺炎疫情考验了这一应急出版机制。面对"后疫情"时代，总编辑要有常态化抗疫意识和准备，积极应对可能反弹的疫情和新发突发的传染病，通过进一步总结完善出版社总动员、科学策划总动员、编印发管总动员、专家团队总动员、应急质量总动员、社会力量总动员、融合传播总动员、国际传播总动员等八大总动员的应急出版机制，科学构建完善的公共卫生应急出版体系，形成立足出版全体动员、知识护航全民抗疫、纸数融合联防联控、科学诊治救死扶伤的应急出版模式。

三、提升免疫力，构建健康科普知识服务新体系

健康是人全面发展的基础，人民健康是国家健康的基石。人民安全关乎国家安全，健康知识、健康素养、健康理念和健康生活方式是决定全民健康的基础，是构建预防疾病和防控疫情免疫力的重要保障。"后疫情"时代，总编辑的重要职责是弘扬科学精神、普及健康知识、促进健康科普、加强健康教育，构建人民群众对疾病和疫情的心理、生理和生活方式的免疫力。这就需要整体策划增强和提升全民免疫力的选题计划，坚持预防为主，创新爱国卫生运动的方式方法，推进城乡环境整治，完善公共卫生设施，大力开展健康知识普及，提倡文明健康、绿色环保的生活方式等，因此目前和今后选题出版的方向与重点应包括弘扬科学精神、普及健康知识、促进健康教育、加强环境保护、重视生态安全、杜绝捕食野生动物、提倡健康文明生活方式等。

总编辑必须有战略思维和科学思想，遵循科学和科普的规律，推出大众生理免疫、心理免疫、疾病免疫、环境免疫和生活免疫

等免疫力提升的系列科普读物，包括对常态疫情防控、防止疫情反弹和新发突发传染病预防的权威科普教育，健康促进、健康素养和健康中国行动方案的普及读物，食品安全、动物安全和生态安全的教育读本，禁捕禁食野生动物、爱护自然、和谐共处的大众读物，加大健康科普知识尤其是防控新发突发传染病知识的传播力度，创新传播形式和路径，构建增强全民免疫力的科普大堤，提升人民群众免疫力，并以提升免疫力为重点的知识服务体系建设，构筑起维护人民生命安全和健康安全的健康长城，助力人类卫生健康共同体建设。

四、提升胜任力，培养卫生健康人才新队伍

反思疫情防控，我们经受住了疫情的大考，但也暴露出不足，尤其是医学教育和人才培养的短板。"后疫情"时代，如何通过反思和创新，构建"后疫情"时代的教材体系，培养具有胜任力的新时代创新人才，这是总编辑必须思考和实施的战略。作为国家医学教材建设和出版主阵地，我们必须紧密依靠全国院校专家学者共同携手打造"后疫情"时代以提升胜任力为核心的新教材体系。

历经百年未遇之大疫情，我们进一步清醒地认识了病毒和疾病、环境和生态、健康和人类、医学和世界的关系，我们必须加速人类卫生健康和人类命运共同体的有机契合，加快临床医学和公共卫生的裂痕弥合，加深治疗和预防的全程联合，加大医学和人文的深入融合。反思此次疫情，让我们进一步明确医疗和健康、健康和教育、教育和教材、教材和人才的关系，必须建设一支具有科学知识、人文精神、勇于担当、甘于奉献的医学科学队伍，必须以人民为中心、以病人为本、以提升学生胜任力为重点，推动国家医学教育改革和医教协同创新发展，创新"后疫情"时代

教育教材体系新格局,培养"后疫情"时代具有胜任力的医学人才。

五、提升创新力,构建科技强国创新出版新体系

面对新发突发传染病,必须以科学的精神和科学的知识来认知,以循证的理论、技术和方法来防控,以实践经验、大数据样本和临床规律来诊治,这需要学术创新驱动和科技创新发展作为基础。因此,"后疫情"时代,我们须以提升科技创新力为重点的学术创新出版为支撑,构建强大的公共卫生体系、完善预警应急响应机制、提升疾病防控和救治能力,织密防护网、筑牢隔离墙,促进人类卫生健康共同体建设。用总编辑的思想、战略和远见,为中国科技工作者把科技论文书写在中国大地上、把科技成果应用到祖国的建设中提供阵地和舞台,为中国自主知识产权、科技原创成果、中国共识规范和指南、中国标准和方案的出版与传播贡献载体和平台。

以学术创新出版驱动科技创新发展,以学术创新传播推动学术创新人才培养。尤其是在基础学科、前沿学科、边缘学科和交叉学科领域前瞻布局,在科技成果转化、新型学科融合、尖端技术应用和实用技术推广等领域全面策划,在医学大数据、信息技术、人工智能、医学区块链等领域战略选题。同时,加强"后疫情"时代的反思和思考,加强公共卫生和预防医学的学科体系建设和重大选题规划,加强预警应急响应机制体制建设和学术选题科学规划,加强传染病防控和疾病救治能力体系建设和选题布局。以创新的学术出版推动学术创新发展、科技创新发明和科技成果创新转化,提升中国学术自主知识产权、中国原创学术权和中国出版的学术话语权。

六、提升融合力，推动传统出版和新兴出版深度融合

反思疫情时期，为防控疫情蔓延、隔断传染途径和防止人群扩散实施了最严格的"封城"防控、社区防控、居家隔离、联防联控等措施，此时互联网、物联网、信息技术、网络空间从后台跑到前台，构建疫情防控时期的网络社会，线上学习、线上工作、线上物流等成为主要的社交方式，直接重构了社会关系和社会功能。

进入"后疫情"时代，移动互联网将继续改变世界格局，改变社会形态和生活方式，虚拟世界重构现实世界、网络空间重塑现实空间、数据化生存演绎现实生态、信息化技术再现社会生态圈，网络生产力重构了现实的生产关系，影响着社会发展和历史进程，也必将对出版业产生根本性的影响和革命性的变革，也必将重构科技出版内容、形态和空间。人卫社在此次应急抗疫出版中，充分发挥数字融合出版的资源、产品和平台优势，利用移动互联网和物联网重构网上人卫社，在选题、组稿、三审三校、生产印制、营销发行、市场推广等各环节实现网络化运营和信息化管理，全面实现纸数同步出版、电子版优先发布、纸质版精准推送、国内外同步传播的"互联网＋抗疫出版"的深度融合发展格局，形成慕课、网课、直播教学开启"互联网＋出版＋科普＋学术＋教育"的纵深融合发展态势。

总编辑须以提升融合力为重点写好媒体融合发展这篇大文章，面对全球一张网，需要全社一盘棋，推动传统出版和新兴出版的融合发展，实现从分离运行到常态融合、从一般融合到深度融合、从深度融合向纵深融合的跨越发展。首先，须以内容为王，建立出版社独具特色的优质内容资源，并尽快实现纸质资源向数字资源的转化，建立数字出版传播必需的素材库、资源库和数据库。其次，须策划出版具有鲜明行业特色的数字产品，实现传统出版和新兴出版的初步融合；持续推动慕课课程、慕课平台建设，推

动 AR／VR／MR 应用；整合平台资源、建立大数据平台和网络商城，实现传统出版和新兴出版的深度融合。最后，须充分利用人工智能技术促进智能出版和出版智能产品，同时充分利用大数据、云计算、5G、区块链、物联网和人工智能的新理念和新技术，促进传统出版和新兴出版的纵深融合发展。通过总编辑融合能力提升战略，构建以内容建设为根本、先进技术为支撑、创新管理为保障的全媒体出版传播体系。同时，总编辑要进一步引领和推进出版供给侧结构性改革，推动新媒体深度融合的体制机制建设，加大全媒体人才培养力度，要在出版社内形成全程媒体、全息媒体、全员媒体、全效媒体深度融合发展格局，进一步建设信息无处不在、无所不及、无人不用、纵深发展的出版生态、媒体格局和传播方式，促进出版传播媒体进入纵深融合、快速发展新时代。

七、提升传播力，构建国内国际传播体系

总编辑的重要职责是打造一批具有强大传播力、引导力、影响力、公信力的科技文化精品，战略目标是通过构建网上网下一体、内宣外宣联动的主流出版传播格局，牢牢占据舆论引导、思想引领、文化传承、服务人民的出版传播主阵地和制高点，实现社会效益首位、两个效益有机结合的高质量发展。传播力是引导力、影响力、公信力的基础。"后疫情"时代，提升出版传播力是做大做强出版传媒的必要条件，亦是总编辑的重要工作，其关键是创新传播的内容、形式、载体、渠道和路径。只有通过传统出版和新兴出版深度融合、线上线下有机互动，大力提升国内国际传播力，才能推动中国科技的引领力和中国文化的影响力，彰显中国出版所承载的国家意志和文化实力，增强中国出版的国际话语权。

此次影响全球的新冠肺炎疫情对各国是一次国家制度、综合国力、国家治理和国家体制的大考，我们充分发挥中国特色社会

主义制度优势、举全国之力取得疫情防控人民战争、总体战、阻击战的胜利，形成抗击新冠肺炎疫情的中国经验、中国模式、中国方案，国际社会和世界各国高度关注、积极评价，并希望学习、借鉴和分享。总结抗疫出版的经验和启示，总编辑在"后疫情"时代要充分利用移动互联网和信息技术构建网络传播渠道，充分发挥专家的学术影响力和名人效应，从而增强渠道传播关注度和影响力，充分利用视频宣传和直播互动加大传播流量和带货力度，充分利用线上科普、线上学术、线上教育、线上培训的模式促进传播力提升。同时，总编辑要有世界眼光和全球视野，胸怀全局、全球规划，加大国际传播力建设和提升，走出一条国际出版传播的创新拓展之路。最具中国特色的就是最有国际性的。因此，总编辑须积极推动中国历史文化经典、人类命运共同体思想、传统科学文化瑰宝、传承创新国粹精品的出版物"走出去"。

八、提升管理力，建设高质量发展的出版集团

只有高质量管理才能锤炼高质量的企业，只有一流的管理才能催生一流的品牌企业。出版传媒企业更需要高质量的管理，只有全面提升出版传媒管理力，才能生产高质量的产品，才能打造高质量的品牌，才能构筑高原上的高峰，才能实现高质量的效益。提升科技出版管理力，是总编辑的重要出版战略。总编辑必须科学谋篇布局，在危机中育新机、于变局中开新局，结合"十三五"规划完美收官和"十四五"规划的战略编制，结合当前、总结反思、规划未来，以提升管理力为重点全面加强出版社能力建设，包括作者队伍管理、编辑人才培养管理、选题资源建设管理、大数据资源库管理、编印发管协调管理、宣传传播渠道管理、读者对象客户管理、出版主业和集团化建设管理等，以管理赋能、以管理提效、以管理促变、以管理促进，全面提升出版管理力。

总编辑应该清醒认识到，当今的出版传媒企业已不同于以往传统意义上的出版社，正在形成从传统的编辑、出版、发行的产业链内涵式拓展向外延式扩张进行延伸，从编辑出版主业向多元化发展转变，从传统的内容提供商向新型的内容服务商转换，从传统媒体出版向新兴媒体出版深度融合并纵深发展的出版传媒新格局；同时，由于受到本次疫情影响，作为生产力的数字出版在劳动资料、劳动对象、劳动者三个方面都表现出结构性的变化，这必然对出版单位内部的专业分工产生直接触动，数字出版作为独立力量的组织形式将被进一步巩固或者加强，传统出版单位组织机构变革势必受此影响。总编辑要根据不断发展变化的大出版格局、新媒体态势、大数据资源和数字化趋势，在全面提升管理力的基础上重构编辑出版机制、完善编辑出版流程，建立健全策划、组稿、审稿、编辑、校对、设计、生产、营销和质控等一系列管理机制和管理制度，确保编印发业务流程各环节有机衔接、畅通有序、管理有力，确保大数据、虚拟仿真、人工智能、5G、区块链等新技术、新业态、新手段在编辑出版业务中的融合运用，确保编辑出版主业全程全员全面全媒的质量管控和管理能力的提升。决定出版社核心竞争力的不是出版物的数量和规模，而是出版物的质量和品牌。不断提升质量管理力、提升出版物质量、打造出版社精品品牌，是出版社总编辑的重要职责和文化使命。因此，不断提升管理力，不仅是总编辑的重要战略，也是总编辑的重要职责，更是以质量立业、精品立社、品牌强社的高质量发展之路，建设国内一流国际知名出版集团之基。

（作者单位：人民卫生出版社有限公司）

参考文献：

[1] 坚决打赢这场人民战争，习近平总书记这样部署 [EB/

OL].（2020-07-31）. http://www.qstheory. cn/zhuanqu/2020-02/12/c_1125564457.htm.

[2] 郝振省. 疫情防控阻击战中的数字出版与融合发展. 现代出版，2020（4）.

[3] 杜贤. 执笔出征　出版上阵　知识服务　科学战"疫"：新冠肺炎疫情防控出版实践和创新探索. 中国出版，2020（7）.

[4] 杜贤. 新时期出版社总编辑的地位和作用. 科技与出版，2015（2）.

品牌图书是强社之本
——三谈出版精品是这样打造的

乔还田

摘　要：精心打造品牌图书是一项系统工程，必须进行全方位的理性思考。许多案例告诉我们，一个出版社在读者心目中的形象、地位和影响力，是由其品牌出版物决定的。品牌图书既是一个出版社的文化符号，也是一个出版社实力的象征，更是一个出版社发展壮大的最佳通行证。因此，新时代的编辑要发扬工匠精神，遴选优秀作者，打造更多原创性品牌图书。

关键词：强社之本　原创　品牌　工匠精神　作者

按照著名经济学家巴莱多的品牌法则：20%的强势品牌，会占有80%的市场份额。而且，第一品牌的市场占有率比第二品牌高出一倍以上，是创造行业价值最大的品牌。由于品牌反映了企业和消费者之间的一种信任，折射出消费者所期望的质量和价值，当今社会各行各业都把树立品牌形象作为增强企业影响力的战略举措和重要抓手，认定在日益激烈的市场竞争中，品牌是赢取持久竞争优势的强大利器。联想、华为、海尔、同仁堂、茅台等国内知名品牌仅商标名字就值几十亿元人民币，其原因就在于这些品牌已经深入人心、有口皆碑，在消费者心中有极好的信誉度。品牌的影响力和作用可以穿透到任何一个角落。难怪可口可乐之父罗伯特·伍德鲁夫要豪言：即使一夜之间所有工厂都在大火中化为灰烬，但只要品牌还在，那么可口可乐第二天就能东山再起。

一、强社之本在于打造品牌图书

图书虽是一种特殊商品，但多数出版社也一直重视"塑造品牌"，进行"品牌化经营"。业界流行着"睹书思社"的说法。美国著名出版家小赫伯特·史密斯·贝利通过综合分析，在《图书出版的艺术和科学》一书中写道："出版社并不因它经营管理的才能出名，而是因它所出版的书出名。"可见，那些能让出版社出名，进而引发读者"睹书思社"的书，就是那些能够体现出版社品位的特色品牌书。品牌图书可谓出版社的立社之本、强社之本、优社之本。一个出版社如果没有品牌产品，早晚会被市场淘汰出局。

实践证明，品牌图书不是专家们投票评出来的，更不是出版社刻意贴标签自封的，而是在图书市场中形成的，是通过时间隧道过滤、积淀的结果，是读者心中的口碑。无论是国外还是国内，但凡称得上强社和名社的，都有品牌图书作支撑、作招牌、作标志。

企鹅出版集团打磨出四个享誉全球的品牌系列："企鹅经典"和"企鹅现代经典"品牌主要是文学价值较高的严肃文学作品，"鹈鹕"品牌是当代社会问题的非虚构作品，"海雀"品牌定位于出版儿童图画书。可以说，企鹅的每一个品牌的出版范围、目标受众都十分明确。

兰登书屋出版了许多引领世界思想文化潮流的精品力作。其中最著名的图书品牌是"现代文库""佳酿丛书""铁锚书系"。1925年，其创始人贝内特·瑟夫以20万美元从贺拉斯·利弗莱特手中买下"现代文库"品牌及其拥有的经典文学作品重印版权。当时贺拉斯·利弗莱特因为经营不善负债累累，瑟夫趁势将其重要出版资产一举收入囊中，从而奠定了兰登在世界范围内的文学出版领头羊地位。利弗莱特出售"现代文库"这一品牌时，其他高管坚决反对，但迫于资金压力，利弗莱特不得不忍痛割爱，将其出手。瑟夫后来说，在20世纪30年代世界经济大萧条中，如果利弗莱特一直拥有"现代文库"这一品牌资产，会安全渡过经济危机。瑟夫购入"现代文库"后，对这一品牌进行了完善与提升，在剔除原文库中不符合经典标准图书的同时，着力增加了一些优秀作家的作品，并且优化了图书的装帧设计，使这一图书品牌从内容到形式都有所创新，大大提升了品牌价值。

国内的商务印书馆以出版工具书和学术名著在国内出版界独占鳌头，赢得"工具书王国"和"学术出版重镇"的美誉。一本小小的《新华字典》，自1953年行世以来受到全国读者的广泛欢迎。有人风趣地称赞："有中文书的地方，就有《新华字典》。"2016年4月，《新华字典》获得"世界最受欢迎的字典"和"最畅销的书"两项吉尼斯世界纪录。截至两项纪录统计的计算时间（2015年7月28日），《新华字典》全球发行量达5.67亿册，是全世界销量最大的书。被喻为"书有魂，或感动，或震撼，或淡然而恒久"的《现代汉语词典》，至2016年4月已发行了5000余万册。这两本品牌工具书给商务印书馆带来了巨大的社会效益和经济效益。早年推出的"万有文库"，以及中华人民共和国成立后出版的"汉译世界学术名著丛书"也是商务印书馆的品牌图书。这些承载深厚大国文化和世界进步思想的招牌书、品牌书铸就了商务印书馆的历史荣光。

"出精品、育品牌"是电子工业出版社坚守的出版理念。正是因为精心打造了"飞思"品牌，电子工业出版社从而赢得了消费者对该社计算机图书的忠诚度。他们出版的《高质量程序设计指南——C++/C语言》《Java与模式》《精通EJB》等书，从内容、装帧到编校都达到了计算机图书的高品质水准。更可贵的是，该社还拓展了对"飞思"品牌的开发：延伸设计的"飞思科技"是最新技术和最专业信息技术的图书出版物，"飞思动漫"是动漫优秀多媒体图书，"飞思教育"是优秀计算机教育图书，"飞思数码"是图形图像设计领域的品牌，"飞思"网站则专门传播如何应用计算机专业技术。从而全方位体现了"飞扬科技，思索未来"的理念，最终形成知名度极高的"飞思系列"品牌形象，使该社在计算机图书出版领域享有盛誉。

二、注重打造原创性品牌图书

我国目前是一个地地道道的出版大国，但还不是出版强国，精品力作特别是原创性作品并不多。

习近平总书记指出："理论的生命力在于创新。创新是哲学社会科学发展的永恒主题，也是社会发展、实践深化、历史前进对哲学社会科学的必然要求。""如果不能及时研究、提出、运用新思想、新理念、新办法，理论就会苍白无力，哲学社会科学就会'肌无力'。"[1]在党的十九大报告中，习总书记强调"创新"和"创造"，强调"没有高度的文化自信，没有文化的繁荣兴盛，就没有中华民族的伟大复兴"。可见，只有勇于创新创造，激发全民族文化创新创造活力，才能向社会主义文化强国迈进。所以，新时代的编辑务必将增强文化自信落实到出版自信上来，把精心打造思想精深、艺术精湛、制作精良的作品视为自己的职责和使命。

言及勇于创新创造，不能不提到苹果公司之父史蒂夫·乔布斯。一次，他在斯坦福大学演讲时被一个年轻人问道："我怎么能像你一样？我怎么能成为你那样的人？"乔布斯做出了堪称经典的回答："另类思维。"所谓"另类思维"，就是不囿于传统思维，敢于挑战权威，不让陈旧观点的聒噪声淹没自己脑海里萌发、涌动的新思想、新理念、新见解。所以，新时代的编辑只有静下心来，耐得住寂寞，和作者共同"另类思维"，才能打造出更多"惊世骇俗"

的、可以经得起时间检验的原创性品牌图书。

可以肯定地说，20世纪40年代初，范文澜撰写的《中国通史简编》就是一部"惊世骇俗"之作，直到现在仍受到读者的青睐。和旧史书相比，该书的明显区别在于：第一，书中肯定了劳动人民是历史的主人，旧史书则把帝王将相视为主人。第二，按照一般社会发展规律，划分出中国历史演进的阶段，并揭示出各个阶段的特征，即差异化。第三，书中写阶级斗争，着重讲腐化残暴的统治阶级如何压迫农民以及农民如何被迫起义；对外来的民族入侵，重点展示了民族英雄和人民群众的英勇抵抗。第四，注意收集生产斗争的材料，对古代科学发明以及有关农业、手工业的知识着墨不少。正因为该书打破了旧的王朝体系、热情讴歌了劳动人民，是国内第一部运用马克思主义观点分析、介绍中华文明史的著作，1941年一问世，就遭到国民党政府的通令禁止。中华人民共和国成立后，范文澜对该书多次进行修订，成为人民出版社的品牌书和标志性出版物。范文澜特别主张通过"百家争鸣"推陈出新。他强调，凡以学有专长而"争鸣"就好，凡长于教条"争鸣"就坏。照教条写出的东西，无非东抄抄，西扯扯，终日言，如不言。这种情形，鸣则鸣矣，争则争矣，不过只能叫作"潦岁蛙鸣"，和"百家争鸣"不可同日而语。国内史学界尽人皆知，他与郭沫若关于中国封建制度始于何时，见解不同。范文澜主张西周说，郭沫若主张春秋战国说。两位学问大家不仅在刊物上专门撰文进行商榷、交流，而且各自将自己的观点写进了《中国通史》和《中国史稿》。《中国通史》的创新点还表现在没有把一些无谓的烦琐细节提供给读者，而是坚持自己的选择和理论思维与学术体系。书中对中国古代哲人的精魂——关心社稷、热爱祖国，以及"为天地立心，为生民立命"的优良传统，大加赞扬，而且揭示出：与其他文明古国相比，中国古代文明的连续性在政治实体的存在方面尤为瞩目。

三联书店与哈佛燕京学社共同策划的"三联·哈佛燕京学术丛书"明确定位于国内中青年学者的原创性著作。追求的境界是：只求有利于学术，不求闻达于世间。他们以推动学术进步为目的，严格评选，鼓励创新，提倡开放。明确要求：交稿时，除与稿件和作者相关的资料外，还须提交两份本学科专家的推荐书；来稿若被采用，专家的推荐意见会在新书封底摘要刊出，以便公众监督。丛书从立项、遴选、签约到编校、出版和发行，非常严格，均按国际学术惯例进行运作。[2] 自 1994 年出版以来，24 年间共推出百余种学术专著，受到各界学者的好评，已成为代表高水准原创性学术研究的一个品牌。

再以德国苏尔坎普出版社的"彩虹系列"为例。众所周知，第二次世界大战结束后，德国被盟军占领并分为两半。面对满目疮痍的绝境，昔日高傲的德国人颓废、绝望、空虚、麻木，精神受到了极大的创伤。为扭转这种颓势，以翁泽尔德为社长的苏尔坎普出版人推出"苏尔坎普版图书系列"（因封皮采用赤橙黄绿青蓝紫七种颜色作标识，故又称"彩虹系列"），着力为新一代德国人提供世界的和本国的先进文化，重建德国思想文化的"大厦"。从推出第一本书——布莱希特的《伽利略传》为标志，一大批在文学、哲学、社会学、政治学、心理学方面阐述新思想、新认识、新精神的作品陆续问世，迅速打破了德国思想沉寂、精神彷徨的局面。对于"彩虹系列"在思想文化方面的引领作用，有评论道：联邦德国思想界哪怕是细微的变化，都可以说是苏尔坎普出版社某些书籍直接影响的产物；反过来，在德语文化中，似乎没有任何一个具有重要意义的理论不是受到"彩虹系列"的"赐福"才有所作为的[3]。来自德国的一位名叫克吕格尔的同行对翁泽尔德也表示由衷的敬佩："一个出版人不仅不必追随任何时尚，而且他自己可以按照自己意愿制造时尚。"显而易见，苏尔坎普出版社的原创性品牌"彩虹系列"蕴藏着巨大的创造力，它引领了战后德国文化的重建，提升了整个德意志民族的思想水平，不仅惠及当下，而且恩泽后人。

三、以工匠精神打磨品牌图书

"书比人长寿。"这是20世纪80年代美国著名学者费正清写给我国编辑家赵家璧回信中的一句箴言。当代编辑理应有这种追求。但令人担忧的是，现在大量的平庸之作充斥市场，有的甚至是垃圾书。难怪有人批评当下许多新书极为短命，出得快、扔得快，有些图书恰如奶制品，比鲜奶保鲜的时间稍微长一点，比酸奶的保鲜时间还要短一点。何以出现这种让人汗颜、担忧的局面？原因虽多，但编校人员缺乏工匠精神是一个重要因素。

何为工匠精神？"心诚则志专而气足，千磨百折而不改其常度，终有顺理成章之一日。"这是以"钝拙"自居的曾国藩对工匠精神的精准阐释。若将这种止于至善、精益求精、执着专一的着力追求完美与极致的精神融于日常编辑工作中，就是要对文字抱以敬畏之心，如履薄冰，始终坚守文化价值的底气，能够树立文化自觉的意识；既有耐心又有耐力，能够经年累月坚持一丝不苟，做到多一分精心、少一分粗心，多一分专注、少一分浮躁；在把握文化品质、思想内涵、学术价值、语句规范、知识准确等方面，力求做到字斟句酌，如切如磋，如琢如磨，反复推敲，精准定位。

古往今来，我们的先贤哲人执着专一地践行工匠精神的事例不胜枚举。战国末年，吕不韦主持编纂《吕氏春秋》，为达到尽善尽美的程度，让人把全书誊抄一遍，悬挂于咸阳城门，"延诸侯游士宾客，有能增损一字者，予千金"。此种纠谬纠错法即为"一字千金"典故的来历。西汉年间，刘向、刘歆父子组织编辑整理皇家藏书时提出"一人读书，校其上下，得谬误，为校；一人持本，一人读书，若冤家相对，为雠"的校雠法，一直为后世沿用。

编辑名家叶圣陶感悟道:"加工之事,良非易为,必反复讽诵,熟谙作者之思路,深味作者之意旨,然后能辨其所长所短,然后能就其所长所短而加工焉。"[4] 这三个经典的编书故事,对以工匠精神打造文化精品做了最好的诠释。

实践证明,精品力作都是精益求精、精雕细琢而成的,品牌图书的打磨更是如此。在当今出版这个行业里,有一些不显山不露水不张扬,甘愿"为他人作嫁衣裳"的编辑,堪称践行工匠精神的楷模,值得敬仰和效仿。如人民文学出版社编辑过《鲁迅全集》《茅盾全集》《巴金全集》《巴金译文集》等品牌书的王仰晨。1992年11月21日,当26卷本,合计960万字的《巴金全集》最后一卷发稿时,巴金致信王仰晨,饱含深情地写道:"你为我的书带病工作了这些年,一个字一个字地、仔细地编写、校读,忍住腰痛,坚持坐在书桌前,或者腿架在凳子上,为了我的《全集》,你花费了多少时间、多少心血、多少精力——我的书橱里有不少朋友的信件,其中有一大沓上面用圆珠笔写满蓝色小字,字越写越小,读起来很费力,但也很亲切。不用说这是你的来信,我生活忙乱,常常把信分放在几个地方。这不是什么幻想,这闪光是存在的。我明白了。它正是我多年追求而没有达到的目标:生命的开花。是你默默地在给我引路。不管留给我的日子还有多少,不管我能不能再活一次,你默默地献给最后的一切,让我生命再开一次花。"在长期的交往中,巴金给王仰晨写过数百封信。1997年,文汇出版社出版了《巴金书简——致王仰晨》,已经94岁高龄且在病中的巴金在口述的《小序》中动情地写道:"我生活,我写作,总离不开朋友,树基(即王仰晨)是其中的一位,可以说,我的不少书都有他的心血,特别是我的两个《全集》,他更是花费了大量的精力。我没有感谢他,但我记住了他为我做的一切。现在,我把这本书献给他。这是一本友情的书。半个世纪以来,我们互相关心,互相勉励,友情始终温暖着我们的心。"

人民出版社有份编号为"1980年155"的书稿档案清楚记录了责任编辑邓蜀生为北京大学著名教授黄绍湘《美国简明史》的付梓出版所付出的心血。在那份手写的总计78页的审读意见中，邓老扎实的学术功底和严谨认真的态度可见一斑，他作为学者型编辑的典范，值得我们每一位编辑学习。

《辞海》是上海辞书出版社出版的原创性精品文化工程。2016年12月29日，为庆贺《大辞海》出版暨《辞海》第一版面世80周年，习近平总书记发贺信写道："全面反映了人类文明优秀成果，系统展现了中华文明丰硕成就，为丰富人民精神世界、增强人民精神力量作出了积极贡献。"辞书界前辈巢峰撰文指出：任何出版物的生产都离不开编辑。由于出版物的种类不同，编辑发挥的作用也就不同。和学术著作、小说相比较，《辞海》的编辑工作量要大得多。可以说，各学科交稿后，从作者方面来看已经百分之百完成任务，但从编辑方面来看，这些稿仅仅是未经雕琢的"璞玉"。巢峰透露，在编纂《辞海》第五版时，所有审稿者都以严肃的态度认真把关，提出了详细的审稿意见：某个收400余个条目的学科，终审意见有21页（16开纸）；某个收900余个条目的学科，终审意见有22页；某个有1700余个条目的学科，复审意见有99页。条目合并后的编辑工作要进行三次通读和八种专项检查。正是基于这种层层设防、严格把关、一丝不苟、字斟句酌的"辞海精神"，《辞海》在读者心目中的地位越来越高，其品牌价值和市场影响力也越来越大。

四、遴选优秀作者，铸就品牌图书

显而易见，作者水平的高低决定了图书的质量。要想打造有创意、有特色、有保留价值、有生命力的精品力作，并使其成为品牌图书，务必物色到"对路"的写作者，否则，创意再好的选题，也只能是平庸之作。

以人民出版社出版的"中国历代帝王传记"为例。1983年策划时就明确两点定位：一是入选这套学术性传记的帝王必须在中国历史上起过重要作用。读者看到的不仅仅是一个孤立的皇帝，而应是皇帝经历的一些重要事件，以及一个朝代和一个时代。二是必须具有可读性。每一位作者，要从简单化、脸谱化的"围城"文化中突围出来，不仅要探究传主的文治武功，考察他们在政治、经济、军事、文化等各领域做过的大事，还要多角度、多侧面揭示他们的性格特点、心理、爱好、情感及其对历史发展的微妙影响和作用。截至2012年，已有《秦始皇传》《汉武帝传》《唐太宗传》《雍正传》等24种帝王传记与读者见面。这些传记，每出版一种，短期内即告售罄，不得不屡屡重印，而且被海外出版商相继购买版权。

"中国历代帝王传记"为什么会成为一个品牌，受到市场的认可、读者的欢迎？一些参与组稿的编辑总结得好：绝不是因为这类选题策划得好——从某种意义上讲，这类选题是用不着策划的，因为连不懂历史的人也能随口说出该为哪个皇帝立传。其成功的关键在于：参与这套丛书的编辑通过大量的调查研究，反复筛选，物色到了既有学术水平又有文采的作者。在作者的笔下，这些帝王个个形象鲜明，栩栩如生。他们的经历、思想、品德、意志、才能、性格、作风、爱好以及功过是非跃然纸上，从而使这套丛书成为既可读也可收藏，还可作为礼品馈赠友朋的品牌书。

再以英国剑桥大学出版社为例。这家享誉世界的出版社拥有近2.5万名世界一流的学术作者资源，出版了许多影响世界文化走向和科学走向的品牌图书。就拿中国社会科学出版社翻译引进的《剑桥中国史》来说，该书之所以能"在一定程度上代表了西方中国史研究的水平和动向"，成为世界上具有影响的国外研究中国历史的权威著作，竟至"在英语世界中，剑桥历史丛书自本世纪起已为多卷本的历史著作树立了样板",就是因为《剑桥中国史》聚集了西方研究中国史的顶尖学者：主编是哈佛大学教授费正清和普林斯顿大学名誉教授崔瑞德，各卷也是由一批在各专题领域研究有素的专家撰写。剑桥大学出版社自创建以来，始终不懈地追求高品质学术化出版。而打造高品质学术化品牌图书的"命门"就是依靠一批又一批、一代又一代的优秀作者。像达尔文、牛顿、爱因斯坦、威廉·哈维等曾对人类的认知产生过革命性改变的伟大科学家，以及剑桥大学81位诺贝尔奖得主都是该社的供稿者。而各界精英、优秀作者群中相当一部分是由优秀的编辑发现并培育起来的。这些优秀的编辑有着"伯乐识马"的眼光，知道"谁是最资深的教授和谁是在该领域里最有前途的年轻学者"，进而达到"几乎所有的资深教授的大门始终向剑桥的编辑们敞开着"的佳境。这些"最资深的教授"和"最有前途的年轻学者"便是剑桥大学出版社的底蕴所在。

德国苏尔坎普出版社"彩虹系列"的深厚底蕴也来自作者的支撑。这家出版社的编辑信守这样一种理念："我们不出版书，我们出版作者。"也就是说，如果出版社与一位优秀的作者签约，就会出版其所有作品。像黑塞、阿多诺、布洛赫、普莱斯纳、霍克海默、哈贝马斯等德国大师级作家和学者都是"彩虹系列"的供稿者。正是这些签约作者，成就了苏尔坎普出版社在德国乃至世界出版界的地位，使其将20世纪德语文学与理论中的经典著作、哲学和社会学中的代表性图书以及世界现代经典书目尽数囊括其中。

显而易见，精心打造品牌图书是一项系统工程，必须进行全方位的理性思考。许多案例告诉我们，一个出版社在读者心目中的形象、地位和影响力，是由其品牌出版物决定的。品牌图书既是一个出版社的文化符号，也是一个出版社实力的象征，更是一个出版社发展壮大的最佳通行证。所以，新时代的编辑必须肩负起神圣的出版使命，树立高度的文化自觉意识，为增强我国的文化软实力，打造更多的优质品牌图书。

（作者单位：北京印刷学院新闻出版学院、
青岛科技大学传播与动漫学院）

参考文献：

[1] 习近平.在哲学社会科学工作座谈会上的讲话[M].北京：人民出版社，2016.

[2] 李艳辉.在学术出版中推广同行评议制度的相关问题探析[J].中国编辑，2017（9）：19-22.

[3] 马文韬.翁泽尔德：世纪出版家[A].贺圣遂，姜华.出版的品质[M].上海：复旦大学出版社，2012：75-86.

[4] 转引自聂震宁.工匠精神乃务本之道[N].中国新闻出版广电报，2016-06-06.

"学术集林"对新时代学术出版的启示

张万兴

摘　要："学术集林"系20世纪90年代由王元化先生主编、上海远东出版社出版的一套中国传统文化研究书系。该书系追求"有思想的学术和有学术的思想",重点辑录了20世纪300余位中外学人的著述,成为当代学术思想传统重建与发展的重镇。该书系重识、求精、明理、得法、爱人等理念与做法,对当下的学术出版及出版业高质量发展,有一定的启示、借鉴作用。

关键词：学术集林　王元化　学术出版　启示

"学术集林"系20世纪90年代由王元化先生主编、上海远东出版社出版的一套中国传统文化研究书系。该书系就内容而言,以人文学科为主,兼及社会科学;就作者而言,以国内学人为主,兼及海外学人;就时间而言,总体属20世纪,个别涉明末清代;就形式而言,由"文丛"（论文书摘荟萃）与"丛书"（自成卷帙专著）组成,使用繁体字,设计风格统一,与一般出版物区别明显。该书系从1994至2000年共出版图书25种,属于一个规模较大、特色鲜明、影响深远的学术出版经典案例,具有多方面的研究价值。

从学术史的角度看,该书系与20世纪末的中国知识界同感共生,在追求学术独立、文化自主方面颇有勇气与理想,成为当代学术思想传统重建与发展的重镇,对中国20世纪末的反思思潮产生了较大影响,也引起了海内外的较多关注。从出版史的角度看,编纂该书系的一些理念与做法，不但在当时开风气之先，经过20多年的沉淀，以之观照当下的学术出版及出版业高质量发展，也有一定的启示、借鉴作用。

一、学术出版要重识

识是颇有渊源的学术概念。唐代刘知几在讲史官条件时，最早提出识的问题："史才须有三长""谓才也，学也，识也"。后世晁说之、李贽、叶燮、袁枚等不但遵从其说，更强调识要排在德、才、学之前，居于首要地位。其中叶燮的说法很有代表性："惟有识则是非明，是非明则取舍定，不但不随世人脚跟，并亦不随古人脚跟。"蔡尚思评析说："识即所谓见识、见解、眼光之类，属于思想认识方面，也可以说就是世界观。个人的一切言行都是由识决定的，而不是由德决定的。"[1] 可见重识是中国优良的学术传统。

"学术集林"继承并发展了重识这一传统。王元化在《卷一编后记》即表明："'学术集林'发表的文字，希望多一些有思想的学术和有学术的思想。"后来他又多次做过阐释："思想可以提高学术，学术也可以充实思想。""思想如果不通过学术来提高，就会流于口号。""我认为学术和思想不是《红楼梦》里那种'不是东风压倒西风，便是西风压倒东风'的关系。"[2] 这些认识，已经有了克服所谓"学随术变"的坚定立场和理论自信，思考不仅达到了较高境界，还具有方法论的意义。朱维铮说："他通过对现状突变的反思，越发认识传统文化的实证研究，应为认知现状与展望未来的前提。"[3] 谢志浩说，20世纪90年代的王元化，"他的理念是打通学问和思想，印证生命和信仰"[4]。

坚持重识的编纂宗旨，保障了"学术集林"的高质量与高水准。文丛所选各文，丛书所选各著，20多年来，或成为所涉学科开宗

· 119 ·

立派之作，或成为作者个人代表之作，或成为珍贵的缺遗未刊文献，大部分都产生了重要的学术影响，有的甚至已成当代学术经典，被多家出版单位一版再版。如丛书首推、文丛亦同时摘登的《存斋随笔》，熊十力先生以新唯识论重释十二缘生与大生命力，以"熊学"在中国当代哲学界自成一体，影响遍及全国和海外，现有多个版本传世。《大英百科全书》称熊十力为中国当代哲学之杰出人物。[5]但此前，《存斋随笔》作为熊先生的封笔力作，30年不能正式出版。中国科学院1964年对其稿件的处理意见是："若印若干本留存也不行，请退回。"[6]由此，不仅可见"学术集林"之识，更可见其功其德。

现在，我国及海外每年完成的专著、发表的文章、上线的毕业论文及结项的课题报告不计其数，客观上使得学术成果遴选成为学术出版第一要务，因而识的地位与作用不是越来越削弱了，而是更加重要与凸显了。

二、学术出版要求精

学术出版求精，是在重质基础上对量的适度控制，追求高质量与少字数得兼。"学术集林"以卷册少而容量大、字数少而代表性强为学界与市场所赞誉。全书系约563万字，涉及300余位作者。其中，17卷文丛，辑录学术论文、书摘308篇，编后记15篇，但总字数仅407万，篇均1.25万；8种丛书虽然都是名家名作，但总字数仅156万。除了李学勤《古文献论丛》、余英时《钱穆与中国文化》因系专题文集，字数超过20万外，专著如熊十力《存斋随笔》、徐梵澄《陆王学述》都只有14万字，特别是周一良《唐代密宗》、饶宗颐《中国史学上之正统论》通论部分分别只有9万和6万余字。

学术出版求精的优良传统深刻地影响了"学术集林"编纂。

主编助理傅杰透露，王元化对来稿一丝不苟，"文丛的编委都是先生亲自邀约的海内外权威学者，而他毫不犹豫地退掉了其中一位老友的来稿"。一位美籍中国哲学研究名家的稿件"被先生退了三次"。[7] 特别是"学术集林"采用以论文为主、著作为辅两相结合的办法，以尽可能少的文字，尽可能多地涉猎了不同学科、流派、风格与专题的学术成果，为求精找到了一个科学有效的实现途径。

近些年，学术出版赶上了"好时候"，小到单本著作，大到"工程""文库""大系"类项目，数量都不在少数，但其中有学术之名而乏学术之实的著述也有不少。这些有名无实的著述，编辑浪费人力物力，阅读浪费读者时间，学术出版确实到了应该求精、求高质量发展的时候了。

三、学术出版要明理

"理"是形声字，王（玉）为形，里为声。"本义为顺着玉的纹理剖分它，或把它从石头中分割出来，即治玉。"[8] 治学如同治玉。学术出版明理，就是通过辨章学术，考镜源流，把内在学理揭示出来，阐释明白。张之洞说："古来世运之明晦，人才之盛衰，其表在政，其里在学。"他这里的学，指的就是学理、学术。

对于学理的追求，古今中外的学术界，在理念和目标上是一致的，在范围与程度上各有千秋。"学术集林"对于学理的探索，无论认识与态度都很有抗志希古的气魄，不但志在重建当代学术思想传统，编纂的背后，更有深刻的文化自主、思想关怀与历史担当。这些认识与态度，在形式上，或直接见于编者近4万字的文丛《编后记》，以及丛书《出版说明》；或间接见于相关著述及其按语、后记、说明、注释，文丛所刊作者手迹，丛书封面勒口文字。在内容上，有关学术的责任担当、体系流派、精神风骨等都有所涉猎，算是一种广义的学理求索。

第一，在责任担当上，"学术集林"展现学术本色，愿为天下公器。丛书《出版说明》对此有直白说明："关于出学术书困难的议论，已经有些时日了。我们列身出版之业，虽知个中种种并非虚言，然深感对于学术文化的积累与发展有着一种责任，不可推卸的责任。正是这种责任感，促成了'学术集林丛书'的出版。"文丛《卷一编后记》所说相对委婉："我们只是想做一些我们认为有意义而别人没有做的事。""知识分子毕竟应在知识领域中发挥作用，而不应抛弃自己的本来职责。"在20世纪80年代末，为了"从文化角度的高层次来探讨人人关心的具有现实意义的问题"[9]，王元化主编过一套影响很大的"新启蒙丛刊"。该丛刊所提倡的启蒙运动的理性精神也影响到了"学术集林"，他自己就承认："笔者不能由于编辑这套文丛就与启蒙工作告别。"[10]实际上，王元化的这些主张，在其参与的"世纪蓝图丛书"及其多部著作里也有呈现。另外要提及的是，王元化重视读者来信和市场反馈。总之，"学术集林"既重视优秀学术成果的遴选，又重视读者的参与和感受，把作为天下公器的学术责任，从对象到主体都落得很实。

第二，在体系流派上，"学术集林"文丛以各学各派的代表性著述，巧妙地构建了当代学术思想传统体系。其中纵观可见，过往学术"余绪"以及未来学术"渊薮"，举凡明清之际直至20世纪末，有关中国传统文化的中外著述书系均有涉猎；横观可见，国内学术与华文圈学术同中之异以及"中西"学术异中之同，举凡中欧、中美、中日、中印及海峡两岸、内地与香港的著述均在书系视野之内。这样一个时空交织相互关联的学术体系，不仅有助于廓清读者思路，更使书系的每一著述都具有了开放性，变得立体起来，即不仅呈现自身专业领域的特色、层次与承继，更有了在学术体系中的定位、关联与提升。放在学术史中考察，这种体系构建本身已经是一种发展了。

第三，在精神风骨上，"学术集林"作者与作品各具性情，相互辉映，大都文如其人，人如其文。不用说明清时代的黄宗羲、钱大昕，章黄学派的章太炎、黄侃、朱季海，新儒学"三圣"马一浮、熊十力、梁漱溟这些大师，也不用说书系在百年间的文史哲领域遴选的诸多佳构名篇，单就中华人民共和国自主培养的学人及其成果，就已精彩迭呈，美不胜收了。如在古代史研究和中外古典文明比较研究领域作出开创性贡献的历史学家刘家和，"学术集林"刊用其论文多至5篇的黄永年。以学术成就让中华人民共和国自主培养的学人立身中外学人之林，是"学术集林"鲜明的立场与态度。

四、学术出版要得法

得法是明理的外化，即找到研究问题的最佳路径方法。"学术集林"文丛"治学方法与著述风格，各有千秋；一家之言与价值取向，亦各有所属"。[11]丛书专著实际上就是一个个典型学案，勒口文字是作者对治学路径研究方法的精要解说。如徐梵澄所说："治此一古学譬如开矿，入山开采，必须辨明矿脉，……然后采集，加以冶炼，去其渣滓；即是拣选其不与时代精神尤其是科学方法相违的，视其对今世及后世有何裨益，将其采纳，表扬，或存置，搁下。然存置或搁下，亦不是将其毁灭，因为倘其中有些真理的东西，终归是毁灭不掉的。现今许多不合时宜的事物，我们只合将其保存给后人，毁之可惜。将来也许在废料中，又可提炼出其他物品作新的用途。"

文丛对于得法的呈现，比丛书更为丰富多彩，书评、序跋、答问、札记、传略、年谱、学传、日记、回忆录一类文章，均有或提纲挈领或直接生动的说明。此类文章在文丛里有50多篇，接近总量的20%。因系学问人写学问事，很是清晰透彻，成为"学术集林"的一个特色。

五、学术出版要爱人

学术出版必须依靠作者、编者去进行创造性劳动，也不能缺了读者的支持和参与，即首先必须要有"人"，同时还要有"爱"。爱就是尊重、信任、服务。王元化秘书蓝云说："先生待人热情，他提倡'爱的哲学'。""先生好交朋友，他的交游极其广阔。"[12]"学术集林"在爱人方面有三点值得借鉴。

其一，文丛编委架构以专家为尊。时下编纂一部较大的书系，都要成立一个阵容强大的编委会，有的甚至成立领导与编纂两个委员会，要请很多顾问，设好多头衔，真正的专家反而常被"边缘化"。"学术集林"文丛编委彻底去"行政化"，由清一色的专家组成，极为"纯粹"和"简化"。卷一编委架构，只有编委24人、主编1人这样"瘦身"的组成。到卷二增加了2名学术联系人，最多时也只有5人。到卷四增加了2名助理，最多时也只有3人。到卷十五，编委人数最多，也只有31人。从卷一到十七，这个编委架构始终连"学术集林文丛编委会"这类名称都没有要，只单设一页，分别在编委、主编、助理、学术联系人名下列出了具体人名，并且主编位置始终置于编委之后。

其二，充分相信和依靠"编委同人"。冯契、史华慈、任继愈、朱维铮、余英时、李慎之、李学勤、杜维明、汪荣祖、林毓生、冈村繁、周一良、周策纵、胡道静、施蛰存、马悦然、许倬云、宿白、张光直、张灏、汤一介、胡厚宣、裘锡圭、墨子刻、潘重规、刘述先、兴膳宏、钱仲联、萧萐父、饶宗颐、罗多弼、庞朴这些名头响亮的学术大家们，没有一个是挂名应卯的，每人都为学术集林提供、推荐了高质量的研究成果。而主编助理徐文堪、傅杰、钱文忠，学术联系人李庆、邵东方、陈宁、费乐仁、樊克政，也个个才华横溢，都是学有所成、身负重任的学界中之青年俊杰。但为学术出版，他们孜孜矻矻，奉献韶华。当然，在编委们的背后，还有作者、责任编辑以及其他工作人员和广大读者的默默奉献、拳拳关切。

其三，全心全意做编务、服好务。如处理稿件极端认真负责，凡事都要给作者一个答复；如有编委、读者提出意见建议，编者肯定有明确呼应，可独立成篇的意见甚至在文丛刊载；如能及时把新书送寄编委、作者；如为读者解决买书难问题等。特别应该提到的是，如有编委故去，"学术集林文丛同人"定会以不同方式表达追思。这些编务细节同"学术集林"著述一样，充满了人文关切与家国情怀，油然升华为一种文化力量与修为气场，春风菁莪，潜移默化地感染、影响每一位读者。

"学术的发展是一个恒态，也是一个动态。以动态论，它体现在每位学人的思想和实践之中，点点滴滴，闪耀着主观创造的睿智光芒。以恒态论，它超越各自一时一地的短暂存在，古今中外，汇聚成客观知识的历史长河。"[13]"学术集林"就是这样的历史长河，它上承"新启蒙"，下启《九州学林》，流淌着独立的精神、自由的思想，亘万古横九垓而不变。

谨以此文纪念王元化先生诞辰100周年！

（作者单位：九州出版社）

参考文献：

[1] 蔡尚思.中国文化的优良传统[M].长沙：湖南人民出版社，1984：22-24.

[2] 王元化,李慎之,杜维明.崩离与整合——当代智者对话[M].

上海：东方出版中心，1999：154.

[3] 陆晓光.清园先生王元化[M].上海：华东师范大学出版社，2009：36.

[4] 谢志浩.王元化——有学问的思想家[DB/OL]. http://www.aisixiang.com/data/104513.html，2020-08-02.

[5]https://www.britannica.com/biography/Xiong-Shili，2020-07-15.

[6] 王元化.学术集林（卷一）[M].上海：上海远东出版社，1994：57.

[7] 陆晓光.清园先生王元化[M].上海：华东师范大学出版社，2009：127.

[8] 古代汉语字典[M].北京：商务印书馆国际有限公司，2014：543.

[9] 王元化.新启蒙（1）：时代与选择[M].长沙：湖南教育出版社，1988：后记.

[10] 王元化.学术集林（卷十五）[M].上海：上海远东出版社，1999：编后记.

[11] 熊十力.存斋随笔[M].上海：上海远东出版社，1994：出版说明.

[12] 蓝云.王元化及其朋友[M].上海：上海教育出版社有限公司，2020：前言.

[13] 洪再新.黄宾虹文集全编[M].北京：荣宝斋出版社，2019年：前言.

试论分众时代编辑力锻造

袁 楠

摘 要：分众时代，新媒体进一步催生了多样化、精准化的读者需求；与此同时，出版业迎来融合发展的新生态。出版从业者要积极拥抱变革，精心锻造新时代新常态下的编辑力是关键要义，具体包括：以情怀为底色，以视野为助推，锤炼专业化的选题策划力；肩负使命、重视质量，与作者彼此信任和成就，不断增强产品对读者的服务功能，升级交互时代的编辑加工力；精准定位、迭代更新，提升大数据环境中的市场营销力。编辑力的锻造，是出版业高质量发展重要而稳定的基石。

关键词：分众时代 编辑力 选题策划力 编辑加工力 市场营销力

我们处在越来越鲜明的分众时代，新媒体进一步催生了多样化、个性化、精准化的读者需求。人们根据自我文化品味和生活方式选择的图书，某种意义上成为"交易货币"，向具有相同属性的读者群体进行扁平化传播，在社交圈内形成很强的认同感和互动性；随之可能扩大既有圈层，并显现出向圈外辐射的文化或经济效应。这样的过程形塑了群体阅读气质。例如，就阅读平台而言，豆瓣阅读秉持文艺气质，微信阅读旨在以阅读维系社交圈。这些分众化特点已被行业和读者广泛认同。

在分众时代，出版业同时迎来融合发展的新生态。开卷最新数据显示，2021年上半年整个图书市场动销品种177万种，截至

6月在架品种136万种，头部1%的品种已创造56%的码洋比重。海量图书的低动销率提示了行业困境：垂直化专业化内容缺失，大量横向宏大内容充斥其间。另iiMedia Research（艾媒咨询）数据显示，2017年以来，中国知识付费行业市场规模快速扩大，2020年达392亿元。并且，知识付费市场不存在存货周转，互联网用户数量也远高于图书市场读者数量。

身处分众时代，面对行业新生态，出版者需要理解需求端比以往复杂很多的诸种变化；需要认知融合转型趋势和公众对技术的强烈渴望；需要在保有对编辑职业热情的同时积极拥抱变革。新技术发展将使阅读范围越来越广阔，从某种角度来看，给出版从业者提供了新的空间。

一、锤炼选题策划力：情怀、视野与专业化

选题策划是编辑最重要的能力之一。锤炼选题策划力，对于出版业这样的内容产业和创意产业来说，情怀尤为关键。威廉斯在《什么是编辑》中提出："如果编辑拿起一部作品时没有丝毫期待，或许就不该继续待在这一行。"这里的"期待"，即是"情怀"。作为出版从业者，编辑应真正把传承文明、传播文化、教化人心作为一种情怀和天职，而不仅仅是作为一份借以谋生的工作。

这种价值观和理念是锻造编辑力的重要基石。张元济、邹韬奋、胡愈之等前辈大家以出版"开启民智，传承文化"；那些在几代读者中流传的皇皇系列——商务印书馆即将达到850种的"汉译世界学术名著丛书"，江苏人民出版社坚持做了30多年的"海外中国研究丛书"系列，译林出版社被誉为"最好的十套引进版社科丛书之一"的百余种"人文与社会译丛"，都是在文化传承的使命情怀之下倾力打造的精品，做书中间都遇到过看起来难以克服的困难甚至阻碍，但正是编辑出版人坚守初心、一以贯之的情怀，

终将这些系列铸成出版品牌，获得口碑，赢得市场。

编辑选题策划力的锻造，需要开阔的视野。著名语言学家、出版家罗竹风曾说，编辑应该是杂家，对各个领域的各种学问，都要懂一点，略知一二还不够，最好是略知二三。既是专家中的杂家，也是杂家中的专家。譬如，做文学的编辑，对哲学、历史、社会学、风俗学、地理学、生物学的知识都要知道一些；请专家学者写文章，必先认真了解其研究专长，阅读其发表的文章，认识其写作特点，否则很难做到跟名家从容交流对话。

"旧学商量加邃密，新知培养转深沉。"编辑这个行业的特质及其发展趋势，决定了从业者永远不能放弃追求新知。随着社会生活节奏的加快，加之获取知识方式的变化及知识服务平台的盛行，公众心态整体偏浮躁，即便是行业人士，也难以沉浸于深阅读。当然，视野的获得并不都靠阅读，但是，没有广博和深层这两个维度上的阅读，很难真正提升选题策划力。这也要求编辑在日常工作中对行业有前沿性的观察，形成规律性的认识，需要时间，更需要用心投入，以获得较深的领悟。相对于普通受众，作为编辑，更要有相对稳定的阅读量，有泛读面和精读兴趣点，由此对热点图书、畅销图书、长销图书，对阅读趋势和读者心理变化保持相当的关注，从而对选题形成较好的敏感性和洞见。

在情怀和视野基础上，编辑要着力去做的是能在读者的书架上长期留存下来的图书，认准选题品质，充分重视阅读心理，充分发挥内容价值，使精品图书准确到达目标读者手中。

以译林出版社打造的品牌系列"牛津通识读本"为例：这套从牛津大学出版社引进的"大家小书"系列，主题涉及哲学、艺术、文化、历史、经济、法律、社会、心理、科学等领域，撰写者都是各学科领域的顶尖学者。自2008年被译林出版社引进以来，曾经历过不被看好的阶段，彼时通识教育并没有像现在这样被强调，有很好教育背景的一代读者也没有完全成熟。但编辑坚信图书的内容质量和前瞻性，关注阅读发展趋向，沉下心来打造这套丛书，并为引进版图书本土化找到林毅夫、葛剑雄、时殷弘、陈嘉映、赵汀阳、陈骏等知名专家学者作序，获得他们高度评价和推荐。出版十多年来，这套书也一直坚持富有特色的"彩虹书"装帧设计。现已推出100多种，很多品种都产生了广泛影响，平均销量2万册，未来预计将达200种规模。这个系列的出版历程中，编辑们伴随图书一起成长，以情怀为底色，以视野为助推，不断深化着对出版、对读者、对市场的认识。

在分众时代锤炼选题策划力，还要格外强调专业化问题。专业的人做专业的事，出专业的书，才能有"打井出水"的更多可能。编辑工作需要情怀却不能仅仅依靠情怀，尤其是在现代读者已经相对成熟的情况下，在选题策划、编辑加工和宣传营销等各环节都需要相当的专业度。移动互联时代，内容资源较以往分散得多，垂直化与专业化因而格外有必要被强调。

中信出版集团在垂直化方向上的探索，阐释了专业化的力量。作为单体出版社的发展翘楚，中信出版专注于财经领域，以构建新商业环境为理念，长尾理论、黑天鹅、灰犀牛等商界新概念随着其图书为大众读者所熟知。此后，中信出版保持高速增长十余年。分析其不断开拓新领域，形成强大的市场竞争力，财力支持和市场化机制是原因之一，但更重要的是，中信出版依靠对内容专业化的高度关注、对读者需求的精准把握、对文化需求变化的及时呼应，赢得先机与活力。从商业到生活，从少儿到文学，投资用户建设、设立资源壁垒，以科学机制快速应对市场需求，构建被罗辑思维创始人罗振宇称作"定义社会议题的能力"这样一种核心竞争力。而高度专业化的产品体系支持了对社会议题的定义，从2014年开始，中信出版支持有想法、有渠道、有业务及管理能力的编辑成立工作室，打造出一批极具特色的专业化出版品牌，尤其是中信童书用5年时间在竞争白热化的细分市场中快速崛起。此外，其子品牌中信大方以文学为出版方向，但其目标并非再造传统文学出版社，而是特别注重在"90后"和"00后"读者面前展现出新的姿态，有别于学科意义上的文学，是针对细分用户做"具有文学性的产品"，用文学化表达贴近他们的生活，用文学的方式给予年轻人更多帮助。

社会科学文献出版社的甲骨文工作室也是专业化的典型案例。他们做历史书，并不做大历史，而是聚焦传达现实关怀，能引发读者兴趣点的具体事件。由于专业定位明晰，甲骨文工作室大部分图书起印1万—2万册，5万册以上的品种较多，有效积累了稳定的腰部产品群。

选题策划"开疆拓土"，要从自身内容优势、编辑营销团队优势和渠道优势出发，进行审慎和充分的资源评估，每个环节都做足做透、用心用情，让作者感受到编辑的专业素养、让读者感受到出版社的品牌含量，这样的衍生才有意义，才能最终获得品牌和市场的双赢。否则，便会成为激情洋溢的挖坑打洞和遍地开花。

二、升级编辑加工力：使命、质量与交互性

在编辑加工环节，首先要时刻牢记的是文化使命。出版是文化传承的事业，编辑应以强大的社会责任感和文化自信把握历史趋势，不断推进事业进步。升级编辑加工力，还要不断更新理解、把握行业特点，把读者放在心中，守正创新、力促精品。

升级编辑加工力，关键在严把图书质量关。邹韬奋曾说，看校样时的聚精会神，就和写作的时候一样，"目的要使它没有一个错字"。青年编辑重塑内化于编辑传统中的工匠精神，不仅是为出版社品牌增值，也是在建立和维护青年编辑自身的品牌形象。不因迎合市场而有失格调品味，不因时间进度而不顾内容质量，所编辑的图书，即是态度、品味和能力。

升级编辑加工力,重在提升交互性。编辑是布迪厄所说的作者和读者之间的"文化中间人"。按照杰拉尔德·格罗斯的说法,在跟作者交往并进行作品探讨的过程中,编辑角色近似于不断找碴的治疗师和化平凡为神奇的魔术师。对于大部分原创作品而言,无论是人文社科还是科普类,编辑首先需要非常仔细地阅读作品。怎样向作者传达温暖和关注,怎样拥有流利的口才,怎样体现对作者深切的理解,怎样提出温和而中肯的意见,著名的编辑家珀金斯是值得后辈效仿的典范。

北京十月文艺出版社做《欧文·斯通文集》时,找到中国社会科学院外国文学研究所研究员董衡巽先生写作序言,因为编辑的职业、专业和敬业给他留下很好的印象,双方就此开始合作。后来该社外国文学学者和译者队伍,也是在董衡巽帮助下构建的。

编辑和作者经常相依相助、共同成长。如果编辑与作者年龄相仿、地位或业绩相当,更容易沟通,产生共鸣。如果作者是成就斐然的大家,而编辑出道不久,或者反之,通常需要编辑有敬业心和平常心,有更多的智慧,既要有担当,也要有底线,彼此关切,彼此信任,彼此成就。

书稿在不同的编辑手中,可能会呈现出全然不同的样貌。编辑有怎样的底蕴和思路,编辑含量是否丰厚新颖,都体现在图书的质量和效益中。这既是编辑的使命,也是编辑人引以为豪的职业荣耀和文化自豪。笔者做作家格非获茅盾文学奖后的首部长篇《望春风》时,有一些心得体会。当产生整体打造格非作品的想法时,译林出版社先试水了短篇小说集《相遇》和文学评论集《博尔赫斯的面孔》。这两本书的新版面貌得到作者和读者的充分肯定,销量也很不错。在充分信任和默契的基础上,又精心推出了他的长篇新作。《望春风》获中华优秀出版物奖提名奖、"中国好书"等多项荣誉,市场成绩出色。而在与作者打交道的过程中,收获的不仅仅是知识和工作成效,因为密切沟通和情感共鸣,编辑以遇到这样的作者而深深欣慰并引以为职业中至高的乐趣。

移动互联背景下的出版产业面临着新的革命。出版业理应回归行业初心，充分实现行业价值。编辑是出版产品的制造者，也是服务者，要把做到极致的产品努力销售出去；要把服务做到极致，并不断优化产品、增强交互性，让未来的内容成为实现服务的媒介。这也是编辑加工力进阶迭代的应有之义。

三、提升市场营销力：精准、迭代与大数据

细分市场的变化早已有目共睹，仅仅依靠传统图书推广方式和运作畅销书的模式几乎很难行通。市场营销贯穿于出版全流程，不仅是出版后专业化、系列化的营销宣传工作，在选题策划、编辑加工、装帧设计、纸张选择、装订方式、定价等印前环节中，营销已非常重要地体现在每一步选择里。有没有贯穿全程营销的意识，是否在各个环节体现出为读者考虑，结果大为不同。

提升市场营销力，首要的是精准。现在很多图书的定价不再完全基于成本，而更多瞄准目标读者来斟酌；装帧设计更看重图书在销售终端的陈列，考虑货架环境。可以说，因为偶然性而大卖的图书已比过去少很多，产品要想精准触达终端，整个体系要付出比10年前更多的协作营销能力。市场表现突出的图书，做书的每一个环节，图书的每一个要素，都体现着先进的营销理念和有实效的操作水准。

分众时代的营销呈现多元化和迭代更新趋势。现代读者希望在有限或碎片化时间接收到最为有效的信息；图书营销只有精准定位，才有可能实现目标读者的最大化覆盖。区分目标读者、监控传播效果，一方面要依靠不断升级的分众传播技术，另一方面也要靠出版者运用先进的营销理念和深耕细作的营销行为留住目标读者。

编辑作为最了解内容的核心角色，既有创作新媒介的可能，更有跟上新媒介的必要；编辑面临的重要挑战是能否在海量信息冲击读者的形势下，清楚而有说服力地提供受众需要的知识服务和文化样态，这就需要深度开发内容价值、形成新媒介传播合力以开拓出版新局。

译林出版社年轻的编辑营销团队，一直在尝试找准图书定位和目标群体进行精准化营销，包括：根据用户特征选择媒体平台、把握营销时机；充分体现产品和服务的个性化价值，通过信息手段获取消费者准确定位，深入沟通并实现高回报、低成本的营销结果；努力监测、分析、总结与管理营销过程，并根据市场与读者的实时反馈调整营销目标。运用大数据分析用户网络行为结果并掌握读者的内容偏好，发现具备相同喜好的群体，其他行业的先行者早已在做，也是编辑提升市场营销力的有力武器。

译林出版社微信公众号连续多年入选大众喜爱的阅读新媒体号，微博粉丝118万，在运营微博、微信、豆瓣的同时提前布局私域流量池，建设包括快手、抖音、B站、微信视频号等四大平台九大账号在内、与市场平台发展同步的新媒体矩阵，同时开掘短视频、播客、小红书等新媒体赛道，分门别类组建书友群，出版者与读者之间单向信息传导被改变，用户体验从共鸣到共享。以新创历史书品牌"方尖碑"推广为例，年轻编辑担任B站主播，单个视频最高播放量突破两万，同时在京东、天猫、抖音等平台积极直播，专门搭建微信公众号，实现较高的销售转化率。据不完全统计，整个新媒体建设拉动图书发货增量千万元以上。未来，沉淀增长用户、进一步做大流量，与公域业务产生交互以尽快形成可转化的私域流量，将是编辑面对变化中的市场与读者需求的挑战所在。

四、结　语

资深出版人、中信出版集团董事长王斌说过，码洋有一天会被重新定义，谁能直接找到持续阅读的人，并构建起一套内容生产体系，这个行业就会被谁颠覆。在分众时代，唯有细分读者群明确差异定位，为目标读者提供个性化产品和特色化服务，才能在激烈的市场竞争中赢得读者的注意力。

编辑作为出版产业最为核心的力量，正在自发性地助推行业转型。分众时代，在出版业高效的协同体系并未完全建构的形势下，无论是大众出版、教育出版还是专业出版，无论是领域广泛的出版集团还是深耕细作的专业出版社乃至"慢出版"的独立工作室，编辑需要且必须从稿子和案头抬起头来，做好产品经理的角色，切实提升选题策划力、编辑加工力和市场营销力，运用全生命周期管理、全流程咨询服务，把一本书的价值做到最大化。编辑要将选题策划、编辑加工、市场营销、全程化知识服务乃至文化生活提案等诸多方面作为系统性工作，全面提升业务水准，做精做优，这是行业高质量发展重要和稳定的基石。

（作者单位：译林出版社）

参考文献：

[1] 阿尔文·托夫勒.第三次浪潮[M].黄明坚，译.北京：中信出版社，2018.

[2] 杰拉尔德·格罗斯.编辑人的世界[M].齐若兰，译.北京：北京十月文艺出版社，2019.

[3] 曹正文.听罗竹风讲"编辑应是杂家"[N].文汇报，2017-11-06.

[4] 黄璜. 今日上市的中信出版有何种独特的样本价值？[J]. 出版人，2019（7）.

[5] 彭楚焙. 施宏俊：中信大方，文学出版新物种[J]. 出版人，2018（9）.

[6] 邹韬奋. 一个小小的过街楼[M]// 邹韬奋. 经历. 北京：生活·读书·新知三联书店，2017.

学术出版在数字学术发展中的定位与作用

谢 炜

摘　要：数字学术是将数字信息运用于学术生产全过程，将大数据、人工智能等新技术运用于学术研究。面对新的学术生态和学术发展方式，学术出版应做好新的定位，从六个方面积极应对挑战、抓住机遇，充分发挥学术出版优势。社会科学文献出版社正在提供着一系列知识服务，打造有社会影响和学术价值的科研学术品牌。大数据时代提出了学术出版与数字学术共同发展的新要求。

关键词：数字学术　学术出版　知识服务　数字产品服务　数字学术服务　知识组织服务　联合科研服务　国际化传播服务

正如哈佛大学社会学教授加里·金所说，"这是一场革命，庞大的数据资源使得各个领域开始了量化进程，无论学术界、商界还是政府，所有领域都将开始这种进程"。作为互联时代最具标志性意义的重要技术之一，大数据已经对包括学术在内的各领域产生了重大的影响，数字学术这一概念也逐渐被引入到知识生产过程中，并且不断扩展，从最初单纯的科研资料的数字化，到近年来用计算机技术对基础资料进行统计、分析和评价，数字学术助推学术研究向着高端进一步发展。

一、由信息到知识：数字出版挖掘数字学术新生态

（一）数字学术的定义与内涵

数字学术从最广义的内涵来讲，是将数字技术运用于学术研究的全过程。数字学术的定义主体是学术，就是将大数据等新技术、数据分析工具运用于学术研究。它主要体现在以下几个方面。

一是学术研究环境的数字化。数字学术范畴下的学术环境是网络化、开放化、数字化、跨学科的数字技术环境和开放交流环境，信息获取、检索和应用相对传统学术研究变得更为简便和易得。如今，这一数字环境正在形成，随着信息和数据技术的发展，信息总量和信息传播方式已经并正在发生着翻天覆地的变化，过去的信息缺乏正在转向信息爆炸，科研工作者只需要使用网络，就可以轻松获取大量信息。同时，信息获取方式的改变，不仅使信息的获得变得更为容易，过去面临的研究场地、阅读时空受限的问题也得到了解决，科研工作者可随时随地开展学术研究。

二是学术研究过程的数字化。以人文社会科学为例，传统学术研究需要研究者从浩如烟海的文献当中爬梳材料，制作卡片，归纳整理，最终形成学术成果，但随着数字存储、数据检索技术的发展，材料收集、数据引用，甚至部分成文过程都可以由计算机辅助完成，这为科研工作者节约了大量的时间和精力，可以进行更多的学术研究。随着交流的更加便捷，研究者对合作的需求进一步加强，未来的学术研究和阅读将逐渐由个人行为发展为团队行为，传统协作方式也正在发生变化，AI技术可更好定位供合作的目标学者，满足学者的多样化和个性化需求，构建新的学术社交生态圈。大数据技术背景下，随着新科研工具的应用，学术生产能力加倍提升，学术产品呈几何级增长，社科研究"十年磨一剑"将成为历史，"一年磨十剑"成为可能。

三是学术成果的数字化。中国知网、万方、维普等开放获取

平台就是数字学术成果的具体展现,随着数字技术的发展和数字环境的形成,数字出版变得越来越普遍,数字项目成为学术科研的新视角,仅从2018年国家社科基金项目立项情况来看,数字人文项目的立项数量明显增加,学科涵盖中国历史、中国文学、语言学、民族学、图书馆情报与文献学等多个学科门类,范畴包括古籍整理、中华优秀传统文化、民间文化、基础数据库建设等多个领域。就成果发布来说,传统的学术环境是相对封闭的,学者难以预计哪个期刊会接纳或者哪个出版社可以出版自己的学术成果,期刊和出版社也难以决定什么样的作者可以为自己供稿,互联网和大数据等技术却可以解决这些问题,这是一个新时代学术服务的核心竞争力。学术成果的最终呈现方式也正在由传统的纸质图书出版转向数据库出版,技术与思维的变革,正在为学术生产提供着无限的机遇和可能。当然,这些数字化的学术成果还将服务于进一步的学术研究,进入到新的数字学术的循环当中。

综上所述,数字学术最基础的实现是数字化的产品本身,还包括数字化、网络化的基本环境。数字学术其本质就是利用现代信息技术和网络通信技术,根据不同的科研需求,有选择地将各类数字信息运用于学术生产的各个过程,并转化为数字信息的学术发展方式。学术生产方式的转变带动了传统的学术出版行业的变革,数字出版及相关的数字化知识服务的发展迎来了新的春天。

(二)数字学术与数字出版的新生态

在数字技术和信息技术背景之下,学术生态正在发生着翻天覆地的变化,就学术传播来说,传播方式已由过去的纸质期刊和纸质书籍的线下传播向线上线下并重甚至以线上传播为主的基本传播方式转变,打破了时间、空间甚至学术体量的限制,在传播方式自由、灵活、多样的同时,传播范围和受众都得以呈现几何级数的增长,传播有效性得到最大限度的拓展。数字化成为学术发展的必要条件，数字出版已经成为学术成果出版、传播、获取和使用的重要形态。出版社不再仅仅是纸质图书的编辑与印刷者，数字出版也不仅仅是像纸质图书那样对学术成果原貌的简单呈现，而是通过智能学术知识服务平台的搭建来开展多维度的知识服务。

一是搭建专业型数字学术服务平台。在2018年1月的学术出版年会上，原国家新闻出版广电总局副局长邬书林指出，"信息技术的进步对学术出版提出了新的要求，出版有了新理念。学术出版的进步是建立在理念更新的基础之上的。过去十多年，国际上学术出版已从单纯的出书、出刊、出数据库，到现在自觉把出版工作融入科学研究、经济发展和社会生活当中，提供知识和信息的解决方案，为科学家、经济决策人、读者更好地从事科学研究、经济发展和社会生活提供知识和信息服务，这已经成为出版的新的重要的理念。近年来，中国出版业也响亮地提出了知识服务的出版理念"。学术出版需要向知识服务转型，挖掘、整理、传播、反馈相关知识和信息，满足用户对信息精准化和智能知识服务的需求，不仅为学术传播，更为学术生产提供助力。在知识服务的需求当中，有用性成为用户考虑的首要因素，所谓有用性，即信息的系统性、权威性、科学性和深入性。比较来说，从复杂多变的互联网中挖掘有用信息，是目前互联网搜索引擎、互联网百科所缺少的，却也正是学术出版社所擅长的知识组织与知识服务领域。学术出版社可以高度专业化的内容资源为基础，通过搭建知识组织体系，整合资源形成专业数据库和数字学术平台，提供可信的、持续的、最新的、精准的专业知识服务。

二是以智能化学术平台为依托，成为学术生产、评价及应用的多维学术生产服务机构。学术出版社可利用自身知识优势和专业优势，以数字化储备文献数据库，以学术规范、学术需求为抓手进行知识组织，形成模型工具库和知识库，经过一定的知识计算形成数据报告，并对数据报告进行分析解释，形成数字人文成果，再经知识交流和评价,形成有价值的新知识。如图1所示。

图1 数字出版的学术生产服务流程

出版社的数字化学术知识服务在专业领域知识体系的基础上,融合数字技术,组织专业知识汇聚机制,对相关学术产品、学术知识进行采集与沉淀,设计、生产数字人文成果,并以其连接知识创造与知识应用,通过对学术生产个体用户提供多样化服务、对学术成果进行交流和评价,促进学术知识创新与再创造,最终形成新的知识体系,顺应大数据时代对学术发展的要求,同时满足以学术生产者为核心的数字学术的发展需要。

服务内容的转变、服务形式的更新,需要出版社从纸书出版者完成身份定位的转型:成为价值发现的专业内容资源整合者、学术把关的专业内容规范者、专业内容评价者、学术成果推广者、专业研究者和知识服务者。也就是说,面对数字时代的学术出版新定位,学术出版社的数字学术实践活动贯穿于学术科研的全过程,通过内容资源整合平台、推送平台和专业知识服务平台助力学术生产,形成数字学术的动态科研生产体系。

二、由产品到服务:数字出版践行数字学术新内容——以社科文献数字出版为例

为进一步推动学术出版在数字学术发展中作用的实现,社会科学文献出版社正在提供包括数字产品服务、数字学术服务、知

识组织服务、联合科研服务、国际化传播服务在内的一系列知识服务，打造了一系列有社会影响和学术价值的科研学术品牌。

（一）数字产品服务

以数字化技术为工具将已有的基础研究数据组整合为数据集，通过基础数据库或数据出版，使用者可实现全文检索、自动引用、繁简互换、版式可调、关联阅读等一系列特色功能。2008年皮书数据库上线以来，社会科学文献出版社以深度开发、知识服务为宗旨，以平台化发展为方向，已建成皮书数据库、京津冀协同发展数据库、中国减贫数据库、"一带一路"数据库、中国乡村研究系列数据库、列国志数据库、国际组织数据库、集刊数据库、台湾大陆同乡会文献数据库、中华法律古籍基本库等一系列大型数据库。截至2018年底，皮书数据库总字数40.7亿字，2018年全年点击量突破390万次。使用皮书数据库的专业机构用户共计1427家，其中，国内1297家，海外130家；注册个人用户近10万人；皮书研创机构近千家，作者总数4.2万人，皮书年会出席人数超过500人，皮书研创出版学术共同体的智库影响力、社会影响力已经形成并日益放大。

数据出版方面，社科文献依托已有的学术研究基础数据，进行系统化的整理和再加工，形成数据及数据产品的出版，以帮助使用者便捷地发现、获取、理解和再分析利用数据或在科研论文及相关研究成果中引用数据。

（二）数字学术服务

与学术机构共建数字学术服务平台，提供全方位的资源建设、平台建设、成果推广发布和运营服务。社会科学文献出版社以学术机构/科研单位需求为驱动，立足学术，借力技术，有效进行学术科研平台建设，形成了完善的平台项目管理机制。由合作单位提出建设需求，出版社聘请专家进行专业论证和顶层设计；成立项目运转、管理团队进行流程管理和项目协调；专业学术编辑进行资源整合、资源分类和专业标引；技术团队进行平台搭建、技术实现和运行维护；市场运营团队通过国内国外宣传推广、成果申报等途径助力其科研平台学术影响的提升。

目前已建设中国非遗保护数据库、中华文化发展智库平台、宁夏大学中阿合作数据平台等数十个学术科研服务平台项目，利用文献资源数字采集等专业的知识服务技术，对不同来源和类型的资源进行整合，为实现系列学术成果快速转化提供先进的学术研究辅助服务。通过数字学术科研服务扩大了学术机构的平台整合效应，提升学术科研能力和影响力。

（三）知识组织服务

利用数字技术对知识信息进行整序化处理，细分领域知识信息点，通过为研究者提供个性化研究信息线上数字检索、信息采集、知识发现等数字学术服务方式，可以实现知识标示、知识重组、知识聚类、知识存检、知识编辑、知识布局、知识监控等多方位的知识组织服务。

社科文献的知识组织服务是建立在优质的数据管理基础上的整合服务系统，出版社以自身的学者资源和学术编辑资源为基础，建成一支数字编辑队伍，以深度加工规范数据质量，对数字化的资源进行知识标引。目前建设完成的社会科学知识组织体系包括词表构建管理系统，其词表构建工具可实现词表的录入、构建、维护、词间关系控制、可视化输出及在线发布等功能，社科学术超级检索词表包括100万词语和分类关系50万组；信息采集系统，可实现新闻、学术会议、学术成果等网络开放资源的实时采集，网页、文本、多媒体等资源的自动标引、编辑、审核和发布；知识发现平台，可进行文献资源层、知识元层和自然语言处理层的内容资源快速序化和深度揭示，按分类、主题、知识元、术语等个性化知识体系发现知识。

（四）联合科研服务

利用出版社学术出版优势，推进研究型专业出版社建设，构建编辑与科研者"旋转门"机制，参与中国人文社科研究现状的探索，共同推动数字学术的发展。出版社的学术研究主要是中国学术图书质量与学术出版能力评价、优秀的学术编辑直接参与相关学术课题研究、与科研机构联合课题研究。

2018年2月，社会科学文献出版社成立科研管理办公室，并发布关于申报2018年度科研项目通知，社内立项课题"人文社会科学学科评价研究报告"正式启动。该课题由1个总课题组和15个分课题组构成，课题方向涵盖马克思主义学科、社会学学科、经济学学科等。2018年4月，由科研管理办公室组织专家评审，对"人文社会科学学科评价研究报告"的15个子课题组（共覆盖10个分社）进行立项评审工作；2018年7月，由我社承担的国家社科基金重点项目"中国学术图书质量分析与学术出版能力建设"取得重要研究突破，并发布专著，顺利结题。正如《学术出版研究——中国学术图书质量与学术出版能力评价》一书所述，数字时代也是自出版时代，知识生产者和编辑的界限开始模糊，"研而优则编，编而优则研"成为学术研究和学术出版的常态，社科文献的优秀学术编辑凭借自身厚重的学术功底积极参与学术研究，社内人员承担国家社科基金在研项目5项（含新立项3项，往年立项2项）。

（五）国际化传播服务

通过在全球范围内成立出版分社、建设人文社科多语学术服务平台、运用数字技术建立人文社科领域的人名标识与文献服务系统——SSAPID系统等方式为国内学者提供国际化推广服务。目前，社会科学文献出版社已经成立俄罗斯分社、马来西亚出版中心等国外分社，有国际出版合作单位40多家，遍及各大洲，由国际出版分社全面负责"走出去"工作，集版权贸易、合作出版、海外宣传、推广与销售业务为一体，组织学者参加海外学术会议及交流、在海外举办成果发布会、进行数据库的海外推广销售，积极参与中华学术外译、丝路书香、经典中国、中国图书推广计划等项目。社会科学文献出版社连续多年被评为国家文化出口重点企业，2018年度进入世界图书馆系统品种数达609种，在全国出版社中排名第2位。建设了人文社科多语学术服务平台，包括数据服务平台，提供数据采集、加工、存储服务；数据分析服务平台，提供大数据AI分析服务；语言服务平台，提供语言翻译、语言资产服务，多语种自动翻译服务可提供26种语言机器翻译服务；传播服务平台，可提供数据的检索、传播、报告等服务。数字图书、集刊、皮书、列国志、智库可通过数字人文平台直接面向用户。

社会科学文献出版社还助力学者的国际化推广服务。2017年10月，宣布签署ORCID公开信，成为ORCID在中国的第一家出版社机构会员。基于ORCID的优势，社会科学文献出版社推出了国内人文社科领域的人名标识与文献服务系统——SSAPID系统。SSAPID系统与ORCID通过系统接口实现了两个系统之间数据的互相贯通，从而将同一学者在两个系统中的科研成果、活动记录、个人资料等信息进行关联与汇聚。

同时，社会科学文献出版社还开发了投约稿系统"iEDOL"——集刊网络编辑管理系统（Intelligent Editorial Online），专门服务于主编、编委、评审人、编辑、作者的稿件处理事务，并对稿件处理的全流程进行完整记录。系统全面支持ORCID体系并支持多语种，可实现中英双语自由切换，满足集刊国际化发展的需要，为扩大国际稿源及国际影响力提供基础。

在近些年的实践过程中，社会科学文献出版社还开发了电子书、听书、App、小程序等其他数字产品，积累了学术出版数字学术产品的经验，即在互联网与大数据背景之下，在计算机海量存储和高速处理技术的推动下，树立超前服务意识，广泛开展与图书馆、研究机构和学会的合作，充分了解用户需求，多种知识组织方式并用，以丰富的知识存储为平台，建立科学完备的检索系统，满足用户的独特需要，将以纸书出版为基础的业务体系重构为以知识服务为导向的文献建设、文献加工和文献传递，在原有专业编审人员的基础上建设了一支专业性、学者型的人才队伍，聘请相关研究领域中的知名学者担任项目编辑，确保数字学术服务的顺利开展，为未来的知识服务提供技术和研究人员保障。

三、由愿景到实现：数字出版助力数字学术新路径

大数据时代的机遇和挑战，给知识获取、分析集成、展示和传播的体系带来一系列重大变化，对数字出版提出了与数字学术共同发展的新要求。

（一）加强专业编辑的数字学术相关领域的培训

数字人文是典型的跨学科领域，是以传统人文社会科学，如文学、历史学、艺术学、人类学、民族学、经济学、国际关系学等领域的研究为基础，通过数据和计算科学的大量运用最终服务于这些领域的科研实践，这对传统编辑队伍提出了新的要求。在专业知识和技能的前提之下，出版社编辑不仅是"文字编辑者"，还需要成为"数据管理者"，以挖掘和处理科研过程中产生的海量数据。因此，与相关高校、科研机构联合培训、培养既有深厚人文学科知识积淀，又熟悉现代数字技术的数字人文学术人才成

为时代赋予学术出版社的新的历史使命。

(二)注重学术出版规范的实践

学术规范是学术出版安身立命之本,作为学术出版的主体,有义务参与建设基于学术出版规范的人文社科学术开放获取平台,对学术出版尤其是数字学术在内容、价值、技术操作层面提出明确要求,保证学术著作、数据库平台在学术规范上的高标准和高质量,形成良好的学术伦理口碑。

(三)建立可行的数字学术运营机制

通过多种手段实现人文社科数据资源的可持续发展与运营,实现数字助力学术科研功能的长效发挥。数字学术的发展仍属于新生事物,随着科研工作的不断推进,数据资源在运营过程中呈现出成本高、需长期维护的特征。为避免新生事物发展过程中出现的"昙花一现"等诸多问题和数据资源有建设、无服务等弊端的出现,学术出版机构需要与学术生产者(如高校、科研院所、图书馆等学术研究、传播以及推广机构等)、产品实现者(如数据服务公司等)共同探索数字人文资源建设、运营与维护的长效机制,发挥政府、商业资本、社会、出版机构等多主体作用。

(四)关注用户需求,积极构建专业数据库建设

随着学术研究的进一步发展,专题研究对数字学术数据库的需求愈来愈突出,这对数据库建设提出了新的要求。知识服务商需要开展更广泛的合作,以用户需求为导向,以前瞻性和战略性的眼光发现新的学术增长点,针对专业应用广泛进行数据探索、发现与收集,建设侧重于专题研究的数据库平台,为当今学术分科背景下的研究提供专业性更强的数据支持。

（五）数字学术积极嵌入科研评价活动

科研评价是科研活动的"指挥棒"，构建科学权威、公开透明的学术评价体系是进行科学研究的前提和核心问题，也是我国乃至全球学术界共同面临的一道难题。尤其是人文学科的研究带有一定程度的主观性和个人情感，在科研评价上的难度更大。我国是一个哲学社会科学大国，但学术标准、学术话语权与我国综合国力和国际地位并不相称。助力未来学术科研的进一步发展，学术出版机构需要成为评价体系的建设者，参与评价体系的构建和创新，将数字学术成果一并纳入学术评价体系，并将评价结果作为各类数据资源建设项目申报、资助、研究开展和验收的基础条件，共同推进数字人文项目成果认定，保障人文社科数据资源高质量建设与运营。

总之，数字学术发展是一项庞大的工程，这既是学术界共同的愿景，也是共同的使命，出版社作为学术出版的主体，应积极为数字学术提供数字学术资源，广泛开展研究课题合作，在优化元数据、学术出版规范、同行评审、数据管理开发和优化索引、机构知识库建设、信息组织和维护等方面协调建立与学者及研究机构的共赢机制，助力人文社会科学顺应大数据发展功能的最终实现。

社会科学文献出版社社长谢寿光曾指出，"根据出版社的定位，社会科学文献出版社由一个传统出版商转型为知识服务商，为消费者提供各行业的人文社科知识解决方案，为我们的业界、学界、图书馆和专业人士们提供一个共同的知识服务平台，未来我们之间的关系不是客户关系，而是合作关系"。学术出版与数字学术的共同发展依然任重而道远，学术出版机构还有很长的路要走，未来发展仍然需要各方力量的支持和帮助，共同助力学术科研取得新进展。

（作者单位：社会科学文献出版社）

参考文献：

[1] 安妮·伯迪克，约翰娜·德鲁克，彼得·伦恩费尔德. 数字人文：改变知识创新与分享的游戏规则 [M]. 马林青，韩若画，译. 北京：中国人民大学出版社，2018.

[2] 谢曙光. 学术出版研究：中国学术图书质量与学术出版能力评价 [M]. 北京：社会科学文献出版社，2018.

[3] 集刊网络编辑管理系统 [EB/OL]. [2019-02-18] http://iedol.ssap.com.cn/#/login.

[4] 刘兹恒，涂志芳. 数字学术环境下学术图书馆发展新形态研究：以空间、资源和服务"三要素"为视角 [J]. 图书情报工作，2017，61（16）：15-23.

[5]SSAPID 门户首页 [EB/OL]. [2019-02-18]http:// id.ssap.com.cn/.

[6] 王晓光. "数字人文"的产生、发展与前沿 [C]// 全国高校社会科学科研管理研究会，中国高校哲学社会科学发展论坛：2010 方法创新与哲学社会科学发展. 武汉：武汉大学出版社，2010.

[7] 王晓光. 加强人文社科数据资源建设与管理 [N]. 光明日报，2018-07-05（11）.

[8] 谢蓉，刘炜. 数字学术与公众科学：数字图书馆新生态：第十三届数字图书馆前沿问题研讨班会议综述和思考 [J]. 大学图书馆学报，2017，35（1）：6-10.

中国数字出版产品"走出去"：现状、挑战与对策

陈 丹 郑泽钒

摘 要："十四五"时期，我国出版"走出去"进入新阶段，作为数字时代文化传播的重要媒介，数字出版产品是我国出版"走出去"的重要方面，其"走出去"的质量将直接影响到中国文化国际传播的效果。进一步推动中国数字出版产品"走出去"，亟待政府、出版企业和出版行业协会共同发力，以内容建设为根本，大力拓展渠道平台，坚持精准施策和效果优先，建立健全科学的评估体系，更深度地推进我国数字出版产品走向国际市场，助力中华优秀文化走向世界。

关键词：中国数字出版产品 "走出去" 中华文化传播 "十四五"

近年来，随着我国综合国力的不断提升和国际地位的显著提高，我国出版"走出去"的脚步越来越坚定有力。出版物作为文化交流的重要纽带，出版产品"走出去"一直是中外文明交流的重要组成部分。伴随着信息技术在出版领域的广泛应用，中国出版对外传播的载体也更加多样，从图书、期刊、音像制品到数字化书报刊、网络游戏、网络文学、网络动漫，出版物"走出去"的形态越来越丰富。

2011年，《新闻出版业"十二五"时期走出去发展规划》明

确指出数字出版产品"走出去"是我国出版"走出去"内涵外延的六个方面之一[1]，还首次提出要把数字出版产品出口纳入新闻出版业"走出去"的统计范畴[2]。十年来，数字出版产品凭借品种多样、查询快捷、多媒体、互动性强、成本低廉、服务高度个性化以及更加环保、易于大规模复制等特点，已成为中华优秀文化走向世界的新的突破口。数字出版产品是世界了解中国数字出版产业成就的窗口，是数字时代中外文化交流的有效渠道。推动数字出版产品国际化传播不仅是新闻出版行业"讲好中国故事，展示真实、立体、全面的中国"的新时代使命和责任担当，同时也是我国出版事业走向国际的重要组成部分，有助于提高我国国际传播能力，增强国家文化软实力。

一、中国数字出版产品"走出去"的现状

美国学者哈罗德·拉斯韦尔在1948年发表的《传播在社会中的结构与功能》中，首次提出了"5W"传播理论，即传播者、传播内容、传播媒介、信息受众、传播效果是构成传播的五种基本要素。[3]中国数字出版产品走向海外本质上是在国家战略主导下推动中华优秀文化海外传播的过程，具有传播活动的基本特征，遵循国际传播的基本规律。笔者以近年来中国数字出版产品"走出去"的具体实践和相关数据，对照"5W"传播理论，分析中国数字出版产品海外传播活动的五大要素，系统分析中国数字出版产品"走出去"的现状。

（一）传播主体：数字出版产品"走出去"的主体多元

传播者是传播的第一要素，是传播活动的组织者和发起者，推动中国数字出版产品"走出去"的责任主体即传播者，包括政府相关管理部门、国有出版企业、重点民营文化企业以及出版行

业协会等。

首先，政府相关管理部门是推动数字出版产品"走出去"的战略制定者和规划者，近年来主持编制了《新闻出版业"十二五"时期"走出去"发展规划》《新闻出版业"十三五"时期"走出去"专项规划》，积极推动数字出版产品"走出去"。政府相关管理部门还通过组织实施一系列重大工程项目，推动数字出版产品"走出去"，如出版物国际传播工程、出版物国际推广工程、出版本土化工程、对外出版交流工程以及基础建设项目等。数字出版产品"走出去"在政府强有力的引领下稳步推进。

其次，国有出版企业也是推动中国数字出版产品国际化传播队伍中不可或缺的一员。在国有出版企业"走出去"的大潮中，山东友谊出版社以高度的使命感，继创建尼山书屋后，推出数字尼山书屋，将尼山书屋的精品图书转化为不同格式的数字产品，通过大力推动数字产品"走出去"实现中华文化"走出去"；中华书局在经典古籍数字化"走出去"上发力，致力于让中华优秀传统文化走向世界。

再次，传播主体还有很多民营企业，如阅文集团持续以网络文学为传播媒介，拓展海外版权出版合作，推广运营国际网络文学平台，推动IP输出和联动合作，结盟海外优质战略合作伙伴，全方位推动网络文学从"走出去"向"走进去"转变。此外，还有晋江文学、掌阅科技等民营文化企业，他们的多种探索也为"走出去"带来了新的生机，起到"国家队"难以起到的作用。

最后，我国出版行业协会也是不可忽略的"走出去"的主体。我国出版行业协会是在政府推动下建立的，是政府谋划的助手，也是政府和出版企业沟通的桥梁。如中国音像与数字出版协会积极联合业界和学界，搭建平台，成功召开了2021BIBF首届出版融合发展国际化论坛，共同探讨我国数字产品国际化之路，并正式成立了数字出版产业"走出去"推广联盟。

（二）传播内容：数字出版产品"走出去"的内容丰富、形态多样

传播内容是中国数字出版产品"走出去"的核心，决定着传播效果。随着海外读者对数字化的中国内容的需求与日俱增，中国数字出版产品内容也不断更新，越发丰富。以网络文学"走出去"为例，在政策倡导和引导下，网络文学从最初的玄幻奇幻、都市言情等较少类型逐渐走向多样化。2020年，网络文学涉及现实、历史、游戏、校园、科幻、体育、战争、恐怖等多类内容，出海题材百花齐放。再如，中华书局在数字化古籍"走出去"方面，聚合海量资源，打造涵盖了中华经典古籍库、宋代墓志铭数据库、三晋石刻大全数据库、小学文献数据库、海外中医古籍库、边疆历史地理数据库等专题数据库。

早些年，我国数字化产品"走出去"仅以数字化书报刊为主，随着新技术在出版界的广泛应用，我国数字出版产品"走出去"的形态越来越丰富多样。以网络游戏为代表，涵盖网络文学、网络动漫和电子书等形式的数字出版产品是"十二五"以来我国出版产品"走出去"的重要形态，在我国出版业"走出去"进程中扮演着越来越重要的角色。其中，网络游戏是我国数字出版产品"走出去"的先锋，企业参与数量、原创游戏出口品种数量、海外市场实际销售收入都呈爆发式增长。《2020年中国游戏产业报告》显示，2020年我国自主研发的网络游戏海外市场收入首次突破千亿元人民币。与网络游戏相比，网络文学无疑是后起之秀，在新时代文化"走出去"的队伍里，网络文学越来越明显地扮演着引领者的角色。《2019中国网络文学发展报告》显示，从出海规模来看，截至2019年，国内向海外输出网文作品10000余部，阅文集团海外门户起点国际累计访问用户已超7300万，已上线超1700部中国网络文学的英文翻译作品。[4]与此同时，原有电子书产品形态也得到多元创新开发，大批有声书"走出去"，在一定程度上

满足了海外读者多样化的阅读需求。

（三）传播渠道：数字出版产品"走出去"的平台功能突显

保持畅通的传播渠道是中国数字出版产品的"走出去"的重要一环。当前，聚合中国优秀数字出版资源的外向型数字平台越来越多，在我国数字出版产品"走出去"进程中发挥着重要作用。中国图书进出口（集团）有限公司（下文简称"中图公司"）的"中国电子书库"就是这样一个国际化数字出版传播平台。"中国电子书库"聚合海量优质数字内容资源，打造成体系的数据库产品，面向全球的海外机构客户和个人读者宣传、推介中国优质出版物，实现中华文化以数字出版产品形态"数字化"海外落地，是中图公司着力建设中国文化海外传播主流渠道的重点项目。同时，"中国电子书库"还提供定制化产品服务，积极实施"一国一策"，区分不同国情、地域，有针对性地推出定制化服务产品，拓展目标市场，建设中国优秀出版物和中国文化"走出去"的主流平台。此外，中图公司还与多家国际龙头数字资源销售渠道达成合作，并与全球前四大电子书零售平台亚马逊、谷歌、苹果、KOBO同时签约，与Overdrive、Bolinda等国际机构营销渠道的合作，打通了销往海外4万家机构用户和几百万个人读者的营销渠道。

（四）受众对象：数字出版产品"走出去"的受众覆盖面广

受众即中国数字出版产品"走出去"的目标用户。改革开放初期，我国出版"走出去"的受众基本限于周边国家和地区的读者，加入世界贸易组织以后，我国出版物更多地进入欧美主流市场。[5] 2013年，随着建设"一带一路"重大倡议的提出，我国出版"走出去"的受众范围无疑变得更广。在"一带一路"战略的引导和影响下，我国与周边国家级贸易往来更加广泛。特别是网络文学、网络游戏等新兴出版业态，已成为我国文化"走出去"的重要生力军和促进世界文明交流互鉴的重要桥梁。网络文学不仅实现了作品在欧美、东南亚、日韩以及 40 多个"一带一路"沿线国家等海外市场的广泛传播，而且网络文学企业还通过收购、投资海外平台，设立海外分支机构，实现了本土化发展，让网络文学这一中国特有的文化形态在海外落地生根。此外，中国自主研发的游戏也早已走出了华人文化圈，向欧美等西方国家成功输出。由点及面，辐射全球读者，我国数字出版产品"走出去"的受众覆盖面越来越广。

（五）传播效果：进一步提升中华文化的国际影响力

数字出版产品走向海外本质上是中华文化的海外传播。近年来，国家倡导的"推动中华文化走出去"为中国网络文学发力全球市场注入了全新的活力，中国网络文学"走出去"已成为中华文化"走出去"的闪亮名片。我国网络文学出海经历了 1.0、2.0、3.0 三个发展阶段，已完成了从文本输出到模式输出、文化输出的转变。网络文学"走出去"具有巨大的文化价值和社会效益，网络文学中蕴含的优秀传统文化、思想观念，不仅是中华民族文化的核心，同时也能为世界其他国家提供有益启迪，呈现出一个自信、现代的中国形象。《2020 年中国网络文学出海研究报告》显示，目前，我国网络文学出海以东南亚地区和欧美国家为主，覆盖了 40 多个"一带一路"沿线国家和地区（详情见表 1）[6]，随着携带跨文化传播基因的中国网络文学的足迹逐渐遍布全球，中华文化的国际传播力和影响力也将在全球范围持续扩大。

表 1 中国网络文学海外传播的国家和地区

区域	国家和地区
东亚 3 国	蒙古、日本、韩国
东南亚 11 国	新加坡、泰国、越南、马来西亚、印度尼西亚、菲律宾、缅甸、柬埔寨、文莱、老挝、东帝汶
南亚 8 国	印度、孟加拉国、巴基斯坦、斯里兰卡、尼泊尔、阿富汗、马尔代夫、不丹
中亚 5 国	哈萨克斯坦、乌兹别克斯坦、土库曼斯坦、吉尔吉斯斯坦、塔吉克斯坦
西亚北非 19 国	阿联酋、沙特阿拉伯、土耳其、以色列、卡塔尔、埃及、科威特、伊拉克、伊朗、阿曼、巴林、约旦、阿塞拜疆、黎巴嫩、格鲁吉亚、也门、亚美尼亚、叙利亚、巴勒斯坦
东欧 20 国	俄罗斯、波兰、捷克、匈牙利、斯洛伐克、罗马尼亚、乌克兰、斯洛文尼亚、立陶宛、白俄罗斯、保加利亚、塞尔维亚、克罗地亚、爱沙尼亚、拉脱维亚、波黑、马其顿、阿尔巴尼亚、摩尔多瓦、黑山
北美 3 国	美国、加拿大、格陵兰岛
欧盟 27 国	法国、德国、意大利、荷兰、比利时、卢森堡、丹麦（不包括格陵兰）、爱尔兰、希腊、西班牙、葡萄牙、奥地利、芬兰、瑞典、波兰、捷克、匈牙利、斯洛伐克、斯洛文尼亚、塞浦路斯、马耳他、拉脱维亚、立陶宛、爱沙尼亚、保加利亚、罗马尼亚、克罗地亚

资料来源：新华出版社《中国网络文学年鉴（2020）》

二、数字出版产品"走出去"的挑战

近年来，虽然我国数字出版产品逐渐成为"走出去"的亮点，成果日渐丰硕，但在可喜的成绩背后，仍存在一些问题。

(一)"走出去"尚未形成整体合力

目前,我国在推动数字出版产品"走出去"工作上尚未形成整体合力。自2003年实施"走出去"战略以来,我国实施了一系列翻译出版工程项目,包括图书"走出去"基础书目库、经典中国国际出版工程、丝路书香工程、中外图书互译计划、中国图书对外推广计划、中国优秀原创期刊海外推广计划等。其中大部分工程项目的申报对象仅限于图书,对数字出版产品"走出去"的关注度还不够高。从表2数据可知,我国出版物进出口经营单位的数字出版产品进出口金额虽呈上升趋势,但与此同时逆差现象也十分突出,差额从2013年的19716.58万美元升至2019年的40862.53万美元,呈现逐年上升态势(详见表2),这与我国不断优化的版权引进输出比有较大的差距(详见表3)。当下,我国的数字出版资源存在开发空间,数字出版产品"走出去"的市场潜力巨大,政府需要进一步加大政策调节力度,把我国数字出版产品"走出去"的巨大潜力充分释放出来。

表2 2013—2019年全国出版物进出口经营单位的
数字出版物进出口金额情况

(单位:万美元)

年份	进口金额	出口金额	差额
2013	19806.29	89.71	−19716.58
2014	20895.59	128.75	−20766.84
2015	24098.94	112.1	−23986.84
2016	25746.14	120.65	−25625.49
2017	34454.51	132.07	−34322.44
2018	37922.2	176.05	−37746.15
2019	41012.14	149.61	−40862.53

资料来源:2013年至2019年《全国新闻出版业基本情况》

表3 2013—2019年我国版权引进输出情况

(单位：项)

年份	引进	输出	差额	引进输出比
2013	18167	10401	-7766	1.75∶1
2014	16695	10293	-6402	1.62∶1
2015	16467	10471	-5996	1.57∶1
2016	17252	11133	-6119	1.54∶1
2017	18120	13816	-4304	1.31∶1
2018	16829	12778	-4051	1.32∶1
2019	16140	15767	-373	1.02∶1

资料来源：2013年至2019年《全国新闻出版业基本情况》

同时，我国出版企业中缺乏专门从事"走出去"工作的专业人员，且在内容资源数字化整合、外向型数字出版产品生产上的投入力度不够，缺乏具有品牌影响的数字出版"走出去"产品。中国出版业已进入后数字出版时代，出版企业亟需技术和模式创新，面向"走出去"打造具有国际影响力的精品数字出版物，扩大数字出版产品的海外供给。

（二）讲述当代中国故事的数字出版产品"走出去"乏力

长期以来，我国出版"走出去"偏重于传播传统文化，数字出版产品"走出去"也不例外。在2019—2020年度国家文化出口重点项目名单中，动漫和游戏类共有22个，从表4可知，我国出口海外的动漫和游戏类产品题材类型多样，有弘扬中国文化的，如《鹿精灵》系列作品从"一带一路"敦煌美景中取材，人物设计也紧贴中华传统文化；有历史类的，如《梦舟少年志气——西汉公主》《三国志赵云传说》等，同时还有科普类、成长类、魔幻类、神话类、武侠类等，多样题材给海外读者提供了更多的选择。但是，随着我国国际影响力越来越大，中国道路、中国理论、中国制度等日益为国际社会所关注。目前，传播当代中国价值观念、介绍中国社会发展进步、反映中国改革开放成就、宣介当代中国经济建设成绩、体现中国科技创新成果的数字出版产品较为欠缺。

表4 2019—2020年度国家文化出口重点项目名单中的动漫和游戏类项目

类型	地区	项目名称	企业名称
动漫类	北京	《鹿精灵》系列作品	梦东方电影有限公司
	上海	《蒸汽世界》漫画	上海特神文化传播有限公司
	上海	"幻彩丝路"中国动漫海外推广平台	上海炫动汇展文化传播有限公司
	上海	《漫双城》第三期、第四期	上海炫动汇展文化传播有限公司
	浙江	动画片《天眼归来》	浙江中南卡通股份有限公司
	河南	520集《我是发明家》系列动画	河南约克动漫影视股份有限公司
	湖南	"山猫吉咪"动漫品牌对外文化贸易扩大与升级	湖南山猫吉咪传媒股份有限公司
	广东	漫画《射雕英雄传》版权出口项目	广州市朗声图书有限公司
	广西	《熊猫与小象》动画项目	广西千年传说影视传媒股份有限公司
	广西	3D动画片《海豚帮帮号》	南宁峰值文化传播有限公司
	广西	系列动画片《白叶猴之嘉猴壮壮》境外发行	广西中视嘉猴影视传媒投资有限责任公司
	重庆	《梦舟少年志气——西汉公主》	重庆享弘影视股份有限公司
	陕西	原创动画电影《疯狂斗牛场》	陕西鸣达鑫雨科技发展有限公司
	深圳	"熊出没"系列作品	华强方特文化科技集团股份有限公司

续表

类型	地区	项目名称	企业名称
游戏类	上海	龙之谷海外版	上海欢乐互娱网络科技有限公司
	上海	《球球大作战》	巨人移动科技有限公司
	上海	《崩坏3》原创动漫游戏	米哈游科技（上海）有限公司
	江苏	《三国志赵云传说》	南京雪糕网络科技有限公司
	江苏	《奇迹暖暖》	苏州叠纸网络科技股份有限公司
	四川	《三剑豪》系列游戏软件	成都风际网络科技股份有限公司
	云南	《太吾绘卷》游戏软件	昆明螺舟网络科技有限公司
	厦门	《叫我万岁爷》游戏全球推广项目	厦门点触科技股份有限公司

资料来源：商务部服务贸易和商贸服务业司

（三）缺乏与国际主流标准接轨的平台和格式

从出版行业整体和海外市场需求来看，一方面，目前中国数字出版产品"走出去"缺乏旗舰级的与国际主流标准接轨、具有国际权威的优质内容聚合平台。十多年来，我国网站平台企业一直是中国网络文学"走出去"的主力军，如阅文集团、掌阅科技、中文在线、推文科技、咪咕数媒等，打造了"起点国际""掌阅文学海外版""视觉小说平台"等网络文学海外传播网站，为网络文学出海创造了更好的条件。但从总体上看，目前我国网络文学海外传播的重要门户网站大多为国内企业自主创办的，以网络文学为代表的数字出版产品"走出去"多依靠部分企业的平台，缺乏统一的标准，亟待从行业层面出发，打造与国际主流标准接轨的平台。另一方面，海外用户对中国优质数字出版产品存在发现难、购买难、使用难的问题，这与我国数字出版产品的数字格式不一，未与国际标准接轨有直接的关系。如我国电子书普遍存在格式混乱，元数据质量不高，难以检索的问题，其标准与国际不接轨，难以满足海外市场需求。[7]此外，缺乏畅通的国际营销渠道，缺少具有中国特色的出版物门户服务平台，也是导致海外用户难以发现、购买、使用中国数字出版产品的重要原因。

（四）对受众的了解度不高

对于出版行业而言，文化差异是最大的挑战。自"一带一路"倡议提出以来，我国对沿线国家输出的数字出版产品越来越多，"走出去"易，"走进去"难。"一带一路"倡议涉及多国家多语种，其中小语种占比高，但目前我国出版队伍缺乏高层次小语种专业人才，其输出的数字出版产品的翻译质量也难以保证。在了解"走出去"对象国受众的基础上，将中文的数字出版产品转化成对象国受众熟悉的话语体系，让海外读者能够读得懂，是我国数字出版产品"走进去"的关键。根据艾瑞调研显示，在2019年海外网文读者对翻译质量的评价中，"一般"和"不太好"分别为16.9%和9.1%，认为翻译质量"非常好"的只有13%。此外，缺乏了解国外受众的渠道和途径也是中国数字出版产品"走出去"面临的难题。当前，中外出版交流合作主要通过参与国际展会、举办重要国际书展中国主宾国活动等方式来进行，但在新冠肺炎疫情的影响下，本来就不多的交流机会变得更少，同时国内外出版企业之间的业务交流、国际性会议等在规模和频次上也有所欠缺。中国出版企业对国外出版商和受众对象的接触远远不够，更无法全面了解不同国家读者和出版商对数字出版产品的需求，因此现阶段中国数字出版产品输出是零散的、盲目的、单向的，缺乏对国际市场动向精准把握和对国外受众深入了解的基础上的精心策划和精准出击。

（五）传播效果评估体系尚未建立

效果评估对于传播行为而言十分重要，数字出版产品的海外传播效果不仅仅要看其输出的数量和范围，更要看随着出去的中国文化是否真正辐射和影响世界。目前，新闻出版业对数字出版产品"走出去"效果评估机制和评估指标体系尚未建立，缺乏对数字出版产品进行前期评测分析、中期跟踪研判、后期反馈矫正的全流程跟踪，也没有对数字出版产品"走出去"设立专门的统计数据库。

三、数字出版产品"走出去"的对策

站在"十四五"规划开局之年的起点上，我国出版"走出去"工作面临新的形势任务、肩负新的职责使命。面对国外一片蓝海的开阔市场，还需政府、企业、协会形成合力，以内容建设为根本，大力拓展渠道平台，坚持精准施策和效果优先，建立健全科学评估体系，推动中国数字出版产品"走出去""走进去"。

（一）政府、企业、协会齐发力是数字出版产品"走出去"的保障

1. 政府：坚持以进带出，引导数字出版产品进出口贸易平衡

推动中国数字出版产品"走出去"是服务党和国家工作大局、提升国家文化软实力的重要任务。作为"走出去"的主导者，"十四五"期间政府应立足党和国家事业发展全局，坚持把我国外交战略布局与数字出版产品"走出去"结合起来，更好发挥政府宏观调控作用。坚持以进带出，以资源换资源，以市场换市场，充分调动各类所有制企业主动性和积极性，扩大数字出版产品出口数量，提升数字出版产品出口质量，促进数字出版产品进出口贸易平衡发展。

2. 出版企业：打造精品网络出版物，扩大数字出版产品海外供给

近年来，我国网络文学、网络动漫、网络游戏在"走出去"中取得显著成效，在海外受到追捧。5G时代，网络化的传播方式逐渐成为主流，出版企业要善于抓住传统媒体可因势利导的特点，将易于网络传播的音乐作品、影视作品、绘画作品、摄影作品等，与大数据、人工智能、虚拟现实、增强现实、5G、区块链、算法推荐等新技术手段相结合，打造可视化呈现、互动化传播、沉浸化体验的精品网络出版物，扩大数字出版产品海外供给，让数字出版产品"走出去"更立体、更鲜活。与此同时，出版企业也要大力推进同一内容以电子书、数据库、有声读物等多种数字出版产品形态向海外输出，提升优质内容的展现力、传播力和影响力。

3. 出版行业协会：积极联合各方，发挥桥梁作用

中国数字出版产品"走出去"离不开出版行业协会的桥梁作用。出版行业协会应积极连结各方，充分发挥沟通政府主管部门和出版企业的桥梁作用，协调各方共同推动数字出版产品"走出去"，为提供出版行业"走出去"提供前沿信息和相关支持，促成中国数字出版产品"走出去"规模化效应。

（二）内容建设是数字出版产品"走出去"的核心

1. 聚焦当代中国价值观念，深入宣介习近平新时代中国特色社会主义思想

当前，中国特色社会主义进入新时代的关键历史时期，我国数字出版产品"走出去"更加需要聚焦当代中国价值观念，深入宣介习近平新时代中国特色社会主义思想，阐释中国道路、中国理论、中国制度。政府和出版企业推动更多具有中国特色、凸显中国精神、蕴含中国智慧、宣介中国道路、体现中国价值、展示中国贡献的数字出版产品"走出去"，不仅是新时代主题出版"走

出去"的应有之义,也是对"举旗帜、聚民心"和"展形象"的双重使命的践行,更是贯彻落实《习近平总书记相关著作对外出版发行工作方案》的必然要求。

2. 以重点工程项目为抓手,推动主题图书数字化加工与传播

2021年是主题出版大年,从2003年实施主题出版工程至今,新闻出版行政管理部门实施了一大批翻译出版工程项目,有力推动了中国优秀外向型图书的国际出版和海外传播。这些重大工程项目的图书无疑都是经过专家评审并且代表各领域最高水平、适合海外读者需求的外向型优秀图书。加强我国数字出版产品的内容建设,提高我国数字出版产品的国际竞争力,迫切需要出版企业以此类重点工程项目为抓手,在以往纸质资源"走出去"的基础上,加快推动各类对外翻译出版工程资助的主题图书数字化加工与传播,加强创造性转换和国际化包装,培育具有国际水准的数字出版产品,为海外用户提供多样化选择。

(三)平台渠道是数字出版产品"走出去"的支撑

1. 建设国际化数字出版产品传播平台,提高数字出版产品"落地"实效

建设国际化数字出版产品传播平台是"十四五"时期推动中国数字出版产品"走出去"的重要环节。出版企业应依托已有数字化建设所取得的资源、技术、渠道等优势,打造外向型、国际化的中国数字出版产品服务与传播平台,力争覆盖海外目标市场,打通中国数字出版产品国际化传播的"高速路",提高数字出版产品"落地"实效。

2. 加工对接国际标准,拓展国际营销渠道

在国际传播中,我国的数字出版产品不能与国际社会通行的标准相兼容,且各渠道要求的细分差别,造成了中国数字内容在国际市场的使用难。出版企业可考虑通过中图公司成熟的数据加

工团队对适销的数字出版产品进行数据加工服务，实现一次性加工，多渠道投送，有效降低成本；此外也可以针对渠道的不同，对元数据进行多语种翻译，从而提升海外读者搜索发现度。与此同时，出版企业也要深入挖掘和利用海外各种资源，灵活运用市场化、商业化的手段方式，举办形式多样的推介活动，开拓多元传播渠道。不仅要选准选好"走出去"的国际营销渠道伙伴，利用好其成熟的海外渠道资源、深刻的对海外市场的理解、有影响的国际化数字出版产品传播平台，并形成有效合力，还要积极运用新媒体、新技术，开拓中国数字出版产品海外推广的新天地，努力构建全方位、立体化、多渠道的国际营销网络。

（四）精准施策是数字出版产品"走出去"的机遇
1. 加强国别研究，积极探索"一国一策"

中国数字出版产品如何深入走进"一带一路"相关国家和地区，是"十四五"时期出版企业必须重点关注的问题。推动中国数字出版产品深入走进"一带一路"相关国家和地区，尤其要加强国别研究，深入研究不同国家地区读者的文化传统、价值取向和阅读习惯，把握境外读者对中华文化的共鸣点、共情点，紧盯重点人群，精心设置议题，强化内容生产，实现"一国一策"，提供更多符合"一带一路"沿线国家用户需求的定制产品。

2. 坚持走本土化之路，在世界出版市场唱响中国声音

本土化是中国数字出版产品实现从"走出去"到"走进去"的必经之路，本土化策略，是指企业力图融入目标市场，努力成为目标市场中的一员所采取的策略。[8]坚持走数字出版产品本土化之路，意味着出版企业要遵循国际出版市场运行规律，着眼于目标国的市场需求，研究海外读者文化背景和阅读习惯，着力培育海外用户喜闻乐见的数字出版产品，使其从阅读习惯到展现形式做到本土化，深度融入海外市场。出版企业可通过设立海外分支

机构，研发适应当地读者需求的数字出版产品，用本土化"外衣"包装中国价值内核，把中国道路、中国制度、中国理论、中国理念寓于其中；有条件的出版企业可以资本为纽带，通过合资、合作、参股、收购、并购等方式，加快本土化发展，不断提高本土化运作水平，让中国故事成为国际舆论关注的话题，让世界更客观、全面地了解中国，在世界出版市场唱响中国声音。

（五）坚持效果优先是数字出版产品"走出去"的目标

"十四五"期间，数字出版产品"走出去"要立足当前着眼长远，润物无声柔性传播，注重久久为功。要以价值导向、受众反馈、社会影响、产品销量等为主要指标，建立数字出版产品"走出去"工作绩效评估体系，做好前期评测分析、中期跟踪研判、后期反馈矫正。建立健全数字出版产品"走出去"相关信息的统计数据库，为决策和实际工作提供数据支撑和服务，提升数字出版产品"走出去"工作针对性和可持续性。

四、结　语

习近平总书记曾经说过：中华文化是我们提高国家文化软实力最深厚的源泉，是我们提高国家文化软实力的重要途径。出版业是文化交流的使者，出版物是文化传播的重要媒介[9]，拥有丰富的内容呈现方式的数字出版产品"走出去"是新时代中华文化"走出去"的更好途径，也是提高我国国际传播能力和增强国家文化软实力的必然要求。"十四五"时期，政府和出版企业应立足当前着眼长远，根据国际市场环境的需求和发展，积极探索数字出版产品"走出去"的新路径，以内容建设为根本，大力拓展渠道平台，坚持精准施策和效果优先，推动科学评估体系建立健全，把"我们想展示的"变成"世界想了解的"，推动以产品"走出去"

实现价值"走出去"，全方位立体化地推进中华文化"走出去"，扩大和提升中华文化的传播力和影响力，加快建设中国特色社会主义文化强国。

（作者单位：北京印刷学院）

参考文献：

[1] 万安伦，刘浩冰.新中国70年出版"走出去"的路径、特征及前景[J].出版发行研究，2019（12）：21-25.

[2] 卫朝峰.解读《新闻出版业"十二五"时期"走出去"发展规划》[J].出版参考，2011（13）：11-12.

[3] 拉斯韦尔.社会传播的结构与功能[M].何道宽，译.北京：中国传媒大学出版社2015：35—36.

[4] 社科院.2020年中国网络文学发展报告[EB/OL].[2021-09-01] https://www.sohu.com/a/457663460_152615.

[5] 范军，邹开元."十三五"时期我国出版走出去发展报告[J].中国出版，2020（24）：3-10.

[6] 上海艾瑞市场咨询有限公司.中国网络文学出海研究报告2020年[R].艾瑞咨询系列研究报告，2020（8）：42.

[7] 林丽颖.浅析数字时代下中国图书国际传播力的提升[J].北京印刷学院学报，2018，26（05）：10-13.

[8] 戚德祥.打造融通中外的精品出版物，促进文明交流互鉴[J].科技与出版，2020（05）：23-28.

[9] 方英，刘静忆.中国与"一带一路"沿线国家间的出版贸易格局[J].科技与出版，2016（10）：26-30.

关于建设世界一流科技期刊的思考与探索

林　鹏

摘　要：根据《关于深化改革 培育世界一流科技期刊的意见》，分析我国科技期刊的发展现状及面临的主要问题，从运营模式、质量控制等方面简述国际科技期刊的发展趋向，结合科学出版社相关实践和探索，有助于加深对中国科技出版机构建设世界一流科技期刊的思考。

关键词：世界一流科技期刊　管理模式　出版运营方式　质量控制

目前，我国科技期刊发展正迎来前所未有的政策机遇期。2018 年 11 月 14 日，在习近平总书记主持的中央全面深化改革委员会第五次会议上，审议通过了《关于深化改革　培育世界一流科技期刊的意见》。[1]2019 年 8 月，中国科协、中宣部、教育部、科技部四部委联合发布了《关于深化改革　培育世界一流科技期刊的意见》（以下简称《意见》）。《意见》明确了我国科技期刊的发展目标，提出了实现一流期刊建设目标的措施和途径，从而全力推进我国科技期刊数字化、专业化、集团化、国际化进程，构建开放创新、协同融合、世界一流的中国科技期刊体系。[2]该《意见》是贯彻落实中央精神，推动我国科技期刊改革发展的纲领性文件，为我国科技期刊发展举旗定向。

在与我国科技期刊发展环境密切相关的科技评价和学风建设方面，近来也有相关政策出台。科技部于 2020 年 2 月 17 日印发了《关于破除科技评价中"唯论文"不良导向的若干措施（试行）》；[3] 教育部、科技部于 2020 年 2 月 18 日印发《关于规范高等学校 SCI 论文相关指标使用 树立正确评价导向的若干意见》的通知，[4] 其中强调要"扭转当前科研评价中存在的 SCI 论文相关指标片面、过度、扭曲使用等现象，规范各类评价工作中 SCI 论文相关指标的使用，鼓励定性与定量相结合的综合评价方式，探索建立科学的评价体系"。这些文件的出台对于我国科技期刊获取优质稿源具有十分重要的现实意义，有助于推动我国科技期刊的良性发展，同时也从布局期刊定位、筹划发展目标、更加系统地发表和交流我国代表性的研究成果等方面给我国科技期刊发展指明了方向和路径。

一、我国科技期刊发展现状及问题

当前，中国已日渐成为世界重要的研发活动中心，正加速从世界科技大国向世界科技强国迈进。然而，由于我国目前科技期刊数量和质量远不能满足科研成果产出的发布需要，导致大量本土优秀科学论文外流，科研成果的首发权和话语权严重受制于人。

我国目前年出版科技期刊约为 5000 种，[5] 已经形成了一定的数量规模，但总体上呈现出期刊规模普遍较小、学术影响力相对较弱的特点。

（一）期刊出版单位过于分散

我国科技期刊主管单位有 1345 家，其中拥有 10 种以上期刊的只有 72 家，平均每家主管单位拥有期刊 3.76 种；主办单位 3238 家，拥有 10 种以上期刊的只有 31 家，平均每家主办单位拥有期刊1.56种；出版单位共计4391家，只有8家出版单位出版的期刊超过10种，平均每家主办单位只拥有期刊1.15种。从数据看来，期刊管理、出版集约化程度亟须提升和加强。

（二）单刊体量（年发表论文数）普遍较小

从出版周期来看，我国科技期刊多为较长出版周期的双月刊（1963种，占总数的38.86%）、月刊（1847种，占总数的36.56%）、季刊（724种，占总数的14.33%）。多数期刊年载文量均不高且呈逐年减少的态势。从2014—2018年度科学引文索引（SCI）收录期刊及中国SCI期刊的主要计量指标情况来看，SCI每年收录的期刊从2014年的8618种持续增长至2018年的9156种，平均载文量从2014年的154篇持续上升到2018年的172篇；而其中SCI收录的我国期刊数量虽然从2014年的173种上升到2018年的213种，但平均载文量却从158篇持续下降到132篇。[6]

（三）学术竞争力普遍较弱

我国科技期刊由于学术影响力有待提升，在国际间学术交流中没有起到重要作用。根据SCI的相关统计数据，2000—2018年，中国大陆第一作者的SCI论文由2.26万篇上升至37.63万篇，其中在中国期刊发表的论文由0.92万篇上升至2.79万篇，但我国本土期刊对我国SCI论文的贡献率由2000年的40.7%下降至2018年的7.41%。[7]

（四）期刊的学科分布尚不平衡

目前我国科技期刊集中在物理学、化学、地球科学等传统学科，以大学学报为主的综合类期刊也占相当数量（约1500种），新兴学科、交叉学科的期刊数量相对较少。2017年我国被SCI收录的192种期刊分布在109个研究领域中，只占SCI全部182个研究领域的 59.89%；被文献摘要与科研信息引用数据库（Scopus）收录的 655 种期刊（中文 430 种，英文 225 种），涉及 334 个研究领域中的 194 个，占比 58.1%，这说明我们在很多研究领域还缺少优秀的期刊。

（五）高水平的英文期刊严重不足

目前我国具有国际化发展潜力的英文科技期刊只有约 330 种，仅占我国科技期刊的 6.5%；2018 年度被 SCI 收录的我国科技期刊只有 213 种，仅占 SCI 收录 9156 种期刊总数的 2.3%，位于 Q1 区（期刊的影响因子位列国际同类学科的前 25%）的科技期刊则更少，只有 48 种。与此形成显著对照的是，2018 年度 SCI 数据库收录的我国科技论文有 39.77 万篇，占总数 162.70 万篇的 24.4%，我国 213 种期刊总计发文量仅为 2.80 万篇，仅占 SCI 收录论文总数的 1.7。[8] 这说明我国科技期刊的出版规模和学术影响远远落后于我国的科学研究。

综上可见，虽然我国科技期刊已经形成了一定的数量规模，但在学科、语种等方面还较不平衡，单刊的论文出版量普遍较小，期刊的学术影响力整体不强。尤其需要关注的是，在现行研究评价体系引导下，我们国内大部分的高水平科技论文发表在了国外的科技期刊上，从而形成了期刊的学术影响力指标较低和缺乏高质量稿源互为因果的非良性循环。这种状态亟待解放思想，创新举措，加以转变。

二、国际科技期刊发展趋势分析

随着科技出版与传播媒介和学术交流需要的发展，学术期刊出版也在不断演化，已经从印本时代向数字传播时代，进而向平台及知识传播时代发展。目前，国际性科技期刊出版的整体发展模式、趋向也已经发生很大的变化，主要体现为集群化发展不断加速，期刊的学术质量控制不断加强，数字出版与传播技术及开放获取（OA）出版日臻完善。

（一）运营模式：集群化发展不断加快

学术资源的聚集意味着市场价值的增加。随着市场竞争的加剧和数字出版与传播时代知识整合及文献二次开发的需要，国际性主要出版机构自 20 世纪 90 年代以来不断集群化发展，形成了巨型出版商与中小出版机构联盟竞相发展的局面。

据国际科学技术与医学出版者协会基于数字对象标识符（DOI）注册机构（CrossRef）汇集的数据统计，[9] 目前全球约有 10500 个出版机构，出版的期刊约为 6 万种，其中前四大出版商拥有的期刊分别为：施普林格·自然（Springer Nature）约 3000 种，爱思唯尔（Elsevier）2500 余种，泰勒·弗朗西斯（Taylor & Francis）约 2500 种，威利（Wiley）约 1700 种，共计占总数 6 万种的 16.2%。在 SCI、Scopus 等高质量期刊收录与检索数据库中，期刊更趋向集中于大型出版机构。例如：截至 2019 年 10 月底，Scopus 对所收录期刊的学术质量控制、出版伦理等均有比较严格的评估收录各类同行评议期刊 25180 种，[10] 其中上述四大出版商拥有的期刊分别为：Springer Nature：1691 种，Elsevier：2179 种，Taylor & Francis：1325 种，Wiley：479 种，共计 5674 种，占总数的 22.5%。

为获取市场份额，中小出版机构通常以"抱团取暖"的方式获取资源聚集的优势。全球学术与专业出版者协会（ALPSP）、欧洲科学编辑学会（EASE）等同业协会对于中小出版机构在行业规范、发展战略、出版伦理等方面有着重要的协调作用。斯坦福大学图书馆创立的学术文献出版商（HighWire Press）、为全球期刊发展服务的软件系统公司（Atypon）等分别建立有专门的出版与传播平台,接受中小出版机构的委托服务,各自平台上有数千种甚至近万种期刊全文,极大地方便了用户的订购和获取。

(二)学术品牌:质量是核心竞争力

学术质量和品牌是科技期刊的生命线。为确保高质量、高效率,国际一流期刊社通常都具有十分明确的流程,编辑、出版(生产)、营销人员的职责分工明确。即:编辑人员主要从事选题组稿、组织同行评议等与学术质量控制相关的工作;生产人员主要负责文字加工、排版印刷、数字化等出版方面的事务;营销人员主要承担期刊、数据库等各类产品的宣传、推广和销售。

稿件的学术质量控制是期刊生存和发展的根本,也是各期刊社或编辑部的重点工作。根据科学编辑的身份定位,国际性期刊的科学编辑大致可划分为专职编辑模式(In-house Professional Editors)和兼职编辑模式(Academic Editors)两种。专职编辑模式是指期刊社或编辑部聘用全职编辑负责稿件的组织和评审工作。其优点是有利于快速、公平地处理稿件,科学(Science)杂志社、细胞(Cell)出版社以及很多学、协会出版的期刊主要是采用这种模式。兼职编辑模式是指稿件的组织、评审、录用与否等主要由作为编委或兼职编辑的一线科学家来完成。该模式的优点是编辑的专业背景较强,期刊的人力运行成本相对较低,多数大型商业性出版社(Springer, Elsevier)等采用的主要是此类模式。

(三)数字出版:期刊功能形态不断演变

数字出版与传播已经成为科技期刊运营的主流形态。随着网络形式编辑出版与传播交流的快速发展,国际一流期刊出版机构无一例外地都特别注重发展功能完善的稿件处理和发布平台,为作者、读者、编辑和审稿人提供周到的在线服务。

为不断适应科学界对知识需求的多样化,科技期刊的功能及出版与传播的形式也在不断丰富和演进。期刊未来发展的方向总体表现为由单一的出版者不断过渡为内容丰富、形式多样的知识服务提供者。因此，国际性期刊出版机构尤其重视开发在线全文数据库功能，不仅十分重视提高论文的在线传播范围和影响，而且信息的文本表述和版式结构更加规范，以适应传播过程中的机器阅读与知识挖掘、自然语言处理等。

（四）开放获取：期刊业务模式发生深刻变革

OA 出版正在不断推动期刊出版的流程再造和业务模式创新。随着 OA 出版模式的快速发展和演进，期刊的传播媒介、商业运营模式等多方面都不断转型创新。SCI 的统计表明，OA 期刊数量和占比近年来不断增长，从 2001 年的 86 种（占比 1.51%）快速增长到 2018 年的 1254 种（占比 17.70%）。而且，OA 模式的一个重要特征就是影响因子越高，收取的稿件处理费用也就越高（单篇文章收费变化在 99 美元至 5200 美元之间），这些喻示无论是读者付费还是作者付费，期刊的质量和品牌始终都是核心价值。

此外，某些国家政府部门和科研机构对 OA 出版模式的重视，也必将给科技期刊的未来发展带来更为深远的影响。例如，2018 年 9 月由法国、英国、荷兰等 11 个欧洲国家的主要科研经费资助机构联合签署的 S 计划（Plan S），要求所有由欧洲研究委员会（ERC）拨款支持的科研项目，将来都必须将研究成果发表在完全 OA 期刊或出版平台上；[11] 加州大学也于 2019 年 2 月 28 日宣布，为提倡公共资助科研成果的免费公开化，不再与 Elsevier 续签期订阅合同，[12] 这些政策或举措都要求期刊出版机构要高度重视 OA 出版。

三、我国建设世界一流科技期刊面临的挑战

当前我国建设世界一流科技期刊所面临的挑战主要有以下几

方面。

第一，科技期刊要素资源没有形成集中优势。一方面，在我国创办高水平科技英文有着较多的复杂因素，这客观上导致了新刊创办难以适应学科交流快速发展的需求。另一方面，把创办世界一流科技期刊作为创刊第一目标的办刊理念还需要在整个期刊出版行业乃至学者之中加以强化；没有高远的立意一定程度上制约了我国科技期刊在新兴优势学科领域快速提升国际话语权这一目标的实现。因此，创办高水平英文科技期刊的要素资源整合亟待提升。就先进的办刊理念、高水平的编委会、专业化的编辑队伍、创办世界一流期刊需要的可持续投入和运营体制这四个基本要素而言，国内创办科技期刊的机构并不都已具备，这客观上也制约了我们和国际出版机构在高水平学术资源争夺上的竞争力。

第二，科技期刊学科和语种分布的布局略显失衡。中国科技期刊品种、数量不断增长，学术水平稳步提升。但是，总体而言，中国科技期刊"大而不强、多而不优"，新兴交叉学科领域期刊数量少，高水平专业化期刊少，存在同质化情况，尤其是英文期刊在我国科技期刊中占比过低。因此，应加快对科技期刊学科布局的调整，根据"十三五"重点发展学科，积极推动科技创新的重要领域创办新刊。

第三，科技期刊的运营模式及出版运营方式难以适应集群化发展的需要。目前我国科技期刊远未形成集约化、集群化运营，基本上仍旧延续"小作坊"式办刊模式，产品形态还比较单一，服务意识不够强，文化传播能力较差，未形成集约化、集群化发展，运营方式粗放，营销能力不足，与市场接轨能力差。

第四，缺乏具有一定国际影响力的科技期刊数字出版与传播平台。我国科技期刊出版模式大多数仍采用传统纸版出版流程，对数字出版技术的掌握仍显薄弱，一些资金投入分散、效率不高，难以融入现代数字出版大趋势中，形成有相当竞争力的平台。国际科技期刊出版产业已颇具规模，国际垄断性科技期刊出版平台已然形成。我国缺乏类似的具有一定国际影响力的期刊出版平台。

第五，研究评价中的 SCI 导向致使我国优质稿源大量外流。现有科研评价体系过于强调 SCI 影响因子论，导致我国优质稿源大量外流，造成国内期刊"稿荒"，形成"低学术影响力与缺乏优质稿源"互为因果的恶性循环，最终导致我国科技期刊质量的整体下降。

四、建设世界一流期刊的思考与实践

科技期刊是科研成果交流和展示的重要载体，是国家创新体系的重要组成部分，是国家科技竞争力与文化软实力的重要内容体现；同时，科技期刊作为科技内容资源的重要载体，不仅关乎国家科技信息安全，而且是国家争取全球科技话语权的重要平台。因此，建设世界一流科技期刊对于我国科技创新具有重要意义。

目前，我国已具备一流期刊建设的良好基础：第一，中央高度重视，各项支持政策不断出台；第二，各类资金支持科技期刊发展；第三，综合国力的增强带来科研成果爆发式增长；第四，科技期刊办刊队伍和能力不断提升。可以说，我们迎来了建设世界一流科技期刊，打造国际化科技期刊出版集团的大好机遇期。

作为综合性的科技出版机构，科技期刊一直是科学出版社的重点和特色所在。目前科学出版社出版期刊 347 种，其中英文科技期刊 152 种，约占中国英文科技期刊总数（约 450 种，含仅有国际刊号期刊）的 1/3；有国内统一刊号（CN）的英文期刊 73 种。SCI 收录期刊 61 种，超过中国 SCI 期刊的 1/4，其中 Q1 区期刊 16 种，占中国 Q1 区期刊 48 种的 1/3；工程索引数据库（EI）收录期刊 50 种，占中国 EI 期刊总数 223 的近 1/4。围绕建设世界一流科技期刊的命题，笔者认为世界一流科技期刊应满足"三高"的标准，即要有高水平的期刊数量，要有高容量的载文规模，要有高效益的市场运营。只有满足这三方面的要求，我们的科技期刊才能真正算得上"世界一流"。这既是我们对标研究后的分析结果，也是我们不断努力的方向和目标所在。

科学出版社发展科技期刊的核心策略是"精品化、集群化、国际化、数字化"。精品化就是以《中国科学》《科学通报》和《国家科学评论》为代表，打造世界一流的中国科技期刊品牌。集群化就是以北京中科期刊出版有限公司为基础，为科技期刊提供一体化的综合服务，搭建科技期刊集群化发展平台。国际化就是以国际合作和海外并购为手段，面向国际创办优质英文期刊，并整合国际上的优质科技期刊资源。数字化就是以科技期刊服务平台（SciEngine）等技术平台为支撑，打造代表我国一流水平的期刊全流程数字出版平台和国际传播平台。

（一）创办一批世界一流的科技期刊

建设世界一流科技期刊，首先要立足国际化视野、聘请国际高水平的编委，打造一批世界一流的英文科技期刊，塑造中国科技期刊的国际"品牌"。《中国科学》杂志社出版的《中国科学》《科学通报》系列（"两刊"）共有中英文期刊17种，是我国高水平科研成果的交流平台。目前"两刊"拥有8种中文版期刊，9种英文版期刊，被SCI收录的期刊有9种，被EI收录的期刊有8种，年出版量达到3500余篇。其中有7种期刊位列国际同学科排名前25%（Q1区）。科学出版社2014年创办的《国家科学评论》是战略性、导向性英文版综述类学术期刊，由中国科学院白春礼院长担任主编、蒲慕明院士担任常务副主编，2018年影响因子为13.222，在全球综合类期刊中位列第三。现在，越来越多的中国重要创新成果在《国家科学评论》上首发，在向全球科学界展示"中国科技创新成果"的同时，也向全球科学界展示了"中国期刊"。

（二）构建一批国内领先的期刊集群

建设世界一流科技期刊，中国的科技期刊出版机构应在政策引导下，并在主管部门的支持下，通过市场化手段，充分利用平台的技术优势和现有出版管理优势，在优势学科领域，集成国内科技期刊资源，构建一批国内领先的期刊集群，全面提升我国科技期刊国际竞争力和学术影响力。科学出版社旗下的北京中科期刊出版有限公司是"国家科技期刊出版基地"的运营主体，利用市场化的运营、平台化的管理，集聚国内优质期刊，打造高水平的科技期刊方阵，目前出版期刊270多种，其中英文刊61种，SCI刊40种。科学出版社与Elsevier合资创办的北京科爱森蓝文化传播有限公司，致力于构建全球化编委会，创办国际化的OA期刊，5年来已创办新刊25个，合作出版期刊44个。

（三）整合一批有国际影响力的英文期刊

建设世界一流科技期刊，要鼓励有一定竞争能力的出版社或期刊社在有关部门的支持下，积极开展资本运作，跨境并购国际一流科技出版机构，集聚相当规模数量和较高质量的世界一流科技期刊，快速进入全球科技期刊出版的第一方阵，从而在较短的时间内改变中国科技期刊发展现状，实现中国科技期刊的跨越发展。

2019年11月13日，科学出版社与与法国物理学会等4家学会在法国巴黎举行了收购法国自然科学领域的学术出版机构（Edition Diffusion Press Sciences SA）（以下简称"EDP Sciences"）100%股权的交割仪式。EDP Sciences是由诺贝尔奖获得者玛丽·居里夫人、波动力学的创始人路易斯·德布罗意等世界杰出科学家共同创立。前身为1920年发行的《物理杂志》（*La Société du Journal de Physique*）和《镭》（*Le Radium*）物理学专业期刊。2018年，EDP Sciences出版期刊数量75种，根据多学科数字出版机构（MDPI）的统计数据，其发表的论文数量在全球出版商中位列第 17 位，发表的 OA 文章数量位居全球第 11 位。[13]未来，EDP Sciences 将成为科学出版社加快国际化步伐的重要桥头堡，为实现我社英文科技期刊的快速发展发挥重要作用。

（四）建设一支世界水平的科技期刊编辑团队

人才队伍是建设一流科技期刊的重要基础。出版机构要加强制定期刊出版学科编辑人才战略规划，建立完善的人才培养、评价和奖励机制，提高学科编辑队伍的创新能力和国际化、专业化水平；同时还应加强和培养技术编辑人才，加强其在新技术、新媒体、新平台的创新和使用能力。以《中国科学》杂志社为例，目前，该社共有专业编辑 50 多人，其中拥有博士学位的编辑占比为 88%，有海外经历的编辑占比 59%，有科研背景的编辑占比48%。毫无疑问，编辑队伍是建设一流科技期刊的重要基础。

（五）打造具有高度国际影响力的数字出版平台

建设世界一流科技期刊，要对标国际一流，打造集国际化投审稿、全球同步发布传播、科学大数据服务、跨国学术评价功能于一体的期刊知识服务平台，通过技术创新或融合发展，实现科技期刊业务模式的转型升级，助推科技期刊实现集约化、规模化、国际化运营管理。科学出版社研发的 SciEngine 是具有中国特色的科技期刊全流程数字出版技术平台，可以帮助中国科技期刊实现出版全流程的数字化、出版管理的智能化、传播发布的国际化、内容资源的知识化。在中国精品科技期刊展示和优质期刊资源积聚方面，我们先后打造了中国科技期刊网（收录期刊 747 种，论文数量 139 万篇）、中国科技期刊开放获取平台（收录期刊 660 种，可检索论文期刊 340 种，论文数量 142 万篇）、地球与环境科学信息网（集聚了该学科领域内 177 种优质期刊）、材料期刊网（集聚了该领域89种优质期刊、26万篇论文）等期刊平台。

五、结　语

科技期刊发展对于我们出版机构和出版人而言，任重道远。建设世界一流科技期刊需要政府、行业、学界等多方力量的协同努力。在体制机制方面，我们期望政策层面给予科技期刊出版机构兼并重组、刊号审批等多方面的条件支持，同时加大财政支持力度，专项支持国内领军的科技期刊出版机构积极开展海外并购，打造可以进入世界第一阵列的期刊出版集团。在办刊环境方面，我们期望社会各界共同努力，逐步引导改变科研评价体系，鼓励学者将更多优秀的科研论文发表在国内科技期刊上，加快促进我国世界一流科技期刊的建设。总之，作为出版人，我们要积极贯彻落实《意见》等相关文件精神，为建设中国的世界一流科技期刊而不懈努力。

（作者单位：中国科技出版传媒股份有限公司）

参考文献：

[1] 习近平主持召开中央全面深化改革委员会第五次会议强调: 深刻总结改革开放伟大成就宝贵经验　不断把新时代改革开放继续推向前进 [N]. 人民日报，2818-11-15.

[2] 四部门联合印发《关于深化改革 培育世界一流科技期刊的意见》[EB/OL]. http://www.cast.org.cn/art/2019/8/16/art_79_100359.html.

[3] 科技部印发《关于破除科技评价中"唯论文"不良导向的若干措施（试行）》的通知 [ER/OL]. http://www.most.gov.cn/mostinfo/

xinxifenlei/fgzc/gfxwj/gfxwj2020/ 202002/t20200223_151781.htm.

[4] 教育部 科技部印发《关于规范高等学校 SCI 论文相关指标使用 树立正确评价导向的若干意见》的通知 [EB/OL]. http://www.moe.gov.cn/srcsite/A16/moe_784/ 202002/t20200223_423334.html.

[5] 参见：中国科学技术协会主编. 中国科技期刊发展蓝皮书（2019）：世界一流期刊发展路径专题 [M]. 北京：科学出版社，2019.

[6] 参见：中国科学技术信息研究所发布的 2011—2018 年《中国科技期刊引证报告（核心版）》.

[7] 任胜利. 培育世界一流科技期刊背景下我国学术期刊国际竞争力的提升 [J]. 科学通报，2019（33）.

[8] 参见：中国科学技术信息研究所发布的 2000—2018 年中国科技论文统计结果.

[9] International Association of Scientific, Technical and Medical Publishers. The STM Report: An Overview of Scientific and Scholarly Publishing（Fifth Edition）[M]. Hague: International Association of Scientific, Technical and Medical Publishers, 2018.

[10] 参见：Scopus 出版物源标题列表 [EB/OL]. https://www.elsevier.com/zh-cn/solutions/ scopus.

[11]. 开放获取"S 计划"席卷欧洲，誓要打破"付费墙"！ [EB/OL]. http://m.sohu.com/a/252316431_170798.

[12] 加州大学研究人员纷纷辞去 Elsevier 期刊编辑职务，反抗其高额订阅费 [EB/OL]. https://www.acacon.cn/acainfo/acanews/ucresearchelsevier.html.

[13] Top 20 publishers by number of articles[EB/OL]. https://www.scilit.net/rankings.

科技期刊服务科技创新的路径研究

葛建平　刘德生

摘　要：科技期刊应该充分发挥内容和媒介的双重功能，通过加强内容策划、促进科技成果转化以及搭建产学研用平台等路径，在原始创新、应用创新和协同创新方面发挥推动作用，促进科技创新链条的连接，助力国家实施科技创新战略。

关键词：科技期刊　科技创新　原始创新　应用创新　协同创新

科技期刊与科技创新具有天然的联系。然而，在过去一段时间里，有些期刊过度聚焦期刊评价指标，忽略了科技期刊服务科技创新的重要功能。2017年，党的十九大明确将科技创新上升为国家战略。2019年8月，中国科协、中宣部、教育部、科技部联合印发《关于深化改革　培育世界一流科技期刊的意见》；为落实该意见，中国科协等七部委联合实施中国科技期刊卓越行动计划[1]。2020年10月，党的十九届五中全会明确提出要坚持创新在我国现代化建设全局中的核心地位，强化国家战略科技力量，构建国家科研论文和科技信息高端交流平台。可见，加快建设世界一流科技期刊、夯实进军世界科技强国的冲锋号已吹响，科技期刊如何更好地服务于科技创新这一国家战略，受到期刊界的日益重视。不同类型的科技期刊有不同的使命，也有服务科技创新的不同方式。以一流科技期刊为例，肖宏[2]认为，一流科技期刊，从学术期刊的角度，是能够引领全球基础创新发展方向，能够发表学科奠基性、基础性原始创新成果；从技术期刊的角度，能够引领全球技术创新发展方向，能够引领技术应用研究和产业发展方向。科技期刊需要重新审视自身功能，与科技创新共生共促，真正做到"世界一流"，实现价值。

一、科技期刊服务科技创新的维度

（一）科技期刊与创新主体的连接

科技期刊本质上属于媒介，刊登的内容属于科学技术范畴，连接了高校、科研院所和企业等多个创新主体。其中，高校及其所属实验室是原始创新的重要场所，是许多基础性、前沿性科学问题的发源地。科研院所根据科研内容可分为偏向于基础性研究、偏向于工程应用研究两大类。前者和高校的功能较为相似，后者更偏重于技术的应用创新。企业对市场和社会需求反应最敏感，在生产经营活动中不断创新。尤其在发达国家，企业需求驱动创新，促进成果转化，企业和市场紧密贴合，科技期刊发挥的作用较为充分。在一个行业领域内，科技期刊能够精准地连接专家、作者、读者。这些人员在创新主体中的身份通常是教师(教授)、研究人员、研发人员。而且，与其他社会媒介的组成人员不同的是，科技创新主体中的三类人员构成具有一定重叠度，所以，科技期刊在连接这些创新主体方面具有优势。

（二）科技期刊与创新要素的对接

创新要素是指和创新相关的资源和能力的组合，通俗地讲，就是支持创新的人、财、物，以及将人、财、物组合的机制。在科技创新活动中，技术、资本和市场是不可或缺的要素。市场提供、对接技术需求，资本寻找有前景的技术，科技期刊作为技术输入方，需提供容易搜索、获取、对接的技术。科技期刊的媒介性决定了它的传播性及其在资源对接方面的优势。作为最为古老和广泛的科学传播平台之一,科技期刊承担着重要的历史使命,长期以来与科学界和媒体都存在固有的桥梁,是科学传播共同体的主要表现形式之一[3]。学者拥有科研经验和技术,期刊刊登科学研究的内容,平台传播内容并整合资源,因此,科技期刊在搭建科技成果、技术和资本之间的桥梁,以及促进这些创新要素的传播方面大有可为。尤其是在全媒体时代,依靠大数据、人工智能等技术,科技期刊的技术内容能在较大范围、被较为精准地传播和分析,视频、自媒体等方式则更扩大了科技期刊的传播维度,提升了传播效果。

二、科技期刊服务科技创新的路径

(一)加强内容策划,促进原始创新

期刊登载的内容始终是期刊品质的"硬核",也是科技期刊最重要的资源。科技期刊编辑应充分发挥主观能动性,立足刊物定位、学术前沿、读者需求,选择可以突出刊物特色,引领学术研究,并满足读者需要的专题[4],使刊载内容符合业界所需。

1. 紧扣国家战略和重大需求

党的十九届五中全会审议通过《中共中央关于制定国民经济和社会发展第十四个五年规划和二〇三五年远景目标的建议》,指出,要加快科技自立自强,面向世界科技前沿、面向经济主战场、面向国家重大需求、面向人民生命健康,加快建设科技强国,这为科技期刊服务科技创新指明了方向。科技期刊可根据科技部、工信部等部委的指导性文件,以及科技部重点研发计划等国家重大项目梳理国家战略和重大需求。基础研究类学术期刊可以"卡脖子技术"为依托,梳理研究方向,组织策划专题,利用全媒体技术,加强技术交流,促进这些领域的原始创新。近年来,《航空学报》中英文版紧跟国家战略,组织大型飞机、流动控制、航

空器总体设计等相关专刊，以及涉及国家战略和关键技术的翼身融合民机技术、直升机技术、故障测试与诊断技术等专栏；同时，组织新一代多用途飞船概念研究等载人航天领域热点综述，极大促进了航空航天领域的科技创新。区块链技术被认为是继工业革命和互联网之后最有可能引发颠覆式产业创新的新技术，针对这一热点，《软件学报》于2019年策划出版"区块链与数字货币技术"和"区块链数据管理"两个专题。同时，还整理出该刊自2017年刊登的关于区块链研究的46篇文章（笔者2020年3月8日检索），服务行业。

2.追踪行业热点和社会需求

行业热点和社会需求源于市场和企业，是驱动社会发展亟需的技术，科技期刊要具有行业敏感性，多维度深入行业，精准组织稿件。2020年初，新冠病毒肆虐，《中国临床医学》杂志第一时间启动策划"新冠肺炎防控专栏"，主编撰写专栏导读，借助网络首发平台实现与读者即时分享，为战胜疫情提供学术交流。《北京航空航天大学学报（自然版）》针对公共安全监控视频应用中仍然存在的海量视频"存不起"、内容分析"不智能"、分发共享"不安全"、服务实战"不好用"等挑战问题，策划"公安监控视频智能处理"专刊，对于提升警务实战应用的整体效能与智能化水平具有重要意义，支撑了北航的"一流学科"建设。

（二）服务科技成果转化，促进应用创新

2018年全国两会期间，时任科技部部长万钢接受采访时提到："当前科技创新最硬的'硬骨头'还是在于原始创新和成果转化这两个环节。"[5]我国大部分科研成果往往生产后就"躺"在学术期刊里，处于"休眠状态"。一部分成果以内参形式上达政府部门，大多数成果在生产出来后就停止了，没有关注其是否转化为现实的生产力，是否体现出社会效益和经济效益。其原因有多方面，但部分原因是，一些学术期刊没有敏锐的社会热点感知意识，不能快速地将前沿的科研成果和热点问题关联起来，无法及时向政府提供科学的决策建议[6]。科技期刊，尤其是行业期刊，应该致力于疏通应用研究和产业化连接的快车道，促进创新链和产业链精准对接。

1. 挖掘期刊论文中的技术和知识产权

成果转化需要通过渠道寻找适合转化的技术，科技期刊正是渠道之一，其刊登的内容往往都来自创新链前端。一方面，科技期刊可与成果转化相关部门通力合作，梳理、筛选有转化潜力的技术成果。另一方面，科技期刊论文中的技术有些已申请专利保护，有些尚处于无专利保护状态。科技期刊应具备学术经纪人的意识，帮助专利布局，以便对日后的成果转化起到促进作用，间接提升科技期刊的行业影响力。科技期刊成立的期刊集群和联盟，比如光学期刊联盟、航空期刊联盟、航天期刊联盟等，蕴含了各行业丰富的潜在可转化技术，打造了"共生界面"。

2. 利用专家资源进行技术转化价值判断

科技期刊与新媒体的交叉融合，为以科技期刊为核心的科技媒体智库建设带来了全新的发展契机[7]。曾有学者以国内计算机领域较有影响力的《软件学报》为例，分析国内计算机领域科研团队结构[8]。对于科技成果转化工作来说，科技期刊的专家资源能够充当技术应用前景的"裁判员"，也是进行产业或行业研究的"智库"之源，能够为成果转化工作从业者、投资机构提供技术、行业发展趋势、产业链相关的判断和参考。因此，科技期刊可以建立精准的专家档案，详细记录、更新专家的研究方向，记录其工程经验、与产业界和市场结合的紧密度，等等；也可与相关机构联合制作、发布行业白皮书，为行业发展和成果转化提供咨询服务，扩大自身影响力。例如，《中国航空学报（英文版）》曾组织过两次故障测试与诊断主题的国际专栏，专栏的客座编辑以及部分作者和产业界结合非常紧密；后来，恰逢期刊所在单位需要进行相关领域的成果转化，编辑利用期刊平台邀请专家，对技术转化的可行性进行论证，助力单位较为顺利地实现成果转化。

（三）搭建产学研用平台，促进协同创新

科研工作包括科研选题、方案制定、项目立项以及实施、成果发表及应用等方面，这些过程均离不开科技期刊的支撑，科技期刊可发挥其媒介和平台特点，从科研过程和成果展示入手，促进协同创新[9]。

1. 多环节多方式展示科研过程和成果，增强科研成果的理解度、显示度

首先，利用媒体平台加强论文内容解读。对于技术需求方来说，科技论文的内容相对晦涩难懂，科技期刊可用科普的语言将论文二次解读，或采用视频等方式将论文的关键技术以较为形象的方式重现，或专访论文团队的带头人，将前沿技术"翻译"给企业和市场。2015年，北京航空航天大学杨军教授关于虫吃塑料的创新成果引起了业界轰动，他应邀在号称中国版TED的CC论坛上发表演说，其论文发表期刊的主办学会美国化学会积极推介成果，极大促进了团队与产业界的资源对接，该团队目前在积极着手成果的产业化。中国科普研究所科学媒介中心主办的"刊媒惠"科技论文成果推介沙龙自2016年启动至今，推介的科技论文成果内容涉及气象、医药、食品安全、航天、测绘、建筑等多个热点领域，向线上线下公众普及相关科研进展和成果，引起广泛关注。细胞出版社和《柳叶刀》会采访论文作者，了解其研究背景和意义，把科研成果转化成更具可读性的新闻，在更多平台发布。

其次，利用新技术展现科研过程。这是近年来的新趋势。肖宏指出，科研过程的增强出版，即让论文及其反映的背景资料、过程资料，能真正解决基础研究和应用研究中的实际问题，具有

多媒体解读能力,让读者易读易用[2]。国外期刊出版机构,如施普林格·自然、爱思唯尔、美国公共图书馆(PLoS)等增强出版的应用相对成熟,期刊集群及单刊平台均已实现"传统论文+增补内容"模式的增强出版[10]。国内也有些期刊走在前列。例如,《中国中药杂志》建议作者投稿时提交因印刷版篇幅和载体限制未能刊发的、能够进一步说明文中实验设计、案例分析、理论推导、观点论证等的补充材料,这些补充材料与原文内容进行组织和封装,形成一个内在联系的增强论文,通过网刊发布,期刊网络版开辟专栏发布数据论文,以支持数据成果的分享、挖掘、利用与再创新[11]。这些措施能够将科研过程解构和重构,对于促进科技创新具有不可估量的作用。

2. 多平台集成创新要素,促进成果传播和创新要素对接

首先,利用线上平台。可利用期刊集群或联盟,组建集知识传播、知识服务、知识产权交易为一体的产学研立体化平台,同时,汇聚产业界的机构、创投机构,形成技术、市场、资本的融合平台。如,光学期刊网发布中国光学十大进展、光电产品、供求信息、光电快讯、技术专家、成功案例等内容。随着大众媒体的发展,除了像知网、维普等数据库之外,学术期刊的内容传播出现了自办微信平台、大众媒体传播等形式。如,中国激光杂志社在微信公众号推出"五分钟光学"专栏,邀请业内知名专家讲述光学知识,既达到科普的效果,又搭建了产学研用平台。新冠肺炎疫情后,由线下转线上是发展趋势,科技期刊要谋划好、发展好线上阵地。

其次,利用线下平台。一是与期刊主办单位合作。例如,航空知识杂志社出版两本科普期刊和两本学术期刊,均为中国航空学会旗下期刊。杂志社与学会紧密联系,共同助力科技创新和科学普及。近年来,两刊团队结合学会的会员日等活动,进行科技论文写作讲座、科普知识讲座,走访科研一线人员和产业界,取得显著效果。二是与出版行业相关学会合作。北京市科技期刊学

会近几年连续开展科技成果推介会，对宣传期刊优秀成果、连接产业界起到积极的促进作用，受到行业好评。

再次，与大众媒体合作开展专题活动。长春光机所 Light 学术出版中心发起"2019 中国光学领域十大社会影响力事件"评选，致力于服务科学、大众和社会，构建起科学与社会的桥梁。高校科技期刊还可通过平台搭建的方式，与大学科技园和区域产业园展开互动，让教师与科研更加贴近市场和社会需求，促进学科发展和人才培育。

三、结　语

虽然科技期刊服务科技创新的路径多样，但我国科技期刊种类众多，内容定位和作者群不尽相同，因此，科技期刊要面向对象，分析研究本学科和本行业的读者群落，细分群落，以读者需求为导向[12, 13]，采取适合自身的路径。另一方面，科技创新反过来也会对科技期刊的发展产生促进作用。来自市场需求的技术可以为选题策划方向提供参考，优化科技期刊选题，进一步促进期刊实现自身价值。

（作者单位：北京航空航天大学资产经营有限公司，
北京科技创新中心研究基地）

参考文献：

[1] 中国科学技术协会. 关于组织实施中国科技期刊卓越行动计划有关项目申报的通知 [EB/OL]. [2021-01-15] http://www.cast.org.cn/art/2019/9/19/art_458_101785.html.

[2] 肖宏. 冲刺"世界一流科技期刊"必须练就四大能力 [J].

科技与出版，2019（10）：29-34.

[3] 张朝军，肖英，赵霞，等. 科技期刊在科学传播共同体中的作用 [J]. 科技传播，2019，11（17）：1-6.

[4] 祁丽娟，郎杨琴，孔丽华. 学术期刊热点专题出版的思考：以计算机科学技术类期刊为例 [J]. 编辑学报，2018，30（S1）：25-27.

[5] 万钢. 为加快建设创新型国家提供科技支撑 [EB/OL]. [2021-01-15] http://www.xinhuanet.com/politics/2018lh/2018-03/13/c_129828256.htm.

[6] 刘平. 学术期刊服务智库建设的路径探析 [J]. 科技与出版，2019（7）：143-147.

[7] 丁佐奇. 科技期刊与智库功能融合及互动发展研究 [J]. 编辑学报，2019，31（6）：606-609.

[8] 蒋辉，刘洋，李小龙. 国内计算机领域科研团队结构分析：以软件学报为例 [J]. 电脑知识与技术，2016，12（10）：7-9.

[9] 马凌飞，龚杰，奚莱蕾，等. 科技期刊的出版传播功能助力科技创新的途径 [J]. 科技与出版，2019（1）：140-144.

[10] 李小燕，田欣，郑军卫，等. 科技期刊增强出版及实现流程 [J]. 中国科技期刊研究，2018，29（3）：259-264.

[11]《中国中药杂志》加入中国知网《中国学术期刊（网络版）》录用定稿网络首发征稿启事 [EB/OL]. [2020-12-10] http://www.cjcmm.com.cn/WKE/WebPublication/wkTextContent.aspx?contentID=c4e82ccb-fe0f-4a3f9da7-c03ae2d0e8d1&mid=ZGZY.

[12] 张朝军. 读者群落：学术期刊面向对象的科学传播 [J]. 编辑学报，2018，30（5）：454-458.

[13] 张朝军. 石油科技期刊的读者群落与科学传播效应 [J]. 科技传播，2018，10（13）：3-6.

改革开放40年高校哲学社科学术期刊的分期、特征与经验

姬建敏

摘　要：改革开放40年来，随着社会政治、经济、文化环境的嬗变，我国高校哲学社科学术期刊的发展以十年为一个时间单元，大致分为4个时期。从改革开放第一个十年的思想开放、规模扩张，到第二个十年的平稳过渡、持续发展，再到第三个十年的转型变革、求精求强，直至第四个十年的多元并存、融合发展，呈现出鲜明的时代特征与演进路径。40年的发展，彰显了高校哲学社科学术期刊在期刊界、学术界的地位和价值，其经验可概括为：学术质量是高校哲学社科学术期刊的立刊之本，导向正确是高校哲学社科学术期刊发展的前提，立足高校、服务高校、推动高校社科发展是高校哲学社科学术期刊的重要职责，政府主管部门的支持是高校哲学社科学术期刊健康发展的保障，顺应时代潮流、加快变革创新是高校哲学社科学术期刊发展的关键。

关键词：高校哲学社科学术期刊　改革开放40年　发展路径　发展模式

自1978年党的十一届三中全会开启改革开放政策至今，中国的改革开放已走过了40年。这40年是中华人民共和国成立以来国民经济增速最快、人民群众获得利益最多的40年，也是我国高等教育、期刊出版发展最快的40年。高校哲学社科学术期刊作

为高等学校主办、定期出版的高层次学术理论刊物，作为我国高等教育事业和哲学社会科学事业的重要组成部分，在这40年的发展历程中，不仅从为数不多的小树苗长成了参天大森林，而且也在我国高等教育的发展、哲学社会科学体系的构建中发挥着越来越大的作用。在纪念改革开放40周年之际，站在承前启后、继往开来的历史节点上，以客观的、历史的眼光审视中国高校哲学社科学术期刊[①]40年的发展历程，大致经历了改革开放第一个十年（1978—1988）的快速发展、第二个十年（1989—1998）的深化改革、第三个十年（1999—2008）的求精求强、第四个十年（2009—2018）的融合发展4个时期。

一、第一个十年（1978—1988）：思想解放、规模扩张

1976年10月"四人帮"被粉碎，高校哲学社科学术期刊从多年的禁锢中解放出来，但仍没有摆脱以"两个凡是"为代表的"左"倾思想束缚。《南京大学学报》1978年第1期刊登的《坚持理论与实践的统一——哲学社会科学研究工作中的一个重大问题》一文，《复旦学报》1978年复刊后在第1期"关于真理标准问题的讨论"笔谈中发表的7篇文章，不仅比拉开新时期思想解放运动序幕的、《光明日报》发表的《实践是检验真理的唯一标准》一文还早几个月，而且点燃了高校哲学社科学术期刊思想解放的火炬。1978年12月，党的十一届三中全会召开，思想解放的星星之火很快燎原。以《复旦学报》1978年10月复刊号上刊登的夏征农的《没有民主就没有社会主义》为代表，高校哲学社科学术期刊喊出了"没有民主就没有社会主义"的时代最强音；回归学术、学术为本，关注现实、

[①] 本文所指的中国高校哲学社科学术期刊指的是中国各级各类高校所办的社会科学学术期刊（包括高校哲学社科学报、高校人文社科学报、高校专业学术期刊、高校学术集刊等）。

关注改革,[①]百花齐放、百家争鸣,高校哲学社科学术期刊在自由开放、激情燃烧的 20 世纪 80 年代,迫不及待地挤上了风驰电掣的时代列车。

(一)《关于办好高等学校哲学社会科学学报的意见》发布,基本上奠定了"一校一学报"的出版模式,开启了高校哲学社科学报规模扩张的闸门

20 世纪 70 年代末 80 年代初,面对全国上下解放思想、拨乱反正的大潮,我国高等教育迅速恢复,1978 年 6 月教育部在武汉召开了全国高等学校文科教学工作座谈会、高校学报工作座谈会,会议制定并颁发了《关于办好高等学校哲学社会科学学报的意见》[②]。《意见》作为第一个以国家(教育部)名义正式下发的纲领性文件,不仅对学报的性质、作用、任务、功能、原则等做出了明确的指示,"高等学校学报是以反映本校教学科研成果为主的综合性学术理论刊物",其基本任务是"在哲学社会科学的广阔领域,提高教学和科学研究水平,繁荣社会主义科学文化",其方针和原则是"百花齐放、百家争鸣""古为今用、洋为中用""实事求是、理论与实践的统一",而且还对学报编辑部的建设、编辑人员的职称待遇给予了明文规定,"学报要在学校党委直接领导下,设立编辑部""学报编辑部一般应相当于系一级或校(院)属研究所一级的学术机构。要挑选有较高的政治水平和理论水平的干部担任编辑部主任、副主任(或主编、副主编),并积极创造条件,按文、史、哲、经、教等专业配备一定数量的专职编辑以及必要的行政人员""编辑人员的职称、级别及其生活条件,均应按相应水平的教师办理"。对高校哲学社科学报的重视和关切,

---

[①] 姬建敏:《新时期我国高校社科学术期刊特征刍议——以 1977—1987 年为例》,《河南大学学报》(社会科学版),2017 年第 6 期。
[②] 教育部以(78)教高 1 字 1160 号于 1978 年 11 月 15 日下发全国高校执行。

直接引发了全国各级各类高校出版学报的热潮，基本上奠定了"一校一学报"的出版模式，拉开了高校哲学社科学报蓬勃发展的大幕。"忽如一夜春风来，千树万树梨花开"，从此学报编辑部迅速成为高校必不可少的特殊组织机构，学报也成为不可或缺的学术媒介。有高校就有学报，高校社科学报很快成长为哲学社科学术期刊中的"老大"。

据《高等学校文科学术文摘》前总编姚申统计，"从1978年下半年到1981年，全国恢复和新创办的人文社会科学、自然科学学报290多种，其中人文社科学报150多种。截至1983年，全国高校已拥有6万多名文科教师，4000多名专职研究人员，130个研究所，300多个研究室，此时人文社科学报发展到208种"[1]。这些学报，既有综合性学报，也有专业性学报；既有改革开放后复刊的老牌学报，也有新创办的学报。如果按学校算，"截至1980年底，我国已有哲学社会科学学报155种，其中综合性大学31种，师范大学（含师范学院）49种，师范专科学校47种，语言、财贸院校17种，政法院校2种，民族院校6种，艺术美术院校3种。这些学报直接以校名命名的约130家，另取新名的有近30家"[2]。随着高校哲学社科学报数量的增多，1982年教育部建议创办《高等学校文科学报文摘》。1984年《高等学校文科学报文摘》（2003年更名为《高等学校文科学术文摘》）在上海正式创刊，时任教育部副部长彭佩云同志代表教育部在《发刊词》中指出："为了使全国高等学校与社会各界了解高等学校哲学社会科学研究的新成就、新动向和新问题，推动研究工作沿着正确的方向不断深入发展，我们决定创办《高等学校文科学报文摘》。它的任务，首

---

[1] 姚申：《中国高校人文社会科学学报百年发展述评》，《中国期刊年鉴：2005／2006》，北京：中国大百科全书出版社，2006年，第146页。
[2] 马宇红编著：《中国大学学报发展简史》，兰州：甘肃科学技术出版社，2013年，第248页。

先是摘录各高等学校学报中有新观点、新材料和新的研究方法的文章，集诸家之精华；同时要反映各学科开展学术讨论的情况……"《高等学校文科学报文摘》作为中华人民共和国成立后创办的第一份真正意义上的人文社科大型学术文摘，既集中展示了我国高等学校哲学社科研究的最新成就，也标志着高校文科学报已经达到了一定的数量，读者在不具备足够的时间和经济条件的情况下，需要通过阅读文摘类期刊来满足阅读高校学报的需求。由高校哲学社科学报到高校哲学社科学报文摘，由种及类，一方面大大释放了学报自身的传播力量，另一方面也在一定程度上形成了高校学报由重数量、重规模向重质量、重传播效果转变的出版生态，构成了高校学报文摘与高校文科学报同步繁荣的正比例关系。

与此同时，教育部于1984年4月在北京大学再次召开"高等院校哲学社会科学学报工作座谈会"，并下发《纪要》，又一次明确高校社科学报的办刊方向，肯定高校学报的作用，再一次掀起了全国范围内的高校学报创办热潮并加快了各级各类学报研究会成立的进程。1980年12月，东北地区学报工作者协会和华东地区学报研究会成立，1983年5月湖南省高校学报研究会成立，1984年9月湖北省高校学报研究会成立……截至1988年，全国已有黑龙江、吉林、辽宁、山东、上海、江苏、江西、福建、河南、湖北、湖南、广东、广西、贵州、四川、陕西、山西、河北等近20个省市自治区建立了学报研究会。[①]这些研究会的成立，推动了高校社科学报事业的发展。到1988年11月，高等学校文科学报研究会正式成立，高校哲学社科学报已经由"1983年的208种、1985年的277种、1986年的360种、1987年的393种，增加到1988年的440种"[②]，"全国大学学报总数超过1000种，不仅比

---

① 宋应离编著：《中国大学学报简史》，郑州：中州古籍出版社，1988年，第316页。
② 李频主编：《共和国期刊60年（1949—2009）》，北京：中国大百科全书出版社，2010年，第235页。

1978年增加一倍以上，而且占全国期刊6200种的1/6左右"[1]。尤其是地处全国中小城市的师专、师范学报以及改革开放后才批准成立的地方大学学报，在这一时期遍地开花、"疯狂"发展，既壮大了高校哲学社科学报的队伍，又丰富了高校哲学社科学报的构成。

另外，为了加强人文与自然学科间的相互渗透、交叉融合，这一时期一些理工科院校也创办了哲学社科学报，比如，《清华大学学报（哲学社会科学版）》《同济医科大学学报（社会科学版）》《福建医科大学学报（社会科学版）》《华中农业大学学报（社会科学版）》《西安交通大学学报（社会科学版）》等。还有至今声名远扬的《中国人民大学学报》《华东师范大学学报（教育科学版）》《新疆师范大学学报》《华中科技大学学报》《湖南大学学报》，也都是这一时期的产物。

（二）高校学术生产力的增长，催生了哲学社科专业学术期刊的全面绽放

20世纪80年代，随着我国高等教育秩序的恢复和学科体系的逐渐完善，高校学术研究成果日渐丰富，专业性也越来越强，"一校一学报"的格局以及学报"大综合"的编排设置，已经无法承载日益繁盛的学术生产能力和专业研究的需求，因而各高校也纷纷创办专业学术期刊。以北京大学1978—1981年为例，1978年，法学院创刊了《中外法学》，南亚研究所创办了《南亚研究》；1979年，经济学院创办了《经济科学》；1980年，国际关系学院创办了《国际政治研究》；1981年，外国语学院创办了《国外文学》，图书馆创办了《大学图书馆学报》。这一时期的专业学术期刊可分为两类。一类是由高校实力相对较强的专业研究机构或

---

[1] 宋应离编著：《中国大学学报简史》，郑州：中州古籍出版社，1988年，第302页。

者院系承办，刊物名字大都与所在高校的优势学科、特色专业有关。比如，1980年武汉大学创办的《图书情报知识》，1981年中国人民大学创刊的《经济理论与经济管理》，1982年清华大学创办的《科技与出版》，1983年华中师范大学创办的《教育研究与实验》，1984年辽宁大学创刊的《日本研究》，1985年北京师范大学创刊的《心理发展与教育》，1986年中山大学创办的《南方人口》，1987年吉林大学创办的《当代法学》，1988年山东大学创办的《周易研究》等。另一类是刊物名字与所在学校特色有关。比如，东华大学的《纺织服装教育》，中国传媒大学的《当代电影》，上海大学的《社会》等。另外，还有一类是刊物名字与所在学校地域特色有关的期刊，这类期刊有专业的，但更多的是综合性学报。比如，西安联合大学的《唐都学刊》，延边大学的《东疆学刊》，安阳师专的《殷都学刊》，包头师专的《阴山学刊》，曲阜师范学院的《齐鲁学刊》等。这些专业的与综合的学术期刊如雨后春笋般出现，不仅丰富了高校哲学社科学术期刊的类群结构，而且也和高校哲学社科学报一起成为改革开放第一个十年中国高校学术期刊丰富多彩的文化景观。

有专家指出："党的十一届三中全会以来的10年，我国的期刊稳定地发展，期刊出版事业进入了一个空前繁荣的时期。"[①]这个"空前繁荣"，在高校哲学社科学术期刊出版方面也表现得淋漓尽致。据笔者不完全统计，1978复刊创刊的高校哲学社科学术期刊有21种，1979年有48种，1980年有44种，1981年有41种，1982年有30种，1983年有39种，1984年有54种，1985年有64种，1986年有34种，1987年有30种，1988年有36种。在现有的拥有来源期刊最多的8所高校中，中国人民大学拥有10种来源期刊，其中4种出自这10年；北京大学有9种，5种出自这10年；

---

① 高明光：《新中国的期刊出版事业》，《出版工作》，1989年第4期。

吉林大学有8种，4种出自这10年；北京师范大学、复旦大学、清华大学各有6种，均有3种出自这10年；华中师范大学、华东师范大学各有6种，均有4种出自这10年。如果以南京大学"CSSCI来源期刊（2017—2018）目录"为例进行统计，可以发现"在554种来源期刊中，有高校社科学术期刊289种（占比52.17%）；而这289种高校社科学术期刊中，1978—1988年创刊的有153种（占比52.94%）"[1]。可以说，改革开放第一个十年高校哲学社会科学术期刊创刊数量之多、发展速度之快，超过以往任何一个时期，也是改革开放40年来发展最快的十年；刊物影响之大、分量之重，也是以往任何时期都无法比拟的。

当然，由于时代的局限，这十年的高校哲学社会科学术期刊也存在着办刊模式不完善、刊物策划不足、季刊多、内刊多、刊文量少等缺陷，尤其是《关于办好高等学校哲学社会科学学报的意见》"以反映本校教学科研成果为主"的定性和一些成人大学、职业大学、函授大学、干部学院学报的"一拥而上"，使高校哲学社会科学术期刊内向性特色比较明显，学术质量也不是很高。但整体上看，发展快、成就多、百花齐放是本阶段高校哲学社会科学术期刊发展的本质特征。

二、第二个十年（1989—1998）：深化改革、持续发展

如果说，改革开放第一个十年高校哲学社会科学术期刊的发展是急速的、跨越式的话，那么，第二个十年的发展则显得相对平缓。十年间，历经1989、1997年两次期刊整顿的洗礼，高校哲学社会科学术期刊以鲜明的政治导向为基础，注重挖掘期刊自身的学术含

---

[1] 姬建敏：《改革开放第一个十年我国高校社科学术期刊研究》，《郑州轻工业学院学报》（社会科学版），2018年第1期。

量和编辑含量，开始了从求多到求强的华丽蜕变。

（一）《期刊管理暂行规定》出台以及治滥治散整顿，高校哲学社科学术期刊发展较前期平缓

经过改革开放第一个十年的发展，中国高校哲学社科学术期刊有了继续前行的基础和条件，但起步于20世纪70年代末的改革开放在约十年的时间里给我国政治、经济、精神、文化各个领域带来全面变革和迅速提升的同时，也有一些并不适合中国国情的西方自由主义思潮趁机而入，最终酿成了1989年的政治风波。1988年11月，新闻出版署出台了《期刊管理暂行规定》，这是中华人民共和国成立以来发布的第一个对期刊进行全面管理的法规性文件。依据文件规定，针对思想多元化、自由化问题，1989年对期刊进行了治理整顿。鉴于哲学社科期刊的意识形态属性，这一时期的高校哲学社科学术期刊强化了政治导向立刊的宗旨，坚持"两手都要抓，两手都要硬"的原则，既注重从高校学术期刊的特点出发反对资产阶级自由化，又在政治导向正确的前提下修炼"内功"，提高编辑素质，提升学术质量。如高校文科学报研究会1988年11月成立，截至1990年11月，共开展学术研讨会、编辑研讨会、理论研讨会、工作研讨会10次，研讨的内容基本上离不开高校文科学报的发展问题。1990年以后，研讨的内容更加偏重学理，比如，编辑学者化探讨，学术期刊特色化、专题化建设等，甚至还将1995年确定为学术年。[①] 对学术质量的看重，由此可见一斑。

1992年召开的中国共产党第十四次全国代表大会，历史性地确立了社会主义市场经济体制，新闻出版部门为适应经济体制的

---

① 中国人文社会科学报学会编：《学术学报学会——中国人文社会科学报学会成立20周年纪念》，武汉：武汉大学出版社，2008年，第171页。

变革出台了一系列政策措施，助推了期刊业大发展、大繁荣。高校哲学社科学术期刊属于高校，事业单位、学术期刊的特性，决定了它不以参与市场竞争和谋取经济利益最大化为主要目标，与同时期数量猛增、规模暴涨的期刊家族中其他成员相比，其改革仅停留在兴趣式的探讨、试验和有所保留的程度上，其发展不仅比同时期其他社科期刊缓慢，而且也比第一个十年缓慢。正因为如此，当1995年以后，期刊过散过滥的问题日趋严重，过于膨胀的期刊面临调整、压缩时，高校哲学社科学术期刊不仅没有伤到元气，反而还迎来了新的转机。

（二）《关于建立高校学报类期刊刊号系列的通知》使大部分高校哲学社科学术期刊改变了内刊身份，实现了质的飞跃

开始于1997年的期刊整治运动，中心任务是治滥治散，根本目的是缩减期刊数量，优化期刊结构，提高期刊质量。据1999年全国新闻出版局长会议文件显示，经过两年多的治理，原有内部期刊10650种，停办3550种，转化为内部资料6090种，停办和转化数量占原内部期刊总数的91%。全国原有正式期刊8135中，其中社科类期刊3824种，科技类期刊4311种。经过治理，压缩443种，占原期刊总数的5.4%，其中社科类压缩较大，为268种，占社科期刊总数的7%。[1] 在这样严酷的整治形势下，高校社科学术期刊却"一鸣惊人"，发生了大变局。

1998年2月13日，新闻出版署发布《关于建立高校学报类期刊刊号系列的通知》，《通知》规定："全国现有内部期刊将转换为内部资料，高校内部学报也必须按这一规定转换为内部资料。考虑调整全国期刊结构的需要和我国尚有少数高校没有正式学报

---

[1] 梁衡：《1999年全国新闻出版局长会议文件：治理有成效 任务仍艰巨——报刊治理整顿情况通报》，《报刊管理》，1995年第1期。

的实际情况，经中央宣传部同意，决定建立普通高等学校学报类期刊刊号系列。"① 也就是说，本着优化全国期刊结构和支持高等教育事业发展的原则，将一批具备一定实力的高校内部学报转变为正式学报。具体标准是没有正式学报的高等专科学校可将其中一种内部学报转为正式综合性学报，没有正式学报的省级（含副省级）成人高校可将一种正式期刊或内部学报（或内部期刊）转为正式综合性学报。但必须具备这样几个条件：一是学校创办10年（含10年）以上的；二是经省级新闻出版管理部门审批创办5年（含5年）以上的内部学报；三是学报由校领导或学科带头人担任主编或编委会主任，两名以上有高级职称人员专职组成的学报编辑部；四是学报刊登的稿件，2/3以上是本校学术、科研论文或信息；五是学报名称应冠以学校全称。② 该《通知》还规定："列入高校学报期刊刊号系列的高校学报，不计入期刊治理的压缩指标及新办期刊指标。"③ 正因为新闻出版部门的"网开一面"，1998年高校学报数量在大行取缔、压缩并举的期刊整治中，数量不仅没有减少，规模反而爆发式增长。"整个20世纪90年代新闻出版署发放的新刊号主要给了高校社科学术期刊，总计大约800多种，即使是在严加整治的1997、1998年间，仍然新批了社科学术期刊77种……"④ 这样，高校哲学社会科学学术期刊在数量上再次达到一个新的高峰。以新创办高校哲学社会科学学术期刊为例，1996是5种，1997年是3种，到1998年突然蹿升为158种，其数量超

---

① 新闻出版署发布《关于建立高校学报类期刊刊号系列的通知》，新出期[1998]109号，1998年2月13日。
② 中国人文社会科学学报学会编：《学术·学报·学会———中国人文社会科学学报学会成立20周年纪念》，武汉：武汉大学出版社，2008年，第231页。
③ 新闻出版署发布《关于建立高校学报类期刊刊号系列的通知》，新出期[1998]109号，1998年2月13日。
④ 梁衡：《1999年全国新闻出版局长会议文件：治理有成效 任务仍艰巨———报刊治理整顿情况通报》，《报刊管理》，1995年第1期。

过1989—1997年创刊数量之和，不能不说是一个奇迹；特别是对于很多已经存在十多年的学报，由内刊到公开发行，由"黑户"到获得合法身份，不能不说是一次里程碑式的飞跃。

媒介作为社会的皮肤可以迅速感知到社会环境的变化。这十年新创刊高校哲学社科学术期刊的数量，从1989年的18种，到1990年的9种，1992、1993年的27、24种，再到1996、1997年的5、3种，1998年的158种，足以说明出版行政管理部门的相关政策对高校哲学社科学术期刊的发展制约和影响明显。但不管怎么说，回观这十年，持续发展也是客观存在。据陕西师范大学图书馆副研究馆员柯有香等人以《新华文摘》《高等学校文科学报文摘》"人大报刊复印资料"摘转情况为例进行的统计，20世纪90年代前8年中，年均转载率达50%以上的高校哲学社科学报有16家，达30%的有55家，20%以上的有72家。以CSSCI来源期刊引用为例进行的统计，高校哲学社科学报1998年在CSSCI中被引次数超过20的有45家，《北京大学学报》《中国人民大学学报》被引次数高达179。[①] 不仅如此，以高校文科学报研究会为代表的专业学会根据各级各类期刊的特性，在专业化、特色化建设方面进行了不断的探索，涌现出了《北京大学学报》《外国经济与管理》《河南大学学报》《华中师范大学学报》《殷都学刊》等不同层级、不同类别的优秀期刊。新创办的《法学家》（1989）、《当代经济研究》（1990）、《现代技术教育》（1991）、《东北亚研究》（1992）、《上海交通大学学报（哲学社会科学版）》（1993）、《现代出版》（1994）、《重庆大学学报（社会科学版）》（1995）、《文学研究》（1997）、《华东政法大学学报》（1998）等期刊后来均成长为CSSCI来源期刊。

---

① 柯有香等人从1992至1999年每年会对高校文科学报摘引率进行统计并发表（1991年的是补充的）。这些数字均出自柯有香的统计。

相比改革开放第一个十年，这十年高校哲学社科学术期刊在办刊过程中也出现了几个新变化。一是随着传播技术的进步，期刊传播形态渐趋多样，高校哲学社科学术期刊由纸质版到光盘版，标志着我国学术期刊数字化露出端倪。二是随着广大作者日益丰富的学术论文发表需要，部分期刊开始改版扩编，增加刊物容量，拓展刊物空间。三是个别期刊开始尝试收取版面费。整体上说，改革开放第二个十年高校哲学社科学术期刊，虽经历了"山重水复疑无路"的困境，但终究出现了"柳暗花明又一村"的转机。

三、第三个十年（1999—2008）：转型变革、求精求强

1999年至2008年是中国高校哲学社科学术期刊转型变革、快速发展的十年。高等院校的大规模扩招、高校之间的合并重组、高等教育从精英化向大众化的结构性转变，以及文化体制的改革、数字化转型的加速、教育部高校哲学社会科学"名刊""名栏"工程的实施等，都给我国高校哲学社科学术期刊的求精求强、再创辉煌提供了强有力的支撑。尤其是进入21世纪以后，我国高校哲学社科学术期刊进入了一个快速发展的新阶段。

（一）高校合并引发了高校哲学社科学术期刊数量规模的动态调整

高校哲学社科学术期刊的办刊主体是高等学校，姓"高校"、出身"高校"的特点，决定了高校哲学社科学术期刊的发展变革必然受到高校发展变革的影响。20世纪末至21世纪初的十几年，高校扩招、高校合并成为影响我国高等教育事业发展进程的重大事件。据不完全统计，1990—2006年，我国共发生了431次高校

合并，涉及院校 1082 所。[①] 伴随着高校之间的合并重组，以高校学报为代表的高校哲学社科学术期刊也发生着相互之间的合并重组，刊物合并、刊物更名成为这一时期高校期刊发展的一个重要特征。比如 2000 年，武汉大学与武汉水利电力大学、武汉测绘科技大学、湖北医科大学合并组建成了新的武汉大学，原来的《武汉水利电力大学学报（社会科学版）》划转到武汉大学学报编辑部，更名为《武汉大学学报（人文科学版）》，原来的《武汉测绘科技大学学报》更名为《武汉大学学报（信息科学版）》，原来的《湖北医科大学学报》更名为《武汉大学学报（医学版）》，原来的《武汉大学学报（哲学社会科学版）》《武汉大学学报（理学版）》《武汉大学学报（自然科学版）》（英文版）保持原名不变，原来的专业学术期刊名称也不变。合并后的高校期刊虽然还保持原有的组织机构，但是期刊名称、刊号等方面都发生了根本改变，期刊的总体数量也因为期刊办刊机构的调整而出现一定程度的波动，像合并后的河南大学学报编辑部就被取消了由原《开封师范专科学校学报》更名为《河南大学学报（教育科学版）》的刊号。此外，学术期刊数量的波动，还表现在专业性学术期刊数量增长方面。2001 年 4 月，新闻出版总署《关于进一步调整高校学报机构的通知》指出："为促进高校学术的发展和全国学术期刊整体质量的提高，对教育部直属院校中的国内外知名的优势学科，即属教育部人文社会科学或自然科学重点研究基地，或'211'工程重点建设学科领域，或已获得国务院学位委员会一级学科学位授予权的相应学科，可适当发展高校专业性学术期刊。"[②] 有此利好消息，有些调整合并后整体力量提升、学科融合加强的重点高校，因应学术发

[①] 王奕：《我国高校合并有效性定量研究与分析：以 40 起高校合并为例》，上海交通大学硕士学位论文，2009 年。
[②] 新闻出版总署办公厅编：《新闻出版工作文件选编（2001 年）》，北京：中国 ISBN 中心，2004 年，第 429 页。

展的实际需要，创办了一些专业性学术期刊。如2002年湖南师范大学创办的《伦理学研究》、南京财经大学的《产业经济研究》、武汉大学的《长江学术》、徐州师范大学的《语言科学》等。

总的来看，高校合并带来的高校哲学社科学术期刊数量有增有减，整体上则稳中有升。据不完全统计，继1998年高校哲学社科学术期刊创办新刊数量168种之后，2001年新办社科期刊有111种，其中高校学报63种，占56.28%。根据全国高校资料中心统计，2007年，仅高校文科学报就有1130多家。[①]

（二）"教育部高校哲学社会科学名刊工程"实施推动高校哲学社科学术期刊求精求强

伴随着高等学校的结构性变化和做大做强梦想的确立，高校哲学社科学术期刊在高校扩招、高校合并中增量改革取得了很大进展。但是，在快速发展过程中，由于高校社科学术期刊群体庞大，高校学报又层次不一，低档次的学报长期存在内容重复、千刊一面的问题，学报界的"全、散、小、弱"也常被人诟病，这些问题严重影响了高校社科学术期刊的整体学术水平，尤其是影响了知名高校社科学术期刊的做大做强。2001年1月，新闻出版总署发出了《关于进一步调整高校学报结构的通知》，决定"减少一般院校学报数量，扶持和鼓励重点院校、重点学科创立高学术水平的品牌期刊，推进全国高校学报整体质量的提高"。2002年7月，教育部在北京召开了全国高校社科学报工作研讨会，时任教育部副部长袁贵仁作了《新世纪新阶段高校社科学报的形势和任务》的主题报告，会后（2002年9月）教育部很快又下发了《全国高校社科学报工作研讨会会议纪要》和《教育部关于加强和改

---

① 武京闽：《中国高校社科学报的现状与发展》，《成都电子机械高等专科学校学报》，2011年第9期。

进高等学校哲学社会科学学报工作的意见》，重点是加强对学报工作的领导管理和支持，启动"名刊"工程，使社科学报实现"专、特、大、强"的目标。2003年11月，教育部正式印发了《教育部高校哲学社会科学名刊工程实施方案》的通知，决定"培育出5—10种国内一流、国际知名的学报"[①]"推出一批国内一流、国际知名的高校品牌期刊，展示一批反映国内学术水平的优秀成果，造就一支政治强、业务精、学风好的学者队伍"[②]。2003年底，教育部公布了首批入选期刊名单，有《北京大学学报（哲学社会科学版）》《文史哲》等11家；之后的2006年、2011年又评选出"名刊"20家。为了更深入地实施"名刊"工程，2004年教育部又推动实施了"高校哲学社会科学学报名栏目建设工程"，评出了第一批包括武汉大学《武汉大学学报（人文科学版）》的"哲学"、黑龙江大学《求是学刊》的"文化哲学研究"等16个名栏目；之后的2011年、2014年又评选名栏目49个。

"名刊""名栏"工程的实施，既为高校社科学报的发展建立了良性的激励机制，也为高校哲学社科学术期刊的发展指明了方向，尤其是其示范作用明显。以获国家奖和入选CSSCI来源期刊为例，1999年首届国家期刊奖，有2家高校哲学社会科学报入围，占入围哲学社科学术期刊的15%；2002年第二届国家期刊奖，有7家学报入围，占比18%；2004年第三届国家期刊奖，有16家学报入围，占比36%。再如，入选CSSCI高校哲学社科学报数量，2003年为35家，2008年为67家，比名刊工程前增加了32家。[③]

---

① 教育部关于印发《教育部高校哲学社会科学名刊工程实施方案》的通知，教社政[2003]12号，2003年11月6日。
② 龙协涛：《建设高校学术理论名刊，促进哲学社会科学繁荣——首批入选教育部高校哲学社会科学名刊的11家学报联合倡议书》，《北京大学学报》（社会科学版），2004年第3期。
③ 武京闽：《中国高校社科学报的现状与发展》，《成都电子机械高等专科学校学报》，2011年第9期。

不仅如此，"名刊""名栏"工程的实施，也使高校学术期刊的质量建设被正式确立为国家战略，提升学术质量、创办学术精品成为每一家高校哲学社科学术期刊不懈的追求。以河南大学的《史学月刊》为例，该刊2002年在"人大复印报刊资料"转载量排名中位于史学地理类第一名；自2002年起复印量排名稳居首位；2003、2005年，两次获国家百种重点期刊奖；2011年入选"教育部名刊工程"建设期刊；2012年入选首批"国家社会科学基金资助期刊"（全国100家）。其实，又何止是《史学月刊》一家，据笔者不完全统计，1997年首届全国百种重点社科期刊评比，102种（学术理论类15种）中有3种高校哲学社科学术期刊，2000年第二届108种（学术理论类12种）中有1种，2002年第三届90种（学术理论类21种）中有4种，2005年第四届97种（学术理论类23种）中有9种。特别是最新版"CSSCI来源期刊（2017—2018）目录"的554种来源期刊中，有高校哲学社科学术期刊289种，占比52.17%。这表明高校哲学社科学术期刊精品数量越来越多，稳定性越来越强。

另外，值得一提的是这十年关于高校社科学术期刊的编排规范，1999年执行的《〈中国学术期刊（光盘版）〉检索与评价数据规范（试行）》（也称CAJ_CD规范）和全国高校学报研究会颁发的《中国高等学校社会科学学报编排规范》以及2007年以后《北京大学学报》《清华大学学报》等执行的编排规范并行存在，孰优孰劣之争，从未间断，也无胜负。应该说，编排规范涉及学术规范化、学术评价、学术共同体等问题，比较复杂。由学术评价到期刊评价，由期刊评价到核心期刊评定，高校哲学社科学术期刊"马太效应"明显，强者入选"核心期刊"获得资助，不仅"已经不再为办刊经费的事情发愁"[①]，而且取得了良好的社会效益；

[①] 刘曙光：《社科学术期刊的发展现状及展望》，《岭南学报》，2017年第4期。

一般 CN 期刊，稿源不足、资金不够，两极分化现象明显。但整体上来说，由重数量到重质量，做精品、创名刊、发展快是改革开放第三个十年高校哲学社科学术期刊的主要特征。

四、第四个十年（2009—2018）：改革创新、融合发展

承继上一个十年发展快的态势，高校哲学社科学术期刊在最近十年尤其是党的十八大以后，迎来了新机遇，实现了新发展。新机遇表现在：新时代中国特色社会主义社会广泛而深刻的社会变革、宏大而独特的实践创新，使哲学社科学术期刊的重要性日益凸显，面对国家对哲学社科学术期刊扶持力度加大、媒体融合成为国家战略的特大利好以及社科学术期刊生产方式、出版方式、传播方式、评价方式的急剧变革，高校哲学社科学术期刊在期刊界、学术界的价值和作用越来越重要。新发展表现在：国际化、数字化、专业化、特色化多元并存，融合发展已成为最近十年高校哲学社科学术期刊发展的新模式。

（一）"国家社科基金重点资助期刊"启动与"走出去"战略实施引领高校哲学社科学术期刊做大做强

"国家社科基金重点资助期刊"是继教育部高校哲学社会科学"名刊""名栏"工程之后，哲学社会科学界对提升学术期刊办刊质量的又一个重要举措。2011 年，国家哲学社会科学规划办公室决定从全国人文社科学术期刊中遴选 200 种每年资助 40 万元，鼓励受助期刊"努力建设成为国际知名或国内一流的学术期刊"。2012 年 6 月 21 日，包括诸多高校学术期刊在内的 100 家期刊获得第一批资助，《北京大学学报》《北京师范大学学报》《武汉大学学报》等 38 家高校学术期刊位列其中。2012 年 11 月，第二批 100 家学术期刊获得资助，其中包含了 51 家大学学术期刊。两次

入选的高校社科学术期刊占比44.5%，其分量不言而喻。至于国家社科基金对学术期刊资助的作用，有学者在实证研究的基础上，归纳如下：首先从办刊经费上来说，解决了我国高校哲学社会科学术期刊长期投入不足的问题，提升了受助期刊的学术影响力和社会美誉度，充分调动了受助期刊的办刊积极性，并惠及整个哲学社会科学术期刊界；其次从办刊理念与办刊机制创新上来说，建设了开放的公共平台，发挥了引领学术的作用，实现了从编辑办刊到专家办刊的转变，提升了编辑素质；再次从学术影响力提升上来说，期刊被引频次提升，期刊他引影响因子提升。[1] 不仅如此，由于国家社科规划办公室对受助期刊逐年考评，并明文规定禁止收取版面费，从而改变了中国社科学术期刊的出版生态，扭转了学术发展方向，发挥了哲学社会科学认识世界、传承文明、创新理论、咨政育人、服务社会的功能。

与此同时，2011年11月3日，中共中央办公厅、国务院办公厅转发了《教育部关于深入推进高等学校哲学社会科学繁荣发展的意见》，2011年11月7日，教育部、财政部印发了《高等学校哲学社会科学繁荣计划（2011—2020年）》的通知，提出要"重点加强高等学校优秀外文学术网站和学术期刊建设"；2011年11月7日，教育部印发了《高等学校哲学社会科学"走出去"计划》。之后的2015年2月9日，教育部和国家新闻出版广电总局联合发出《关于进一步加强和改进高校出版工作的通知》，提出"推动符合高校实际的期刊编辑部体制改革和机制创新，探索建立期刊编辑部分散组稿审稿、出版企业统一出版发行的运营模式"。党的十八大之后，习近平总书记发表了系列重要讲话，更充分地体现了中央和国家对包括高校哲学社会科学术期刊在内的哲学社会科

---

[1] 朱剑，王文军：《国家社科基金学术期刊的作用与前景——基于CSSCI数据的分析》，《社会科学战线》，2017年第7期。

学工作、出版思想文化工作的重视。系列重要讲话包括：2013年8月19日习近平总书记在中央宣传思想工作会议上的讲话；2014年10月15日习近平总书记在文艺工作座谈会上的讲话；2016年2月19日习近平总书记在新闻舆论工作座谈会上的讲话；2016年4月19日习近平总书记在网络安全和信息化工作座谈会上的讲话；2016年5月17日习近平总书记在哲学社会科学工作座谈会上的讲话等。总书记不仅通盘谋划了包括高校哲学社科学术期刊在内的思想文化战线、哲学社科战线的整体部署，完成了哲学社科领域、宣传文化系统各领域的战略构想、顶层设计，而且在2013年，提出了"一带一路"倡议。该倡议将中国的发展与世界的发展融合起来，在促进经济合作的同时，将加强沿线各国的"民心相通"作为"一带一路"建设的社会基础和根本保障。高校哲学社科学术期刊作为一种出版平台，既是中外学术交流与合作的主要阵地，也是中国学术话语权建设和提升的主要场域，在"一带一路"建设实施过程中，积极尝试"走出去"战略，不断拓展"走出去"渠道，或通过创办英文学术期刊，或通过搭建中西互动学术平台，传播中国智慧、中国价值、中国方略。

2015年，教育部和国家新闻出版广电总局发布了《关于进一步加强和改进高校出版工作的决定》以及国家社科规划办开始设立国家社科基金中华学术外译项目，资助包括学术期刊在内的中国学术著作对外翻译出版之后，一些高校哲学社科学术期刊抓住机遇，扩大影响，成就突出。比如，中国人民大学主办的《经济与政治研究》作为我国经济和政治类英文刊物，以传播中国经济政策、政治政策和中国学者的声音为己任，致力于国际化出版，不仅获得了2015年中华学术外译项目，而且抓住了"一带一路"建设为学术期刊提供的发展机遇，加快了高校学术期刊"走出去"的步伐，期刊的国际化程度和国际影响力不断提高。再如，上海大学的《社会》，2005年改版的时候就把国际化作为发展方向，通过编辑人员国际化、编辑标准国际化、作者队伍国际化等举措，向国外传播了中国学术，贡献了中国智慧。《浙江大学学报（人文社会科学版）》实施面向世界的发展战略，通过搭建中西互动平台，中外学者合作"主题研究"专栏，坚持中文刊，辅之必要的英文信息，增加更多英文内容，首试中文学术期刊拥有国际学者多语言版权等措施，被同行誉为全国最早注重与国际接轨的社科学术期刊。

（二）数字化进程加速，融合发展成为高校哲学社科学术期刊发展的主流态势

从20世纪末开始，伴随着传媒技术的日新月异，我国高校哲学社科学术期刊开启了新的数字化发展模式。尤其是最近十年，延续上一个十年高校哲学社科学术期刊尝试建设网络平台、开通主页、提供期刊内容浏览、介绍期刊学术动态和开通编辑在线办公系统、作者投稿系统、专家审稿系统等数字化发展模式外，高校哲学社科学术期刊紧跟传统互联网逐步地向移动互联网转型、以智能终端为代表的新媒体日益受到青睐的时代步伐，纷纷开通微信、微博平台，扩大传播阵地，加快数字化进程。比如，《清华大学学报》的"独立精神"、上海大学《社会》的"社会杂志"等微信公众号，尝试在社交媒体环境下进行学术文本传播。武汉大学信息管理学院主办的《出版科学》微信公众号平台，开设常规性栏目，在社交人际传播中推送刊物精品内容，同时还举办一些线上、线下增刊活动，鼓励用户点赞留言，强化用户为中心的编读互动。上海财经大学期刊社的《外国经济与管理》设有"刊文查询""学术交流"和"关于我们"三个菜单，其中"刊文查询"下设"当期目录""过刊检索""刊文检索"和"稿件查询"四个子菜单；"学术交流"下设"学术沙龙""合作办会""视频直播"和"东方管理"四个子菜单；"关于我们"下设"期

刊介绍""投稿指南""荣誉""新闻资讯"和"上海财经期刊"社五个子菜单，不仅投稿、查稿、检索各期文章、关注最新动态十分便捷，而且提升了刊物的传播力和影响力。

2014年8月18日中央全面深化改革领导小组第四次会议出台了《关于推动传统媒体与新兴媒体融合发展的指导意见》，媒体融合成为一种国家战略。推进学术期刊的融合发展成为高校哲学社科学术期刊数字化探索的新命题，高校哲学社科学术期刊的生产传播模式迎来了新的重大变革。从内容生产到传播方式，再到流程再造，高校哲学社科学术期刊数字化变革具有系统性和外维性特征。以上海财经大学期刊社的《财经研究》为例，该刊副主编陆蓉认为，在新媒体时代，编辑部的管理功能需要重新定位，新媒体技术应该嵌入期刊管理的全流程，实现流程再造。利用新媒体技术，实现服务功能创新；通过技术驱动，实现管理功能创新；通过智慧引领，达到引领学术、传播学术的作用。[①]在此理念指导下，《财经研究》通过创立网络学术沙龙，构建"读者—作者—审稿人"跨时空交流平台；通过出版全流程改造，实现多媒体内容出版；通过构建跨平台传播体系，实行新媒体运营管理机制，探索出了一套适合高校专业性期刊媒体融合的新模式。

其实，中国高校哲学社科学术期刊的数字化发展历程开始于上一个十年。1999年"中国知网"开通，中国学术期刊（光盘版）网络版《中国学术期刊全文数据库》正式发行，标志着高校哲学社科学术期刊发展进入了一个技术发展使学术传播发生历史性大变革的新领域。进入新世纪，网络化、数字化强势渗透，数字化出版打破了时间与空间限制，大大提高了学术传播的速度与效益。面对如此优势，顺应时代潮流，向数字化出版转型成为我国高校哲学社科学术期刊必然的现实选择。这种选择，最初表现为与中

---

① 李频：《中国期刊史第四卷（1978—2015）》，北京：人民出版社，2017年，第388页。

国知网、万方数据、维普资讯为代表的数据库平台合作，初步形成了数据库出版模式，内容生产和传播的交互性和便捷性得到进一步体现。数据库出版平台既是我国学术期刊数字化的开创者，也是当下学术期刊数字化的主要阵地。尤其是"中国知网"凭借其优质的内容资源、领先的技术和专业的服务，在业界享有极高的声誉。因此，绝大部分高校哲学社科学术期刊在"知网"内容集成优势和快速传播优势的主导下，纷纷成为"知网"数据库出版的重要合作者和参与者。后来，一些高校学术期刊逐渐认识到数据库出版的缺陷性，开始尝试通过自建网站的方式，探索自有数字出版平台，如建立自有网站，在网上发布文章内容，提供网络审稿、投稿服务，进行网络订阅、免费下载等服务，尝试探索建立自主掌控的学术出版数字平台，并推动生产传播流程的数字化再造，努力提升学术传播力。这是我国高校哲学社科学术期刊对数字化出版的又一种探索形式，且参与的期刊很多。2010年以后，伴随着移动互联网快速发展的时代进程，出版数字化转型的方向变得更加清晰可见，从微博到微信，再到App，基于移动终端的信息平台构建成为传统出版转型的重要突破口和发展方向，高校哲学社科学术期刊进入融合转型的深水区：一方面要推进媒介形态的创新，另一方面要使传统纸媒和数字平台"合二为一、融为一体"，高校哲学社科学术期刊的体制机制创新亟待"破茧"。从开通微博、微信公众号，到最近几年又有一些期刊与"超星"集团合作并开始进行"域出版"尝试，探索学术传播与知识服务的新形态，再到编辑部门再造，高校哲学社科学术期刊融合变革的步伐越走越快，新事物应接不暇。

总之，从与"知网"合作到自建网站，再到开通微博、微信、App，尝试"域出版"，不仅改变了高校哲学社科学术期刊出版传播生态（纸质出版、一次发行—"知网"切割成单篇、分篇传播—微信、微博自定义内容，或整体推送、或选重点推送）和生产模式（作者独立完成—读者、编辑互动参与—借助新兴媒体技术制作符合新兴媒体用户需求的内容产品，实现互文性与互访性），而且也使高校哲学社科学术期刊的媒介形态（纸媒—电子媒体—数字新媒体）与评价体系（转载、引用—浏览、下载—点赞、转发）趋于多种多样。可以说，数字化进程的加速，传统媒体与新兴媒体的融合，专题化、特色化、国际化、数字化多元并存，构成了2009—2018年高校哲学社科学术期刊发展的鲜明特色和全新景观。

五、结语：高校哲学社科学术期刊40年发展经验

前事不忘，后事之师，总结过去，启迪未来。如果把改革开放40年高校哲学社科学术期刊的发展比作一条河的话，社会的变迁则决定了这条河的流量、流速和流向。40年来，由于国家政治文化的变革、经济体制的转型、高等教育的进步、传媒技术的裂变，我国高校哲学社科学术期刊的发展时而波澜壮阔、时而细流涓涓，但整体上呈现出大河东去、滚滚向前的发展态势。40年间，历经第一个十年的规模扩张，第二个十年的持续发展，第三个十年的求精求强，第四个十年的融合创新，4个时期、4个台阶、4大进步，由无序到有序、由弱到强，既探索出了一条独具特色的发展之路，呈现了发展进程中的特征与规律、成就与不足，又为高校哲学社科学术期刊未来发展积攒了宝贵的实践经验。这些经验具体表现为：一是学术质量是高校哲学社科学术期刊的立刊之本。提高办刊质量，推动学术创新是高校哲学社科学术期刊的永恒使命；坚持质量强刊、特色兴刊是高校社科学术期刊发展的不二选择。二是导向正确是高校哲学社科学术期刊发展的前提和基础。只有坚持正确的政治方向和学术导向，用先进科学的思想引领学术发展，高校哲学社科学术期刊才能实现繁荣学术、传承文明、服务社会的功能。三是服务高等教育事业，推进高校社科创新是高校哲学

社科学术期刊的重要职责。只有立足高校，服务高校学科、学术、学者，高校哲学社科学术期刊才会具有旺盛的生命力。四是政府主管部门的权威举措是推进高校哲学社科学术期刊发展的有力保障。只有在党的领导下，遵从上级主管部门的宏观指导，贯彻执行其制定的有关政策，高校哲学社科学术期刊的发展才能够健康、有序。五是顺应时代潮流、加快变革创新是高校哲学社科学术期刊发展的动力和关键。当今媒介发展一日千里，学术出版模式发生重大变革，技术决定生态，数字开创未来，高校哲学社科学术期刊只有乘势而上，拥抱数字融合发展变革，优化技术创新，才能为学术出版生产力的解放提供支撑、支持。

（作者单位：河南大学传媒研究所）

中国特色出版学理论体系建设论纲

周蔚华

摘 要：构建中国出版学理论体系是出版学学科建设的一项基础性工作。出版的本质就是出版主体如何处理精神产品（出版客体）的个体化生产与它的社会化传播之间的矛盾，相应地，中国特色出版学的研究对象是出版主客体之间的矛盾运动过程及其场域。从这一出版学对象出发，中国特色出版学理论体系的基本架构包括导论、出版主体、出版客体、出版过程、出版管理、出版效果六个部分，从不同角度回答什么是出版、谁来出版、出版什么、为谁出版以及出版活动顺畅进行的保障条件等。出版学理论体系建设要回应时代之变、技术之变和学科之变，但无论如何变化，出版的本质和功能没有变，我们要在这种变化中找准自身定位，守正创新，而不要在令人眼花缭乱的传播现象中迷失自我。

关键词：出版概念 出版本质 中国特色出版学 出版学理论体系建设

21世纪以来，数字传播技术的影响越来越广，出版作为一种媒介，其传统界限被不断打破。无论在出版实务界还是在出版理论界都有着一种焦虑和迷茫：我们所赖以生存的工作对象和服务对象还能持续存在吗？如果能够继续存在，它的边界在哪里？

党的十八大以来，面对复杂多变的国际环境、科学技术日新月异的进步以及哲学社会科学的深刻变革，习近平总书记多次强调要建立中国特色哲学社会科学的学科体系、学术体系、话语体系。

出版学如何在新的传媒变革环境下找到自己的准确定位，进而建构中国特色出版学三大体系，是当前出版从业者和研究者共同关心的话题。出版学三大体系建设是一个宏大命题，本文仅就其中的学术体系或者说理论体系谈一点儿个人的粗浅看法，供大家批评指正。

一、中国特色出版学的核心问题

（一）对出版概念的再认识

出版概念是建立出版学理论体系的基石，也是出版研究的核心问题和热点话题，相关文献不胜枚举，论述角度也五花八门。前不久，杨海平教授等在"基于媒介角度的出版定义发展变化"一表中按照时间顺序列举了22种出版定义（见表1），给我们研究出版概念提供了便利。但表中的列举不可能面面俱到，还有很多重要遗漏，比如袁亮主编的《出版学概论》对出版下的定义"编辑和复制作品向公众传播"[1]；肖东发教授在《中国出版通史》中所下的定义"所谓'出版'，就是将知识、思想或其他信息产品经过加工以后，以手抄、印刷或其他方式复制在一定物质载体上，并通过出售或其他途径向公众传播的活动"[2]；王勇安教授在《融合出版环境下对"出版"概念表述的再思考》（《出版发行研究》2017年第11期）中提出"出版是通过复制行为进行规制化知识信息生产的社会活动"；再比如，王关义教授在《出版管理概论》中所下的定义："出版是一种人类活动，涉及活动主体、活动对象、活动过程、活动结果及其传播。出版的本质概念可以概括为如下公式：出版＝内容的生产＋传播＋服务。"[3]

上述这些概念有以下主要特点：一是部分定义包含了编辑这一要素，但也有很多定义没有包含编辑，有的甚至直接否认编辑是出版的本质属性（比如王勇安等）；二是都包含复制这一要素，早期的定义都将印刷作为核心要素，后来的定义将印刷扩展到了其他方式的复制；三是都包含"公之于众"的社会传播行为，有的直接用"传播"这一概念，有的用发行、分发、公布、销售等；四是很多概念直接把出版物类型纳入出版物定义之中，比如将图书、期刊、图画、音像制品甚至报纸等作为出版定义的一部分。

需要注意的是，这些出版定义大多数都缺少出版主体。我们姑且不说不包含编辑要素的出版定义中直接缺少了出版主体，即使是包含编辑要素的定义中也没有说明出版主体是谁。有些定义直接将出版物纳入其中，这就存在一个很大的逻辑问题，那就是图书、期刊等形式的出版物是如何形成的？难道这些出版物不正是出版的结果吗？如果它们是出版的一部分就存在自我定义，如果它们不是出版的一部分，那么哪个学科对图书、期刊等的形成过程进行研究呢？另外，这些定义缺少对复制、公之于众的主体是谁的说明，好像这些信息、知识等是自动复制、发行或公之于众的。正是出版主体的缺失，导致一些有影响力的《出版学概论》教材没有"出版机构"或者"出版社""出版人"这一出版重要要素的相关内容。如果按照这样的定义，那我们经常看到的广告、布告、公告等都应该属于出版物，我们在网上发的任何帖子也都可以被看作出版物（因为它们都进行了复制并公之于众），都应该被纳入出版研究对象范围，但出版界好像没有哪个研究者把这些作为出版研究的对象。难道出版一直都在上演"无主体变奏曲"吗？如此定义导致的另一个严重后果就是在出版学中没有"出版人"的地位或者仅仅把出版人作为出版的保障性要素，出版研究中"见物不见人"的状况十分明显。

当然，在表1所列举的出版定义中也有个别学者注意到了出版主体，比如韩国学者陈培根就将著者、出版者共同列入出版主体。但就严格意义来说，著作者不是出版主体，这一点下面我还要加以说明。近年来英国学者迈克尔·巴斯卡尔就提出，"从广义上而言，出版是一个边缘化的筛选过程"，"出版的本质在于内容审核和推广"。[4]巴斯卡尔没有把复制作为出版的本质,而是把内容审核和推广作为出版的本质,这恰恰真正抓住了出版本质的根本。巴斯卡尔虽然没有谈出版主体,但他在其著作中大量论证了作为出版主体的出版商在出版中的特殊作用和意义。对于"什么是出版"这个

表1 基于媒介角度的出版定义发展变化[5]

出处	定义	媒介
日本《出版条例》1887年	凡以机械、化学或任何其他方法印刷之文书图画予以发售或者散布者。	文书图画
《世界图书百科全书》美国·1976年	出版就是把富有想象力的人们创作的、经过编辑选择加工的,并由印刷厂印刷的文字和图片公之于众。	文字和图片
《辞海》1980年	把著作物编印成为图书报刊的工作……现代出版工作泛指出版、印刷、发行三方面的工作,也专指报刊图书编辑部门的工作(包括组稿、审稿、编辑加工、出版设计和校对等各项工作)。	图书报刊
《出版词典》美国·1982年	制作印刷型或电子媒介作品,并提供给公众的过程。	印刷型及电子媒介
《新闻学简明词典》1984年	把著作物编印成为图书报刊的工作。	图书报刊
《外国出版史》英国·1988年	出版是一项涉及印刷品的选择、编辑和销售的活动。	印刷品
《牛津英语大词典》1989年	发行或向公众提供用抄写、印刷或任何其他方法复制的书籍、地图、书籍、照片、歌篇或其他作品。	书籍、地图、书籍、照片、歌篇或其他作品
《中国百科大辞典》1990年	指用印刷或其他方法把著作物复制成图书报刊、音像制品等,并在社会上广为传播。	图书报刊、音像制品

续表1

出处	定义	媒介
《明确出版的概念加强出版学研究》林穗芳·1990年	选择文字、图像或者音响等方面的作品或资料进行加工，用印刷、电子或其他复制技术制作成为书籍、报纸、杂志、图片、缩微制品、缩微制品、音像制品或机音像制品或机读件等以供出售、传播。	书籍、报纸、杂志、图片、缩微制品、缩微制品、音像制品、机音像制品或机读件
《图书发行词典》1992年	通过出版生产的手段，把著作物编印成图书、期刊、杂志等印刷品，经过发行渠道，把这些精神产品推向社会，供应读者。	图书、期刊、杂志
《出版学概论》彭建炎·1992年	出版是选择、整理著作物，通过一定生产方式将其复制在特定载体上，并以出版物的形态向社会传播的一系列行为。	特定载体
《传播媒体学概念（下）》陈培根（韩国）·1993年	出版是著者、出版者把知识、信息、思想感情、文化等的精神内容，利用文字、图等记号整理之后，通过图书或图书印刷媒体，向接收者即读者传达、传授，充实他们的精神要求，以追求利润为其代价的文化、经济性的传播媒体行为。	图书或图书印刷媒体
《许力以出版文集》许力以·1993年	出版是通过一定的物质载体，将著作制作成各种形式的出版物，以传播科学文化和对人进行思想交流的一种活动。	物质载体
《编辑、出版与编辑学、出版学》王振铎·1995年	出版是以精神符号的储载和传播为主要特征的物质媒体制作。	物质载体
《社会主义出版事业的性质和党的出版方针》高明光·1998年	出版是一种组织选择稿件，经过编辑加工，制作成原版或母版，然后以一定的物质载体复制成多份，在社会上传播的社会活动。	物质载体

续表2

出处	定义	媒介
《出版学导论》罗紫初·1999年	出版就是将经过加工提炼的知识信息产品，通过某种方式大量复制在一定的物质载体上，并进行广泛传播的过程。	物质载体
《现代汉语词典》2002年	把书刊、图画、音像制品等编印出来，向公众发行。	书刊、图画、音像制品
《英汉双解出版印刷词典》（第2版）2002年	拥有一份文件（如目录、书、杂志、报纸），并将其书写印刷，然后销售或分发给公众。	目录、书、杂志、报纸
《第11届国际出版学研读会主要学术观点介绍》川井良介·2005年	出版是通过书籍、杂志等印刷品及CD-Rom、DVD、网上杂志等电子化形态，对信息进行复制、传播、销售的行为。	书籍、杂志等印刷品及CD-Rom、DVD、网上杂志
《现代出版学》师曾志·2006年	出版是将文字、图画、声音、图像、数字或符号等信息知识记录在一定介质上，并进行复制、向公众传播的行为。	介质
《牛津高阶英汉双解词典》（第8版）2014年	生产图书、期刊、光盘等在报刊、互联网上向公众发行或者发表作品或者公布政府信息。	图书、期刊、光盘、报刊、互联网
《出版概念的生成、演进、挑战和再认知：基于概念史视角的考论》吴赟、闫薇·2018年	出版是一种将不同主体创造的知识加以组织、加工、建构，并发布在公共载体上的社会互动行为。	公共载体

关键问题，巴斯卡尔通过一个简单的思维实验来加以说明："你写了一部小说，然后将其放在了公园的长椅上。这是一本出版的小说吗？再来看，你打印了1000本副本，然后将它们分别放在1000张公园长椅上，那么现在呢？或者，一个出版商买了你的小说，做了大量的广告，但是没有一个人买呢？究竟哪种意义才算是出版呢？"[6]巴斯卡尔这个思维实验发人深思：如果从上面那些概念看，那个复印了1000本副本并放在1000张公园长椅上的案例无疑属于"复制并公之于众"的定义，但这是出版吗？显然不是。这就像上面笔者谈到的布告、公告等不属于出版一样。而那个一本都没有卖掉的出版商出版的小说无疑属于出版。因此，离开了出版主体谈出版是无法自圆其说的。

其实，早在20世纪80年代就有学者对出版下了一个较为全面的定义，可惜这个定义长期以来被忽视了（即使在杨海平教授的22个定义中也没有列举）。阙道隆先生在《实用编辑学》一书中认为："所谓出版，是指出版机构根据一定方针和计划，选择整理人类的思维成果和资料，通过出版生产赋予它们一定的物质形态，然后向社会传播。"[7]这个定义既包括了出版主体即出版机构，也包括了出版客体即人类的思维成果和资料，同时也没有拘泥于印刷或者复制这样的表述，而是用了涵盖面更广的"一定的物质形态"，实际上就是出版载体，还包括了出版的"公之于众"的内涵——传播。不仅如此，他还将出版主体选择的原则——"根据一定方针和计划"——纳入其中，这是较为切合出版本质的定义。

在阙道隆先生出版定义的基础上，本文试图给出版下一个定义：出版是具有一定资质的主体（出版机构及出版工作者）按照一定规制对个体性精神成果（包括信息、知识等出版客体即作品）进行选择、优化并通过相应的物质载体进行社会化传播的文化活动。

这个概念是按照"种+属差"的方式所下的，它包含了以下几层含义：第一，出版活动的本质体现的是一种精神性劳动，所要传播的内容也是精神性的，因此它是一种文化活动；第二，个体的精神成果在这里不会自动传播，需要通过物质载体来实现；第三，它包含了出版主体和出版客体这两个最基本的要素；第四，只有符合社会规制并经过社会化审核的才可以传播；第五，出版主体代表社会公共利益行使是否宜于社会化的审核职能，具体方式是选择、优化。

这个概念的突出特点是通过出版主体的确立划定了出版的边界。近年来，随着传播技术的进步以及媒介融合步伐的加快，出版边界变得模糊，如果从大多数学者所下的出版定义来界定的话，出版几乎无所不包，涵盖信息传播的方方面面，出版学就失去了自己的边界。当一个学科无所不包的时候，它也就失去了存在的意义。当今世界上还没有一门无所不包的学科，即使是哲学、神学这些在古代被认为是所谓超越其他学科之上的学科也有固定的边界。当我们将出版主体这一要素纳入出版概念之中时，也就划定了出版的边界：只有经过出版主体选择并编辑加工或优化过的、按照一定规制可以进行社会化传播的那些精神产品才可以被纳入出版的范畴，否则，即使那些信息、知识等被没有出版资质的单位和个人进行了编辑、复制并公之于众，也不能算作出版，这样的编辑、复制和传播活动不能被看作出版活动。

（二）出版的本质是如何处理精神产品的个体化生产与它的社会化传播之间的矛盾

从上述定义中我们可以看出，出版是一种文化传播活动，但不是什么样的内容都可以传播，个体（这里既包括个人也包括组织）的精神成果（出版客体）能否向社会传播而形成社会化精神成果有一系列制度性约束，不仅要从是否符合主流价值观、是否有利于社会稳定、是否有悖于公共利益、是否符合法律和道德规范等方面进行评判，还需要从知识性、科学性和规范性等方面加以评判、选择和优化，而这些判断不是依据个体精神成果的创造者的自主判断和决定（因此，著作者不是出版主体），而是需要一个中介进行审核把关，充当"把关人"或者"守门人"的角色，这就是出版机构及其从业者，即出版主体。出版主体在出版过程中代表社会公共利益行使自身职能，这种职能不是自封的，而是政府或者公共部门赋予的，一旦没有尽到职责，首先受到惩处的不是精神成果的创造者而是出版主体自身。这种情况不仅在中国是这样，在国外也是如此。所谓出版自由，主要是创作者的自由，对于出版主体（出版机构和从业者）则有一系列规制和要求，比如，即使在西方，对于颠覆政府、淫秽、种族歧视、性别歧视等出版物，政府也要采取事后追责制度，严加惩处。

巴斯卡尔把审核作为出版本质的一个重要方面是很有见地的，但他并没有说明为什么审核是出版的本质。我们需要在此基础上对这个问题进一步追问：为什么要审核？它要解决的是什么问题？只有这样才能更加透彻地理解出版的本质。

马克思高度重视精神生产的作用，把它看作人类社会与物质生产、人自身的再生产相并列的一种重要的生产方式。马克思主义认为精神生产也有自身的特点，比如创造性、自主性、独立性等，它构成了社会上层建筑的重要内容。按照历史唯物主义观点，精神生产相对于物质生产具有独立性，但它却是由物质生产方式所决定的，一定的精神生产方式必然受到当时社会生产关系的制约。马克思在批评施托尔希时曾明确指出："因为施托尔希不是历史地考察物质生产本身，他把物质生产当作一般的物质财富的生产来考察，而不是当作这种生产的一定的、历史地发展的和特殊的形式来考察，所以他就失去了理解的基础，而只有在这种基础上，才能够既理解统治的意识形态组成部分，也理解一定社会形态下自由的精神生产。"[8] 因此，必须把精神生产放到一定的社会形态下去思考，个人的精神自由要受到社会生产力发展水平以及社会生产关系的支配和决定。按照马克思主义的基本观点,个人的精神创造自由具有个体性、特殊性,必然要受到生产力发展水平、社会生产关系的支配,同时还要受到占统治地位的社会意识形态的制约。对于个体的精神成果(作品)而言,它能否社会化、如何社会化、社会化的程度如何,不是由精神产品的创作者自由支配的,而是需要由一个代表社会的机构来行使这种权利(同时也是一种权力)。那么由谁来代表社会进行品鉴、评判、优化和选择呢?这就是出版主体,即出版机构及出版工作者。

为什么出版主体能够代表社会对个体精神成果进行评价和选择呢?第一,出版主体首先获得了社会的承认,它们的权利是社会所赋予的,在我国是由国家有关管理部门加以严格审批的,它们在某种意义上代表国家对将要出版的内容进行审核把关。在西方国家需要注册登记,出版物通过国际统一编码(书号、刊号、网络注册号等)加以确认和辨识,它们的出版资质也是受到社会认可的。第二,出版主体作为专门机构和专业人员具备这种把关和审核能力,否则就没有一个著作者愿意将自己的精神成果交给它们出版。第三,出版主体需要根据社会化的规制对个体精神成果内容加以审核、把关,要确保所传播给社会的内容不损害国家及公共利益。第四,个体精神成果一经获得出版,即表明它获得了社会化的权利,出版主体也有义务尽可能地扩大它的社会化范围,从而最大限度地满足社会的需要。

上述四个方面都表明,出版过程中存在着出版主体和出版客体之间的矛盾。这种矛盾表现在两个方面:一方面,出版主体和出版客体二者之间是统一的,它们统一于将出版客体(个体的精神成果)通过社会化的方式发挥传递信息、传播知识、教化育人、传承历史、价值认同乃至塑造信仰等功能的过程中,它们共同服务于社会、服务于出版产品的消费者(读者或用户),它们的目标以及所要实现的功能是一致的。另一方面,出版主体和出版客体之间又存在着对立性，它们分别是矛盾的两方，一方代表创作者个体，另一方代表社会。如果个体性的精神成果（出版客体）不适合社会化，那么出版主体就会在审核环节将它拒绝，它就无法成为出版物而获得社会化的合法权利；即使出版主体认为出版客体适合进行社会化，它还要依据社会规制对出版客体进行加工、优化，排除不适合社会化的内容，对不合社会规制的内容和不合技术标准的形式进行优化，使其符合社会化的标准或达到可以社会化的要求。出版的整个过程就是出版主体对出版客体能否社会化以及如何更好地社会化的矛盾运动过程：对个体精神成果选择的过程是能否社会化的过程；而审核、编辑加工、设计制作、传播载体的选择、传播渠道的选择及宣传营销、市场反馈等是如何更好地社会化的过程。在这个矛盾运动中，出版的价值才得以体现：如果没有统一性，出版主体将无法获得出版客体，出版业无法存在；如果没有矛盾性，出版主体将不能对出版客体通过选择、优化等方式使其社会化传播，出版业也就没有存在的必要性。

那么出版主体与出版客体的矛盾如何解决？这就要求出版主体要从纷繁复杂的个体化精神产品中选择那些优质的、适宜传播的出版客体，并对出版客体从内容、形式到传播方式等各个方面进行优化，通过对出版客体提高内容和形式质量、增强传播效果，从而更好地满足社会对于高质量精神产品的需求。解决出版主客体之间矛盾的过程，也是解决我国当前所面临的主要矛盾（即人民日益增长的美好生活需要与不平衡不充分的发展之间的矛盾）的一项重要工作，这就内在地将出版的功能和使命与解决我国社会主要矛盾问题一体化地紧密结合起来了，同时也与我国新的发展理念和高质量发展目标高度吻合。

出版的本质就是出版主体如何处理精神产品（出版客体）的个体化与它的社会化传播之间的矛盾，出版的主要任务是出版主体如何将个性化的出版客体更好地社会化。这一本质规定首先较好地说明了出版业为什么要坚持将社会效益放在首位，并在此基础上实现两个效益的统一：社会效益代表的是社会公共利益，出版客体具有个体性，它要进行社会化传播必须遵守社会规制，符合社会公共利益，从这个意义上说，出版业具有很强的外部性、公益性，属于准公共物品，这一本质特性决定了出版业必须将社会效益放在首位；如果出版主体忽视出版的社会效益而单纯追求经济效益（或经济利益），把出版主体的个体利益凌驾于社会公共利益之上，那它就丧失了社会所赋予它的权利，没有履行社会公共利益代表的职责，也就丧失了出版主体应有的责任。但仅仅有社会效益而没有经济效益，或者说如果出版物不能创造经济价值，出版主体就会失去生存能力，因而同样也会失去存在的根基。对于这一点，邹韬奋早在20世纪40年代初就做出了精辟的论述，他说："我们的事业性和商业性是要兼顾而不应该是对立的。……倘若因为顾到事业性而在经济上作无限的牺牲，其势不至使店整个经济破产不止，实际上便要使店无法生存，所谓皮之不存，毛将焉附，机构消灭，事业又何从支持，发展更谈不到了。在另一方面，如果因为顾到商业性而对于文化食粮的内容不加注意，那也是自杀政策，事业必然要一天天衰落，商业也将随之而衰落，所谓两败俱伤。……这两个方面是应该相辅相成的，不应该对立起来的。"[9]

出版的这一本质规定能够较好地解释出版理论界所提出但缺乏足够解释力的出版物的生产与流通的矛盾、出版物商品供求之间的矛盾、出版自由与出版社会责任的矛盾等一系列重大理论问题，限于篇幅本文不再单独论述。因此，出版的这一本质规定构成了出版学的"元问题"，它既是出版学研究的起点，也是其落脚点及最终归宿。这一问题贯穿出版学的始终，出版学的整个范畴、关系及理论体系都是围绕这个核心问题展开的。

（三）中国特色出版学的研究对象是出版主客体矛盾运动过程及其场域

既然出版的本质是出版主体如何处理精神产品（出版客体）个体化生产与它的社会化传播之间的矛盾，那么出版主体与出版客体的矛盾运动过程必然会成为出版学研究的主要对象。这种矛盾运动中有许多其他的内外部因素同时在起作用，包括出版规制及其制定和执行机构、出版技术以及出版市场等，这些内外部因素构成了出版主客体矛盾运动的场域。

关于出版学研究对象，学界同样有很多探讨并提出了一些富有启发性的观点，如方卿教授在《关于出版学研究对象的思考》（《中国出版》2020年第6期）中对罗紫初教授总结概括的"规律说""矛盾说""文化现象说""出版要素及其关系说""出版活动说"等五种学说进行了分析评价，并在总结各种理论得失的基础上提出了他本人的"出版现象说"。

正如我在上面所反复论证的，出版的本质是要解决出版主体如何处理精神产品（出版客体）个体化生产与它的社会化传播之间的矛盾，那么出版主体将个性化精神产品（出版客体）向社会化转化的运行过程或者两者之间的矛盾运动过程，就是出版学所要研究的核心问题，出版学研究的其他问题都是围绕这个核心问题进行的。从这个核心问题出发可以比较好地解释方卿教授所谈到的出版的"价值、要素、作业、管理和时空"所包含的内容。比如，出版的价值不在于出版客体自身的判断，而是需要出版主体依据社会规制对其是否可以进行社会化进行判断；出版要素主要围绕出版主客体的矛盾运动过程展开，这些核心要素包括出版主体（出版社、出版人）、出版客体（作品、出版物）、出版符号、出版载体等；作业层面更是出版主客体矛盾运动的过程，包括市场调研分析、选题策划、审读编辑与加工、设计与制作（复制）、传播或发行、效果与反馈等；管理层面包括宏观与微观规制、规制的监督与执行等，这个过程更体现了以社会化为尺度和标准对出版客体进行规范和监督；时空层面则体现了纵向的社会化演进（历史）过程和横向的社会化扩展过程（国际化是最大限度地空间扩展）。

虽然出版主客体矛盾运动过程基本上能够涵盖出版学的研究对象，但有些要素在这种矛盾运动中共同发挥作用，它们既是出版主客体矛盾运动中的要素，也是这种矛盾运动的支撑，从而构成了出版主客体矛盾运动的场域，因此我也把它们纳入出版学研究对象之中。

这里所谈的场域是借用法国思想家布尔迪厄的概念。布尔迪厄提出："场域可以被定义为在各种位置之间存在的客观关系的一个网络（network）或一个构型（configuration）。"他认为，"在高度分化的社会里，社会世界是由具有相对自主性的社会小世界构成的，这些小世界就是具有自身逻辑和必然性的客观关系的空间，而这些小世界自身特有的逻辑和必然性也不可化约成支配其他场域运作的那些逻辑和必然性"[10]，所谓的"小世界"就是"场域"。在布尔迪厄看来，整个社会就是一个"大场域"，它下面分化出一个个"子场域"，这些子场域是一个个具有相对自主性的"社会小世界"，如经济场、政治场、科学场、媒介场、新闻场、出版场等。布尔迪厄认为场域是一个相对独立的社会空间，是一串串的关系，这些关系先于个人意识而存在。另外，不同的场域有着不同的逻辑规则，行动者一旦进入某个场域，就获得了这个场域所特有的规则、符号和代码，人们形象地说这是他进入场域必须要交纳的入场费。而在当代社会，社会结构呈现为一种非常活跃的网络关系，其中的任何一个部分或成员，都牵连着整个社会的结构及其活动；反过来，整个社会及其各个部分，又时刻影响着社会中的每个成员，以至社会整体、部分、个人都处在活生生的力量较量和制衡之中。布尔迪厄的场域理论根植于他对西方社会的理解和分析，他运用这一理论对法国媒介特别是电视业进行了分析，由于西方媒介和中国媒介制度层面的巨大差异，他的很多理论与中国的媒介情况"水土不服"，缺乏解释力，但他关于社会关系网络和媒介关系的论述，关于整体、部分、个人之间相互制衡的论述，尤其是他对于制度、资本、惯习、实践之间关系的分析都给我们以有益的启示。

首先，出版这个具有相对自主性的"小世界"不是孤立存在的，我们要把它放到一个更大的场域中加以认识，它是"大场域"的有机组成部分，这个大场域就是中国出版所处的社会环境，研究出版不能脱离我国的政治制度和社会制度，它要服从和服务于党和国家的中心工作，这构成了我国出版学的最重要的场域；其次，在社会主义市场经济环境下，出版场域处在社会主义市场经济场域之中，它要遵循社会主义市场经济的基本运行规律，处理好市场与政府的关系，要发挥市场的作用但又不能任由资本来把控出版，在出版领域尤其不允许资本野蛮生长；再次，出版要重视惯习的作用，惯习作为知觉、评价和行动的分类图式构成的系统，是在历史过程中形成的，具有一定的稳定性，是经验积淀并且内在化的秉性系统，出版伦理及职业道德是一种出版习惯，它要根植于出版从业者内心深处，并成为出版学研究的一项内容；最后，出版技术作为出版场域的要素，对出版载体及出版形态的变化起到决定性作用，也是出版学研究的重要内容。

二、中国特色出版学理论体系的基本架构

（一）中国特色出版学理论体系的场域

建构中国特色出版学理论体系，首先要考虑它的特定场域，而不能生搬硬套国外的出版概念及其出版理论（何况国外也没有成熟的出版理论体系可供我们套用）。之所以用建构中国特色出

版学理论体系的"场域"而不是将它们作为宏观背景，是因为这些因素是中国特色出版学理论体系的内在组成部分，而不是单纯的外在要素。

第一，中国的所有出版机构都是由国家授权并经国家的审批而设立的，这与西方国家的出版具有质的不同，西方国家的出版从"公共性"出发，强调出版（也包括其他媒体）是所谓的"社会公器"，我们的出版审核是通过国家授权来行使公共利益把关功能的。不仅如此，在当代中国，由于党性与人民性的高度统一，出版必须坚持党性原则，把维护党和人民的利益作为出版的最高原则，坚持正确的出版指导思想，即以马克思列宁主义、毛泽东思想、邓小平理论、"三个代表"重要思想、科学发展观、习近平新时代中国特色社会主义思想为指导，坚持"为人民服务、为社会主义服务"的出版方向，坚持"百花齐放、百家争鸣"的双百方针，坚持社会效益第一，坚持党管出版，实现高质量发展等等，这些是中国出版最重要的规制，是对个性化精神产品能否进行社会化传播的最高判断尺度，也是不可逾越的红线。

第二，中国特色出版学理论体系建设是在党中央提出要着力加快构建中国特色哲学社会科学，"在指导思想、学科体系、学术体系、话语体系等方面充分体现中国特色、中国风格、中国气派"[11]的大背景下，在教育部提出加快推进"新文科建设"的具体要求下而进行的，因此，必须把握党中央以及教育行政主管部门提出这些要求的内在精神实质。

第三，中国特色出版学理论体系是立足于中国的出版实践，是对中国优秀的出版传统创造性转化、充分借鉴国外出版经验，继承和发扬中国共产党红色出版的历史经验，为解决当前出版业面临的实际问题而进行的理论探索，是对中国优秀的传统编辑出版思想、中国共产党红色出版丰富的历史经验、西方出版管理经验以及马克思主义出版理论而进行的新的理论综合，同时又是"以解决实际问题为中心",为解决出版业面临的突出矛盾和问题而生的,因此,它既具有历史继承性和开放性,又具有鲜明的主体性、时代性、实践性和原创性。

第四,中国特色出版学理论体系是在当今世界科学技术日新月异、媒介融合不断加深、步伐不断加快、信息传播多元化趋势加速的技术背景下应运而生的。出版业、出版学的困惑以及面临的现实问题固然有其他多方面的因素,但出版技术的变革以及在出版领域的广泛应用是其中最重要的原因,因此,在中国特色出版学理论体系建设中,技术变革这一背景应该被放到更加突出的地位。

第五,当前经济全球化和逆全球化两种思潮处在尖锐的对立和斗争中。习近平总书记提出的人类命运共同体的理念受到越来越多国家的认同,但就我国思想界的整体而言,能够体现中国立场、中国智慧、中国价值的理念、主张、方案还远远不够,在国际上中国声音还不够强大,我们常常处在有理说不出、有理不会说、说了传不开的境地。因此,习近平总书记多次强调要加强国际传播能力建设,与此相应的,我们的出版业要在国际传播中发挥主力军作用。习近平总书记在给中国外文局成立70周年的贺信中,要求中国外文局"把握时代大势,发扬优良传统,坚持守正创新,加快融合发展,不断提升国际传播能力和水平,努力建设世界一流、具有强大综合实力的国际传播机构,更好向世界介绍新时代的中国,更好展现真实、立体、全面的中国,为中国走向世界、世界读懂中国作出新的更大的贡献"[12]。习近平总书记在这封贺信中对中国外文局提出的要求,也是对中国出版界提出的要求,在我们的出版学研究中必须将习近平总书记的这一要求落实到出版理论中去,加强国际出版市场、中国出版"走出去"、国际版权输出等相关内容的研究。

(二)中国特色出版学理论体系的构架

中国特色出版学理论体系包括以下几部分。

第一部分是出版学导论,主要解决什么是出版、出版学研究什么、如何研究、出版学及其与相关学科的关系等问题。这部分内容包括考察出版概念的定义和历史演变过程、出版学研究对象、出版学理论体系总览、出版学研究方法、出版学与其他学科的关系等。

第二部分是出版主体,主要解决谁来出版的问题。这部分可以具体分为出版机构(包括出版机构的性质、建立的条件、出版机构分类、出版机构的治理结构和组织结构、出版机构的功能等)和出版人(包括出版人的构成、出版人的能力要求和相关资质、出版人的职业素养、出版人才队伍的培养等)。

第三部分是出版客体,主要解决出版什么的问题。这部分内容主要包括作品(来源、类别、特点等)和出版物(演变过程、类别、特点等)。由于作品与著作权人不可分割,因此,需要对出版客体向上游加以延展,延伸到著作权和著作权人(著作者与出版客体有更密切的关系,他是出版客体的所有者,这再次说明了著作者不能作为出版主体)。由于出版物中包括不同的载体,因此,需要对出版物向下延展,延伸到出版载体形式。

第四部分是出版主客体的矛盾运动过程,主要解决如何出版的问题。这部分内容包括选题策划、编辑加工及优化、产品设计与复制、销售(或信息传播服务)、信息反馈等。

第五部分是出版规制与管理,主要解决出版主客体矛盾运动顺利开展的依据和保障问题。这部分内容主要包括两大方面:宏观管理(出版政策法规、行政管理、行业自律管理等)和微观管理(选题管理、生产管理、营销管理、质量管理、人力资源管理、财务管理、信息管理、版权管理等)。

第六部分是出版效果,主要解决为谁出版以及出版的社会效果问题。这部分内容包括读者（用户）、出版市场（国内市场和国外市场）、出版的社会功能与社会影响等。

上述六个部分基本上解决了出版是什么、谁来出版、出版什么、如何出版、为谁出版以及如何保障出版顺畅进行等一系列出版关键性问题，构成了完整的中国特色出版学理论体系。

（三）出版学理论体系与出版学学科体系

出版学理论体系与出版学学科体系既有联系又有区别：前者构成了后者的理论基础和总体结构，后者是前者的细化、具体化和补充完善。出版学理论体系可以被看作出版学科体系中的核心学科——出版学概论的基本内容。但由于出版学是对该学科的高度抽象和概括，需要通过具体的学科门类加以细化和展开。正如经济学概论构成了经济学的理论体系，但还需要通过宏观经济学、微观经济学、国际经济学、产业经济学、政治经济学、西方经济学、中国经济学、信息经济学、农业经济学、工业经济学、数理经济学、管理经济学，以及西方经济史、中国经济史、经济思想史等具体学科对经济学学科体系加以细化一样，出版学学科体系核心课程应该通过一些具体的学科加以细化，比如编辑学（乃至更为细化的图书编辑学、期刊编辑学、网络编辑学等）、数字出版学、出版物的设计与生产制作（包括传统的印刷学）、出版营销学（包括传统的发行学）、出版管理学、出版政策法规与出版伦理、出版市场调查（包括读者学）、版权法与版权贸易、中国编辑出版史、外国编辑出版史、出版评论学等。而出版学与其他学科交叉的学科可以包括版本学、出版文化学、出版社会学、出版经济学、出版产业、书籍装帧设计学、阅读史、出版传播学等，与数字媒体结合的学科如数字出版技术、界面设计、数字艺术设计、数字动画技术、数字音频与视频、网页布局与设计等。这些具体学科既互相联系又相互补充，共同构成了具有内在逻辑关联的出版学学科体系。

三、社会急剧变革下中国特色出版学理论体系的变与不变

进入 21 世纪尤其是党的十八大以来，中国出版界生态环境发生巨大的变化。首先，国际环境的变化使得中国出版业从单一市场扩展到国内国际两个市场，中国出版走出去、向世界传达中国声音、向世界展示真实立体全面的中国成为中国出版业的一项重要政治任务。其次，中国出版业转企改制后从过去的事业单位企业化管理转变为企业和事业按照不同规则运行，绝大多数出版机构转变为企业，这就使得很多出版主体把经济效益作为最重要的目标，推动所谓做大做强，从而一度对出版的意识形态属性有所忽视，而党的十八大以来意识形态工作责任制的加强、出版社会效益的刚性考核，使得许多出版主体面临空前的双重压力。再者，现代数字传播技术的飞速发展、媒介融合包括出版融合步伐的加快，无论是出版行业的从业者还是出版教学科研部门的工作者对数字传播技术无论是从观念、理念还是从知识、能力等诸多方面都缺乏深入的认识，大多感到力不从心，对新兴的技术爱恨交加，对未来充满迷茫和恐慌。

上述状况一方面对过去所形成的出版学理论体系产生了巨大的冲击，另一方面也引起了出版理论研究者的深思，他们力图从不同角度重建出版学。此外，新一轮学科目录调整以及教育部推动的"新文科建设"给出版教学和科研工作者提供了一次对自身学科进行反思、研讨和总结的历史机遇。因此，近年来对出版学的一些基础性研究受到了学界的高度重视，出现了一批具有一定深度和广泛影响力的研究成果，这是一件可喜可贺的事情。新的社会剧变要求出版学理论体系也要因应这种变化，进行变革和创新；但如果出版的本质没有发生变化，那么总有一些恒久不变的内在规律需要我们坚守。守正创新才是正道，在创新中坚守正确的东西，在守正中因应社会的变革而不断创新，这样出版学才能

焕发出自身的活力和生命力。

(一)新时代中国特色出版学理论体系之变

一是时代之变。党的十八大以后,中国特色社会主义进入新时代,我国的政治、经济、文化、社会、生态以及国际环境都迎来了百年未有之大变局。对于这一大变局,党的十九届六中全会决议进行了精辟的概括:"以习近平同志为核心的党中央统筹把握中华民族伟大复兴战略全局和世界百年未有之大变局,强调中国特色社会主义新时代是承前启后、继往开来、在新的历史条件下继续夺取中国特色社会主义伟大胜利的时代,是决胜全面建成小康社会、进而全面建设社会主义现代化强国的时代,是全国各族人民团结奋斗、不断创造美好生活、逐步实现全体人民共同富裕的时代,是全体中华儿女勠力同心、奋力实现中华民族伟大复兴中国梦的时代,是我国不断为人类作出更大贡献的时代。"[13]时代之变对中国特色出版学理论建设提出了新的要求,出版学必须在中华民族伟大复兴第二个百年历程中继续发挥"围绕中心、服务大局"的作用,在这个理论体系中要突出坚持党对出版的全面领导的相关内容,积极宣传贯彻习近平新时代中国特色社会主义思想,以习近平新时代中国特色社会主义思想和习近平新闻出版的论述作为出版学的统领,牢固树立马克思主义出版观,坚持社会主义核心价值观,无论是在出版理论体系建设还是学科体系建设以及出版实践中都要按照中央全面深化改革委员会通过的《关于加强和改进出版工作的意见》的要求,坚持中国特色社会主义文化发展道路,坚持"二为"方向和"双百"方针,坚持正确的政治方向和以人民为中心的工作取向,坚持把社会效益放在首位,坚持质量第一,深化改革创新,及时反映、解决时代和现实面临的实际问题,及时反映和总结当代中国出版实践中的经验和成果,努力为人民群众提供更加丰富、更加优质的出版产品和服务,服务于我国出版产业的高质量发展，更好地满足广大人民群众对美好精神生活的需要。

二是技术之变。进入 21 世纪以后对出版影响最大的是技术之变，数字传播技术、物联网、云计算、认知科学、深度学习、人工智能、虚拟仿真技术、元宇宙等新兴技术给出版学带来了深刻的影响。出版理论界对此进行了很多探讨，比如罗学科、陈丹、黄莹等认为："随着物联网、云计算、认知科学、深度学习等技术的快速发展，人工智能从机器智能、感知智能向认知智能进化，认知推理能力不断提升。数据，作为构成信息和知识的原始材料和基础，一刻不停被生产、收集、聚类和分析。在数据挖掘、语义理解的革命性突破所引发的时代变迁下，发展知识的方式日新月异，知识的演进驶入了快车道。"他们进而提出，人类逐步进入挖掘数据价值的高级阶段，知识获得了永不竭尽的生产动能，数据的组织、信息的创造和知识的发现都将进入人机协同的状态，知识传播呈现网络化过程和社会性特征。这种以知识作为生产要素，带来新知识的自主形成和规模化使用、自主验证的出版人工智能系统迫使我们去思考"人类发展知识的方式到底会如何变化"，这将是出版学必须要面对的议题。因此，作为一门致力于创造流动性更强、连通性更高、互动性更好的知识共享形式的学科，出版学学科价值将发生巨大变化，"智能时代下的出版学研究核心应是知识生产、组织、传播、再生产这一无限循环的逻辑"，由此他们得出结论："依托出版的知识生产、把关、验真与传播将从不透明的、单向的、终极性的、确定性的迈向开放性、动态性和网络化的过程。"[14] 再比如，耿相新先生通过一系列文章论述了传统出版面临的困境以及数字传播革命给出版带来的革命性变革，他认为，计算机技术和互联网的发展引发了人类知识生产革命、知识消费革命、知识传播革命、知识经营革命，同时也带来了书籍的革命，由此出版业进入一个纸质图书与电子图书、有声书和视频书共同走向数字媒体的数字出版新时代,并呈现出从"看图书"到"用图书"、从"单品销售"到"订阅销售"、从"单向传播"到"平台传播"的新趋势。[15]除此之外,像杨海平等(2021)、吴赟等(2018)、王勇安等(2017、2020)、张文红(2016、2017)、徐力(2016)、刘燕南等(2017)、李晓丹等(2020),都对新技术环境下如何对出版进行定义以及如何进行出版学研究等重大问题提出了自己的真知灼见。

新的技术对出版的各个要素和关系都产生了冲击,过去的很多出版要素、出版关系等都需要重塑:从出版主体来看,新技术极大地扩大了出版主体的范围,不仅将出版主体从过去的出版社、杂志社、音像社等扩大到所有经过新闻出版行政部门和电信管理机构批准的从事互联网出版业务的互联网信息服务提供者,而且即使是传统出版单位也被授予了从事互联网出版业务的权利,这样就形成了传统出版单位与具有出版资质的新兴网络信息服务商共处一个平台的局面,后者种类繁多、标识性不像传统出版单位那样明显,使得出版从业者和出版研究者也常常无法分辨;新技术对出版主体的另一个重要组成部分——出版人的要求也和过去大相径庭,对其知识、技能和综合素养都提出了新的更高的要求,依靠传统的某种单一技能(编辑、营销等)已经难以适应新的出版业态变化的要求;还有一个更为复杂的情况是,随着人工智能的飞速发展,出版人的部分工作将由机器来完成或者通过人机互动完成,这就导致了出版主体的复杂性,将出版主体从机构、出版人进一步延伸到了人工智能机器。从出版客体看,过去的出版客体主要是文字和图片,而互联网条件下除了文字、图片之外,图像、音频、视频等过去属于广播电视的很多精神成果或作品也被纳入出版范围内。

从出版流程看,过去的选题对象无论是题材、表现手段还是传播载体都比较单一,而在数字出版条件下,选题对象多样化、传播载体多元化，编辑加工优化方式以及审核方式也更加复杂，除了过去的编辑加工方式外，编辑人员还需要掌握编码、标引、录制、剪辑等方面的知识和技能，对形式的设计也从版式、封面、装帧等设计转变为界面设计、数字艺术设计、网页布局与设计、虚拟场景设计等更为复杂的设计系统；复制形式已从印刷转变为要充分考虑不同媒介载体的特点、性能和功能，对技术、标准等方面要求也相应提高。从传播的角度看，传播重点从过去的物流系统转变为信息流系统，发行重点变为数据化传输，经营的重点从过去的出版物产品销售转变为信息提供和知识服务；传统的读者概念已经被颠覆，视听功能加强，"体验"变成了常态，因此，"读者"也就变成了"用户"；出版物也不再是"发行"，因为这里的信息流不再是单向的传递，而是交流和互动。在这里，出版主客体之间的矛盾运动变得更为复杂多变，正如出版本身正从"平面媒体"变为"立体媒体"或"多媒体"一样，出版场域中的技术、资本、惯习和实践等也从"平面"转为"立体"或"多维"。与之对应，出版空间获得了极大扩展：一是边界的扩展。数字出版已经远远突破了传统的"出版"范畴，它不仅通过知识服务或知识付费等将过去不属于出版范围的其他传媒形式，比如视听（如听书、视频）等纳入"出版"的范围，还将过去不属于传媒的教育培训、知识检索、数据库等也纳入"出版"之中，从而极大地扩展了出版的边界。二是地域空间的扩展。随着中国出版"走出去"步伐的加快，尤其是网络的便捷性，未来出版会将国内、国际两个市场作为常态。三是传播渠道空间的扩展。数字出版将信息渠道传播空间从平面变为立体，从单纯的图文转变为文字、图片、形象、声音等立体传播。上述这些变化都需要我们对过去所习惯了的出版、出版学从理念、概念、流程、关系、结构、结果等方面加以重构、变革和重塑，以使出版学适应技术给出版带来的新变化。

三是学科之变。外在社会环境的剧变给原有的学科理念、学科边界、学科建设等同样带来了剧烈的冲击。因此,近来学界对学科变化给予了空前的关注,主要表现在两个方面:一是学科专业目录的调整,这既是学科的科学化、规范化,也是一次学界利益的再分配和再调整;二是由教育部等13部门发起的"四新"(新工科、新医科、新农科、新文科)计划,尤其是其中的新文科建设对既面向出版产业又与传播技术密切关联的出版学具有极大的影响。当前学界对于如何在新文科建设背景下推进出版学学科建设提出了一些有价值的见解,笔者也曾对此有所思考。笔者认为,新文科是在新技术革命影响下所形成的高度综合、多元交叉的具有数字化、信息化、智能化显著特征的哲学社会科学(即我们习惯所称的"文科")知识生产和构建形态以及人才培养模式,它具有创新(理念创新、价值创新、课程体系创新、人才培养模式创新)、综合(将学科与大学、政府、企业或产业、技术进行了有机整合或综合)、跨界(不仅跨越媒介界限,而且跨越了政产学研以及文理工等)、开放(资源、学科)等特点,因此,需要根据数字环境下新文科的新要求,运用现代知识生产的"五重螺旋"理论,打通政府、大学、产业、社会、技术这五者之间的割据与固定界限,形成一个多层次、多形态、多节点、多主体和多边互动的知识协同创新集群系统,并以竞合、协同逻辑来驱动知识生产资源的生成、分配和应用过程,最终形成不同形态的创新网络和知识集群,实现知识生产资源动态优化整合。[16]这些新变化必须要在中国特色出版学学科体系中加以体现,更是中国特色出版学理论体系建设不可或缺的思想资源。

(二)新时代中国特色出版学理论体系之不变

上面我们用较大篇幅扼要概括了时代之变、技术之变以及学科之变给中国特色出版学理论体系带来的影响,中国特色出版学理论体系建设必须高度重视这些变化并充分吸纳这些变革所产生的新理念、新思想、新论断和新成果，从而对那些不适应时代、技术、学科变化的理论进行变革。

但出版学作为一门科学，总有自身的本质属性（这种本质属性是它独特的不同于其他事物的属性，包括功能定位、基本规定、内在逻辑等），这种本质属性是不能够随意变化的，否则它就失去了自身存在的根据。正如上面所反复论证的，出版的本质是出版主体如何处理精神产品（出版客体）的个体化生产与它的社会化传播之间的矛盾，或者说是出版主体按照一定规制对个体化的出版客体进行选择、优化并通过某些物质载体使之宜于社会化传播的矛盾运动过程。这一本质特点并没有随着时代、技术和学科的变化而变化。

在当前急剧变革的历史大潮中，出版主体范围扩大化、出版客体多样化、出版载体多元化并没有改变出版必须按照社会规制向社会（公众）提供优质的内容资源这一本质，并不能改变出版所承担的传递信息、传播知识、传承文化、教化育人、塑造信仰、提供娱乐、推动社会进步等社会功能。近年来的出版学研究中有一种将出版泛化的倾向，将包括微信、小程序、个人直播平台等所有平台上发布的任何信息都作为出版的对象，这样表面上看好像出版无所不包，"出版通吃"，结果是出版失去了自己的独立地位和独特性。而失去了独特研究对象的出版学也就没有了立足之地。所以，我特别强调了出版主体这一长期被出版学所忽视的核心要素之一，就是要坚守出版的本质定位，坚守它的独特性，在让人眼花缭乱的传播现象中，出版学既不缺位也不越位，扎扎实实做好出版学的基础研究。

习近平总书记在哲学社会科学工作座谈会上提出，"要按照立足中国、借鉴国外，挖掘历史、把握当代，关怀人类、面向未来的思路"，加快构建中国特色哲学社会科学。我们要按照习近平总书记的要求，继续对出版学理论体系加以深入探讨和研究，为构建中国特色出版学三大体系提供基础性理论支撑。

（作者单位：中国人民大学）

参考文献：

[1] 袁亮.出版学概论[M].沈阳：辽宁教育出版社，1997:103.

[2] 肖东发，等.中国出版通史·先秦两汉卷[M].北京：中国书籍出版社，2008：前言7.

[3] 王关义，等.出版管理概论[M].北京：高等教育出版社，2019：7.

[4] 巴斯卡尔.内容之王：出版业的颠覆与重生[M].赵丹，梁嘉磬，译.北京：机械工业出版社，2017：Ⅷ，9.

[5] 杨海平，杨晓新，白雪.出版概念与媒介嬗变研究[J].中国出版，2021（18）：13.

[6] 巴斯卡尔.内容之王：出版业的颠覆与重生[M].赵丹，梁嘉磬，译.北京：机械工业出版社，2017：Ⅷ，9.

[7] 阙道隆.实用编辑学[M].北京：中国书籍出版社，1986：17.

[8] 马克思,恩格斯.马克思恩格斯全集:第二十六卷第一册[M].北京：人民出版社，1972:296.

[9] 徐诚，王一方.韬奋：我的出版主张[M].南宁：广西教育出版社，1999：207.

[10] 布尔迪厄，华康德.实践与反思——反思社会学导引[M].李猛，李康，译.北京：中央编译出版社，2004：134+139.

[11] 习近平.习近平谈治国理政：第二卷[M].北京：外文出版社，2017：338.

[12] 不断提升国际传播能力和水平，更好向世界介绍新时代的中国 [N]. 人民日报，2019-09-05.

[13] 中共中央关于党的百年奋斗重大成就和历史经验的决议 [N]. 人民日报，2021-11-17.

[14] 罗学科，陈丹，黄莹. 锚定支点 彰显价值 面向未来：新时代出版学学科体系构建 [J]. 中国出版，2021（18）.

[15] 参见：耿相新. 出版的革命 [J]. 现代出版，2013（5）；耿相新. 知识的革命——从出版的视角 [J]. 现代出版，2015（5）；耿相新. 从媒介到数字媒体："四书合一"的出版时代 [J]. 现代出版，2021（1）；耿相新. 书籍的革命 [J]. 现代出版，2021（4）。

[16] 参见：周蔚华，方卿，张志强，等. 出版学"三大体系"建设（笔谈）[J]. 华中师范大学学报，2021（3）。

试论中国特色新型出版智库的内涵、功能及展望

范 军 欧阳敏

摘 要：在出版智库建设中，要避免"泛化"倾向和"主见缺失"。出版智库的职能主要体现为：以战略思想为政府在出版领域的决策提供咨询；传播研究成果与思想，引导出版领域的舆论；成为出版领域的人才蓄水池和引力场。政府应该合理布局出版智库体系，为出版智库提供决策制度保障；出版智库应该从人才交流机制等方面提升自身竞争力；出版智库准确定位，形成特色。

关键词：出版智库 内涵 功能 智库建设

最近数年，"智库"在我国成了一个最热门的词汇。2015年更是被称为智库"元年"。党和政府以及学界对智库的重视达到了前所未有的高度。在中共十九大会议上，习近平总书记再次强调要加强有中国特色的智库建设。这是历史演进的必然，也是时代发展的需要。出版智库作为典型的专业型智库，既要影响各级政府出版政策的制定，也要在政府和公众之间架起一座信息桥梁，提高出版领域公共决策的质量。本文从内涵、功能及建设策略等方面对出版智库进行探讨，旨在为实现出版智库的上述使命提供一种可供参照的视角。

一、中国特色新型出版智库的内涵

（一）对智库、出版智库内涵的辨析

智库（Think Tank），学术界也常以其英文原意称之为"思想库"。智库雏形在中国古已有之，智库成为热点词汇、研究受到高度重视却是近几年的事。根据中共中央办公厅、国务院办公厅于2015年印发的《关于加强中国特色新型智库建设的意见》，中国特色新型智库是以战略问题和公共政策为主要研究对象、以服务党和政府科学民主依法决策为宗旨的非营利性研究咨询机构。

中国特色新型智库与欧美现代智库既有相同之处，也有不同之处。"相同之处是：都以战略问题和公共政策为主要研究对象、以影响政府决策为宗旨，都强调机构的非营利性。不同之处是：中国的智库是在党委统一领导之下，由有关部门分别管理。中国绝大多数智库是党政机关、企事业单位的下属单位。虽然也有少量社会智库，但是也要纳入统一管理范畴"[1]。无论在欧美还是中国，战略性、公共性都是智库的核心因素。

综上所述，本文认为出版智库则是指以出版领域的公共政策为研究对象，以影响政府在出版领域的决策为研究目标，以出版领域的公共利益为研究导向，以出版领域的社会责任为研究准则的非营利性研究咨询机构。

（二）对出版智库内涵"泛化"的冷思考

现在智库一热，出版业界和学界就容易一窝蜂去大建智库、大搞战略研究、抢做重大课题，以致智库的内涵"泛化"，成为"智库病"。出版智库是什么？出版智库不是什么？这是开展出版智库建设与研究工作首先要解决的问题。

根据《关于加强中国特色新型智库建设的意见》，中国特色新型智库分为以下六种类型：第一，社科院和党校行政学院智库；

第二，高校智库；第三，科技创新智库和企业智库；第四，社会智库；第五，国家高端智库；第六，中央和国家机关所属政策研究机构。上述类型，除了第一类外，以出版领域的相关战略性和长期性发展问题为主要研究对象的智库都有不同程度的体现。

在中央部门所属方面有中国新闻出版研究院，它是出版智库的"国家队"；在社会智库层面，以百道出版研究院较具代表性。中国新闻出版研究院是中国新型出版智库的佼佼者，它在本行业拥有较高的知名度和较大的影响力。

在高校层面，国内一些实力较强的高校设立了出版研究院（所、中心），这些机构的定位与功能不尽相同，不能一概以智库视之。上海交通大学出版传媒研究院成立于2015年，由该校出版社和媒体与设计学院联合创办，当代知名出版研究专家郝振省出任首任院长。该研究院的愿景是"经过三到五年的努力，把研究院建设成为国内领先和世界知名的数字出版理论研究中心、重要的政府出版和阅读智库，以及不可忽视的出版行业战略发展咨询机构"[2]。可见它的定位是比较明晰的，关注出版领域的战略问题和公共决策问题。该研究院可归入高校出版智库。除此之外，中国传媒大学、南京大学、苏州大学、北京印刷学院等设立了出版研究院（所、中心），这些研究机构大多属于学术和教育机构，同时也具有智库的某些功能，但是不宜将其视为智库，因为它们的主要活动场域在于出版基础理论研究、出版历史研究以及人才培养，定位于智库容易使其"水土不服"。

在科技智库层面，较有代表性的出版科技智库是"融智库"，它由地质出版社、知识产权出版社和睿泰集团于2016年9月共同组建，旨在打造中国首家数字出版高端智库。在企业智库层面，中南出版传媒集团、电子工业出版社、社会科学文献出版社、北京师范大学出版社、中国传媒大学出版社、华中师范大学出版社等也建立了出版研究院（所、中心），较知名的有电子工业出版社的华信研究院、社会科学文献出版社的皮书研究院等。这类研究机构中有的已具有一定程度的智库功能。需要指出的是，有研究者将作为整体的出版集团或出版社视为出版企业智库，笔者以为这是不妥当的，毕竟出版社的属性是文化企业，其运行规律和发展目标与智库有很大的不同，但是由出版社特别是大型出版公司（集团）设立智库组织则是可行的。

此外，出版行业协会和学术团体是否属于智库也是一个值得探讨的问题。中国出版行业组织主要有中国出版协会、中国编辑学会、中国期刊协会、中国书刊发行业协会等。"很多行业协会组织代表这些行业中的企业和相关组织的利益，表达他们的利益诉求，如果他们也都要成为智库，将会面临尴尬局面：如果他们仍然代表企业利益，社会公众很难相信他们的政策分析是客观公正的；如果他们努力成为客观公正的智库，他们行业中的企业和相关组织就要怀疑他们是否还能够代表自己"[3]。出版行业组织作为行业利益的代表者来对出版领域的公共决策施加影响，更符合其自身规律。而以学术理论研究为主要追求的学会也不应生硬地往出版智库上去靠，但它们可以通过自己卓有成效的理论创新、历史研究和实务研究，为出版领域的战略决策、公共政策制定等提供基础性的资源。

总之，战略性、公共性与非营利性是包括出版智库在内的整体智库的核心内涵，不应将其泛化。要特别防止那种"主见缺失"的所谓智库，他们的智库研究往往是随波逐流，乱贴标签，定位混乱。满世界都是出版智库等于没有出版智库，人人都可做战略研究也便是战略研究的矮化和虚假化。

二、中国特色新型出版智库的功能

（一）以战略思维影响出版领域的政府决策

出版智库的主要目标是要影响出版领域的战略决策。出版智库应该发挥其专业和智力优势，为党和政府在出版领域进行科学民主决策提供重要支撑。

当前出版业面临着哪些战略问题，可以从国家层面的相关课题设置中寻找蛛丝马迹。比如国家新闻出版广电总局确立的2017年新闻出版行业14项重点研究项目，主要有"推进新闻出版业供给侧结构性改革研究""新闻出版广播影视业投融资问题研究""全民阅读社会力量现状研究""我国数字出版领域知识服务战略研究""学术期刊管理机制研究"等。再如，2017年国家社科基金指南中的出版类选题18项，主要就有"数字版权保护技术应用模式研究""中国主题图书的海外传播及影响研究""中国出版学科话语体系构建研究""我国学术期刊的质量评价体系研究""我国图书出版机构社会效益评价体系研究""媒介融合背景下编辑出版人才队伍建设与培养研究""我国出版产业与大数据融合发展研究"等。这些带有战略性、前瞻性的课题设立，其实反映的是政府部门对出版智库在研究方向、研究内容方面的引导，也充分反映了决策部门的实际需求。

事实上，虽然欧美发达国家的智库在公共决策中发挥着重要影响，但它们都要经过政策分析市场的激烈竞争与筛选，而且也并不是总会成功，以至在全球顶尖智库布鲁金斯学会中流传着一个笑话来夸张地说明这一事实："我们为政策制定者撰写的书本只被大学生们阅读。"[4]出版智库要想有效影响出版领域的公共决策，就需要研究人员在战略思维与视野、数据采集与分析、对策提供与咨询等等方面拿出货真价实的东西。"有为"才能"有位"，成果赢得信任。坚持客观独立的立场，具备独立的研究能力，而不是刻意"迎合上意",就必须当好真正的"高参"而不是"应声虫"和"马屁精",这在我国的智库建设中也显得特别重要。

(二)传播智库思想,引导出版领域的舆论

出版智库作为出版领域的知识中介,一方面通过其战略思维对公共决策施加影响,另一方面则通过传播智库思想以引导出版领域的舆论,增进出版领域的社会共识。

如何评价出版智库在传播智库思想、引导出版领域的舆论方面的效果?指标是多元的,社会影响力是其中一项重要的指标。下文以作为出版智库"国家队"的中国新闻出版研究院为案例来论证之。2016年7月,光明日报智库研究与发布中心和南京大学智库研究与评价中心联合发布《中国智库网络影响力评价报告》,在参评的68家智库中,中国新闻出版研究院排第33名,是唯一一家上榜的出版智库,可知其在传播智库思想、引导出版领域的舆论方面是卓有成效的。近年来,中国新闻出版研究院先后推出了"中国出版蓝皮书""国际出版蓝皮书""中国阅读蓝皮书"等蓝皮书系列,其中多项年度核心数据被国内外各大媒体广泛引用;持续十多年的《全国国民阅读状况调研报告》更是成为衡量和评价全国国民年度阅读状况的重要数据和指标;《中国版权产业的经济贡献》成果受到中央高层及国际社会的广泛关注。由中国新闻出版研究院主办或承办的全国出版理论研讨会、中国数字出版年会、中国传媒年会、中国民营书业论坛等,已经成为中国出版行业最有影响的行业活动项目。

"独木不成林",中国特色新型智库体系既需要中国新闻出版研究院这样的高端智库,也需要科技智库、企业智库和高校智库齐头并进,各显其能,出版智库的多元化有利于智库思想的多领域传播。

（三）作为出版领域的人才蓄水池与引力场

从产业增长因素来看，资金、技术、人才、制度等是核心因素，人才在很大程度上决定着出版产业的双效益和出版决策的质量，出版智库作为连接出版的产、学、研、政等各领域的枢纽，应当发挥人才蓄水池的作用，为出版的各领域提供智力储备。

从出版场域而言，出版智库、出版的政府管理部分、大学的出版院系以及出版行业协会等都是出版场域的力量代理者，场域因它们相互作用而存在。社会场域中的力量代理者体系与空间物理场域中天体系统具有某种程度的共性，那就是"引力场"的存在[5]。出版智库应该成为出版领域的引力场，对其他力量代理者如出版机构、大学出版院系等具有足够的吸引力。从目前来看，出版智库要想成为出版领域的人才蓄水池和引力场，还有很长的路要走。

智库的"旋转门"机制较好地体现了出版智库的"人才蓄水池"与"引力场"功能。我国的出版智库与学界、政界的人才流通渠道也比较通畅，如中国新闻出版研究院的负责人有的直接来自政府管理部门，有的研究人员被一些高校新闻出版院系聘为兼职教授或博士生（后）导师；而由于我国出版业的特殊性，一些出版智库的负责人进入政界的也不在少数。

三、如何建设有中国特色的新型出版智库

（一）政府大力培育适宜出版智库发展的制度环境

1. 合理布局出版智库体系

各国的智库体系由其政治决策体制所决定，各自呈现出鲜明的特色。英、美两国智库体系受到"盎格鲁—撒克逊"政治多元主义的深刻影响，其主体是民间智库，如全球最具影响力的美国布鲁金斯学会就是典型的民间智库。德国公共拨款的智库所占的

百分比非常高，约为75%。[6]韩国智库体系中，以"科学技术政策研究院"为代表的23家政府智库是绝对主体。新加坡在东南亚地区是较为领先的国家，其骄人的成绩和立国之本主要靠智慧，其中各种智库发挥了重要作用，新加坡影响力较大的智库如东南亚研究所、南亚研究所、政策研究所等几乎都隶属于政府部门。

根据上海社科院智库研究中心项目组的调查数据，2010年以来在政治决策领域活跃着200余家智库，其中官方或者半官方智库占总数的2/3，民间智库占总数的1/3。[7]由此可知，官方智库是中国智库体系的主体，民间智库的数量和质量还有待提升。当前中国的出版智库体系中，官方智库以中国新闻出版研究院为领头羊，民间智库则以百道新出版研究院为翘楚。

在智库建设中，可以适当借鉴美国等西方国家的先进经验，但切忌"言必称美国"，简单地强调所谓"与国际接轨"。过去在诸多领域说到与国际接轨，基本上就是强调"与美国接轨"。我们看看上面提及的部分发达国家智库，德国不同于美国，新加坡、韩国等也自有特色，并没有一个统一标准和固定模式。我国包括出版传媒智库在内的整个智库建设，既要遵循世界智库建设的一般规律和基本原则，又要兼顾中国国情，形成自身的特点和自己的体系。

2.健全出版智库的决策制度保障体系

与其他领域一样，出版领域的决策制度也需要完善。涉及出版领域公共利益和人民群众切身利益的决策事项，要通过举行听证会、座谈会、论证会等多种形式，广泛听取出版智库的意见和建议，增强决策透明度和公众参与度。鼓励人大代表、政协委员、政府参事、文史馆员与出版智库开展合作研究。探索建立决策部门对出版智库咨询意见的回应和反馈机制，促进政府决策与出版智库建议之间良性互动。此外，政府也可以参照和借鉴国外的先进经验。

美国的智库是当今世界最具代表性的智库，其成功是政府大力支持的结果。在美国的决策咨询制度中，智库参政议政的一个主要渠道是"约谈"。约谈一般由政府的有关部门来运作。政府部门的专业委员会下面分设若干小组，每个小组都有工作人员上网搜索信息，如果看到智库文章与目前关注的问题相关且有价值，会打电话进行约谈，进行政策咨询。智库也可主动与政府工作人员电话预约，反映情况，提供对策建议。[8]约谈的形式一般是由政府派人与智库举行5—6人规模的小型圆桌会议，时间一般为一至两小时。智库人员借此机会反映问题，与官员一起探讨对策建议。这种做法在美国决策领域极为普遍，可以说，约谈是美国智库参与政策咨询的最主要的渠道，也是对政府决策能够产生直接影响的重要方式之一。这种方法值得我们学习借鉴。

（二）出版智库通过人才交流机制增强自身的研究能力

研究能力是出版智库的核心竞争力，其主要由人才体现，出版智库应当重视人才交流机制建设，凸显其竞争优势。"真正造就大脑的并不是知识量，甚至也不是知识的分布，而是其中的互连通性"[9]。因此，笔者以为畅通的人才交流机制能够丰富出版智库的信息量，提高出版智库信息流通的效率，进而提升出版智库的研究能力。

蜚声国际的新加坡国立大学东亚研究所每年有1/4的预算用于学者交流费，该所所长郑永年坦言："东亚研究所特别重视交流。来自世界各地的知名学者为我们带来了大量思想、信息，通过研究产生高质量的成果，交流是双赢的结果。"[10]成功的智库一般都建立了高效的人才交流机制，出版智库要想提升研究能力，同样也应该遵循此道路。

中国出版智库人才交流机制的一个突出体现是博士后科研工作站的设立。"中国博士后网"的数据显示，全国共有13家出版机构拥有博士后科研工作站（其中少部分是与高校联合设立），分别为电子工业出版社、湖南出版投资控股集团有限公司、江苏凤凰出版传媒集团公司、南方出版传媒股份有限公司、人民教育出版社有限公司、社会科学文献出版社、时代出版传媒股份有限公司、中国出版集团公司、中国社会科学出版社、长江传媒股份有限公司、方志出版社（与中国社会科学院、北京大学联合培养）、江苏凤凰出版传媒集团、人民出版社。

顺应中国新型智库建设潮流，上述出版机构积极开展智库建设，一个重要体现就是积极将博士后科研工作站建设成出版企业智库，并取得了一定的成效。社科文献出版社尤其具有代表性。作为直属于中国社会科学院的人文社会科学专业学术出版机构，社会科学文献出版社以打造研究型出版社、出版业智库为目标，努力搭建科学研究与学术出版的互动平台，构建科研与出版的"旋转门"机制，在文化与出版产业、智库产品出版与传播、中国智库建设、中国话语体系建设等领域开展应用性研究[11]。

出版企业智库作为中国新型出版智库体系的一支重要力量，应该追求高起点发展，努力寻求在某一领域有所突破，而实现这一目标的重要途径便是重视博士后科研工作站以及相关研究机构建设，建立人才交流的长效机制。这既是对出版企业经济实力的要求，更是对其负责人魄力的考验。此外，作为"国家队"的中国新闻出版研究院，以及众多高校设立的智库性质的出版研究机构同样也需要注重从人才交流方面提升自身的研究能力。

（三）出版智库通过合理定位打造自身特色

一般来说，成功的智库都有精准的定位，专注于某一领域或少数几个领域，形成自己的特色，兰德公司、布鲁金斯学会、新加坡国立大学东亚研究所等国际知名智库均以外交政策为主要研究对象。出版智库的建设也应该遵循此道，精准定位，将优势力量集中于自身具有竞争优势的某一领域或少数几个领域，打造自身的特色，培育专业品牌。

国际上专门的出版智库较为少见，但是由出版集团设立的国际战略型智库则并不鲜见，最具代表性的当属国际出版巨头贝塔斯曼集团于2008年设立的贝塔斯曼基金会（Bertelsmann Foundation）。该基金会是一家独立的、超党派的、非营利性智库，位于美国首都华盛顿，有8名专职人员。贝塔斯曼基金会的业务重心在于环北大西洋地区的全球化挑战，主要对该地区外交方面的战略性议题展开研究，为决策者提供咨询。[12]实际上，贝塔斯曼基金会只是由出版集团设立，它的研究内容几乎与出版无关，其定位于环北大西洋地区的外交政策研究，逐渐形成了特色。

我国的出版智库建设要走出一条符合国情的有特色的道路。中国新闻出版研究院是当前国内唯一的一家国家高端出版智库，其"客户"主要是国家新闻出版广电总局、中宣部，这决定了中国新闻出版研究院的研究重心应该是国家乃至国际层面的战略性出版议题。出版的战略思维与基础理论、出版历史等有着相互促进的关系，高校出版智库或具有一定程度智库功能的高校出版研究院（所）在出版的基础理论研究、出版历史研究等方面具有得天独厚的优势。出版企业在资金、技术上具有优势，因此，出版企业智库在数字出版平台建设、出版战略投资等议题上有专业优势。

出版智库在监控社会环境、凝聚社会共识、促进传承文化及文化创新、壮大文化产业、推动文化交流等方面意义显著。出版智库的生存正道，应该是以客观的态度、求真的精神、科学的方法为出版领域的公共决策提供可操作性强的解决方案，为党和政府提供具有前瞻性的战略思想，为中国特色社会主义文化事业与产业的繁荣发展出谋献策。我国出版智库建设应该说是刚刚起步，其理论体系研究、话语体系建构、人才队伍建设以及智库合作交流等方面都还有相当大的提升空间。

（作者单位：华中师范大学，武汉大学）

参考文献：

[1] 魏玉山.关于出版业新型智库建设的思考[J].科技与出版，2017（1）：4.

[2] 耿爽.上海交通大学出版传媒研究院正式成立[EB/OL].http://www.bookdao.com/article/99425/,2015,06,11.

[3] 薛澜.智库热的冷思考：破解中国特色智库发展之道[J].中国行政管理，2014（5）：8.

[4] 上海社会科学院智库研究中心项目组.中国智库影响力的实证研究与政策建议[J].社会科学，2014（4）：6.

[5] [法]皮埃尔·布尔迪厄.政治场、社会科学场与新闻场[A].[美]罗德尼·本森，[法]艾瑞克·内维尔.布尔迪厄与新闻场域[M].张斌，译.杭州：浙江大学出版社，2017：32.

[6] [德]马丁·W.蒂纳特.德国智库的发展与意义[J].国外社会科学，2014（3）：41.

[7] 上海社会科学院智库研究中心项目组.中国智库影响力的实证研究与政策建议[J].社会科学，2014（4）：8.

[8] 沈进建.美国智库的形成、运作和影响[J].中国社会科学评价，2016（2）：36.

[9] [美]詹姆斯·格雷克.信息简史[M].高博，译.北京：人民邮电出版社，2013：412.

[10] 晋志平.中外智库建设之异同——中新学者畅谈智库建设之道[N].中国社会科学报，2012-09-13.

[11] 辛闻.社科出版社与4所大学签约，联合培养博士后[DB/

OL]. http://news.china.com.cn/txt/2015-07/13/content_36049220.htm, 2015-07-13.

[12] Bertelsmann Foundation. Who we are[EB/OL]. http://www.bfna.org/page/who-we-are.

媒介融合与出版进路

徐丽芳　陈　铭

摘　要：媒介融合是多维视角交织下的复杂概念，在具体的媒介产品、媒介活动或媒介机构中可以体现为不同层面、维度、水平、阶段的融合。本文将"媒介"视为由"内容""载体"反复嵌套形成的复杂系统，可分为意义层、信息层、载体层、媒介层、媒介产品层、媒介（子）产业层、平台层等。而此番载体层融合引发的媒介融合就像媒介系统内部的核聚变，必将在融合基础上导致媒介和媒介产业新一轮的萌蘖、分化、整合。在此背景下，"出版"将进化到"数字出版"阶段，并成为数字内容产业的重要组成部分，其本质是对信息内容进行编校处理和适当编码后与特定载体相结合，制作、生产和传播媒介产品的建制化人类活动。而出版企业应依据对受众根本性媒介需求的洞察，重新确立价值主张，整合内容、渠道和技术等各类资源，并在广泛的竞争与合作中，在模块化发展的产业生态中找出新的发展路径。

关键词：媒介融合　数字出版　媒介　内容产业　出版业

一、引　言

破坏性创新技术的出现，往往导致媒介领域乃至整个人类社会的巨大变革。如曾经作为变革动因的印刷机，不仅革新了媒介出版技术，而且由此导致的传播革命对现代欧洲史和早期近代科学革命都产生了巨大影响。[1] 20世纪中后期，随着数字技术尤其是互联网的迅速发展和广泛应用，媒介融合渐次展开。从发展进程来看，媒介融合受到了技术、用户、经济、制度等诸多因素的影响。[2] 就技术发展和用户需求而言，很难说两者孰为媒介融合的起点。假设一方面存在完美的媒介技术系统，另一方面存在终极的媒介用户需求，则现实中媒介系统的演进，将是在两者阶段性发展、彼此促进又牵制中向前发展的漫长过程。此外，由于现代媒介和出版主要表现为产业形态，因此产业因素极大地决定了采用哪些技术和如何使用这些技术，满足哪些需求和如何满足那些需求。还有，媒介融合同样深深地受制于政府规制等制度性力量的牵掣。

融合使知识、工具和所有相关人类活动得以深度集成。出版作为媒介产业的重要组成部分因而能够回答和解决新的问题。但是，出版须同时在理论认识和行业实践两个层面不断调整、创新，应对日新月异的市场规则和不断扩充的竞争对手名单，更新产业生态系统，从而顺应新的趋势、捕获新的机会。[3]

二、何谓媒介融合

媒介融合是人类社会的一种出版传播现象，如同开花是一种自然现象，产业集聚是一种经济现象。它是一个发展过程，指达到"融合后那种状态"的途径、方式，如通常所谓媒介技术融合、媒介产品和服务形态融合、媒介产业融合等。作为"行进中"的动态过程，它在具体的媒介产品、媒介活动或媒介机构中可以体现为不同层面、维度、水平、阶段的融合。这就使把握这个概念变得十分困难。为此，需要回到原点去探究何为"媒介"。

（一）作为嵌套系统的媒介

媒介本身是一个复杂概念。作为原意的"中介"这一过于泛化的义项姑置不论，本文重点考察出版和传播语境下的"媒介"，尤其是"大众传播媒介"。《牛津字典》将单数和复数的"媒介"定义为主要大众传播方式(广播、出版、互联网等)或其集合。[4]《辞海》将媒介定义为介于传播者与受传者之间用于负载、传递、延伸特定符号和信息的物质介质,如报纸、期刊、书籍、广播、电视、互联网等;亦指在信息传递过程中负载、传递、延伸特定符号和信息的实体工具或平台。[5]而经典的传播学教科书往往将图书、期刊、报纸、电报/电话、电台、电视、电影等视为主要的大众传播媒介类型——它们共同构成人类社会的大众传播系统。[6][7]因此,本文探讨的媒介实质上是在人与人之间、人类社会实体与实体之间、机器与机器之间传递信息和意义的层层嵌套的复合系统(见图1),它由自身又可能反复嵌套的"内容"(可视为广义的"信息")和"载体"子系统构成。媒介就像洋葱,或者说"中国盒子",打开一层还有一层。以一本虚构类图书如小说为例,作者想要通过它传达给读者的意义、意图可视为"内容",其须首先借助文字符号这种载体;而两者一旦结合就成为新的"内容",需借助纸张等载体加以表现;印了字的纸张又要放在"图书"外壳(载体形式)之中,于是才成就一本小说书。不过,与洋葱不同,媒介系统及其子系统的各层往往是异质的,而非仅有大小、位置的差异;而系统或子系统每下伸或上溯一层,在"传""受"这一对互逆过程中,都要经过一定程度上对称的"编码""解码"过程。

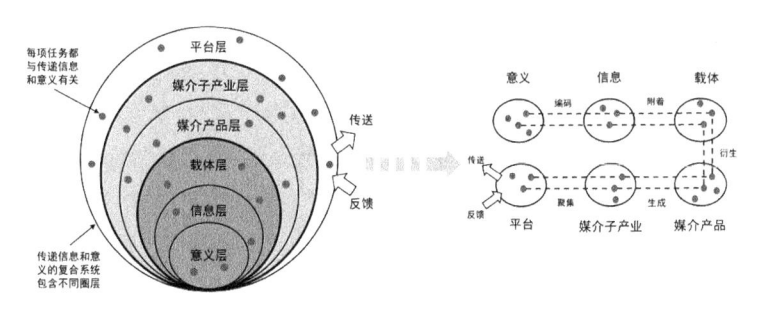

图 1 信息和意义传递的复合系统及其运作机制

1. 意义层和信息层

媒介的核心功能亦即其所以存在、发展的终极原因，在于实现了人与人之间信息和意义的有效沟通和传播。[7]其中，"意义"（包括但不限于念头、意思、想法、思想）是媒介系统运行的出发点和归宿，也是最核心的"内容"；但是，其沟通不能通过"心有灵犀"这样超现实、纯精神的方式进行，而需要适当的中介。为此，首先它需要编码为人类（晚近则可以是机器）可以理解和传递的符号或信号（可视为窄义的"信息"）；也就是说，"意义"须以"符号""信号"等"信息"为载体，构成第二层"内容"——"信息"一词有各种定义，此处将意义外显后的第一层"中国盒子"，即文、图等称为"信息"。口头传播阶段以后的人类社会，主要通过文（包括数字、数据等）、图、声音、活动影像及其排列组合实现意义的传达。[8]

2. 载体层和狭义媒介层

作为独立于"物质""能量"之外的"世界三"，[9]信息需要借助一定的物质和能量，也就是它的载体系统，以便被人类感官所感知，如被看见、被听到等。信息所赖以附着之物主要表现为光波信号、声波信号。然后，这些荷载信息的能量形式须再与适当的物质结合，并引发其可被人类或机器感知的改变，以形成狭义的媒介系统。要之，狭义媒介由狭义"信息"及其载体系统构成；其中载体使得信息的显示、保存和传受成为可能。根据信息主要荷载于光波信号或声波信号，媒介可分为视觉媒介家族、听觉媒介家族或视听媒介家族；而根据物质载体类型的差异，媒介可分为纸媒介家族和磁光电媒介家族。其中，载体系统的物理特点和性能决定了该媒介可被编码的信息类型和形式——这被称为媒介的可供性。[10]以传统纸媒介为例，它只能荷载二维文字、图表、图像信息，并主要表现为各类文章和图片等形式；而电台广播只支持声音信号，并发展出新闻播报、访谈节目、音乐节目、广播剧等形式。

3. 媒介产品层

媒介产业关于意义的表达、传播终究要通过媒介产品来实现。而近现代媒介产业的一个突出特点是根据特定的受众需求，形成针对目标市场的媒介产品类型。如电影可以分为纪录片、剧情片等；剧情片又有惊悚片、言情片、喜剧片、歌舞片等子类型。而媒介产品的类型分化既遵循内容本身发展规律，如诗歌、散文、小说等体裁和产品类型陆续出现；同时，也受到出版、传受效率和效益指标的牵引。类型化媒介产品通过关闭部分媒介可供性以实现优化并提升传播效率。[11] 这一做法显然合于媒介产业内在发展理路，所以类型化媒介产品如类型小说、类型电影等在工业革命以后大行其道也就是情理中事了。

4. 媒介（子）产业层

在上述狭义媒介可供性、特定时空受众需求和产业绩效要求的约束下，以效益尤其是投入—产出经济效益为主要导向，形成具有产业经济价值的媒介子产业，如图书出版业、电影工业等——它们共同构成整个媒介产业。媒介子产业往往体现为特定媒介产品和服务类型，背后则各有一套生产、运作和传播方式。如图文信息与传统印刷载体系统相结合，产生图书、期刊和报纸等媒介类型及相关子产业；音像信息与磁光电载体结合，形成电报、电话、录音带/唱片、电台、电视、电影等媒介类型及相关子产业。媒介产业作为整体当然尤其共性；而基于媒介类型的分化很大程度上是人为的，和劳动分工一样有助于提高经济效益/效率。其特点是把利用媒介的某个特征以满足某种特定需求做到极致，为此不惜以放大媒介的某个相对次要的局限性作为交换，从而达成总体效率和效益最优化。以纸张媒介家族的图书、期刊和报纸为例，图书以长周期换来内容深度、准确度；期刊放弃对规模经济的追求，以高度细分的目标市场和周期发行方式来满足人们对特定信息的持续需求；报纸以廉价纸张换来极为丰富、便宜的时效信息集合。不妨认为不同媒介类型都具有可供性，但其于载体系统物理特性所指示的可能与约束外，又增加了效益尤其是经济效益维度的规定性。这是几乎没有出现一万页的图书、无限时长的电影等现象的核心原因；虽然技术上是可以实现的。

5.传播渠道或平台层

媒介产品要从生产者端到达接受者端，往往需要聚集大量同类产品和服务的渠道或平台系统，以高效完成分发、发行和传播功能。这种渠道或平台系统可以是实体的，也可以是虚拟网络的，如图书代理商、批发商、实体书店、网络书店共同构成图书业渠道和平台层；院线、DVD、视频流媒体平台构成电影分发渠道和平台系统；磁带、唱片、广播台和音频流媒体平台等则构建音乐产品渠道和分发平台等。媒介融合无疑会打破围绕原有不同媒介类型建成的传播渠道和平台，而出现综合性平台，如亚马逊上可以同时流通电子书报刊、影音产品和流媒体音视频等。但是，融合并非终点，在媒介融合基础上必将产生新的分化。站在当前时点观察，仅我国视频类产品和服务已经分化为网络视频、直播和短视频等专门平台。

（二）媒介融合"融"什么？

媒介融合意味着原先媒介内部是分化的。这种分化一方面是平行媒介类型之间的条状分割；另一方面，则是媒介生产子系统、分销子系统、传播子系统之间的块状分割。在口头传播时代和抄本文献传播时代，媒介从传播的信息类型、载体形式和系统运行方式来看都相对单一和统一。印刷媒介进入大机器生产阶段，并推动人类社会进入大众媒介传播时代以后，这种条块分割的格局遂日益明显。如果说印刷媒介开启了媒介分化过程；那么在分化达到阶段性高峰的电子媒介时代初期，就已经开始出现一波融合。

1983年，美国麻省理工学院伊契尔·德·索勒·普尔（Ithiel De Sola Pool）教授提出所谓传播"模式融合"[12]：这一过程正在模糊媒介之间，甚至是邮递、电话、电报等点对点媒介形式和新闻出版、电台、电视等大众传播媒介形式之间的界限。电报、电缆或无线电波等单一物理渠道可以提供过去通过不同方式供给的服务。而反过来，过去由广播、新闻出版、电话等单一媒介形式提供的服务，可以通过好几种物理渠道供应。

这一说法指出互联网兴起之前，因磁光电载体或者说电子媒介初兴而导致的那一波传播融合。如从1977年开始，一则报纸新闻既可以通过无线电广播播送，也可以送入图文电视、可视图文系统播放。1980年代，英国有100多万个家庭安装电视图文广播解码器，可接收新闻、天气预报、星象算命等从前由不同媒介提供的各种信息和内容；而该国所有报志、杂志和目录出版商都成为这一传播系统的信息提供商。[13] 一种传播渠道可以传送不同的媒介产品类型，而同一类型的媒介内容也可以通过不同渠道传播——这对观察、思考数字时代的媒介融合状况也是有启发的。

而《不列颠大百科全书》学术版对"媒介融合"的阐述如下[14]："媒介融合，这一现象涉及信息传播技术（ICT）、电脑网络和媒介内容的互连。它汇集'3C'，即计算、传播和内容（computing, communication, and content），是媒介内容数字化和互联网普及的直接结果。媒介融合改变了既有的产业、服务、工作惯例，导致新内容形式的出现。它侵蚀久已确立的媒介产业和内容'筒仓'，日益让内容与特定设备脱钩，而这个反过来对公共政策和规制提出了巨大挑战。"

这一说法指出了媒介融合的本质特点：一是特定信息内容与特定信息载体解耦；二是媒介融合和媒介产业运营密切相关。传统媒介类型虽然都有传播信息和意义的功能，但是具体产品、服务形态及其背后的产业运作方式是泾渭分明的。以计算机、互联网为代表的数字技术则通过提供统一、包罗万象的新载体系统，打破不同媒介类型甚至媒介家族之间的界限，使得媒介领域渐次呈现一种趋同乃至统一的局面，具体体现在以下方面：①底层编码系统和载体系统的融合。媒介产品、服务以及因应新媒体特性涌现的新型媒介，其信息和内容无一例外地可以"0""1"二进制编码形式在数字媒介中保存和传输。[14] 这是媒介融合的基础、动因和表现形式。②不同媒介类型的融合。指数字媒介可完美复现几乎所有媒介产品和服务，除了某些次要功能的损失，如传统读书人所要求的"书香"——但这个更加是文化心理而非实际功能上的。当然，原有媒介类型并不一定消失，尤其不会一起消失；而且，媒介融合后新型数字媒介类型或媒介产品将不断涌现、衍变、淘汰或定型。③产业层面的融合。它体现为媒介产制、分发、显示、使用和保存，或者说媒介信息层、载体层、媒介产品层、媒介（子）产业层、渠道和平台层的交叉融合。各种数字媒介产品和服务类型可以共用、共享产业基础设施，生产运营机构、设施、方法乃至人力资源队伍，产品和服务形态，发行传播渠道和平台等；并且，由此获致数字媒介产业的规模经济和/或范围经济效应。这是媒介融合的经济动因，也是推动和实现融合的重要路径。

三、融合视角下的出版

融合视角下的出版还是出版吗？媒介融合对于出版的具体影响为何呢？

（一）出版概念衍变

与"出版"对应的英文词主要是"publish""publishing""publication"等。据《牛津英语词典》：英文动词"publish"出自法文"poeplier, publier"，原义是"以正式或官方方式宣布"，因此也有公告、发布、颁布等义；其在英文中的使用最早见于大约1325年的文献。"publishing"是publish的派生词。英文名词publication指"出版"；或者，书、报、刊、电子书等"出版物"。从词源来看，它部分借自法文"pupplicacioun，publication"，部分借自拉丁文"pūblicātiōn-，pūblicātiō"；而拉丁文和法文之间本来有渊源关系。"publishing""publication"原初的意义都是"让公众知晓某事的行为"。这个意义的两个词在谷登堡活字印刷术发明之前既已使用，《牛津英语词典》提供了大约1387年和1429年包含"publication"一词的例句；大约1450年包含"publishing"一词的文献。两词较晚出的引申义是"书报刊或其他印刷品通过销售方式向公众发行"，或"把电子形式的材料让公众接近、获取的行为"。其中，这一义项的"publication"，最早的例句出自1576年的文献；"publishing"则最早见于大约1454年的文献。[15]

而汉文文献中原无"出版"一词，而只有意义相近、相关的词语如"雕版""镂版""板印""镌印""刻印""开板""开版""上梓""梓行""活版""刊刻""刊行""印刷"等。据胡国祥《"出版"概念考》：高名凯、刘正埮所著《现代汉语外来词研究》认为，"出版"系日本人以汉字"出""版"去意译英文"publish"一词而产生；或如意大利语言学家费德里克·马西尼（Federico Masini）在《现代汉语词汇的形成——十九世纪汉语外来词研究》中所说："出版，……，双音节词，动宾结构，来自日语的原语汉字借词。"[16]又据林穗芳《明确"出版"概念 加强出版学研究》一文，1756年"出板"一词已见于日本文献；后其为"出版"一词所取代，并首见于明治2年（1869年）颁布的日文《出版条例》。[17]较早用"出版"一词的中文文献，则有1879年黄遵宪与日本友人龟谷省轩的笔谈，"今日内务府出版之书，层出不穷，无一人为此事，亦一大憾事"[18]；1899年梁启超在日本写的《自由书·序言》，称"西儒约翰·弥勒曰：'人群之进化，莫要于思想自由、言论自由、出版自由。'

三大自由，皆备于我焉，以名吾书"。

综上所述，英文之"出版"从起源、原义到目前用法，都不局限于印刷出版。如《不列颠大百科全书》第14版"出版"条所言："出版是对书写的著作物的选择、复制和发行。尽管它在现代已变得依赖于印刷和纸张，但它的产生比这两者都要早。"[19]而在受汉字文化影响的东方国家如日本、朝鲜、越南等，从"出版"一词的渊源、流变和传统解释来看，基本都包含"印刷"的意思。[20]但是，如果认可"活字印刷出版"是"雕版印刷出版""手抄出版"的赓续，则究其实，"佣书""镌印""上梓""出板""出版"等，都无非是"把信息向大众传播"[21]这样一种人类活动的不同发展阶段。人们固然可以给每个阶段一个贴切的新名称，但是要总括这样一种有源、有流、有传承的人类活动，以"出版"名之恐怕仍是迄今为止的不二之选。只是须适度脱开"出版"二字的本义或字面意义，而在"把信息向公众传播"这样一种意义框架中，将其视为一个适度流动、开放的概念。

（二）基于媒介融合的出版

那么在媒介融合视角下，如何界定"出版"？为此，不妨先逐项检视其存在的前提条件。一是"公之于众"。这是出版的必要条件，通常体现为出版物的发行、发售等传播形式。如果是写了日记压箱底、或者印几本自己保存，都不是"出版"。二是数据、信息、知识等内容须通过适当编码形式与专门实物载体系统相结合，形成书、报、刊、软件、电子游戏等媒介产品或出版物。据此，在集会上发表演讲就不能算是"出版"。这一过程，一般来说会涉及编辑加工和"定稿""母版"的制作——但无论是中国还是西方，编辑在出版中都是比较晚出的构成要素。它在中国是雕版印刷业发展到一定阶段的产物，在西方则是18世纪大工业生产后才成为出版业组成部分的。至于具体的出版物形式，依据不同分类标准和情境，可以横跨前文所讨论的媒介家族（如印刷出版物）、媒介（子）产业（如图书业）或者媒介产品类型（如网络小说）等层级。三是须伴随大规模复制，不一定是印刷，可以是手抄、翻刻或数字化拷贝等方式，以形成媒介产品、内容产品或曰"出版物"。林穗芳、王勇安等研究者都提到"成批复制""规制化复制"是出版的必要因素或基本矛盾。[22][23] 四是建制化。就出版业而言，它不是个人即兴行为，而是有组织、有规范、有序的人类活动。它可以是意识形态和文化导向的"事业"，如我国古代的官刻、家刻，欧洲中世纪修道院的缮写室系统。但是在人类历史的大部分时期，它同时是一门生意，一个行业、产业或职业。其历史至少可以上溯至西汉扬雄所称"书肆"，古罗马阿提库斯规模庞大的抄书坊等。[24]《不列颠大百科全书》学术版在"出版史"词条中也提到：出版始于神职人员对书写的垄断被打破之后，而且与书写商业价值的开发有关。而无论是事业还是产业，背后都有整套的价值观、专（职）业规范或运营惯例。[25] 可以有少量出于爱好的出版活动，如近代以来的同人出版等；然其虽可视为出版的组成部分，对出版多样性尤有特殊价值，不过从各方面来看都不是出版主流。一些研究者，如王勇安"规制化复制""规制化知识信息生产"，吴赟"包含一种社会规制性"的说法都涉及此点。

因此，所谓"出版"是指对数据、信息、知识、作品等内容进行选择、加工等编校处理并适当编码后与特定载体相结合，制作生产媒介产品（出版物），向公众发行、传播的建制化人类活动。而所谓"数字出版"，不是说在"出版"之外还有"数字出版"这回事；而是如同抄写出版、印刷出版、电子出版均为"出版"不同发展阶段，"数字出版"是出版迄今为止最新的发展阶段。媒介融合将导致大的数字内容产业诞生；而数字出版将成为数字内容产业的重要组成部分。媒介融合背景下的数字出版仍处在"襁裸期"：一方面，它将持续吸纳此前的出版成果，即将印刷出版、抄写出版甚至古文献时期的出版物做系统的数字化迁移；另一方面，如在线游戏、互动小说、手机小说、博客、短视频、在线音乐、VR出版物等原生型数字出版物将不断涌现，并经历大浪淘沙的过程。如果说从前出版与大众日常生活相结合，形成了日历、手账出版等实用出版类型；与大众一般精神文化生活相结合，形成大众出版类型；与学习目的相结合，形成教育出版类型；与特定专业、职业活动结合形成STM（Scientific，Technological and Medical，科学、技术和医学）出版、学术出版等专业出版类型；与一般行业结合形成客户出版、行业杂志等类型，数字出版的发展恐怕也大率如此。尚无法预知，未来究竟会有怎样的数字出版产品和服务亚类，可以像图书、报纸、期刊一样在相当长的历史时期内独立于世。但媒介融合之后，出版业的愿景是清晰的，那就是利用数字技术使数据、信息、知识和作品等出版内容像水和空气一样无缝地进入人类生活、学习、工作的方方面面；要让用户像打开开关用电、拧开水龙头取水一样，毫不费力地取用数据、信息、知识、作品等内容。但是命名，也就是说媒介融合后出版还叫不叫"数字出版"甚至"出版"，或者新增部分将以何新名称成为内容产业、传媒产业、文化产业或信息产业的组成部分，这些都存在变数。因为它将是利益相关者以及更广泛的技术、社会因素博弈、互动的结果，其间既有话语权争夺和力量比拼，同时也不乏许多随机因素的作用。

四、出版的进路

在媒介融合背景下谈出版进路，实际上是要探讨出版产业如何发展；而产业的发展则取决于其中的企业。数字出版产业的发展壮大将为无数大小、能力不一的新进入者创造巨大机会；但是对于传统出版企业而言，只有完成转型升级和融合发展任务，才有望成为数字出版甚至更大的数字内容产业的组成部分。不过，新老出版企业要解决的问题是一样的，即在洞察顾客对于数字内容产品和服务根本性需求的基础上，整合资源、做好经营管理、获取竞争优势，以保障企业的生存和发展。

（一）资源的进路

资源是企业参与生产和分配的关键要素；出版企业的发展离不开资源的获取、配置和使用。企业由于整合的资源不同，在产业链中占据着不同的分工位势；而不同位势的企业，利润丰厚程度不同。根据资源位理论[26]，产业所需资源可分为软资源和硬资源。在媒介融合的大背景下，设备、场地等边界清晰的静态有形资源，即硬资源回报率日益降低；而内容、渠道和技术等软资源将成为财富的主要来源。因此，占有、整合和调配真正能产生价值的资源是出版企业今后面临的头等大事。

1. 内容资源

出版业终究要通过内容体现行业价值。古今中外所有重要的出版业务、经营和组织活动都是围绕"满足读者精神文化需求的内容"展开的，亦即所谓"内容为王"。今后无论传播媒介和外部环境如何变动，数据、信息、知识、作品等内容资源都将居于出版业的核心地位。不过，媒介融合革新了出版领域内容资源来源、类型以及出版机构与内容资源的关系。

从内容资源类型看，媒介融合使资源形态和应用不断变化，数字音视频、数字图像、数字人文资料、数据、开放教育资源乃至虚拟现实内容等都将逐渐成为出版企业进行开发制作、传播和利用的常规资源形态。其中，数据作为一种新型内容资源，本身可以加工成服务于最终用户的内容产品；同时还可以是关于内容产品、用户、经营活动的数据资源，以服务形式嵌入各行各业，成为促进行业发展的潜在力量。以科技出版为例，早在20世纪70年代联合国教科文组织提出的UNISIST科学交流模型就已极富预见性地指出数据出版的意义与价值[27]，只是囿于彼时的计算能力，这一出版亚类远远达不到规模发展的地步。时至今日，就像吉姆·格雷（Jim Gray）指出的，科学研究已经发展到"第四范式"即数据密集型科研[28]；数据的出版、存储、复用等将成为科学探索的关键。而事实上，数据出版的发展空间和潜力还要远超出科技出版之外。国内外大众、教育、学术和专业出版领域许多有基础、有条件的出版机构，都可以利用自身在细分领域的积累开展相应的数据出版工作。

从内容资源来源看，互联网出现之前内容生产以PGC（Professional Generated Content，专业工作人员生产内容）模式为主；而互联网技术与移动通信技术的应用普及，赋予了个体内容表达、传播和价值创造的能力，UGC（User Generated Content，用户生成的内容）等碎片化内容资源成为不可忽视的重要内容来源。此外，随着智能技术的发展，海量MGC（Machine Generated Content，机器生产内容）也在涌现中，如许多新闻网站都在使用机器学习工具自动生产文章。但是，考虑到汲取内容资源的能力和水平，许多传统出版企业与其费力去整合海量而质量参差不齐的UGC、PGC内容，不如将PGC做到极致。例如，随着IP（Intellectual Property，知识产权）多元价值开发在内容产业中日益盛行，磨铁公司面向全行业开放自己的IP池，并通过上线版权管理系统以及与影视版权交易平台合作等方式，让IP获得全产业链运营能力和更长的生命周期。[29]

从出版机构与内容资源的关系看，以往主要是版权所有者授权出版企业基于其作品出版、发行出版物，而且在一些国家和地区这种关系还得到专有出版权的保障。现在除此之外，一种可能的发展路径是免费提供平台、渠道和相关服务来换取UGC以及其他机构的 PGC 产品，或者自行生产 MGC 产品，然后平台或渠道系统通过打包并海量传播内容资源来获取收益，最后各方分成。但是，这条路径往往只有技术和资金实力很强的企业才可以尝试；对于包括大多数传统出版企业在内的中小规模企业而言，则可以探索在垂直领域、细分市场上培育原创资源，或为新的内容资源来源提供接口。这不仅能满足信息爆炸时代对内容生产能力和质量提出的高要求，还可以发挥出版专业人员的把关人效用，促进 PGC、UGC 生产模式良性交融。

2. 渠道资源

数字技术应用导致基础设施、专业业务技能以及产品和服务传播、呈现、存储形态趋近。互联网行业曾经催生很多致力于连接端，亦即搭建传播渠道和分发平台的企业。以电子书为例，如亚马逊的 Kindle、苹果的 iBook、当当云阅读、多看阅读等；以流媒体为例，如奈飞（Netflix）、亚马逊 Prime Video、苹果 Apple TV+、腾讯、爱奇艺、芒果 TV 等；以在线教育为例，如可汗学院、麦格希 Alex、纽顿（Knewton）、新东方、好未来、网易云课堂等。

早期很多出版企业也试图效仿建立自己的数字传播平台，希望通过连接端的成功带动内容发展，但结果往往是费力做了很多新媒介平台，却很难和用户产生真正的对话。不只出版企业，互联网中无数大大小小的败局，都因疲于既做内容又做渠道的两头作战。[30] 对于出版企业而言，今后自建综合性渠道和平台几乎不可能获得成功。其在渠道资源上最好的出路是将产品和服务有针对性地"接入"强大的传播渠道中，借助现有互联网平台的成熟技术手段、运营理念、用户留存等基础，推送自己的内容、建设和经营自己的社群。尤其在 5G 高速发展和短视频兴起的热潮下，出版企业可以在各大连接平台上低成本实现社群快速扩张。如 2020 年以来，人民文学出版社抖音号粉丝增长近 20 万，今日头条号粉丝多达 40 万，并形成以豆瓣、微信、抖音等多个社交平台组成的新媒体矩阵。入驻社交媒体平台是大众出版企业为激活垂直细分领域的传播活力采取的主要方式；而对于用户群体相对集中的教育出版和专业出版企业而言，尤其是一些龙头企业，可以考虑自建平台以集成针对目标市场的内容资源，形成范围经济效应。

3. 技术资源

20世纪90年代以来，互联网、移动通信技术以及随后大数据、人工智能、云计算等前沿技术极大地影响了经济结构甚至社会发展的基本逻辑以及人们的生活方式。而媒介融合正是这些技术共同作用的结果。因此，对出版等传媒内容产业而言，掌握技术资源是在媒介融合背景下必须解决的首要问题。

对于传统出版企业而言，所谓掌握既可以是"拥有"——企业以技术员工、专利所有权等方式拥有技术；也可以是"使用"——企业通过合作或外包方式利用技术。[31] 为此，出版企业可以通过收购技术企业，弥补自身不足。如在1999—2017年期间，培生集团耗资67亿美元完成30余起并购，获得以数字服务、专利等形式存在的技术。但如收购成本过于昂贵，出版企业也可以通过外部合作提升技术创新能力。此外，技术资源的掌握与从业人员结构的转变和改善息息相关。多元化、多层次技术人才的培养可推动出版企业持续发展。如拥有140余年的学术出版巨头爱思唯尔在转型为信息分析服务提供商的过程中不断调整人才结构，扩充技术人员比例。如今，其旗下有ScienceDirect、SciVal、Scopus等多个信息分析产品和解决方案，在其员工队伍中，则每7个人中就有1名技术人员。[32]

除了掌握常规技术，出版企业还应保持对新技术应用的敏感性。近几年，5G的出现扫除了信息处理和数据传输等基础设施层面的难题，帮助AI、VR、区块链等技术走出实验室并在各行各业获得广泛应用，从而催生新业态和新的用户媒介偏好。其中因从前移动网络计算能力不足而未能在移动场景中普及的VR技术，有望成为5G的第一波"杀手级"应用和下一代媒介平台。因此，对出版而言VR出版将成为5G时代最具想象空间的发展领域和颠覆性进路之一。[33]又如，区块链由于具备去中心化、不可篡改、可追溯性等特征，将成为引发新一轮出版革命的核心技术，内容生产、版权保护以及数字资产管理等都将是该技术的应用场景。出版企业须密切关注并把握这些技术在出版领域的发展方向，才有可能及时跟进，满足新的市场需求。

（二）价值主张的进路

在印刷媒介的黄金时代，出版企业追求的是规模经济——通过对专家能力（内容资源）、技术能力和业务组织进行整合，使市场销量增加和总成本下降，从而获取经济利益。随着技术创新和媒介融合加速，新进入者带着对客户需求的洞察和全新的技能开启了数字出版新纪元。面对客户需求和竞争对手的巨大变化，明确或调整价值主张，是数字出版企业高效地定位和整合资源的依据，也是有效开展创新的前提。

价值主张是企业面对未知的顾客和市场开展新业务、设计新商业模式时，对潜在顾客根本性需求的洞察，以及如何运作才能满足这种需求的假设。[34]具体而言包括：①洞见目标用户及其根本需求，即准确、深刻地理解目标用户的某项需求或解决用户的某个问题；②明确企业的交付物，即提供何种满足用户需求或解决用户问题的产品或服务。[35][36]在媒介融合背景下，数字出版用户对内容产品和服务的根本诉求还是解决生活中的精神文化需求和学习、工作中的信息、知识需求，但是具体到需求类型、形式和交付时空等要求，则还是有些根本变化：①用户，包括个人用户和机构用户，对于媒体的需求不再局限于消费其中的内容，而同时包括生产媒介内容甚至运营媒体。这种需求广泛地体现为在公益性或商业性网站创作并传播文字、图片或音视频形式的各种评论、网络小说、有声读物、短视频等。媒介产业的任务之一是通过提供服务，将供给侧出现的大量 UGC 整合成为整个产业不可分割的组成部分。[37] ②在新型用户与媒体的关系中，认同（identification）和区隔（differentiation）的需要同时并存。一方面，基于不同目标、任务、兴趣或偏好等，用户形成了诸多媒介社区共同体，这些共同体之间存在巨大差异。另一方面，认同需求广泛地存在于面向生活、学习和工作的媒介消费及使用过程中，体现为这些社区内部群体意识强、互动紧密。例如全球二次元文化爱好者都集结在插画社区网站 Pixiv、动漫社交平台 Kitsu、欧美动漫评分网站 MyAnimeList 这样的平台中。③用户内容需求变得无处不在。移动数字平台使用户消费场景不需要根据有形地点来定义。在移动技术支持下，场景得以延展到更广阔的情境中——人们在移动状态下面临的不同环境，都将成为数字出版企业理解和认识用户行为和需求的出发点。④用户对内容产品和服务的便捷性、易用性和高效性提出更高要求。技术驱动新媒体不断发展和增强服务能力，数字出版企业需要紧跟大数据、人工智能、区块链、混合现实等前沿技术，在其辅助下有针对性地为用户提供高质量的内容和服务。

除了上述对用户根本性需求的洞察，价值主张还要在此基础上解决企业提供物的战略设计问题。其中主要包括提供何种数字出版产品和服务；产品和服务如何定价；如何实现与竞争对手提供物的差异化，即企业获取竞争优势的来源是什么。因此，价值主张亦可视为企业商业模式的源头、出发点和灵魂。[38][39] 它决定如何利用可用资源为客户生产符合需求的数字出版产品和服务（创造价值），以及如何将产品和服务传递给用户（传递价值）并收取费用（获取价值）。在此过程中，数字出版企业需要深刻地理解和认识与竞争对手在产品、服务上的差异，同时兼顾价值创造伙伴等其他利益相关者的价值诉求（见图 2）。[40] 如索尼虽然是 20 世纪八九十年代世界消费电子领域无可匹敌的巨头，但却未能像苹果一样成功进军数字内容产业。根本原因在于它未意识到数字时代的价值主张、战略逻辑与工业时代有所不同，仍只将资源专注于制作质量更高、更出色的音乐播放设备，忽视了通过软件、内容服务为用户提供差异化情感体验；而苹果则通过"iPod + iTunes"硬件、软件并行模式打造用户体验良好的内容分发系统和生态，使硬件生产商、软件开发商、内容提供商和用户都能从中受益。[41]

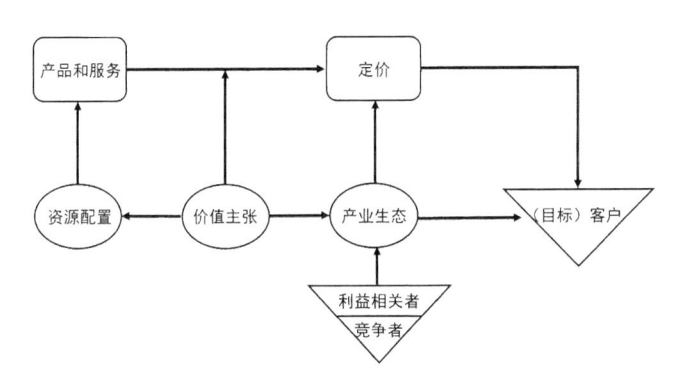

图2 基于价值主张的商业模式概念模型

（三）产业的进路

融合背景下或曰数字化阶段的出版产业，产业生态是由产业链条上不同类别的参与者以及产业发展所需的各类资源、外部环境等共同构成的有机系统。由于内容生产与发布技术更为多样、复杂，囿于传统生产流程的出版企业无法承担所有的生产经营工作，因此必须与来自行业外的基础设施提供商、技术提供商甚至内容提供商紧密结合、分工协作才能更高效地创造市场价值。总的来看，数字出版产业将以一种集群模式实现产业转型，其中产业组织呈现出模块化发展的趋势。

产业模块化是指产业的价值链结构逐步裂解成独立的价值节

点，然后伴随价值节点的横向集中、整合以及功能的增强，形成多个相对独立运营的价值模块制造者以及若干模块规则设计、集成者的产业内动态分化与整合过程。[42] 具体到出版产业，则是将出版价值链上的不同节点重新进行横向块分割和纵向条切割，使各个业务能力关键要素（内容开发、技术加工、内容分发、软件开发、硬件开发等）和不同业务（电子书、有声书、在线教育等）独立出来；甚至于在业务内部，将原本属于出版企业的选题、策划、排版等职能分离出来，成为既分工又合作的独立企业。在此过程中，出版产业新进入者和传统出版企业有可能基于价值增值目的组成企业联盟。这种联盟实际上是介于出版企业和市场之间的"中间性组织"。[43] 从组织架构角度看，每一个企业联盟都由拥有不同种类和等级资源的企业组成；它们根据资源差异居于不同层级并分工协作（见表1）[44]。从价值创造角度看，由于最终产品和服务的变现是由联盟中的各企业协作完成的，因此总价值也会在这些企业之间进行分配，而价值会流向拥有关键资源的企业。如伴随脸书、亚马逊、苹果、奈飞等从事内容集成和分发业务的互联网企业的兴起，美国媒体经济重镇就从书报刊、电影、电视等原创内容生产商聚集的纽约、洛杉矶、好莱坞转移到数字内容集成和分发商所在的硅谷和西雅图。[45]

表1 产业生态中不同企业拥有的不同资源 [46]

资源等级	初级	中级	高级
资源类型	资本、制造技术	知识、设计技术	品牌、技术、规模、客户关系和社会资本
资源特性	价值性	价值性、稀缺性	价值性、稀缺性、难以模仿

麦肯锡曾指出，未来商业生态系统中会形成鲸鱼、布谷鸟和

益生菌并存的局面，即商业系统中将既存在巨头式平台、小型新生代机构，也存在介乎两者之间的企业。在企业联盟模式中，具有品牌、规模和技术资源优势的企业作为"龙头"企业，将为产业提供相对稳定的标准体系，包括生产规则、消费规则和商务规则等。这类企业由于具备的资源相对关键且难以复制，通常充当系统集成商和内容分发商的角色，如亚马逊、苹果、腾讯等。而有的企业由于只具备初、中级内容和技术资源，因此将在龙头企业制定的规则下，完成某类具体产品、服务的研发、加工、制造和检测等环节。但现实中，出版产业生态远远不是这样简单的划分就可以全部概括的。有的企业并不固着于某一价值点，而会从事不同垂直领域的价值活动，在不同业务板块有不同的表现形态；而同一垂直领域的企业也会因为在资源优势上的不同而存在高低之分。如苹果公司，它既是 iOS 或 MacOS 操作系统的开发商，又是基于其上的应用商店 iTunes Store 的集成商，同时还是涵盖硬件、软件、内容等产业链环节的商业生态。就程度而言，苹果和中国知网、抖音、喜马拉雅等某一垂直领域的平台集成商相比，在出版价值链的控制范围和营利能力上有显著差距；尽管中国知网等平台在其领域内相较于其他平台，也是头部集成商，可揽括大部分垂直市场份额。由此可见，低位阶企业在产业内获得竞争优势和价值份额的空间会更加逼仄。

因此，由于拥有的资源优势参差不齐，出版企业在企业联盟中可采取的应对策略不尽相同。一方面，对于只拥有初级资源、自身局限性较大的企业而言，最重要的是把自己放在更广泛的生态系统中考虑如何在利基市场上做到不可替代，进而巩固乃至提升在企业联盟中的层级。以多数大众出版企业为例，其中有很多无法成为平台型企业；但即使它们也要以平台生态系统的思维方式思考和行动，[47]即借助互联网企业的数字化平台和渠道，选择适当的价值节点，专注于某一垂直领域或几个垂直领域，在取得成本优势和价值提升后不断拓展生存空间。例如，华纳传媒近年在收缩业务上持续作为，舍弃音乐、图书出版等与转型方向相悖、市场表现较差的业务，集中力量发展影视娱乐这一主业务路线，从而表现更加突出。至于具有一定高级资源的出版企业，则可对资源进行更广泛、深入的整合开发，不断追加出版产品和服务价值。在能力足够时，可尝试将企业组织转化为可接入多价值节点的新平台。如爱思唯尔等学术出版巨头，由于拥有知识、技术、品牌等高级资源，因此既具备做深纵向产品服务线的能力，开发不同的学术出版产品和服务，又可以完成横向系统集成与升级，不断吸收外界优质资源，将一些从价值节点上冒出来的有潜力的小型企业收入囊中。如它收购学术社交平台 Mendeley、投审稿系统 Aries 等，将其嵌入自身搭建的学术出版和科研服务生态系统中。

总的来说，无论是出版产业中的大型企业还是小型企业，在企业联盟中的层级和发展路径均由其自身资源和价值主张决定，并将随着产业环境和市场需求的变化不断修正。

五、结　语

媒介作为复杂嵌套系统大致可以分为意义层、信息层、载体层、媒介层、媒介产品层、媒介（子）产业层、渠道和平台层等。媒介系统的终极目标是实现意义的传递和沟通，所谓媒介融合是指各个层次、类型的媒介系统，其不同信息编码形式、载体系统、内容类型、发行和传播系统以及依此产生的媒介（子）产业之间界限消融的过程。它展现了打破传统媒介类型在受众使用层面的感官限制和区隔的潜力。从前面对书报刊，读者主要是阅读；在银幕和银屏前，观众主要调动视觉感官；收听广播，听众主要调动听觉感官。而融合时代，数字媒介可以同时展现阅读、观看和收听功能；虚拟现实、增强现实等数字技术与出版结合，甚至可让用户拥有压力、位置变化等触觉范畴的体验。因此，媒介融合就像媒介系统内部的核聚变，必然结果是融合基础上新的媒介和媒介产业的分化、分蘖，并最终从根本上改变媒介面貌、重构媒介生态格局。

在媒介融合的大背景下，出版将发展到数字出版阶段，其作为数字内容产业的重要组成部分，须满足下列条件。第一，须公之于众，并往往通过数字化方式。将数据、信息、知识、作品等内容进行选择、加工等编校处理，然后当前主要以二进制编码形式与计算机、手机、网络等载体相结合，提供不同类型的知识、信息产品和服务。融合后新的媒介类型、媒介产品和服务将随着数字技术和其他社会因素的影响不断推陈出新；并围绕新的产品和服务形态形成（子）产业领域。从理论上来说，这种内容产品须具备可反复调用和存储的功能。第二，大规模复制。数字出版的复制有其自身特点。复制虽仍属必要，但从时间和流程来看，已蜕变为生产制作的伴随动作，可轻巧地由个人轻动指尖完成。因此，它相对于生产制作的独立性尤其是经济意义和价值消失了，一般不需要成本，而且，很多情况下复制与数字出版的用户使用行为同步发生。第三，规制化。新的价值主张、规范、规则、标准、秩序正在形成中，但有一点可以肯定，即产业逻辑仍将是数字出版最重要的主导逻辑之一。从个人兴趣出发的 UGC 创作者，其中相当一部分正以产销者身份被吸纳、整合进新的数字经济体系，就是很好的例证。

在媒介融合的影响下，出版领域所发生的变化是深刻和多样的，并且将继续处于动态变化之中。目前，各传统出版企业纷纷构建新兴商业模式，因行业、企业和发展目标的不同，采取的发展路径也有所不同。在大众出版领域，互联网企业和传统出版企业共同部署市场，基于数字阅读和网络文学的 IP 全产业链运营成为发展重点；在教育出版领域，面向基础教育、高等教育、在线培训等领域各类数字教育产品和服务大量涌现，初步形成面向多层次需求的发展模式；在专业出版领域，出版企业以知识服务为突破口，在特色资源数据库、知识服务平台等产品和服务模式上取得了较大突破。[48]但是，媒介融合并不意味出版只要参与就能分到一杯羹，因为除了融合还有分层，产业链条中利润丰厚和薄弱的环节并存，对毫无准备就进入市场的企业而言，媒介融合将更是一种破坏性力量和威胁。因此，出版机构必须重新审视"出版"的起点和核心要义，明确在媒介融合背景下的各种"变"与"不变"，遵循数字时代的服务逻辑和自身价值主张，结合对受众根本性媒介需求的洞察，主动搜集和汇聚各类资源，从而在媒介融合重新界定的数字内容产业的广阔版图中找到立足之地。

（作者单位：武汉大学数字出版研究所，武汉大学信息管理学院）

参考文献：

* 本文系国家新闻出版署出版融合发展（时代出版）重点实验室开放课题"出版融合发展模式研究暨时代出版融合发展指南"的研究成果。

[1]伊丽莎白·爱森斯坦.作为变革动因的印刷机[M].何道宽，译.北京：北京大学出版社，2010.

[2]A. Lugmayr, C. Dal Zotto. Media Convergence Handbook - Vol.2[J], Media Business and Innovation, 2016: 3-16.

[3]Bainbridge W. S., Roco M. C.Science and technology convergence: with emphasis for nanotechnology-inspired convergence[J]. Journal of Nanoparticle Research, 2016, 18(7): 1-19.

[4]Lexico.Media[EB/OL].[2020-09-28] https://www.lexico.com/en/definition/media.

[5] 大辞海. 媒介 [EB/OL].[2020-09-28] http://www.dacihai.com.cn.

[6]Dominick, Joseph R. The dynamics of mass communication: Media in Transition[M]. McGraw-Hill, 12th Edition, 2012.

[7] 威尔伯·施拉姆, 威廉·波特. 传播学概论（第二版）[M]. 何道宽, 译. 中国人民大学出版社, 2010.

[8] "信息" "意义" 虽然此处并用, 但两者并非同一层面的东西。美国哈佛大学的研究小组曾经提出著名的"资源三角形"理论: 没有物质, 什么都不存在; 没有能量, 什么都不会发生; 没有信息, 任何事物都没有意义。从这个角度来看, "信息"是"意义"的载体。

[9] 这个编码过程至少还涉及一个思维过程, 从传播角度看也是一个人内传播过程, 意义首先表达为语言; 以及一个行为过程（如书写、发声等）。为陈述清晰起见, 此处不赘述。

[10] 卡尔·波普尔. 客观知识 [M]. 舒炜光, 等, 译. 上海: 上海译文出版社, 2001: 78.

[11] 在数字媒体领域, 至今最被接受的媒介可供性定义从唐纳德·诺曼 (Donald Norman) 的感知可供性理论出发, 指决定媒介被使用方式的真实属性和感知属性, 并强调其可由用户形成, 设计人员应关注人机如何交互, 以促成或约束用户的媒介行为。而本文对媒介可供性的定义与玛丽-劳尔·瑞安 (Marie-Laure Ryan, 参见: Ryan, Marie Laure. Avatars of Story [M]. London: University of Minnesota Press, 2006) 较为一致, 指媒介属性指向的规定性, 即其可荷载何种内容, 允许何种用户行为。

[12]Ryan, Marie Laure. Avatars of Story [M]. London: University of Minnesota Press, 2006: 27.

[13]de Sola Pool I. Technologies of freedom[M]. Belknap Pr, 1983: 23.

[14] 徐丽芳, 刘锦宏, 丛挺. 数字出版概论 [M]. 北京: 电子工

业出版社，2013：11.

[15]BritannicaAcademic.MediaConvergence[EB/OL]. [2020-07-28] http://academic.eb.cnpeak.com/?target=%2Flevels%2Fcollegiate%2Farticle%2Fmedia-convergence%2F439212+Introduction%C3%AF%C2%BC%C2%8Caccessed+7%2F10%2F2020.

[16] 数字技术也可以采用三进制或多进制。此处"数字媒介"也被称为第五媒介，是相对于报纸、杂志、广播、电视四大传统媒体而言的。实际上，媒介融合并不是传统媒介和新媒介类型之间的差异和界限凭空消失并合而为一，而是说第五媒介可以统一地荷载此前几乎所有媒介类型的信息和内容形式。

[17] "牛津"系列英语词典的特点是注明词条进入英语的确切时期，标明单词起源与初入英语时的原始拼写形式，给出意义变化较大的词条在不同阶段的简明释义，标明每一词条的归属类别。此处相关释义检索《牛津英语字典》在线版（https://www.oed.com）的 publication 词条。

[18] 胡国祥. "出版"概念考辨 [J]. 武汉大学学报（哲学社会科学版），2008（3）：437-442.

[19] 林穗芳. 明确"出版"概念 加强出版学研究 [J]. 出版发行研究，1990（6）：13-20，1，12.

[20] 吉少甫. "出版"考（续）[J]. 出版发行研究，1991（5）：66.

[21][22] 林穗芳. 明确"出版"概念 加强出版学研究 [J]. 出版发行研究，1990（6）：13-20，1，12.

[23]Bing 词典提供的 "publication" 的释义为 "the communication of information to the public"，即把信息向大众传播。参见：Bing. Publication[EB/OL]. [2020-09-28] https://cn.bing.com/dict/search?q=publication&FORM=BDVSP6&mkt=zh-cn.

[24] 林穗芳. 明确"出版"概念 加强出版学研究 [J]. 出版发行

研究，1990（6）：13-20，1，12.

[25] 王勇安，成云. 融合出版环境下对"出版"概念表述的再思考 [J]. 出版发行研究，2017（1）：13-17.

[26] 王以铸. 谈谈古代罗马的"书籍"、"出版"事业 [J]. 读书，1981（12）：135-140.

[27]Britannica Academic. History of Publishing[EB/OL]. [2020-07-28] http://academic.eb.cnpeak.com.

[28] 资源位是广义资源空间中，能够被某经济系统（经济主体）实际和潜在利用、占据或适应的部分，就成为该经济系统的资源位。参见：昝廷全. 资源位理论及其政策启示 [J]. 中国工业经济，2000（9）：19-22.

[29] 徐丽芳. 数字科学信息交流研究 [M]. 武汉：武汉大学出版社，2008：108-112.

[30]Tony Hey, Stewart Tansley, Kristin Tolle. The Fourth Paradigm: Data-Intensive Scientific Discovery[J]. Microsoft Research，2009.

[31] 中国出版传媒网. 沈浩波：磨铁 10 年，从畅销书制造者到 IP 运营企业 [EB/OL]. [2020-09-28] http://cbbr.com.cn/article/114786.html.

[32] 亿欧. 吴晓波：我所理解的社群经济 [EB/OL]. [2020-07-28] https://www.iyiou.com/.

[33] 徐丽芳，王心雨，张慧. 国外教育出版数字化发展对我国的启示——以培生集团为例 [J]. 出版广角，2019（1）：11-15，32.

[34] 搜狐. 2020 年，全球学术出版业将走向何方？[EB/OL]. [2020-07-28] https://www.sohu.com/a/367546865_721765.

[35] 徐丽芳，陈铭. 5G 时代的虚拟现实出版 [J]. 中国出版，2019（18）：3-9.

[36] 王雪冬，冯雪飞，董大海. "价值主张"概念解析与未来

展望 [J]. 当代经济管理, 2014, 36（1）: 13-19.

[37] Johnson M. W., Christensen C. C., Kagermann H. Reinventing your business model[J]. Harvard Business Review, 2008, 35（12）: 52-60.

[38] Kaplan, Robert S., Norton, David P., Norton. Strategy maps: converting intangible assets into tangible outcomes[M]. Boston: Harvard Business School Press, 2004: 10.

[39] 彭兰. 新媒体用户研究 [M]. 北京: 中国人民大学出版社, 2020: 246-248.

[40] Teece D. J. Business Strategy and Innovation[J]. Long Range Planning, 2010, 43（2-3）: 172-194.

[41] Johnson M. W., Christensen C. C., Kagermann H. Reinventing your business model[J]. Harvard Business Review, 2008, 35（12）: 52-60.

[42] 张敬伟, 王迎军. 基于价值三角形逻辑的商业模式概念模型研究 [J]. 外国经济与管理, 2010, 32（6）: 1-8.

[43] 胡泳. 前浪索尼, 后浪苹果（上）[EB/OL]. [2020-09-28] https://card.weibo.com/article/m/show/id/2309404538130626904277?_wb_client_=1.

[44] 梁军. 组织重构: 产业模块化下企业应对策略研究 [J]. 经济与管理研究, 2008（7）: 87-91.

[45] 徐丽芳. 出版产业链价值分析 [J]. 出版科学, 2008, 16（4）: 17-19.

[46] Baldwin C. Y., Clark K. B. Managing in an age of modularity [J]. Harvard Business Review, 1997, 75（5）: 84-93.

[47] Dominick, Joseph R. The dynamics of mass communication: Media in Transition[M]. McGraw-Hill, 2012: 90-91.

[48] 于茂荐. 基于资源位的产业模块化下企业应对战略研究 [J].

华东经济管理，2010，24（9）：106-109.

[49] 胡泳.数字位移——重新思考数字化[M].北京：中国人民大学出版社，2020：100-102.

[50] 李婧璇.出版融合转型：六大成果和五大问题[N].中国新闻出版广电报，2019-06-17.

平台经济视角下出版直播营销关系研究

李 晶

摘 要：文章从平台经济和运行机制关系特征入手，对出版产业营销渠道的平台转向进行分析，认为传统的出版营销模式在平台机制中已不适用，需要根据平台特性，围绕产业链核心资源，拓宽出版直播运营思路，匹配直播平台特性，积极探索定制出版。

关键词：平台经济 平台机制 出版产业 直播营销 流量用户

移动互联技术的日臻成熟使互联网深度渗透至人们生活的各个领域、各种媒介之中。信息的传递逐渐从口口人际相传、传统媒体单向传输，发展演进至信息平台、融合媒介中的交互传播，以往媒介载体的同行竞争日益演化为数字时代信息平台的用户争夺。在此过程中，传统媒体沿用多年的经营思路逐渐失去发展活力，以互联网平台为发展内核的经济现象开始引起业界广泛关注。有关平台经济与新媒体的关系，业内众多学者进行过深入分析，《平台经济破解互联网企业利润丰厚之谜》是目前数据库可见的首篇有关平台经济案例分析的学术文章，该研究以腾讯和谷歌为个案研究对象，着重分析了二者的营利模式。《数字媒体时代的平台建构与竞争》一文[1]系统阐释了互联网平台的构建，将平台经济这一理论概念引入媒介经济学的研究视野。此外，张辉锋、丁汉青等学者从实证角度，对平台经济的理论可行性进行分析，基本达成共识，即新媒体具有平台经济模式的共有属性，而传统媒体，如报纸、广播、电视等，则与平台经济的有关特性呈不显著相关性。

直播作为近年平台经济中增势迅猛的黑马，是能够实现商品生产、销售和服务高度融合，进而推动产业创新发展的新型平台业态。2020 年 3 月 31 日公布的《2020 年淘宝直播新经济报告》显示，淘宝直播已经覆盖了全部行业，注册的 MCN 已达 1000 多家，2020 年淘宝直播成交金额增速 Top10 行业中，图书音像位列第三，仅次于汽车和大家电。淘宝直播渗透率增幅 Top10 行业中，图书音像位列第五，在大家电、汽车、生活电器、本地生活之后。[2] 值得说明的是，与大家电、汽车等大型家用生活用品相比，图书的销售单价要低得多，据此可以反向推出图书的直播销售码洋体量巨大，亦可见直播已经成为出版单位开展业务的重要营销手段。

一、平台经济：基于出版直播的媒介经济学理论视角

溯源经济学有关研究可以发现，平台经济并非近年才出现的新概念、新模式，其在传统经济盛行时代更多地被称呼为中介性组织，如房产经纪、工作中介等。中介组织转型为平台经济被再次提出并引发学界重视的根本原因在于互联网时代大数据技术的加持和用户获取信息的自觉，使平台具备了除中介之外的多样属性，有可能直接作用并深刻影响相关产业发展。2019 年 2 月 12 日商务部等 12 个部门联合下发的《关于推进商品交易市场发展平台经济的指导意见》（下文简称《意见》）中指出[3]，平台经济是利用互联网、物联网、大数据等现代信息技术，围绕集聚资源、便利交易、提升效率，构建平台产业生态，推动商品生产、流通及配套服务高效融合、创新发展的新型经济形态。《意见》的出台，为平台经济在互联网＋时代的深度融合发展提供了指导。

有关平台经济的核心属性，主要有以下方面。首先是双边市场的存在和建立。这类市场中的企业会与平台两边对应的客户进行商业合作，持续销售具有依赖性或互补性的产品或服务，以此

吸引平台周边的客户来到双边市场中完成交易。其次是平台需要有交叉网络外部性，即利用平台周边相关的用户关系，建立具有潜在增值空间的平台关系。具体来说，网络外部性分为两种，一种是成员外部性，即平台一边的用户量有所变化则会直接影响平台对应的另一方用户价值。[4] 如直播用户点播数量的增加，有利于直播平台广告招商价格的提高，同时带动其他优质视频资源进入。另一种是用途外部性，即平台本身的商业价值与使用用户以及平台提供的内容之间的互动频次呈正相关。[5] 再次，根据关联市场的具体情况，平台本身会对所涉关联客户进行单属或多属平衡。所谓单属，即仅在一个平台签约、注册、完成交易，多属则在两个或两个以上的平台进行多次多项交易，影响多属行为的主要因素有三个，分别是多样化需求、垂直差异化和平台兼容性。[6]

平台经济理论在媒体产业中有广泛的应用，在诸多有关主流平台经济研究中，传媒业一直被视为是最具平台经济特色的产业之一，原因在于传媒和平台经济有着天然结合点，其特殊的"二次销售"[7] 商业模式决定其必须打造平台，这个平台既面对读者又面对广告主。从这一层面看，传媒经济实质上就是平台经济的一种产业表现形式，到处充盈着人流、物流、信息流，众多经济活动由此展开。

出版直播作为一种媒介平台，是出版单位的传统营销模式收效不甚理想，转型尝试新兴营销模式、推动出版事业发展的有益探索。早在 2015 年，人民文学出版社便尝试拓展营销渠道，试水网络直播，策划"一生里的某一刻"读书沙龙活动，据统计，此次沙龙活动在线观看人数超过 5000 人次[8]。之后，随着直播行业的不断兴起，以及 2020 年新冠肺炎疫情对于读者消费模式和阅读习惯的改变，直播带货一度成为全民热词，出版单位配合重要事件节点，纷纷试水直播营销，获得了喜人成绩。但与此同时，人们也发现，在图书遇到直播之后，传统的出版营销思维难以完全与平台运行机制相匹配，平台经济的分属定位以及周边的关系网络较传统的单边市场运行更为复杂和多元，需要出版单位研究并及时做出调整。

二、平台机制下出版直播营销关系转向与建构

未来之音（北京）科技有限公司合作人、副总裁在2021年民营峰会上谈到前段时间参加过一个抖音大V和出版机构的对接会。会上，童书出版机构分别就所推荐图书做了2—3分钟的介绍，介绍信息基本围绕在所获奖项、作者影响、内容特点等方面，均忽视了关键问题——抖音大V的关注点，而抖音大V的关注点与用户的购买力直接相关。从直播平台运行及带货角度，这些大V最关心的是在直播过程中应该向用户介绍图书的什么信息、如何在有效时间内通过简练通达的语言和视觉传达促使用户实现从理性消费到氛围影响下的类冲动消费。与传统图书营销渠道针对的读者关注面向和感知偏向不同，直播平台的用户需求和注意力并不在奖项和名家上面，他们关心的是"我的需求，哪本书可以满足"[9]。显然，出版机构的营销思维还没有实现与平台运营思路完全对接，出版机构对于直播平台的特性以及针对观看用户的需求并不了解，对于直播平台的各方关系存在认知偏差。

在相当长的时间里，传统图书出版与图书发行事业一直保持单向阶段性关系模式，即图书出版后，交由发行部门负责对接销售市场，再由销售市场对接读者。纵观我国图书发行事业的态势变化，与互联网和移动终端技术的普及有着密切关联，每一次发行政策的拓展和营销渠道的调整，都与技术变革轨迹呈现同等幅度的变化，梳理来看，大致有三个阶段：第一阶段是在2010年之前，图书作为知识文化的重要载体，属于轻量稀缺性商品，通常图书只要出版问世，发行渠道会负责销售，库存量较少。这一时

期互联网虽已进入大众视野，但移动终端技术尚未普及，读者通过电脑浏览网页信息，信息传递方式多以文字为主；第二阶段是2010年到2020年，2007年推出的亚马逊 Kindle 电子阅读器，引发行业热议，汉王电纸书横空出世，被业内人士称为"2009年最值得尊敬的企业"[10]，认为是对整个出版行业的推动。同年，当当网在北京、上海、广州等10个地区建立物流中心，总面积达18万平方米，2010年12月在美国纽约证券交易所成功上市，成为中国第一家完全基于线上业务、在美国上市的B2C网上商城。传统出版开始面临来自内容载体变化、销售渠道多元、读者阅读选择多样的多重压力，其中，技术成为关键推手，基于互联网的平台运行机制开始发挥作用。第三阶段是2020年之后，新冠肺炎疫情的快速蔓延给实体经济发展带来严重影响，实体经济被迫进入极为缓慢的发展阶段，实体书店关停数月，发行业务大幅缩减。这一时期，以抖音、快手等为代表的短视频移动平台吸引了大量围观，如果说2019年是电商直播元年，那么2020年即为全民直播时代。在当前流量主导的平台机制背景下，出版单位在此面临发行营销策略转向的困境，出版方、营销方与读者的关系亟需进行重新梳理和建构。

（一）有效链接双边市场：从出版机构到读者

发展为直播节目到用户双边市场的建立和稳定是平台经济稳健运行的基础和前提，"平台的基本价值支点形成以后，依托价值支点的优势短期内快速聚集规模用户，达到临界点，进而实现用户规模快速增长，并不断超过临界容量，形成大规模海量用户，才能构建平台企业的市场话语权"[11]。于直播而言，显然已经具备平台企业的基本素养，不仅具有海量的具有规模经济特性的内容市场，更拥有注册用户达几亿的范围经济型资源，因此，不论从出版机构拓宽经营渠道，还是直播平台聚集优质资源，抑或用户（读者）在休闲娱乐中获得知识信息，均是共赢有益之为。

链接关系一：出版机构与读者。在传统出版思维中，读者是图书销售的终端对象，往往从选题策划初始，便被作为想象的市场预期，贯穿整个出版产业链。但由于出版机构与读者间的勾联环节过多，从发行部到总发行商再到各个发行点，信息获知通道逐层收窄，而作为另一个重要发行渠道的网络书店，虽然手中拥有大量读者数据资源，但囿于商业规约，出版机构能够获知的读者信息实在有限。有些出版机构尝试从书评以及自营图书中对图书整体走势进行分析，进而对下一步的选题策划工作进行前瞻指导，但由于数据有限而出现偏差。直到直播平台的出现，出版机构眼中的读者不再是一个个模糊的画像，而是一个个独立的、具有自主购买意向的个体，且体量巨大，如此海量数据使了解读者个人情况进而反哺出版业务工作成为可能。

链接关系二：直播从业者与用户。2021 年 5 月 20 日，商务部中国国际电子商务中心研究院发布的《2021 年中国直播电商产业研究报告》显示[12]，2020 年我国直播带货整体规模突破百亿元，达到 245 亿元，全国 MCN 机构达 28000 家，预计 2021 年将接近 2 万亿元的规模。我国网络直播用户规模达 6.17 亿，其中电商直播用户 3.88 亿。同时，报告指出，直播主播主要有达人主播、名人主播、商家自播等几大类，其中以薇娅、李佳琦、罗永浩等 Top10 的头部主播占据市场过半的份额。可见，尽管直播市场潜力无限，处处商机，但想要在其中获取一席之地并非易事，在用户注意力多数集中在有限的头部主播直播间的情况下，剩余的直播从业者竞争激烈。细分用户市场，采取差异化运营策略成为直播从业者的优选。以抖音平台为例，截至 2021 年 5 月 2 日，以"绘本"为关键词在抖音用户中搜索，可以发现粉丝量在 20 万以上的约有 24 个，其中粉丝百万以上的 3 个，50 万—100 万的有 7 个。

在流量至上的直播平台，能够拥有体量较大的用户意味着直播从业者拥有更多的倾斜性资源，在这一过程中，在直播从业者拉近出版机构与用户的交往距离，缩短了图书认知孵化和读者消费认同时间的同时，用户也助力直播从业者在直播市场的蓝海中挖掘特色、清晰定位。

（二）全面激活网络外部性：理解直播平台特性，构建出版流量生态圈

直播行业开始于 2016 年，但出版机构开始大力涉足直播领域则是在 2020 年。每年的 4 月 23 日是"世界读书日"，出版机构每年 4 月都会推出系列读书活动，一方面推广全民阅读理念，一方面塑造品牌形象，拓宽图书业务。2020 年由于新冠肺炎疫情的影响，往年大量的线下活动难以开展，多家出版机构为了积聚人气，提升品牌影响力，拉动销售码洋，纷纷在 4 月 23 日当天推出线上直播活动，引起社会各界热烈反响，业界称这天为"书业直播日"[13]。至此，出版机构在直播平台从事营销策略活动开始成为常态。

从平台机制的网络外部性角度看，平台价值的大小多取决于其提供的网络外部性的激活程度。激活深度和力度越大，平台影响力就越大，平台交易量、活动性以及用户规模都是检测平台活跃性的重要指标。直播从创建之初的弱网络外部性发展成为现在拥有强大的网络外部性，对于出版机构而言，这种平台关系的建立，利弊兼具。优势在于借助直播平台，出版机构可以获得清晰的用户画像，快速提升销售码洋，扩大机构品牌影响力，而劣势亦显而易见——平台主导下的行业发展极易形成竞争壁垒，进而主导商业规则，特别是定价规则。在直播带货的合作模式中，有坑位费、佣金等商业模式，出版直播中的主播多采取佣金方式，佣金占比根据主播粉丝量不等，以粉丝量近 100 万的《慢慢绘本》为例，其带货不收坑位费，佣金比例在 30% 左右，2020 年较为成功的带货图书有文化发展出版社的《安全常识书》销售 8 万套，

实现码洋 1584 万元；巨童公司的《恐龙书》，一周售出 5000 套，销售码洋 149 万元。[14]

在直播平台机制中，定价权受到主播人气、带货行业等因素的影响，存在强者愈强、贵者越贵的马太效应，出版直播亦不例外。但图书作为具有鲜明文化属性的商品，有着区别于其他商品的独特优势，如同质化程度低、排他性强、差异化明显等，出版机构应该从自身优势着手，深入分析出版直播平台及关注用户的个性特色，从产品内容、营销模式、用户反馈等方面主动出击，搭建带有私域流量的出版自营生态圈。

三、基于平台经济的出版直播商业模式创新

通过平台经济理论分析出版直播的各方关系变化可以发现，直播的强势急速崛起对出版产业造成的冲击，已不单单是营销策略的变化，更对出版产业链涉及的各产业环节的生产和流程产生了巨大影响。在此情况下，出版机构需要充分考虑平台机制对于出版内容生产和流通的产业偏向，从商业模式入手，实现出版业的高质量转型发展。

（一）围绕产业链核心资源，拓宽出版直播运营思路

随着出版机构在图书直播领域试水经验的逐渐丰富，直播内容和直播形式也逐渐呈现多样化态势。从直播主体划分看，可大致分为两类，一类是出版机构自己选择直播主播的人选，有些是自己孵化，如掌阅科技内部孵化的知名读书主播"都靓 Amber"，定期通过直播讲书、荐书等方式，对掌阅旗下优质图书进行平台推广；有些是以领读人的身份参与其中的知名学者、作者，如 2020 年 4 月全民阅读月中，人民日报新媒体、北京出版集团等 14 家文化机构联合发起大众读好书、好读书的全民阅读计划——

"都来读书"，邀请戴建业、王立群等担任首批"领读人"[15]，通过本身的粉丝效应，结合线下签售及促销活动，拉动销售码洋的提升。

从直播内容角度，出版直播也可分为两大类，一类是侧重于品牌运营，另一类是带货销售。第一类基于品牌运营的直播内容较为丰富，包括图书经典内容分享、文艺作品赏析、品牌活动展示、文化知识介绍等，这类直播活动目的是通过多种形式的直播内容，帮助用户进一步了解出版机构的文化宗旨和品牌价值，加强出版机构与用户之间的联系，尝试养成出版机构的私域流量。第二是以带货为主要目的的直播促销，这类形式在当下较为多见，绝大部分非 MCN 的主播以此为主要直播目的。

无疑，出版直播作为一种新的传播形式和平台业态，将从根本上改变出版机构的售书模式，而随着平台经济在各个领域的逐步渗入，直播运行的影响环节不会仅仅局限在销售环节，更会随着平台运行的不断发展而前置到生产环节，如图书的选题策划方面。从图书内容题材看，直播受关注度较高的有：家庭教育类、技能与科普类、励志类，有的文学类图书也有一定的关注度。[16]基于此，出版机构应早做准备，围绕产业链的核心资源，结合直播价值元素，不断拓宽出版直播的运营思路。

（二）匹配直播平台特性，积极探索定制出版

《2021 年中国直播电商产业研究报告》提到，直播电商平台从群雄逐鹿，逐渐发展为淘宝、快手、抖音三足鼎立的形式。对于出版机构来说，应充分了解不同平台的特性，明确不同流量、不同平台应匹配不同的图书货源。2020 年 4 月 23 日薇娅直播间的售书情况，分别销售了《你好！中国》《我要去故宫》《皮囊》《提问》四种图书，虽然销量喜人，但基本折扣在 3.2 折—4.3 折之间[17]，这对于纸价不断上扬、书号资源宝贵的出版业来说，只能

算作不考虑经济收益,旨在扩大图书市场影响的一种推广手段。在思考如何实现社会影响力、经济收益以及销售码洋多维共赢方面,出版机构可尝试通过差异化定制出版,打通直播平台与图书销售的"最后一公里"。

不同的直播平台有着不同用户社群,阅读喜好和关注点亦不相同,出版机构应在推荐图书时考虑这些因素。据统计,2020年抖音小店图书排行榜中,销售价格超过39.8元的几乎没有。可见,价格区间是抖音直播平台决定销售码洋的重要因素。那么在抖音平台推送时,应注重图书的定价问题,如天地出版社《汉声中国童话》,该书在当当网和京东平台销售的均有精装典藏版,定价近千元,长尾销量达几十万套。而针对实体书店、自媒体平台等,则侧重出售平装版。同时,为了保证售价稳定,天地出版社在天猫平台只选择一家销售方,在自媒体渠道则选择多个粉丝社群相吻合的商家,这一举措在直播平台业同样适用。

四、结　语

回顾直播短视频媒体平台盛行之前,出版机构的营销方式较为单一,即使面临网络书店的冲击,使用的营销策略并未从根本上发生变化,依旧集中在打折促销、活动营销、附赠礼品等方面,但在直播平台上,与出版业参与竞争的,不再局限于行业内的同类图书或相关文创产品,家居生活日用品等消耗量大、需求量大、吸睛力强的其他门类商品已成为最大的竞争对手,图书的商品属性被放大,营销视角被重塑。从直播平台的经营业务范围看,图书并不是主营业务;从平台商业模式看,出版机构处于合作关系中的弱势地位。因此,审慎选择适合的直播平台,合理控制上架图书的门类,是出版机构与直播平台建立长期稳定互惠合作关系的重中之重,而如何扭转直播平台机制主导、出版机构话语权式微的情况，则需要出版人继续深入思考和积极探索尝试。

（作者单位：中国传媒大学传播研究院）

参考文献：

[1] 黄升民，谷虹. 数字媒体时代的平台建构与竞争 [J]. 现代传播 - 中国传媒大学学报，2009（5）：20-27.

[2] 2020 年淘宝直播新经济报告 [OL/R]. [2020-11-12]. https://www.sohu.com/a/384587424_665157.

[3] 中华人民共和国商务部. 关于推进商品交易市场发展平台经济的指导意见 [EB/OL]. [2020-05-26] http://www.mofcom.gov.cn/article/b/d/201902/20190202838305.shtml.

[4] 张辉锋. 交叉网络外部性还是单向网络外部性？——传媒业内的双边市场辨析 [J]. 国际新闻界，2012（3）：67-70.

[5] 徐晋. 平台经济学：平台竞争的理论与实践 [M]. 上海：上海交通大学出版社，2007：40-47.

[6] 陈红玲，张祥建，刘潇. 平台经济前沿研究综述与未来展望 [J]. 云南财经大学学报，2019（5）：3-11.

[7] 郭全中，郭凤娟. 平台经济与媒体商业模式变迁 [J]. 青年记者，2013（9）：17.

[8] 冯馨瑶，靖鸣. 出版直播营销 3.0：体验、情感、沉浸 [J]. 出版广角，2020（12）：6.

[9] 瞿洪斌. 互联网赋能：传统书业的破冰之路 [N]. 中国出版传媒商报，2021-04-13.

[10] 窦林卿. 我看 2009 中国数字出版 [J]. 出版参考，2010（1）：15-16.

[11] 吕尚彬，戴山山. "互联网 +" 时代的平台战略与平台媒

体构建 [J]. 山东社会科学，2016（4）：13-18.

[12] 商务部中国国际电子商务中心研究院. 商务部直播电商报告：罗永浩、薇娅、李佳琦等主播占据市场过半份额 [EB/OL]. [2021-05-24]. https//www.360kuai.com/pc/9e5fc558fc5a1f6ee?cota=4&kuai_so=1&tj_url=so_rec&sign=360_57c3bbd1&refer_scene=so_.

[13][17] 刘麟霄，杨铮. 后疫情时代我国出版直播新业态发展进路 [J]. 编辑之友，2021（3）：36，37.

[14] 本报编辑部. 出版机构与带货主播的合作指南 [N]. 出版商务周报，2021-03-21.

[15] 米方杰. "都来读书"全民阅读计划启动 王立群、戴建业等成首批领读人 [EB/OL]. [2021-05-27]. http：//m.jinbw.com.cn/e/action/ShowInfo.php?classid=13&id=152292.

[16] 张绮，谢思慧. 融合发展背景下直播短视频在传统出版行业中的应用研究 [J]. 出版科学，2020（6）：74.

心中有孩子　手下方能出精品
——童书出版中"儿童性"的认识和体验

◎常　青

摘　要：童书出版尤其应重视儿童观，不了解少儿读者的阅读需求、审美喜好、语言文字，做不好童书。其实，童书的核心是儿童性，即童书内容一定要契合孩子的年龄特点、心理特点和语言文字特点，符合孩子的审美情感和趣味，让他们喜欢看、看得懂、记得住，并能产生愉悦的阅读体验。如果儿童本位缺失，做书的人心中没有儿童、没有正确的儿童观，就不会在内容中体现儿童性，做出让孩子们喜欢读的好书。

关键词：童书　出版　儿童性

儿童观，是特定的时代、社会中人们对儿童的普遍看法。具有怎样的儿童观，决定着我们如何理解儿童，决定着少儿图书出版的立场，决定着编辑在选题策划和项目取舍时的价值考量，以及在文本编辑时的细节斟酌和在阅读推广时的策略、技巧。

创作和出版优质少儿图书，离不开正确的儿童观。实践证明，但凡传承久远的高品质少儿图书，都离不开对少年儿童身心特点的精准把握，离不开对少年儿童特质的尊重。对少儿群体理解得越深刻，越尊重少儿特质，作品就越能彰显儿童性，越能触动人心，越容易出精品，带来积极的社会影响。

一、与时俱进的儿童观

在很长的历史阶段中,儿童并不是作为一个独立的个体被看待和尊重的,而是被视为缩小版的大人,是需要被教化的"成人准备阶段"。随着社会的发展进步和科学启蒙思想的普及,儿童的独立价值逐渐被广泛认知,儿童代表着人的潜力最完美的形式,有其独特之美;成年人也懂得要尊重儿童的天性,让其健康自由地发展。

改革开放以来,一批又一批少儿图书创作者和少儿出版工作者立足科学的儿童观,扎根社会,在大量的创作和出版实践中关注少儿读者愈发丰富的阅读需求,并不断加深对少儿独特的身心特征的认识。越来越多的人愈发尊重儿童天性及其生命活力,主张发挥孩子的"真我",释放童年的率真,肯定少年儿童快乐、纯真的宝贵特质和游戏精神的价值,并把这些观念融入少儿出版物中,使儿童性在优质童书中得以体现。

二、秉持现代儿童观,彰显少儿读物的儿童性

(一)在深刻、厚重的主题出版物中突出儿童性

少儿出版所肩负的为少年儿童健康成长保驾护航的历史使命,决定了少儿出版人必须紧跟时代步伐,坚持与时代发展同频共振,积极策划契合时代脉搏、代表主流价值观、体现民族精神,让少儿读者愿意读、读得懂的优秀主题出版物。

对于少儿出版物来说,在主题选择上与成人读物没有区别,无须刻意避免一些沉重、深刻的题材,但必须在尊重孩子阅读特性的前提下,将知识性、思想性与生动性、启发性相结合,选择适合少年儿童的呈现方式来表现主题,在图书内容和形式上体现儿童性。例如,四川少年儿童出版社(以下简称川少社)在

2014年推出了国内唯一采用漫画形式表现深刻主题的图书《南京1937》，将南京大屠杀幸存者夏淑琴老人的真实故事展现在中外小读者面前，用视觉冲击力极强的红黑两色漫画故事让广大少年儿童记住这段历史，反对战争，珍爱和平。该书上市后，这种重大题材少儿读物的市场接受度超出了出版社的预期。此外，该书入选2014年国家出版基金资助项目。2015年，川少社秉持同样的理念，出版了一套纪念世界反法西斯战争胜利70周年的主题漫画丛书"丫丫历险记"，以孩子的视角呈现战争给人类带来的苦难与悲惨生活，用舒缓的色调和卡通绘画风格缓和小读者的焦虑和恐惧，将"呼唤和平，呼吁远离战争"的主题贯穿于文图之中，给人印象深刻。该丛书入选文化部2016年弘扬社会主义核心价值观动漫扶持计划。《南京1937》和"丫丫历险记"丛书成为向全球少年儿童宣传和平、反对法西斯暴行的优秀读物。

为了向当代少年儿童生动呈现中国精准扶贫，打赢脱贫攻坚战，决胜全面小康的伟大壮举，川少社提前策划，邀请"中国好书"获奖者李姗姗深入大凉山山区体验生活，精心创作了现实题材的少儿长篇小说《羊群里的孩子》。作品通过一个彝族孩子的眼睛，为中国在2020年打赢脱贫攻坚战的历史伟业留下了独特的文学记录。作品以一个儿童主人翁生活、学习、思想变化的微观缩影吸引少儿读者关注时代主题，这也是川少社秉持现代儿童观、用儿童文学形式呈现主旋律的有益尝试。

再如，川少社新近出版的抗战题材少儿小说《风雷顶》，故事分为上下两编，上编"风过乡野"，讲的是捉蝈蝈、知了、豆娘，摘扯裂、杜梨、软枣，赶山会看大戏，闹秧歌过大年等抗日战争前主人公云香及其伙伴们安宁有趣的乡村生活；下编"雷鸣岁月"，讲的是东西被抢、乡邻被杀、躲鬼子、反"扫荡"等"七七事变"以后云香和家人、乡亲在抗日战争中的种种经历。一方面，作者尽量让书中的孩子远离战争现场，但这种距离并未减弱作品控诉侵略者的力度，反而因孩子独特的视角和立场更具力量。书中写到日寇"扫荡"后，年幼的云香再访遭劫的村庄，昔日的游戏场所已经是一片焦土，抓蛐蛐最厉害的小伙伴已被鬼子烧死，"好像什么都跟过去一样，又什么都不一样了，都变了"。残酷的战争对孩子精神世界的改变，通过孩子的切身感受得以生动体现，更具感染力。另一方面，作品对描写日寇的凶残和八路军的英勇抗战却不吝笔墨，写到日军"扫荡"战场时的种种恶行，令人悲愤，最后一句"还有更惨的，这些都不是故事"，含而不露，让读者更深刻地感受到日寇的残忍。写到"马石山惨案"时，作品详细描写了八路军战士为了救出被困群众，在冲出重围后一次次地向着敌人包围圈勇敢逆行，直至付出宝贵生命，凸显了人民军队为人民的宗旨，读起来心潮起伏，令人动容。该书上市以后广受好评，并入选《中国新闻出版广电报》《中国出版传媒商报》好书榜。

事实证明，将沉重主题的少儿读物做得具有可读性，内容是否充分体现儿童性是最重要的。第一，要准确把握少年儿童的审美和阅读习惯，以孩子的视角讲孩子的故事，不能简单说教。第二，要选择恰当的表达形式，如《南京1937》和"丫丫历险记"丛书都是连环漫画的呈现形式，画面风格纯真，用这样的形式来表现深刻、沉重甚至有些残酷的题材，更符合少年儿童成长的精神需求；而《羊群里的孩子》和《风雷顶》则是将深刻的主题蕴含在故事中，用故事来讲道理，以反映厚重的主题。

（二）呵护纯真童心，强化儿童文学作品的代入感

纯真的童心是一种值得敬畏的力量，少儿出版人不可轻视这种力量，只有真挚的童真才能成功敲开孩童的心门。成年人要真正了解儿童，创作的作品要真正打动孩子心灵并不容易。苏霍姆林斯基说过："要进入童年这个神秘之宫的门，就必须在某种程度上变成一个孩子。只有在这种情况下，孩子们才不会把您当成

一个偶然闯进他们那个童话世界大门的人。"

被誉为行业爆款IP的"米小圈"系列图书,目前销量已过亿册,连续多年登上全国畅销书榜单,"米小圈上学记"系列图书是一套日记体儿童文学作品,展现了米小圈和他的小伙伴们纯真的童年生活。也许用成人的眼光来看,这类稚嫩的儿童故事并没有太多玄妙之处,但就是这套看似简单的儿童日记体作品,却赢得了数千万孩子的喜爱。这套书没有用扣人心弦、千奇百怪的紧张情节来吸引儿童,只是小学生日常学习生活的真实呈现。许多孩子对这套图书的评价是"有趣、好玩、幽默",最重要的是"有益"。在这些感受里面,还包裹了一种难能可贵的特质——纯真的童心,即儿童性。可以说,"米小圈上学记"系列图书是成年人成功深入孩童内心世界的一个典范,这也是川少社决定举全社之力打造该书的价值判断标准。

由"米小圈"系列图书的成功不难体会到,优秀的儿童文学作品应该是有个性、有特点、有符号识别性的。对于好的儿童文学,法国著名学者、文学史家保罗·阿扎尔曾有过精确论断,他认为,一本适合儿童的优秀图书应该具备以下四个元素:能给孩子们提供知识;尊重游戏的尊严和价值;富有深刻的道德感,让真理永远存在;让孩子们热爱的画面。这四点概括起来就是有用、有趣、有益、图文并茂。"米小圈上学记"系列读物四者兼备。第一,"米小圈上学记"系列书后都附有"北猫哥哥的作文魔法",当孩子们被米小圈的故事逗乐时,当孩子们有写日记、作文的冲动时,当孩子们不知道该如何写作时,"北猫哥哥的作文魔法"就派上了用场。第二,"米小圈上学记"系列的每一个章节都有精心设置的笑点,作者蹲下身子平视小读者,在日常生活中寻找小朋友喜欢的喜剧元素,巧妙地融入了书中。很多小读者评论:捧着"米小圈上学记"就笑个不停,在书中,他们可以欢乐地游戏。第三,一部好的儿童文学作品,一定是趣味和内涵并重的。细细品读"米小圈上学记"这部作品，会发现书中不但给孩子带来了快乐，还能从中读到同学间真挚的友情，老师对待犯错误孩子的正确处理方式，各类家长对孩子的教育方法等。作者通过文学手段，把孩子们的心理活动与社会和学校普遍关注的问题紧密结合起来，让孩子们在轻松阅读中汲取正能量，形成正确的价值观。第四，米小圈的形象设定简洁、图文并茂。米小圈的人物形象非常具有识别性、符号性，这种涂鸦式的人物形象也很适合孩子模仿涂画。

"米小圈上学记"系列图书具备的这些优秀儿童文学的特质，说到底就是儿童性。深度挖掘和打磨这些优势特质，成了内容编辑和营销策划阶段必做的功课。当责编挖掘出作家、作品的优势后，编辑过程便有了重点，抓住这些重点、亮点去打磨作品，就能将"有用、有趣、有益、图文并茂"四个元素更具体、更突出地呈现给读者。

（三）重视游戏精神和阅读趣味性，注意在历史文化和科学普及中突出儿童性

历史是厚重的，但不应该是枯燥的。如何把中华民族厚重绵长的历史文化，用轻松有趣的方式讲给少年儿童听，必须研究不同年龄阶段少儿读者对历史文化知识的认知特点，尊重少年儿童的游戏精神和阅读趣味性，用他们喜欢的方式，用他们听得懂、愿意听的语言文字去讲述历史文化故事。

由于文博话题比较厚重，博物馆的解说词偏成人化，趣味性不足，对少年儿童缺乏吸引力。而目前，图书市场针对少儿群体趣味讲解文物历史知识的优秀通俗少儿读物并不多。川少社出版的《漫话国宝》，就是针对这一阅读需求开发的选题。作者立足儿童视角，在内容上选择国内最具代表性的大型公益性博物馆为对象，降低家长带孩子到馆、近距离观看国宝的门槛，以"国宝访谈+幽默漫画"的趣味形式解读有代表性的国宝及其背后的故事，用四格漫画、通关小考卷和手账页穿插其中，简单、幽默、

精准地向少儿读者介绍国宝知识，普及中华文化。在知识拓展上，融入传统制作工艺、古代中医药学等知识；在阅读难度上，将生涩的词加上注音、注释，对涉及历史背景的诗词则附上注解，降低阅读难度；在版式设计上，设计者突破常规的框式构架，在开篇处采用日记形式的活泼风格，选择可爱的手写字体，增加了阅读亲近感。书中还设置了"知识驿站"，根据文物的知识点开设"哈哈剧场"，让孩子在欢笑中轻松汲取知识。博物馆参观注意事项也通过漫画的形式呈现，提示孩子文明观展。为增强读者的参与感，书中还设计了国宝主题的小尺子、课程表、书签、贴纸、日历、游戏棋、兵马俑制作手工包等多种文创周边，增加了图书附加值。这些设计从小读者的立场出发，强化了儿童性，让孩子们能在趣味阅读中动脑动手、巩固所学知识，呵护他们的自信，激发他们对历史文化的浓厚兴趣。

而另一套创意图书《了不起的中国人》，则是以中华五行"金木水火土"为线索，为孩子讲解中华文明百科知识。内容涵盖了农业、军事、商业、生活等20余个文明课题，囊括150多个知识门类、800多个知识点。每册图书从中华文明萌芽的原始时代说起，直至当今高科技社会，士农工商、衣食住行、古今中外、自然文化……无不涉及，用悠久的文明史呈现中国人与祖先血脉相通的情感，演绎古人用"金木水火土"认知世界的自然哲学观，而且书中的国宝文物精美细致，出场人物也萌趣十足。这套书的独特之处在于它沟通了文化和百科，将中华文化的内核融入孩子的百科知识，带给孩子三个层面的收获，即从知识学习到文化认知，再到文化自信。该书形式新颖，除了激发孩子的文化自豪感，还用从古到今几千年的文明成就告诉每一个孩子，我们中国人，真的很了不起！

《疯狂的计量单位》则是一套充分体现儿童性的科普图书。孩子们通常在学习计量单位的时候习惯于死记硬背，但是在这套书中，它将所有的数字图文化，如1立方厘米可以是食指指尖的大小，是一颗骰子的大小，也可以是一个电脑键盘的按键大小。这样，孩子就能在大脑中建立起计量单位的立体概念，做到不易遗忘。再比如，书中讲到，古代人曾经以国王的小臂长度为标准确定一米的长度，后来又以马的屁股为标准，到1789年法国将赤道到北极点之间距离的1000万分之一定为1米，但是这些标准都不够精确，最后人们是靠稳定的光速确定一米的长度。这就是"米"的演变史。这种讲解知识的方式，不仅能加深孩子对知识点的印象，也能让孩子们熟记于心。从兴趣出发，为孩子生动地讲解计量单位是这套书最大的特点，也是儿童性最生动的体现。

在多年的出版实践和市场摸索中，我们发现，那些让我们眼睛一亮、争相购买的好书，往往都契合了少儿读者的认知特点，并充分尊重少儿读者的童心童趣。出版人在图书策划编辑中，能踩准市场痛点，找准读者的兴趣点，在内容和形式上找到突破点、惊喜点，就一定能打造出童书的"卖点"。

三、尊重少儿特性，选择激发少儿阅读兴趣的推广方式

培养少年儿童的阅读兴趣和习惯，不仅要为他们出版品种丰富的精品图书，还要研究和尊重少儿读者的喜好特点，采用他们喜闻乐见的方式传播好书。

孩子们每天可以从电视、广播、网络、手机上获取海量信息，在"声、光、电"中长大的一代在面对纸质图书时，有了更多的取舍选择和喜好判断。在此背景下，少儿出版工作者必须认真研究当下社会的剧烈变化对少儿读者身心成长的影响，分析当下少儿读者接受信息的喜好规律，俯下身子与小读者平等对话，全面而深刻地了解小读者的儿童性，挖掘他们的真实阅读需求，用与时俱进的儿童观对应少儿精品图书的出版和推广，用当代丰富多

样的信息技术手段引导他们接近好书、关注好书，激发他们的阅读兴趣。

川少社在音频平台兴起初期便积极尝试用音频方式培养少儿读者的阅读兴趣和习惯，根据少年儿童的身心特点和接受信息的方式，将纸质图书音频化，鼓励少儿读者用听音频故事的方式吸收文学营养，培养适龄儿童逐渐接受大文字量阅读的习惯。由"米小圈上学记"系列图书改编的同名广播剧，集合背景音乐、特殊音效、真人对白等丰富多彩的广播剧要素，联合喜马拉雅、蜻蜓FM等互联网音频平台推广，该广播剧在全网的点击收听量已超过40亿，成为许多家庭手机"伴随听"的知名节目，也在"米小圈"品牌的崛起过程中发挥了重要的传播作用。

如今，绘本已经成为家庭场景下亲子阅读的重要载体，但绘本阅读需要家长对孩子的引领，更需要适当的技巧和经验。针对这些特点，川少社在绘本新品牌"熊猫绘本馆"的推广中，与山西文艺广播电台开发的小程序"欢乐配音秀"合作，推出"熊猫欢乐颂"绘本配音大赛，倡议家长和孩子用手机录制音频上传至平台，极富趣味的活动征集到了万余人参与。川少社还策划熊猫绘本故事电台，由本社阅读推广人"小熊姐姐"录制声情并茂的音频，演绎绘本故事，让故事"活"起来，向受众传播了绘本阅读理念和技巧。音频故事在川少社的微信公众平台上推送，每周一期，目前已持续一年多，受到读者广泛好评。此外，川少社还与成都电视台联合举办《绘本开讲啦》幼儿教师绘本讲述大赛，鼓励幼儿教师交流传播绘本阅读技巧。参赛教师录制绘本讲述视频上传网络，并通过微信发动亲朋好友点赞，收获了100多万的微信点赞量。在决赛现场，老师们精心准备表演道具，声情并茂地演绎川少社绘本，将藏在书中的绘本故事鲜活地呈现在幼儿面前。

川少社一直在努力打造立体丰富的营销推广体系，通过多种媒介渠道去接近和影响少儿读者，培养他们持续的阅读兴趣。川少社借鉴图书内容策划和运营的方式打造微信公号，目前公号的粉丝数量已超 12 万，成为与小读者、家长、经销商、媒体、创作者等相关人群连接的新媒体平台。川少社还在抖音上开设官方账号，尝试用短视频吸引读者关注阅读，并与"曹操专车"跨界合作，在车载杂志上推荐图书，搭建多样的阅读场景。2021 年，川少社利用考核机制促进全员直播常态化，取得了良好的效果。这些尝试让我们深刻认识到，无论技术如何革新，无论各类平台如何日新月异，内容永远是最重要的。出版社作为优质内容的提供者，必须找到自己在产业链上的独特价值，在做好纸质出版的同时，把童书内容和多媒体相融合，发挥出版社优质内容资源的"儿童性"优势，培养当代少儿读者的阅读兴趣和阅读习惯，以便切实履行好为广大少年儿童健康成长保驾护航的责任和使命。

（作者单位：四川少年儿童出版社）

参考文献：

［1］陈香．"十四五"之变：C 端重塑少儿出版［N］．中华读书报，2020-12-30．

［2］把沉重题材用正确的方式打开［EB/OL］．（2016-06-12）［2021-07-12］．http://www.tuixinwang.cn/wen-zhang/9924477.html．

［3］孟捷．《米小圈》为什么能畅销 6000 万册？［J］．出版人，2019（8）：42-44．

［4］肖姗姗．三问"米小圈"何以一纸风行全国［N］．四川日报，2018-09-12．

［5］常青．打造精品内容 服务少儿阅读［N］．国际出版周报，2020-12-14．

第一、二版《共产党宣言》中文全译本封面印刷特征研究

章泽锋　邢　立

摘　要：本文从印刷工艺的角度出发，对1920年8月、9月最早两版《共产党宣言》中文全译本（陈望道译）封面进行考证，以一种全新视角进行分析，希望补益于中共党史研究。通过实物研究，本文认为封面采用的是照相网目铜版与铅字组版印刷；通过分析第一、二版封三采用的花边图案，认为第一、二版《共产党宣言》封面印刷与承印《新青年》第八卷的华丰印刷铸字所存在关联。研究还发现封面图像中存在反白文字，认为可以此为线索推断第一版书名错印的原因，并提出了从字体、字号、印刷机来源、编辑印刷流程等方面继续深入研究的路径。

关键词：《共产党宣言》第一、二版中文全译本　又新印刷所　华丰印刷铸字所　照相网目铜版　铅字花边

1920年8月，第一版《共产党宣言》中文全译本由陈望道翻译，以社会主义研究社名义印刷发行，是"红色中华第一书"[①]。《共产党宣言》作为世界共产主义运动的纲领，对中国近百年历史产生了重大影响。毛泽东1936年接受斯诺访谈时，特别强调："在

---

① ［德］马克思、恩格斯：红色中华第一书：共产党宣言纪念典藏版，陈望道译，中共中央党校出版社2006年10月版。"考思基"现通译为"考茨基"，"刻儿枯朴"通译为"柯卡普"。

我第二次游北京期间，我读了许多关于俄国的书。我热烈地搜寻一切那时候能找到的中文的共产主义文献。有三本书特别印在我的脑海里，建立起我对马克思主义的信仰。我接受了马克思主义是历史的最正确解释，从此以后，从没有动摇着。这三本书是：《共产党宣言》，是由中文印行的第一本马克思主义的书；考思基的《阶级斗争》；和刻儿枯朴的《社会主义史》"[1]。

由于历史的原因，第一、二版《共产党宣言》中文全译本的印刷情况没有留下详细资料。尤其是第一版印刷的封面中产生了差错，将"共产党宣言"误排为"共党产宣言"，与内文的书名和书眉不符，第二版印刷时进行了校正。此问题未见当时负责印刷工作人员的解释，一般都认为由于又新印刷所排版工人的疏忽造成错版。但从编辑、印刷技术的角度看，对封面印刷错误的解释理由比较牵强。对于陈望道首译本《共产党宣言》的研究中，通常都认可是在共产国际资助下，建立了又新印刷所，由该所进行了印刷。目前，就有关印刷技术方面的探索尚未见详细研究。

本研究试图通过梳理推断1920年《共产党宣言》的印刷（制）过程，从技术角度还原当时的情景状态，对该书内文印刷方式、铅字的字体字号、采用的印刷机来源和机型、印刷封面的图片来源、版权页、花边、标点符号、版式、铅字版保存方式、封面印刷方式、装订方式和编辑印刷流程等方面，从印刷技术角度进行全面深入的研究，是一种新的角度。这种研究角度，可以发现并提供一些新的依据，从而解决以往研究中存在的部分不确定性问题，起到补充党史研究、支持相关出版专题展览和党史教育的作用。

---

[1] ［美］斯诺：《西行漫记》，复社1938年6月版，第183页。

一、既有成果与本文版本依据、研究角度

既有研究成果主要确定的版本特征包括：第一、二版《共产党宣言》采用铅印技术；内页正文字体为 5 号铅字；第一版印刷封面错误，把"共产党宣言"误排为"共党产宣言"；第二版印刷校正了第一版封面及内文错误，版权页亦有改变；两版图书尺寸、页码等基本特征明确。此外，还有较多内容是介绍陈望道的翻译过程和印刷背景，认为在共产国际资助下建立的又新印刷所印刷了第一、二版《共产党宣言》。关于印刷的其他资料还有张静庐（1898—1969）在《中国近代出版史料（二编）》中对马克思照片来源的简单介绍，[①] 以及当时又新印刷所的实际负责人郑佩刚所作回忆文章《无政府主义在中国的若干史实》有部分描述，[②] 对印刷工艺过程的探讨暂付阙如。

目前已知，全国范围内第一、二版《共产党宣言》中文全译本仅留存有十余本，是博物馆等机构的重要藏品。本研究所依据《共产党宣言》版本文献，为中共一大会址纪念馆所藏第一、二版，国家图书馆所藏第一版，中央党史和文献研究院所藏第二版。通过这些实物原始版本，本文对封面、封三和部分内页进行了比对分析。虽然原始记载文献非常有限，但根据同一时期相关出版物的历史资料和回忆文章，结合 1920 年第一、二版印制所具有的印刷技术特征，如：铅字字体、标点符号、版权页花边及其他可以确定的页码空白页、注释文字、英文字体等，结合当时的字体花边样本和关联出版物，结合铅字所采用的技术体系和排版印刷相关技术知识，可以解决既往研究的一些不确定性，并纠正一些

---

① 张静庐辑注：《中国近代出版史料（二编）》，中华书局 1957 年 12 月版，书影目次第 17 页。
② 葛懋春等编：《无政府主义思想资料选》下册，北京大学出版社，1984 年 5 月版，第 939-971 页。

不准确的结论。

在版本技术信息之外,笔者还于2020年10月在又新印刷所原建筑平移前,进入房屋建筑内部一层实地踏勘,[①]事后又到附近同类建筑中实际测量比对,得到场地一手资料,可以借此推断并缩小当年所用印刷机的范围和采用的可能的印刷工艺路线。

通过研究,我们基本可以确定:又新印刷所采用了非电动型四开幅面凸版印刷机,用于内页正文印刷;采用了三眼穿线装订方式制作《共产党宣言》,等等。但限于篇幅,本文仅从封面印刷的角度,对封面图片来源及印刷方式、封三的版权页花边来源及又新印刷所的生产方式等进行技术考证分析,希望有助于挖掘和阐释第一、二版《共产党宣言》的文献和文物价值。

二、从印刷技术角度看版本特征

(一)关于版本和封面

通过版本比对,可以确定第一版封面为红色,第二版封面为蓝色,均为专色(因年代久远,封面褪色无法判别当时印刷的准确颜色,有研究者称水红色、蓝色,按色系称为红色、蓝色)。除了颜色和误排的文字,两版封面并无明显差异。作为决定建立又新印刷所的主要人物,俄国共产党(布)的维经斯基在印刷厂做过3年排字工,对印刷业非常熟悉。当年中国共产党上海发起组的陈独秀、杨明斋、李汉俊、俞秀松等人都有从事编辑出版的经验,对印刷也不陌生。而又新印刷所的实际负责人郑佩刚,辛亥革命后在广州追随刘师复的"晦鸣学舍",一直以出版印刷为主要职业,他可以独立完成刊物的排字、印刷。以围绕在《共产党宣言》印刷出版过程中关联的人群来看,第一、二版以引人注

---

① 因又新印刷所建筑平移,建筑已经整体抬高,笔者经允许从地基处进入该建筑。

目的人物照片作为封面，采用当时先进的印刷工艺使得封面更能反映内容，笔者认为他们对这种选择是有共识的。

(二)关于封面使用的马克思照片来源

第一、二版封面专色油墨颜色不同，但均为同一尺幅画面，比较细节可以看出版本相同，且为马克思照片，而非绘画作品。中文版封面的马克思半身像，不是陈望道翻译时所依据的日文版和英文版《共产党宣言》所使用的图像。有研究者[①]认为，中文版使用的这幅照片拍摄于1875年。在当时，能够拍摄出分辨率较为清晰的照片并不是一件容易的事情，也不是寻常人可以享有的。在张静庐辑注的《中国近代出版史料(二编)》中，有一幅马克思头像与第一、二版《共产党宣言》封面的头像相同。

图1 《中国近代出版史料》(二编)插图"马格斯"像

① 宋朝龙：《共产党宣言》的空间逻辑与人类命运共同体的构建——第二届世界马克思主义大会纪念《共产党宣言》专题评述，《学术论坛》2018年第3期，第17页。

在头像下有文字注明："最早印行的马克思像，一九〇七年（光绪三十三年）世界社出版，是在法国巴黎印成后运回国内发行的，道林纸八开胶版印本，全书名《近世界六十名人》。"[1]1905年左右是国际上由彩色石印进入胶版印刷的阶段，刊载这幅照片采用胶版印刷表明了是非常重视印刷品的质量。

《近世界六十名人》书中第43个人物为马克思，照片下方介绍文字为："马格斯，德国社会学家及法学家也。生千八百十八年，卒千八百八十三年。法国千八百四十八年革命，马氏与闻其事，后之伦敦，从事著述。千八百六十四年，立'万国工人会'，其最著之著作则为《产业》，今各国主张国家社会主义，以运动选举为作用，纯然立于一政党地位者，马氏即为其元祖。如英法德等议会，皆有社会党，皆宗马学者也。"

在发刊词中写道："本书于民国纪元前六年，由世界社刊行于巴黎。其主事者为吴稚晖、张静江、李石曾诸公，稚晖先生且亲自从事排版，尤堪纪念。书中名人肖像，极为名贵，搜罗不易。或取诸图书馆、博物馆；或商诸其后人、收藏家。或用照相摄制；或倩名家临摹。只以诸公奔走革命，未遑保管，原有底版，散失殆尽。今就原书复制，因技术上之关系，特较原图缩小十分之一。"[2] 从印刷技术角度看，原图像是可以用于再拍照复制的，文中所讲技术原因，应该和原图像是采用网目方式有关，如果原尺寸不缩小，可能影响复制效果。陈望道中译本封面图片是原图 1/4 左右尺幅，从印刷技术角度看，通过翻拍方式缩小后印刷图像完全可行，且会有好的效果。从《中国近代出版史料（二编）》第一次印刷本"马

---

[1] 张静庐辑注：《中国近代出版史料（二编）》，中华书局1957年12月版，书影目次第17页。
[2] 《近世界六十名人》初版1907年刊于法国巴黎，本文依据1937年初版的复制本。该版本编辑者为世界社，出版者为世界合作出版协会，印刷者为上海世界书局，发行者为上海及各省世界书局。

格斯"头像印刷清晰度看，采用凸版印刷网目铜版完全能够满足印刷要求，此图像比第一、二版《共产党宣言》使用的图片略小。

由于马克思主义在中国尚属于早期传播阶段，马克思中文译名并不统一。1899年《万国公报》刊载李提摩太节译、蔡尔康撰文《大同学》，译名为"马克思"；1903年赵必振译日本人福井准造所著《近世社会主义》，译名为"马陆科斯"；1903年马君武以《译书汇编》发文介绍马克思学说，译名为"马克司"。《近世界六十名人》则使用"马格斯"译名，与第一、二版《共产党宣言》译名相同。书中对译名也有说明："译名之难得确音，不惟以华字译西音，终失其正当。即以西方记音之国，彼此相译，从字母不更……故本编译名，既用华式，字首译之若姓，字尾译之若名。"第一、二版《共产党宣言》采用"马格斯"的译名与此图片来源，可能有一定关联性。

（三）关于印制图像可能采用的印刷技术

1920年前后，在中国的出版物中印刷图像的方式并不是很多。当时中国最大的印书机构是商务印书馆，根据1931年该馆纪念刊《最近三十五年之中国教育》中《三十五年来中国之印刷术》一文介绍，其复制图像能够应用的技术，按照当时分类方法，凸版印刷中有黄杨木版、雕刻版、三色照相铜版、四色照相铜版、照相网目印刷（照相网目铜版、照相锌版）；平版印刷中有彩色石印、传真版印刷、单色影印版印刷、多色影印版印刷、珂罗版印刷、彩色珂罗版印刷；凹版印刷中有雕刻铜版印刷、影写版印刷等。另外，还有电镀铜版技术。凹版印刷方式在当时主要应用于票证有价证券类印刷，制版复杂，显然不会用于印数少且有图像的图书印刷。作为平印技术的胶版（橡皮版）印刷是石印技术原理相同发展后的间接印刷方式，中国当时只有少量使用，价格高，也不适用这种小幅面、小批量的图书印刷。从复制图像的角度，当时有的技术只有照相石印和照相铜锌版技术适合复制照片图像。而能够适合这种和铅字组版小批量、小幅面印刷的多是照相铜锌版，从图像边缘的油墨痕迹特征也可以看出是采用了这种方式。

印刷用铜锌版一般指照相线条铜锌版和照相网目铜版。1900年上海土山湾印刷所首先使用这种技术，稍后江南制造局、中国图书公司、商务印书馆等才使用。1903年左右，商务印书馆开始使用照相网目铜锌版。有连续调层次的照片或者画稿必须依赖大大小小的网点才能再现原稿的层次，这是印刷技术独特的工艺。实现这种工艺需要有暗室和特殊镜头的照相网版、感光胶涂布、照相湿片等工艺，用照相法与腐蚀法制成，经过照相、拼版、晒版、修版、曝光、水洗、显像、烘干、冷却、腐蚀、检查、裁切等过程，对于线条版一般制锌版，有深浅层次色调的照片或者图画制铜版，制层次版时需要加网线（网目），网线的多少是指每英寸所容纳的细线，线条越多图像越细，但需要和纸张、印刷机、油墨等相适宜，65-85线时就能满足一般书刊需要，可与活字版同印，一般可耐印数万张，这在当时不是小规模厂家可以完成的。

根据当时的技术条件和同期历史情况，第一、二版《共产党宣言》封面采取外协方式，即由其他工厂单独印制的可能性较大。主要原因分析如下。

在《共产党宣言》印刷的同一时期，陈独秀因1920年5月1日出版的《新青年》第七卷第六号的价格问题与群益书社发生冲突。对于陈独秀与群益书社的矛盾，亚东图书馆汪原放[①]在回忆"新青年社"独立时谈到，陈独秀认为"劳动节纪念号（1920年5月1日出版）虽然比平时的页数要多得多，群益也实在不应该加价。但群益方面说，本期又有锌版，又有表格，排工贵很多，用纸也多得多，

---

① 汪原放，现代出版家、翻译家。亚东图书馆主人汪孟邹、汪原放叔侄与陈独秀是有密切关系的世交。

如果不加价，亏本太多"①。陈独秀单独谈到制作锌版，也反映出制作锌版是比较贵的，在当时作为较新技术的锌版，需要六七天才能制作完成，而制作网目铜版比制作锌版工艺更复杂，费用更高。此可推测马克思头像的印版不可能是又新印刷所制作，也不可能是群益书社提供出版印刷。

在当时的技术条件下，红色、蓝色专色油墨并不容易购买和保存，印制 1000 册的封面，红蓝专色墨的使用量都很少，专门购买的概率并不高。此外，因为使用照相网目铜版，对印刷技术和印刷机的要求也比较高，因此，由刚筹办的又新印刷所完成制版、印刷《共产党宣言》封面是极其困难的，外协完成更符合常理。

从另一方面考虑，如果是在又新印刷所排版印刷的封面，内页中每页都有"共产党宣言"的书眉，排版者对于这几个字的组合是非常熟悉的，认为是排版者"激动"而排错，不合情理。如果封面是在又新印刷所制作，那么甚至最有可能是郑佩刚亲自参与排版，他本身精通排版、组版，那是他多年的职业，众多他经手的杂志都是由他亲自排版，这种解释更没有可能性。相关研究表明，内页文字有经过陈独秀、李汉俊校对，但由于封面文字并不多，也不复杂，将简单设计的封面交给外协印刷厂后，用少量铅字和铜锌版组合排版是并不复杂的工作。但排版工人即便有些文化，由于当时中国共产党还没有成立，对于"共产党"这个名称还是陌生的，也没可能像现在对这个印刷品的重视，在这个环节最可能出现问题。汪原放曾就亚东图书馆重新选址的原因谈及②：1920 年春天租牯岭路 114 号，主要是图近便，这里离"民友社"和"太平洋"两家印刷局都近，到协顺装订作也近。可以看出当时的出版物印刷运作分工，包括装订也是采取外协的方式。考虑到又新

---

① 汪原放：《亚东图书馆与陈独秀》，学林出版社 2006 年 3 月版，第 56-57 页。
② 汪原放：《亚东图书馆与陈独秀》，学林出版社 2006 年 3 月版，第 60 页。

印刷所刚筹办，经费等并不足，7月11日召开社会主义同盟会议，决定建立印刷所印刷《共产党宣言》，8月中旬[①]已经完成了《共产党宣言》第一次印刷。据郑佩刚谈到建立印刷所会议时所述[②]："当晚议决先建立一个有力的战斗的印刷所，委托我全权负责……我在辣菲德路成裕里租到一幢新建好的石库门房子，马上着手筹备一切，购家具、买铅字；印机就用民声社存下来那一部……此外，还从我以前领导的华强印刷所调了四位熟练技工，这样一个新的战斗阵地很快就布置好了。"这印刷所命名"又新印刷所"。取"日日新又日新"之意。在短时间内，需购铅字等全套器材、耗材，虽然民声社可能有些，但肯定不足，尤其是油墨等有储存期限的材料、纸张等，郑佩刚当时并没有更多熟悉印刷的助手。而郑佩刚了解印刷的夫人还在广州，即便接到通知后举家搬迁上海，时间上也不充裕。而从"华强印刷所"调人员，也需要协调时间。另外，采用人物照片复制，一般需采用网目铜版，对印刷技术和印刷机都有较高要求，所以，封面外协印刷，甚至第一次装订也应该是外协，封面印刷好后直接送到装订作场所或者由装订作直接去外协印刷厂取，比"激动"排错更符合逻辑和事理。根据笔者在又新印刷所旧址现场的观察，如果再增加能够完成最后工序的装订切书，至少需要配备切纸机或者专门的切纸工，从经济角度和场地条件都不易满足。

再来看同期出版的《新青年》第八卷第一号（9月1日发行），封面特征也是使用水红色油墨，铜锌版印刷的图案，注明的印刷

[①] 张朋：《〈新青年〉第八卷出版经费来源的史实考辨》，《党史研究与教学》，2016年第2期，第102页。文中提到：1920年8月17日，维经斯基汇报其在中国的工作进展时，谈到"有自己的印刷厂，印刷一些小册子，《共产党宣言》已印好"，说明第一版《共产党宣言》在8月17日前已出版。

[②] 摘自郑佩刚《无政府主义在中国的若干史实》，收入《无政府主义思想资料选》下册，北京大学出版社，1984年5月版，第958-959页。

者为新青年印刷所，封面铅字字体与《共产党宣言》类同。而第 8 卷第 3 号（11 月 1 日发行），封面图案为蓝色，与第二版类同，虽然时代久远，颜色有褪变，但为同色系无疑。《新青年》第 8 卷第 2 号（10 月 1 日发行）虽然封面颜色为黑色，但是也采用了与《共产党宣言》类同的印刷技术，在封面上印刷了哲学家罗素像。而从第 8 卷第 2 期起，印刷者已注明为华丰印刷铸字所。

关于新青年印刷所，现有研究资料中已能表明，其并非是实际从事过印刷运营的机构。当时在上海的小印刷所为保全财产，惯用的方法是公开一个招牌，而实际承担者为后者的特约加工厂，新青年印刷所可能也是这种情况。华丰印刷铸字所和又新印刷所，同时期和陈独秀等人发生关联，在制版、印刷、油墨等方面难免有各种交集。另外，在当时的上海，商务印书馆、中华书局等大机构虽具备中英文混合排版的能力，但让其排版印刷是不现实的。亚东图书馆主人汪孟邹给胡适的信中谈到过："《新青年》过期太久，炼（即汪孟邹）亦深不以为然。但上海印业，商务、中华不愿代印，其余民友各家尚属幼稚。对于《新青年》以好花头太多，略较费事，均表示不愿，目前是托华丰，尚不如前之民友。炼今日代群益向民友相商，子寿之意如可如期，决不惜费，奈民友竟一意拒绝，使人闷闷，拟明日更至别印所接洽。"[1] 1920 年 1 月 29 日，孙中山在《致海外国民党同志函》也说："我国印刷机关，惟商务印书馆，号称宏大……凡属吾党印刷之件及与外界于新思想有关著作，彼皆拒不代印。"[2] 从中可以看出，虽然上海处于三方四国的分治格局，出版有一定的灵活空间，《共产党宣言》并未完全在北洋政府查禁之列，但因其革命性也一直受到上海当局的阻扰和破坏，一些稍有规模的印刷厂对此有忌惮，大都"拒不代印"。

---

[1]　耿志云主编：《胡适遗稿及密藏书信》第 27 册，黄山书社 1994 年版，第 276 页。
[2]　孙中山：《孙中山全集》第五卷，中华书局 1981 年 8 月版，第 244 页。

即便封面采用外协印刷，像商务印书馆这样的大厂也应排除在外，与华丰印刷铸字所交集性可能性较大。

（四）封面印刷图案中新发现反白文字

笔者早年曾观察上海科学技术文献出版社原样复制的第二版《共产党宣言》蓝色封面，发现在图像下部向上约23毫米处一条横线的下面隐约有些与马克斯背景衣物略不同的小线条，在第一版红色封面中看不到。由于年代久远，蓝色本较红色本褪色少，保留的原始印刷图像信息会多。[1] 近日通过比对原始版本，笔者发现《共产党宣言》封面的图像内有反白文字。这在以往的研究资料中均未见报道。经放大后，可以辨认出反白文字是与封面图像上方铅字印刷内容相同的丛书名和著者名。图像中的反白文字：第一行是"社会主义研究……（后面文字无法辨认，推测为"小丛书第一种"），第二行是"马格斯 安格尔斯合著"，第三行"马格斯"三个字的位置与封面图像上部的文字位置及大小相近，也能分辨出连续45度的网点。

这一现象可以反映出当时的情况可能是：封面上的这部分文字在制作马克思图像印版时已有相关封面整体设计考虑，但由于技术上的原因，在制版后打样时发现反白文字并不能达到设计的预期效果，由于当时还没有在照相同时加网版的工艺方法，需要通过照相放大机将照相片放大到需要的尺寸，生成玻璃版，再经过和涂有感光层的铜版晒制、腐蚀、清洗等工序，完成印刷版的制作。而玻璃具有一定的厚度和杂质，曝光光源的反射、折射、漫射都会影响铜锌版的精度，所以反白文字的设计方法在实际制版后试打样，会发现没有达到预想的效果。事实上既使在今天，

---

[1] 红色油墨印刷的封面，相比蓝色等是最容易发生褪色的颜色。在光谱中，红光的波长是所有可见光中最长的，红光所具备的能量也是最低的，所以当太阳光照射时，红光会被反射出，红色油墨对携带较高能量的紫外线的吸收能力最强。

封面装帧设计师给出的新图案工艺方式，也会发生印刷厂难以完成其设想效果的情况，经常需要多次反复磨合试验。而临时性的改变，常常会造成错误。

（五）关于版权页

第一、二版《共产党宣言》分别在封三的版权页上注明是"一千九百二十年八月第一版"和"一千九百二十年九月再版"。两版印刷不同的地方是：封面的《共党产宣言》更正为《共产党宣言》，颜色由红色改为蓝色。在中国传统雕版印刷中，校对色序为红色、蓝色，最后印黑色，这反映了色彩覆盖色序。设计者本意应该是红色优先，在效果不能完全满足情况下采用蓝色，当然也可能有考虑需要分清两次印刷。

另外一个不为人所注意的地方是，在"定价大洋一角"的外框花边上第一版和第二版也发生了变化。花边作为铅印时代美化版面的一种图案，在中国宋辽元的佛教和世俗文献及西夏文中就有此类装饰图案。欧洲从谷登堡时代就延续首字母使用字母图案的传统，中国从1815年马礼逊排印《华英字典》就有使用花针类装饰图案。但按照当时的技术条件，能够制造小字号的铅字花边图案和5、6号铅字并不是件容易的事，印刷工厂也没有普遍地使用花边。虽然根据商务印书馆《三十五年来欧美之印刷术》[①]所述，自1885年美国人班腾（L. B. Benton，现常译为本顿）发明机器雕刻字模后"利用机械镌刻之敏捷，缩小放大之便利，于是新体花样层出不穷"。而在中国，实际上那个时代只有商务印书馆在1919年尝试"用机器雕镌刻铜模"，但使用并不成功。所以中国主要还是采用电铸（镀）方式，先雕刻木活字，经过蜡形电镀

---

① 赖彦于：《三十五年来欧美之印刷术》，收入《最近三十五年之中国教育》，商务印书馆1931年版，第218页。

形式制造铜字模，1858年由宁波华花圣经书房（1859年底迁沪改名为美华书馆）首先使用，这种工艺延续到20世纪80年代。铜字模是铸铅字的母型，花边图案铜字模与铅活字铜字模的制造技术相同，规格尺寸标准一样，只是将一个文字用一个图案来替代。由一个花边加上一个配套的角花，就可以搭配成各种装饰图案。但一套字体，字的数量很多，在20世纪70年代，按照国家《印刷通用汉字字形表》的规定，部位字6196个，加上备用字、添盘字，一套宋体5号字就有7200个。所以，相对于字体铜字模，早期生产花边铜字模的投资少、周期短、难度低，专有图形的花边铜字模能形成竞争优势。笔者之一多年来收集整理中国使用过的铅字和花边样本，注意到了第一版和第二版印刷的版权页花边图案不同，经比对研究可以确定，两版都与上海华丰印刷铸字所的《新式花边样本》内的图案相同（见图3）。

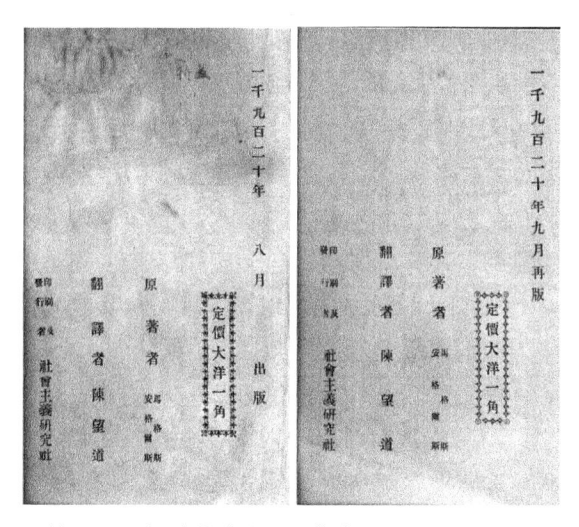

图2　第一、二版《共产党宣言》版权页"定价大洋一角"外框花边发生变化

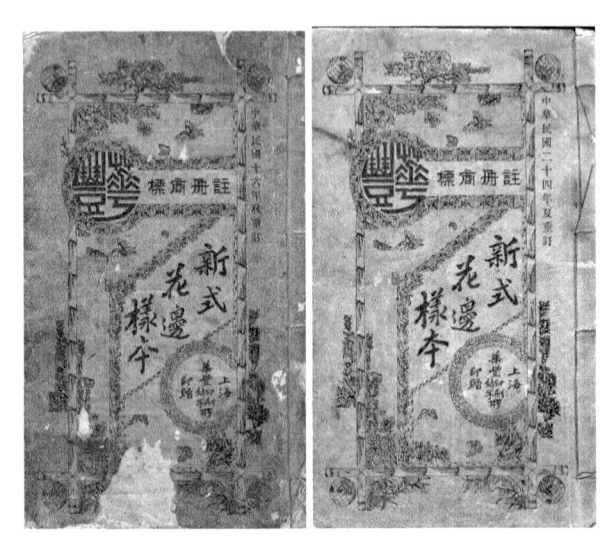

图 3　上海华丰印刷铸字所样本 1927 年版、1935 年重订版

  第一版印刷花边与编号三九〇号相同，第二版印刷与编号十七号相同（见图 4）。角花小双圆圈图案虽不同，但与又新印刷所在 1920 年 9 月 1 日出版的《新青年》第八卷第一号广告的装饰花边之一相同。这个形式新颖的广告对又新印刷所的外文译名采用的是有象征性意义的世界语，用小双圆圈和新式标点符号做装饰，而此时正是陈独秀将《新青年》印刷转向华丰印刷铸字所，在 1920 年 10 月 1 日发行的《新青年》第八卷第二号就明确标明为华丰印刷铸字所印刷。

  华丰印刷铸字所溯自乔迺松于光绪三十三年（1907）在上海创办的菘蕴铸字所。乔雨亭子承父业，1915 年 11 月在上海开设华丰铸字印刷所，后来乔雨亭之弟乔康亭开办康记铜模所，乔泉亭开设凤记铜模作，乔福亭开设福记铜模作，乔惠亭成立惠记铜模作。作为家族性企业，华丰铸字印刷所 20 世纪 50 年代经过公私合营与其他 20 多家单位合并，成为中国最大的铜字模生产厂，现为上海印刷（集团）有限公司所属上海字模一厂有限公司。①

20世纪初，中国铜字模的开发生产主要在上海，能生产铜字模的厂商很少。1920年左右，铜字模生产商只有商务印书馆、聚珍仿宋印书局（后并入中华书局）、华丰铸字印刷所。而商务印书馆有限公司，1926年《重订花边样本》中并没有见这两种花边图案。聚珍仿宋印书局无论样本还是专利申请中都无花边图案。笔者之一收集的1918年北京日报社所制《花边样本》和1923年财政部印刷局（现北京印钞厂）《花边铅字样本》等早期使用西文铅字花边样式的机构，也未见相同的花边图案。花边生产厂家少、品种也不多的原因，华丰印刷铸字所《花边样本》序言有所说明："溯自晚近以来，文化日进，印刷业之需要较前日盛，所以印刷业处于现在之社会固有不可缺之，既非仅宣传文化，对于美术方面亦极有关系，本所有鉴于斯，将印刷材料极力研究，益求精进所有，出品早，蒙惠顾者之赞许，又为美观起见，再请名画家绘成新式花边八百余种，再经名技之雕琢，时经年余始克成印此样本，任从选购，凡大小印刷品上点缀其间，定能增色不少也。"

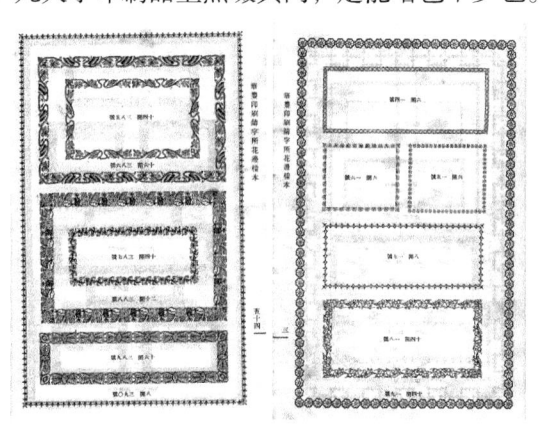

图4　华丰样本上《共产党宣言》使用的花边

---

① 万启盈：《中国近代印刷工业史》，上海人民出版社，2012年9月版，第519页。

推测华丰印刷铸字所为第一、二版《共产党宣言》的外协工厂，不仅是书中出现了华丰独有的花边图案，另据1921年2月11日《新青年》被查封的资料[①]：4日，新青年社发行部遭法租界巡捕房搜捕，当场被搜去《新青年》《工团之义》《阶级争斗》《社会主义史》等出版物。经理周少伯被罚洋50元，并限3日内迁出租界。承印这些书刊的华丰印刷铸字所经理乔雨亭和印刷公会经理孙诒康亦各罚洋100元。11日，新青年社被查封，在陈独秀主张下《新青年》迁广州出版发行。也可以佐证华丰印刷铸字所与陈独秀等发起成立共产主义小组时期相关印刷出版有密切关系。

在第一、二版《共产党宣言》印制的同时期，华丰印刷的《国际联盟讲评》（1919年8月20日初版），版权页"版权所有不准翻印"的外框采用了和《共产党宣言》1920年9月第二版相同的花边图案（见图5）。

图5　华丰印刷的《国际联盟讲评》版权页

---

① 《新青年被查封》，1921年2月11日，引自上海图书馆数字图书馆"上海年华"：http://memory.library.sh.cn/node/75241.

华丰铸字印刷所在 1920 年 10 月 1 日发行的《新青年》第八卷第二号发布广告："本所自今春起大加刷新，抱定以下目的，断不敷衍了事。敝所现在规模比两年前大数倍……敝所经理是做铜模的专门家，敝所又是由铸字所扩充到铅印业的。所以各种铅字花边书边，铅线，曲线，符号极其完备。"那么，在自己排版印刷品上使用新的独有的花边，也是很正常的商业方式。另外，当时主要为了市场的原因各厂家铅字高度存在很小的差异，不经过处理无法正常混用排版，直至 20 世纪 80 年代，上海中华印刷厂和上海商务印刷厂铅字的高度仍未统一。

三、结　论

综上所述，第一版《共产党宣言》封面使用的图像是 1907 年世界社编辑在法国印刷的《近世界六十名人》马格斯同来源，用此图像翻拍缩小制版具备条件；采用的印刷工艺是照相网目铜版工艺制版和铅字组版凸版印刷；最初的封面设计由于技术原因反白文字不清晰，所以改变设计另外加印了图案中的铅字，外协和封面设计的改变可能是造成铅字排序出错的一个重要因素；在《共产党宣言》中版权页（封三）使用的是华丰铸字印刷所的花边图案。

通过钩沉史料，实地调查及技术分析，推定又新印刷所委托其他当时有规模的印刷所制版并印刷了第一、二版《共产党宣言》的封面，其中以同期《新青年》委托的外协印刷单位华丰铸字印刷所可能性最大。

（作者单位：中国印刷博物馆，印捷文化空间）

中国化出版、民间化交流、产业化运营
——由稻盛和夫系列著述运营谈起

张德军

摘 要：日本图书的引进出版一直是东方出版社的重点发展领域，其中最具代表性的就是稻盛和夫的系列著述。该系列一经引进就受到广大读者和社会各界的广泛认可。本文通过对东方出版社稻盛和夫系列著述的分析，总结出中国化出版、民间化交流、产业化运营三条经验。

关键词：引进版图书　中国化出版　产业运营

坚持人民情怀、东方智慧的东方出版社，1985年作为人民出版社副牌社创办以来，特别是2012年剥离转制成为独立出版企业以来，一直将同属东方文化的日本图书出版交流作为重点发展领域，与讲谈社、日本经济新闻出版社、新潮社、日经BP社等日本出版界有着非常广泛和紧密的合作，成为国内引进和出版日本图书最多的出版社之一。据不完全统计，东方出版社共引进出版日本图书近千种，目前仍在版权有效期内的日本图书近700种，其中最具代表性的就是"中日友好使者"稻盛和夫先生的系列著述。2005年以来，东方出版社活法系列、心法系列、稻盛和夫实学系列、对话稻盛和夫系列、稻盛开讲系列等稻盛和夫著述系列产品总销量超过1000万册，《活法》单书销量突破500万册，受到广大读者和社会各界的广泛认可。

东方出版社在稻盛和夫著述系列等日本图书的出版传播中，始终紧扣巩固马克思主义在意识形态领域的指导地位、巩固全党全国各族人民团结奋斗的共同思想基础的根本任务，始终坚守推动文化发展和科技进步、着力为现代化建设提供精神动力和智力支持的重要使命，在中日图书版权交流、中日民间文化交流等领域进行了积极探索，逐步形成了中国化出版、民间化交流、产业化运营的出版发展思路，取得了显著成效。

一、坚持中国化出版

习近平总书记强调，我们这个 5000 年的文明，我们要尊重，也要弘扬，把它里面精华的东西，和我们现在所坚持的马克思主义立场、观点、方法结合起来，就是中国特色社会主义。认真学习贯彻习近平总书记重要论述精神，做好出版传播，传承中华文化，就要求我们坚持马克思主义指导，坚守中华文化立场，既不要简单复古，也不要盲目排外，而是要古为今用、洋为中用，辩证取舍、推陈出新，摒弃消极因素，继承积极思想，"以古人之规矩，开自己之生面"，实现中华文化的创造性转化和创新性发展。

一是要以我为主、为我所用。习近平总书记指出，对我国传统文化，对国外的东西，要坚持古为今用、洋为中用，去粗取精、去伪存真，经过科学的扬弃后使之为我所用。在稻盛和夫系列著述的出版传播中，我们自觉坚持马克思主义立场、观点、方法，始终注意把好出版导向，努力把稻盛经营哲学的思想精华选出来、传开去。在1996 年出版的《稻盛和夫论新日本·新经营》的序言中，季羡林先生赞叹稻盛先生："这种分析虽浅显明了，却实事求是，切中要害。我们常讲的唯物主义的分析，不就是这样吗？稻盛先生一句马克思主义的词句都不用，谁能说他没有获得马克思主义的真髓呢？"读到稻盛先生关于共生、循环和利他的论述时，季羡林先生又赞叹说："这是对中国思想的精华，也可以说是东方思想的精华'天人合一'思想最全面、最准确的解释。"对此，《活法》一书的译者、著名稻盛经营哲学研究专家曹岫云先生提出，稻盛先生既是科学家又是企业家，科学技术和企业经营要求高度的现实主义，它必须既唯物又辩证；所以季羡林先生吃惊于稻盛"书中到处是哲学"，就不是偶然了。为了帮助中国读者更好地把握稻盛经营哲学，我们约请曹岫云先生撰写《稻盛和夫与中国文化》，围绕经营的哲学要从中国圣贤那里学天人合一和宇宙意志、实事求是和心纯见真、知行合一和唯物主义等专题，细致梳理了稻盛哲学与中国文化的渊源，坚持中国化立场对稻盛经营哲学进行辩证分析和科学引导。

二是要各美其美、美美与共。2013年，习近平总书记在墨西哥参议院演讲时强调，中拉要加强文明对话和文化交流，不仅"各美其美"，而且"美人之美，美美与共"，成为不同文明和谐共处、相互促进的典范。2019年，习近平总书记在会见法国总统马克龙夫妇时指出，中法作为东西方两大文明代表，应该相互尊重，交流互鉴，各美其美，美美与共。东方出版社坚持16年之久、全品种出版传播稻盛和夫系列著述，是经过长期论证和精心选择的。稻盛和夫1932年出生于日本鹿儿岛，分别于1959年、1984年创办京瓷公司、第二电信公司两家世界500强企业，是日本四大"经营之圣"中年龄最小的企业家，是日本经营哲学的代表性人物。用季羡林先生的话来说，"根据我七八十年来的观察，既是企业家又是哲学家，一身而二任的人，简直如凤毛麟角。有之自稻盛和夫先生始"。用曹岫云先生的话来说，"稻盛先生出身是科学家，出名是企业家，但我认为稻盛先生本质上是一位彻底追求正确思考和正确行动的哲学家。同时他还是教育家、慈善家。不仅在日本历史上，就是在整个人类的历史上，像稻盛先生这样的人物也是凤毛麟角,极为罕见"。作为日本代表性经营哲学的稻盛哲学,其核心是"作为人,何谓正确?"稻盛哲学的每一项每一条,都是稻盛先生在亲身实践中的心血的结晶。在这种哲学的引导下,稻盛先生赤手空拳创办了两家世界500强企业;依靠这种哲学,稻盛先生带领破产重建的日航,仅仅一年,就大幅度扭亏为盈,创造了日航60年历史上最高的利润,同时也是当年全世界航空公司的最高利润,稻盛先生长期对华友好,2004年,应邀在中共中央党校发表讲演,并被中日友好协会授予"中日友好使者"称号;2006年,被中国人民对外友好协会授予"和平发展贡献奖";2008年开始,中央电视台围绕稻盛哲学作了7期节目,其中《对话》就有3期。从季羡林、曹岫云两位专家的论述,我们可以看到稻盛经营哲学与中华优秀传统文化是一脉相承的,与马克思主义是相通的,具有能够为我所用的优秀文化内容。这既是为稻盛和夫系列著述在中国畅销实践所证明的,也在一定程度上解释了其在中国畅销的深层次原因。

二、坚持民间化交流

习近平总书记强调,中华文明在5000多年不间断的历史传承中兼容并蓄、创新升华。中华人民共和国成立70年来,坚持保护和传承中华优秀传统文化,推动中外文明交流互鉴,为人类文明进步作出了积极贡献。要让文明交流互鉴成为增进各国人民友谊的桥梁、推动人类社会进步的动力、维护世界和平的纽带。要着重发挥民间外交作为推进文明交流互鉴最深厚力量的突出作用。

在中日民间文化交流中,自古以来,出版就发挥着不可替代的独特作用。公元600年,摄政圣德太子首次向中国隋朝派出使节,开始了国家间的正式交往。公元607年,以大礼小野妹子为正使第二次派遣使节访隋,据日本《经籍后传》记述:"是时国家书籍未多,爰遣小野臣因商于隋国,买求书籍,兼聘天子。"据《宋史》,有日本国僧介绍日本"国中有《五经》书及佛经、《白居易集》七十卷,并得自中国"。2021年3月,全国政协委员、驻日本大使孔铉佑在接受《央广会客厅》专访时,专门介绍了中国的科幻小说《三体》在日本掀起了不小的热潮;强调今明两年是中日文化体育交流促进年,双方正在筹备一系列交流活动。

在近20年的中日民间出版文化交流中,我们始终坚持底线思维,将守住出版底线放在第一位。一是始终坚持正确的出版导向,坚决贯彻党中央重大决策部署,坚决以党中央关于形势的重大分析判断统一认识,对重大方针政策、新概念、新论断等严格把关;注重提高政治敏锐性和鉴别力,对涉及近代中日不平等条约、甲午战争、抗日战争、东海、南海、钓鱼岛以及日本国内参拜靖国神社等人物、事件、问题相关选题保持高度警惕。二是始终坚持正确的历史观,坚决反对历史虚无主义,对一些可能引发争议的错误倾向保持高度警惕。比如,有的哗众取宠,对中日有关历史事件、人物评述出圈;有的随意解读历史,为中日有关历史事件、人物翻案;有的以"揭秘""真相"为噱头,随意杜撰、歪曲中日相关历史事实;有的在中日相关研究中,把重点放在细枝末节,将中日历史的主题主流边缘化等等。

我们积极围绕中心、服务大局,出版了一大批反映日本经营管理、先进制造业、服务业、中小企业、新农等领域新成果、新经验的高质量图书。比如,《精益制造》系列、《服务的细节》系列的"双百工程",被列入"十三五"国家重点图书、音像、电子出版物出版规划以及国家出版基金项目,《服务的细节》系列已出版109个品种,《精益制造》系列已出版67个品种,总销量突破200万册。为迎接中日邦交正常化50周年,我们策划了《风月同天——中日民间经济文化交流纪实》丛书,选取在中日关系冰河时代奋力破冰的代表性人物,及在改革开放四十年来为中国经济和社会发展作出巨大贡献的代表性日资企业和团体，对过去50年中日民间经济文化交流进行回顾、总结，并对未来提出积极展望。同时，我们还将南怀瑾先生《孔子和他的弟子们》《人生的起点和终站》《小言〈黄帝内经〉与生命科学》以及《烈火三国》《奇迹：发展背后的中国经验》等一大批经典图书对日本输出版权，向日本社会各界积极讲好中国故事、传播好中国声音，积极介绍中华优秀文化和当代中国发展成就。

三、坚持产业化运营

习近平总书记指出，要推动文化产业高质量发展，健全现代文化产业体系和市场体系，推动各类文化市场主体发展壮大，培育新型文化业态和文化消费模式，以高质量文化供给增强人们的文化获得感、幸福感。要坚定不移将文化体制改革引向深入，不断激发文化创新创造活力。作为文化产业改革发展的主力军、主阵地、排头兵，出版业一直引领着文化产业的改革创新和高质量发展，在2020年全国文化企业30强榜单中就有13家出版企业（占比超过40%）。作为中央文化体制改革试点单位，东方出版社在日本图书引进出版等领域始终坚持改革创新，积极推进高质量发展。

一是推进版权体系化。出版业的核心是版权。我们聚焦核心版权，积极构建体系化、规模化版权群，为出版传播夯实版权基础。以稻盛和夫系列著述为例，《活法》单书销量超过500万册，我们围绕《活法》先后推出平装本、精装本、大字本、线装本、口袋本等不同系列品种并得到相应版权授权，先后引进"活法系列""活法套装系列""心法系列""文库本系列""稻盛和夫的实学系列""对话稻盛和夫系列""稻盛开讲系列""传记系列"等70多个品种的版权。同时，积极约请国内专家撰写稻盛和夫相关研究著作，先后出版曹岫云先生所著《稻盛和夫与中国文化》《稻盛和夫的成功方程式》《稻盛和夫与阳明心学》等。

二是推进出版融合化。在做好纸质图书出版的同时，我们坚持一体化发展，围绕核心版权资源，通过流程优化、平台再造，实现各种媒介资源、生产要素有效整合，实现版权内容、技术应用、平台终端共融互通，放大一体效能，打造活法公众号、有声读物、音像制品等一批融媒体出版物，初步打造形成具有较强影响力和竞争力的稻盛和夫融媒体出版矩阵。

三是推进项目公司化。适应出版高质量发展，我们积极探索内涵式发展、公司化运作的新路径，在原有"稻盛和夫项目组"的基础上组建专门的公司，并努力将其打造成为敢于担当、敢于亮剑的"三体"化的创新主体。这里的"三体"，就是作为科学文化技术创新的责任主体，要积极承担起创新的责任，不断出版国际上最新、最前沿的东西，把国内最好的作者、最前沿的成果介绍出去；作为文化市场的独立主体，要自主经营、自负盈亏、自我发展、自我约束，有效参与市场竞争、独立自主发展、独立承担法律和社会责任；作为干事创业的利益共同体，要通过股份制改造，通过上市公司，通过建立股权激励机制，逐渐使出版企业的经营团队、骨干力量、员工，来分享企业改革发展成果，形成有共同发展目标、共担责任、共享利益的干事创业的利益共同体。

四是推进运营市场化。要围绕核心版权积极进行市场化资源配置，更加注重使市场在资源配置中起决定性作用。在纵向上，要坚持出版融合发展、坚持一体化发展，实现一种资源、多种媒介传播的融媒体出版。在横向上，要打通出版、传播、教育、培训、咨询等多领域知识服务渠道，构建以出版资源为核心，逐步具备资源聚合平台化、生产方式个性化、获取渠道多元化、服务对象智能化、价值实现共享化等创新优势的新型知识服务体系。

（作者单位：东方出版社）

参考文献：

[1] 稻盛和夫. 活法 [M]. 曹岫云, 译. 北京：东方出版社, 2012.

[2] 曹岫云. 稻盛和夫与中国文化 [M]. 北京：东方出版社, 2021.

[3] 稻盛和夫. 稻盛和夫论新日本·新经营 [M]. 吴忠魁, 译. 北京：国际文化出版公司, 1996.

[4] 柳斌杰. 出版社要努力进入"三体"时代 [N]. 中国新闻出版报, 2016-01-27.

[5] 陈锦华. 中日关系大事辑览（增订本）[M]. 北京：中国人民大学出版社, 2015.

《之江新语》现象与思想理论创新、执政能力现代化

——兼论图书政治文化价值的提升与引领

虞文军　李祖平

摘　要：《之江新语》是浙江人民出版社出版的图书，作者是时任浙江省委书记的习近平。作为初步形成习近平新时代中国特色社会主义思想理论体系、跳动着治国理政新思想新理论之魂的书，《之江新语》发挥主题出版与主题阅读五大优势，通过记录和传播思想理论创新成果、助推我们党执政能力与国家治理能力现代化，形成了特色鲜明的政治文化现象，实现了图书政治文化价值的彰显、提升与引领。

关键词：之江新语　主题出版　主题阅读　政治文化价值　提升与引领

在我国由出版大国迈向出版强国、全民阅读从第一个黄金10年跨入第二个黄金10年进程中，《之江新语》通过现象级的主题出版与主题阅读，正在政治文化建设的站位上，深刻改变着中国执政者的理想信念、思维方式、价值观念、能力素质，成为出版传媒界和全民阅读国家战略里，值得深入研究的重大课题，即主题出版与主题阅读如何通过记录和传播思想理论创新成果、助推我们党执政能力与国家治理能力现代化，实现图书政治文化价值的彰显、提升与引领。

一、形成特色鲜明的政治文化现象

"之江新语"是《浙江日报》头版特色栏目,自 2003 年 2 月 25 日持续到 2007 年 3 月 25 日,累计刊发短论 232 篇。"之江新语"作者"哲欣",是时任浙江省委书记的习近平所用笔名,取"浙江创新"之意。2007 年 5 月,应读者要求,该专栏文章以《之江新语》为书名,由浙江人民出版社出版(限内部发行)。2013 年 11 月经中共中央办公厅批准重印并公开发行,浙江人民出版社按照主题出版与主题阅读的高标准全流程推进,在助推我们党执政能力与国家治理能力现代化方面,形成了特色鲜明的政治文化现象。

(一)发挥主题出版与主题阅读五大优势,打造读学并进格局

主题出版与主题阅读是围绕党和国家工作大局组织开展的弘扬主旋律、传播正能量的重大出版、阅读活动,主题出版为主题阅读提供了内容保障。《之江新语》充分发挥主题出版与主题阅读全局性、长远性、前瞻性、开放性和创新性等五大优势,[1] 2014 年起在全国掀起了结合工作学读、读后撰写感想体会、各种会议活动诵读、各类培训进修班讲读、广播电视和网络新媒体平台读播、为破解发展难题研读等一轮轮实体书与数字化阅读热潮,打造且保持了读学并进格局。截至 2018 年底,实体书出版发行达 300 万册,图书主体内容及相关文献信息资源的全媒体阅读学习与传播达亿次量级,互联网上阅读、学习、宣传的相关图文与音视频资讯、研究文献达 5000 余篇(个)。

(二)著作式呈现思想理论创新成果,闪耀政治文化光辉

《之江新语》是习近平同志在处理浙江经济、政治、文化、社会、生态文明和党的建设等各领域工作中,深刻阐述新思想、新理念

形成的创新成果。实践出真知，基层是沃土。[2] 这些文章坚持"从群众中来，到群众中去"，及时回答人民群众最关心的问题，在思考与写作、编辑与出版、阅读与传播中，成为崭新的时代答卷。如果只停留在报纸版面上，就难以为党员干部和普通大众提供集中性、体系性、全面性、研究性的阅读、学习与思考的机会。浙江人民出版社通过政治引领使命担当、特定主题战略谋划、围绕大局读以致用、胸怀世界学而习之的主题出版与主题阅读，为广大读者提供了图书的文化内涵、载体形态和阅读方式，让散见于200多期报纸中的创新思想，有了著作式的呈现和传播，跨越时空与媒介，闪耀出璀璨恒久的政治文化光辉，让我们更加高效地阅读和学习到了习近平同志推进中国特色社会主义浙江实践基础上形成的科学思想理论体系的丰富内涵、深邃精髓。

（三）为执政能力与治理能力现代化，提供强大思想引领

初步形成习近平新时代中国特色社会主义思想理论体系、跳动着治国理政新思想新理论之魂的《之江新语》，早在2014年，就先后被列为中纪委向全国纪检干部推荐的56种必读书之一；被浙江省委宣传部、组织部列为深入学习习近平总书记系列讲话精神两本必读书之一，被浙江省委办公厅列为第二批党的群众路线教育实践活动指定用书；被全国首个以党政机关领导干部为目标受众的读书专刊——时任上海市委书记韩正倡导的"解放书单"列为第一期首本推荐图书；被时任湖北省委书记李鸿中推荐为全省干部必读书。《之江新语》"是运用马克思主义立场观点方法观察问题、分析问题、解决问题的光辉篇章，是当代中国共产党人励精图治、造福人民的生动写照，是贯彻落实中央精神、紧密结合地方实际推进省域经济社会科学发展的重要遵循"[3]。在治国理政思想引领与方略创新、党员干部素质教育与能力培养方面影响之广、之大、之深、之远，至今还在竞相迸涌出一个又一个生

动鲜活的实例。

二、彰显重大丰富的政治文化价值

每一次重大的思想理论创新,都能推动经济社会发展实现新的历史跨越。《之江新语》在记录和传播思想理论创新成果进程中,对实践创新产生了重大先导作用,不仅有力助推了政党执政能力与国家治理能力现代化,更是"以马克思主义为指导、以中华优秀传统文化为基础、以革命文化为源头、以社会主义先进文化为主体"的我们党政治文化的充分体现,[4]彰显了重大丰富的政治文化价值。

(一)印证"时代是思想之母,实践是理论之源"

时代和实践发生重大变革,出现鲜明的阶段性特征,思想和理论就要与时俱进。我们党新的思想理论武器如何呼之欲出?如何"在理论上不断拓展新视野、作出新概括"?《之江新语》已成为这一新视野、新概括的代表性载体和成果。《之江新语》篇幅不长,却深入浅出、意味深长;非先哲理论,却传道解惑、博大精深;非鸿篇巨著,却视野开阔、境界高远。《之江新语》印证了习近平总书记在省部级主要领导干部专题研讨班上讲话中提出的"时代是思想之母,实践是理论之源"的伟大论断,[5]成为这个"时代"政党执政与国家治理"实践"的生动写照,成为主题出版与主题阅读推动政治文化建设的范例之一。

(二)凝练新思想全面引领的核心要义

一是引领全面建设小康社会、率先基本实现现代化。《之江新语》的开篇之作《调研工作务求"深、实、细、准、效"》和《要有世界眼光和战略思维》,与习近平同志到浙江工作后践行的创新发展战略紧密相连。前文是贯彻落实党的十六大精神的发展新思路的科学方法论，后文则是习近平同志作为"一把手"站在战略高度，把方向、抓大事、谋全局，用战略思维观察当今时代，洞悉当代中国，谋划当前浙江，切实把本地、本部门的工作放到国际国内大背景和全党全国全省的工作大局中去思考、去研究、去把握后形成的原则性、系统性、预见性、创造性、引领性的思想成果。

二是引领党的执政能力、国家治理能力现代化。《之江新语》里有一系列党员干部如何坚定理想信念、保持求真务实作风和正确政绩观、全面提升素质能力的文章，如《越是领导干部，越要廉洁自律》《执政意识和执政素质至关重要》等。2004年10月，在审议通过《中共浙江省委关于认真贯彻党的十六届四中全会精神，切实加强党的执政能力建设的意见》的省委十一届七次全会上，习近平同志代表省委提出了"巩固八个方面的基础，增强八个方面的本领"的具体要求和重要论述，为推进党的建设新的伟大工程指明了方向。[6]他在《"四位一体"的辩证统一》文章中，将加强党的执政能力建设和先进性建设作为"根本保证"，全面阐释了浙江省经济、政治、文化和社会建设等治理体系与治理能力现代化的总体布局。[7]

三是引领和谐社会建设、中华民族伟大复兴。治理能力现代化的目的是努力增进人民福祉、建设富强民主文明和谐的社会主义现代化强国、实现中华民族伟大复兴。党的十六大报告中有6处提到"和谐"，在全面建设小康社会目标中，明确提出了"社会更加和谐"的要求。《之江新语》里《维护社会和谐稳定同样是政绩》《文化是灵魂》《文化育和谐》等文章，就是这方面核心要义的充分体现。

（三）迸涌新理论恒久支撑的恢宏内涵

一是在始终保持领导干部求真务实之风中形成系统化新理念。《之江新语》作为一部短论合集的理论专著，其特色鲜明的语言风格、自然成文的段落结构、科学严密的逻辑思维、生动深刻的思想感情，无不得益于习近平同志始终保持的领导干部亲自动笔的好传统，始终保持的边读书学习边思考求索、边实践调研边总结凝练的求真务实的好作风。

二是在实施新战略中创造具有时代性、科学性、革命性的完整理论体系。《之江新语》的写作与发表、出版与传播，还与引领浙江推进高质量发展的"八八战略"息息相关。包含一系列开创性的思想理论的"八八战略"，开辟了中国特色社会主义在浙江生动实践的新境界。细读2006年3月连续刊发的4篇文章，"两只手"（即深化改革）、"两只鸟"（即结构调整）、"两座山"（即生态环境保护）、"两种人"（即城乡二元及"三农"问题）就是对当时浙江存在问题和实施举措的具有时代性、科学性、革命性的概括总结。《之江新语》由此成为"八八战略"全程记录和宣传、全力推动和发展的重大成果，成为以实践为源泉创造的完整理论体系的标志性载体和集大成者。

三是在传统文化运用中创造新典范，为思想理论体系注入中华民族强大基因。习近平同志不仅是爱读书的典范，更是运用传统文化的典范。细读《之江新语》，我们仿佛进入传统文化长廊，时不时被先哲名言、诗词典故吸引，心领神会中获得莫大启迪和提升，从"文化是灵魂"的高度，对我们思想和行为产生深刻影响。全书约有60篇文章结合学习思考、工作实践引用和化用诗词典故，创造了传统文化运用的新典范——诗词经典有的作为论点，甚至作为文章标题；有的作为理论支撑，佐证和强化观点；有的作为主体，形成全文主要论证方式。从而将中华民族优秀传统文化的强大基因注入思想理论体系中，通过阅读与学习，更加牢固熔铸在执政者素质与能力中，植根在中国人内心与骨血里。

三、实现全面持续的价值提升与引领

图书如何通过主题出版与主题阅读，高质量记录和传播思想理论创新成果，成为执政能力、治理能力现代化的要素资源和强大动能，并实现政治文化价值全面持续的彰显、提升与引领？《之江新语》从初版到重印、从持续畅销到发挥品牌效应、从"读进去"到走出去，打造了新样板。

（一）以"使命感＋一流精品"来提升与引领

从初版到重印，通过体现强烈使命感与全力打造一流精品，始终坚持政治引领、服务大局，实现政治文化价值的彰显、提升与引领。

一是从呼声到首肯、从编辑到出版，在政治引领与服务大局中体现强烈使命感。习近平同志2007年3月调任上海市委书记离开浙江前，干部群众要求将专栏文章集结成册出版的呼声很强烈，为了满足读者需求，浙江日报社经过再三征求习近平同志意见，终于获得他的首肯，将"之江新语"专栏232篇短论按时间先后顺序结集成册。浙江人民出版社接到书稿后，更是视之为一项重大政治任务，于2007年5月正式启动出版工作。责任编辑在编校过程中特别仔细、慎重、用心，对开本、字体、用纸和封面都精心考虑。经过3个月左右编辑加工，2007年8月正式出版，遵照领导要求，限内部发行，主要供办公厅同志学习所用。

二是从初版到重印并公开发行，以主题出版战略思维全力打造一流精品。在初版后的近6年时间里，强烈的政治敏锐性和职业敏感性支撑着社领导和编辑，一直关注和收集广大党员干部读者的阅读体会和新呼声、新需求，一直以主题出版工程的战略思

维来谋划推进《之江新语》出版大计。2013年1月人民网转载了《之江新语》书中4篇短论，引起广大读者热切关注。一时"洛阳纸贵"，一书难求。2013年11月经中共中央办公厅批准，"允许浙江人民出版社重印2007年出版的《之江新语》一书，用原书号，注明二次印刷"。重印保持初版原貌，只增加重印说明。浙江人民出版社及浙江出版联合集团领导高度重视，不但亲自部署落实该书的印刷、纸张供应、宣传报道、市场发行等，还带头检查图书印装质量。二次重印首印50万册，一周后又加印50万册，至今总发行量已达300万册，成为一本从内容到装帧、从编辑到发行、从阅读到传播全流程高标准、高质量的一流精品书。

（二）以"红色资源＋顶层战略"来提升与引领

从持续畅销到发挥品牌效应，通过培育"红色资源"、推进"顶层战略"，始终坚持高质量记录和传播思想理论创新成果、助推执政能力与治理能力现代化，实现政治文化价值的彰显、提升与引领。

一是在主题出版方面，以畅销为契机，深挖丰富内涵，培育形成梯队化、系统化、集群化"红色资源"。主题出版作为重大选题策划和出版活动，通过服务党和国家工作大局，巩固壮大主流思想舆论，有效发挥出版的记录历史、宣传真理、资政育人作用。[8]浙江人民出版社以《之江新语》为统领，深挖丰富内涵，培育形成了梯队化、系统化、集群化"红色资源"，由此开启了充分利用浙江作为中国革命红船启航地、中国改革开放先行地、习近平新时代中国特色社会主义思想重要萌发地这一得天独厚的政治资源优势，打造研究习近平新时代中国特色社会主义思想的出版高地的新征程。"红色资源"包括：已重点出版的理论专著《"两山"重要思想在浙江的实践研究》和报告文学《"两山"之路——"美丽中国"的浙江样本》，解读"八八战略"的普及性读物《读懂"八八战略"》（得到浙江省委书记车俊批示，发行量短期内就达300万册），系统阐述习近平同志在《光明日报》上发表的"红船精神"的《红船精神问答》（入选2018年中宣部优秀通俗理论读物，系浙江省近10年来首次获此殊荣）等。

二是在主题阅读与学习研究方面，利用品牌效应，组织系列论坛活动，推进形成多元化、学术化、项目化"顶层战略"。"全民阅读"已连续6年写入《政府工作报告》，不仅党员干部，即使普通大众，也希望通过围绕重大主题开展的阅读活动，在学习中更好地认清未来方向，提升思想境界，实现事业发展、人生进步和"对美好生活的向往"。《之江新语》在学读、诵读、讲读、研读等主题阅读热潮基础上，着力在学习研究方面，利用品牌效应，组织系列论坛活动，推进形成了多元化、学术化、项目化"顶层战略"。"顶层战略"开启于2014年浙江人民出版社与中国社会科学院马克思主义研究院达成战略合作，联合主办"习近平系列重要讲话学术论坛"，包括"'两山'重要思想和生态文明思想学术研讨会"等一系列研讨活动。既扩大了知名度和美誉度，又组织策划了系列重大选题，包括《马克思主义视野下的国家治理丛书》（已列入国家出版基金项目）、《新时代中国特色社会主义大战略丛书》等。

（三）以"读懂弄通学会用好"来提升与引领

从"读进去"到"走出去"，通过凸显"用大白话讲大道理"话语体系和"省域实践国家答卷"示范样本，始终坚持更大范围、更深层次的读懂弄通学会用好，实现政治文化价值的彰显、提升与引领。

一是干部群众深受"读进去"之益，从而激发了更大范围、更深层次的主题阅读与学习践行需求。出版大家、商务印书馆创始人陆费逵先生曾说："我们书业虽然是个较小的行业，但是与国家社会的关系比任何行业都大得多。"[9]《之江新语》的主题出版与主题阅读里,这"大得多"的"关系"便是凸显了"用大白话讲大道理"的话语体系——让人人都领悟到思想理论创新和执政能力与治理能力现代化的国家方略。《中国新闻出版报》发表《〈之江新语〉为何洛阳纸贵》的报道分析"读进去"的关键是:内容丰富鲜活,观点鲜明;文字痛痛快快,读后如沐春风;表达了广大干群对党的领袖一以贯之务实作风的支持。[10]这三大关键说明"读进去"后真正读懂了、受益了,所以才会出现学读、拜读、荐读、争读、研读的盛况。随着重印50万册一周后又加印50万册均告售罄,大量干部群众阅读学习后自发撰写感想体会并进行了全媒体的发布传播,全国各级党政机关和各类组织机构或推荐或会议活动里诵读学习,通过"读以致用""学而践行"促进执政能力和治理能力现代化,从而掀起了更大范围、更深层次"读进去"的持续性热潮。各领域专家学者也纷纷提笔撰写并发表分析研究文章,《学习时报》刊发专家文章指出,《之江新语》"读进去"要学其为文之道,学其为政之道,学其为民之道。[11]这也正是主题出版与主题阅读助推执政能力与治理能力现代化的重要抓手。

二是为了让各国人民读懂浙江、读懂中国,走出去也着力更大范围、更深层次的读懂弄通学会用好。作为向世界更好地宣传习近平新时代中国特色社会主义思想及其孕育、形成、发展的历史轨迹的重要著作之一,《之江新语》不仅深受广大国内读者喜爱,在海外也产生了巨大影响。特别是2016年二十国集团(G20)领导人杭州峰会后,更多海外人士关注浙江经验和浙江发展模式。许多国家的领导人到访浙江时提出能读一读《之江新语》外文版。2018年11月G20在阿根廷召开前夕,阿根廷议会大厦举行了《之江新语》西文版首发式暨中阿治国理政研讨会。这是首个外文版在国外出版发行,而西文版也是《之江新语》对外翻译出版工程首个语种。之所以走出去首选阿根廷，首发仪式与治国理政研讨会一并举行，是因为"中国和阿根廷都是发展中大国，都是富有活力的新兴市场国家，在治国理政方面有很多共同语言"，[12]阿根廷政府官员在"省域实践国家答卷"里能更大范围、更深层次读懂弄通学会用好其中的治国理政之道。

四、学而时习之的"试金石"

被广泛赞誉的中宣部"学习强国"智能移动终端的第三方应用程序（App），其开启页面滴水成河的音画之侧，是两行出自《论语》的名言："学而时习之，不亦说乎。"在其中浙江学习平台里开设的"新思想在浙江"专栏中，自2019年1月起，《之江新语》又开启了新一轮连载刊发与阅读学习热潮。《之江新语》现象印证了"时代是思想之母，实践是理论之源"，也印证了一部伟大的著作，是可以常读常新常学常习的。书是人类进步的阶梯，唯有从"读以致用"到"学而时习之"，才能做到习近平总书记在中央党校讲话中对领导干部要求的"爱读书读好书善读书"。而包括党员干部在内的千千万万个读者，通过《之江新语》把"一时或一处的感悟与谋划"转化为"一辈子或全区域的践行与进步"，[13]才是检验主题出版与主题阅读记录和传播思想理论创新成果、助推执政能力与治理能力现代化、实现政治文化价值全面持续的提升与引领的"试金石"。

（作者单位：浙江人民出版社，浙江省科技宣传教育中心）

参考文献：

[1] 赖义羡.以战略思维推动主题出版与主题阅读[N].中国新

闻出版广电报，2018-10-16.

[2] 何毅亭.伟大思想理论从何而来？[N].学习时报，2017-11-17.

[3] 李鸿忠.省域经济社会科学发展的重要遵循[N].人民日报，2014-10-14.

[4] 李智勇.在党内政治文化建设上走在前作表率[N].学习时报，2017-04-28.

[5] 汪金友.时代是思想之母 实践是理论之源[J].前线,2017(9).

[6] 中共浙江省委理论学习中心组.中国特色社会主义在浙江实践的重大理论成果[J].政策瞭望，2014（4）.

[7] 何显明."八八战略"与习近平新时代中国特色社会主义思想在浙江的萌发[J].浙江学刊，2018（5）.

[8] 辛鸣.展示新时代热血忠诚勇担使命的精品力作[J].中国图书评论，2018（6）.

[9] 王芸,虞文军.群众期盼能有更多的"新语"——《之江新语》编后感[J].中国出版，2014（13）.

[10] 白羽.《之江新语》为何洛阳纸贵[N].中国新闻出版报，2013-01-17.

[11] 王起翔.学习《之江新语》有三种境界[N].学习时报，2015-01-26.

[12] 周星竹.《摆脱贫困》《之江新语》西文版首发式暨中阿治国理政研讨会举行[EB/OL]. http://images1.wenming.cn/web_wenming/xj_pd/yw/201811/t20181121_4905732.shtml.

[13] 季勇.感悟新语新风——再读《之江新语》[J].群众，2018（22）.

基于知识链的全球学术出版服务模式创新研究

丛 挺

摘 要：在数据驱动科研环境下，研究全球学术出版围绕用户知识需求的服务模式创新。基于知识链理论视角，构建学术出版知识链服务模型，指出微观层面是由科学数据与用户行为数据构成的支撑要素，中观层面是由知识获取、知识挖掘、知识内化、知识共享、知识评价、知识外化等组成的服务模块，宏观层面是由出版商、图书馆、科研机构等协同形成的知识链生态。探索构建基于数据驱动的学术出版服务环境，专注于为用户赋能型知识服务，寻求多机构知识链协同发展。

关键词：知识链 学术出版 服务模式

一、背 景

随着大数据、人工智能和语义技术的发展，全球学术出版向知识服务模式转型趋势日益显现。据国际科学技术与医学出版商协会（The International Association of Scientific,Technical and Medical Publishers，简称 STM）2017 年发布的《STM 出版 2021 技术趋势》（*STM Tech Trends 2021*）报告显示，包括机器生成文献、自动同行评议、服务型物联网在内的智能服务与面向科研人员服务成为未来学术出版发展的重要趋势[1]。上述趋势的形成来自需求侧和供给侧双重因素的驱动。一方面，海量且持续增长的科技信息和文献，客观上给科研工作者带来巨大负担。开放学术交流平台（Sciforum）统计显示，1994—2016年全球活跃期刊发表的文献数量为37083088篇[2]。相关学者研究表明，在目前的知识接收方式和状况下，若想在流行病学领域保持领先地位，研究者平均每天大约要花21小时进行阅读[3]。如何跳出信息海洋、降低知识获取成本成为科研工作者的客观需求。另一方面，随着科技信息结构化语义化程度的不断提高，传统文献资源正逐渐被解构为细粒度的知识单元，并在此基础上形成深度语义关联，而与此同时，嵌入用户知识获取与分享等行为的数据被大量记录和存储下来，为学术出版服务的开展提供基础保障。

为此，全球顶尖的学术出版商纷纷推出相应的产品和服务，并从战略层面确立未来的发展方向。近期，施普林格—自然集团首席出版官史蒂夫·英切库比（Steven Inchcoombe）在《洞察》（*Insights*）期刊上发表文章，提出未来该集团的角色定位，强调要帮助作者更好地分享研究发现，促进科研人员获取并了解他人的研究成果，支持图书馆及相关机构利用技术和数据开展创新，为学会提供专业的出版业务支持，参与和研究人员、资助者、政策制定者相关的活动等[4]。

面对快速兴起的学术出版服务化浪潮，如何揭示其中的规律、特征和趋势，是当前研究的热点。然而，现阶段关于该领域的研究较为零散，更多集中在基本现状概述和个别机构的案例研究，缺少系统层面的理论抽象和提炼。基于此，本研究拟结合知识链相关理论，探讨面向用户需求的学术出版服务模式框架及现实应用，为该领域发展提供新的思路。

二、分析框架

知识链作为知识管理领域的基础理论，对学术出版服务具有重要的借鉴意义。相关学者提出，面对泛在知识环境，科技期刊出版应该参与知识创新链的管理，服务于知识创新全过程[5]。根据相关学者定义，知识链是指企业在经营活动中以知识为中心，形成围绕知识的投入、转化和创新的无限循环过程。知识链不仅存在企业内部，也存在于社会各个群体之中，不同知识链形成相互交错的知识网[6]。关于知识链模型，豪斯艾普（HolsApple）与辛格（Singh）（2001）最早根据波特（Porter）（1985）的价值链模型，从组织内知识与组织核心竞争能力关系的角度进行构建，该模型包含知识获取、知识选择、知识生成、知识内化、知识外化等主要活动，以及领导、合作、控制、测量等辅助活动，最终实现企业竞争能力的产出。国内学者在继承该模型框架的基础上，对其进行必要的改进，如将内部与外部知识链打通等。

基于知识链理论视角，学术出版服务活动可看作是在数据驱动环境下，以科研用户需求为导向，支持用户进行知识获取、知识挖掘、知识内化、知识共享、知识评价与知识外化的服务过程，同时围绕用户价值推动出版机构、图书馆、科研机构等知识链相互协同（见图1）。该模型的特点是改变以往从单一机构视角出发的构建思路，转变为面向用户知识创新需求的服务模式。相比于一般的知识消费服务，学术出版服务更倾向于知识生产服务，也即为知识生产者创新工作开展提供服务[7]。其目标是通过多元化的方式，同时满足作为知识使用者和创造者的科研用户的整体需求，最终实现繁荣学术交流和知识创新的目标。

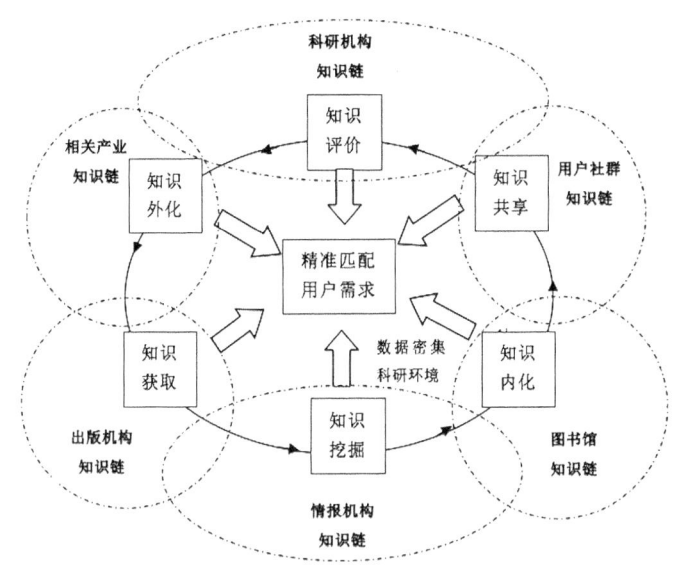

图 1 学术出版知识链服务模型

三、服务模式

根据上述分析，一个完整的学术出版知识链服务模式由微观、中观和宏观三个层次组成。微观层面是包含科学数据与用户行为数据在内的服务支撑要素，中观层面是围绕科研用户知识创新需求所形成的一系列服务模块，宏观层面则是由出版商、图书馆、科研部门等多机构协同的知识链生态。以下主要从支撑要素、服务模块与服务生态三个层面展开分析。

（一）支撑要素

学术出版服务建立在对学术出版内外部环境的数字化解构与全息化重构上。支撑要素主要分为与学术出版物自身相关、与学术出版环境相关的两个层面，前者主要表现为科学数据，后者则以用户行为数据为主。

1. 科学数据

随着科学研究步入以数据密集型为主要特征的发展阶段，相应的学术交流范式也随之改变[8]。正如吉姆·格雷（Jim Gray）在《第四范式：数据密集型科学发现》一书中所说："所有科学文献都上网，所有科学数据都上网，而且它们之间具备可互操作性。"由此驱动数据出版机制的不断发展和成熟。众多国际科研机构、学会、期刊组织纷纷制订科学数据共享政策，要求作者在提交稿件的同时提供相关的科学数据，如自然出版集团就明确提出"作者必须不设任何限制地提供材料、数据和有关协议给其他人"[9]。随着科学数据在学术交流系统中的地位不断提升，专门的数据期刊应运而生，如欣达维（Hindawi）出版公司的《科学数据集论文》（*Dataset Papers in Science*）、生物医学中心（BMC）的《千兆科学》（*Giga Science*）、自然出版集团的《科学数据》（*Scientific Data*）等。相比于传统学术期刊，数据期刊的论文更侧重在对科学数据本身的结构化描述，最大限度地促进科学数据的挖掘和重用。

2. 用户行为数据

学术出版服务模式，除了对学术出版物自身的离散化解构，还需要对学术出版用户行为进行数字化解构[10]。在数据驱动环境下，与学术交流相关的用户行为，均有机会被有效地记录和保存，并转化为宝贵的数据资产。学术出版机构可以通过对用户检索、阅读、评价、创作、分享等行为轨迹的搜集分析，反向指导选题开发，调整出版内容和形式等，创造更大的出版价值。此外，通过开放应用程序接口等方式，使原本仅局限在学术出版内部的用户行为数据与其他应用场景下的海量数据实现有效融合，有助于探索跨行业的创新机会，促进知识创新成果转化，推动形成产业互联网格局下新的知识服务模式。

（二）服务模块

服务模块是围绕科研用户需求，依据知识链视角分解而成的相对独立的服务环节，具体包括知识获取、知识挖掘、知识内化、知识共享、知识评价与知识外化等。

1. 知识获取

知识获取是指科研用户从学术交流系统中获取新知识的过程。近几年，围绕开放获取期刊的相关服务日渐成熟，相比于传统期刊，开放获取期刊包含更丰富的内容形态，如嵌入高质量的数据集及辅助资料，支持论文内容与其他相关知识对象关联等，帮助用户更全面深入地了解、评价和复用论文中的知识。开放学术图书方面，英国的知识解锁项目（Knowledge Unlatched）通过众筹的方式聚合多家图书馆的力量，共同采购出版社的学术图书，实现可持续的开放共享，为学术图书的开放获取提供创新性解决方案[11]。

高质量的知识组织有助于实现高效的知识获取。在学术信息资源开放获取的大背景下，学术出版机构逐渐从原有的资源售卖逻辑转变为基于开放资源的服务创新逻辑，通过灵活的知识组织体系把各类信息组织起来，支持用户进行知识挖掘、计算、试验。爱思唯尔[12]、约翰·威利[13]、英国物理学会出版社[14]等出版机构纷纷推出各自基于语义技术的增强型出版物，为用户高效获取信息提供支持。此外，包括纳米出版物[15]、液体出版物[16]、微型出版物[17]等新型出版物的出现，进一步促进知识资源的细粒度提取，为知识检索、挖掘以及评价等服务的开展提供更多可能性。

2. 知识挖掘

知识挖掘是从数据中发现有用知识的过程，本质是通过一系列先进技术和手段，帮助用户实现对知识的高效吸收。得益于数字资源的可获得性与人性化工具的开发，如开放式参考链接系统（CrossRef）、版权结算中心（Copyright Clearance Center）等推出的文本与数据挖掘（Text Data Mining，TDM）工具，TDM从早期单纯应用于生命科学领域的辅助工具，逐渐扩散至更多的学科领域，并成为学术资源开发的重要助手。面对日益增长的知识挖掘需求，一方面，出版商可以选择直接对自己平台上的内容进行挖掘，如爱思唯尔通过对用户在 ScienceDirect 上搜索频率较高的关键词进行深度分析，判断读者关注的热点学科，从而为出版决策提供参考，支撑学者更好地把握前沿动向[18]。另一方面，出版商可以通过许可授权的方式，支持用户对平台资源进行深度挖掘。如施普林格就授予订阅用户以非商业研究为目的的文本与数据挖掘权利，研究人员可以从 SpringerLink 平台下载全文内容，但下载速度需要控制在合理的范围之内[19]。当然，从目前的状况来看，出版商与信息服务机构、科研群体对于文本与数据挖掘权益仍存在较大的分歧，多数出版商主张通过许可合同来界定文本与数据挖掘权利，并通过指定的应用程序接口进行挖掘；而信息服务机构和科研群体则认为文本与数据挖掘的法律确定性只能通过著作权例外制度得以实现[20]。除此之外，知识挖掘服务的完善仍有赖于科研群体对文本与数据挖掘认知的提升，出版研究联盟（Publishing Research Consortium）2016 年的调查显示，超过 3/4 的科研用户从未使用过文本挖掘工具，而其中 2/3 的用户甚至没有听说过文本挖掘的概念[21]。

3. 知识内化

根据野中郁次郎提出的 SECI 模型，知识内化指的是一个将显性知识形象化和具体化的过程，也即显性知识到隐性知识的转化[22]。对于科研用户而言，获取文献仅仅完成对显性知识的接收，并未内化为个人的隐性知识。为此，服务提供方需要借鉴隐性知识转移的相关手段和方法，促进实现这一知识转化过程，可视化便是其中的重要方式。目前，在学术出版领域，围绕学术论文的可视化发表与学术期刊的可视化出版受到广泛关注[23]。相关实践主要围绕文献数据可视化、文献架构可视化与密集型数据可视化等方面展开。由美国光学学会（Optical Society of America，OSA）和美国国家医学图书馆（The United States National Library of Medicine,NLM）合作的"互动科学出版"项目通过为作者提供相应的软件工具，帮助其将发表的文章链接到 2D 和 3D 图像数据集；而读者则可借助工具仔细浏览并分析图像以提升对文献信息的理解[24]。由荷兰 SURF 基金会等资助的"增强型出版物"项目着力打造全新的语义出版物，借助情境可视化工具（Incontext Visualization），项目组将语义出版物的底层 RDF 架构以可视化方式展现出来[25]。读者可以清晰地了解图书与章节，章节与作者，视频与图书等实体之间的关系。尽管上述实践尚无法为知识内化提供完整的解决方案，但随着虚拟现实、增强现实等相关技术的成熟，新的知识吸收方式将不断出现，如基于沉浸式体验的科学知识传播等，将进一步改善用户知识内化的体验和效果。

4. 知识共享

关于知识共享，一般认为包含知识拥有者的知识分享与知识接受者的知识获取，在此过程中起主导作用的是知识拥有者的知识分享频率和程度。随着社交媒体与在线社区等基础设施的完善，学者参与知识分享与合作行为日趋普遍。据 2014 年《自然》杂志对全球 95 个国家 3510 位研究者的调查显示，超过 50% 的学者了解并经常浏览学术社交网站，如谷歌学术（Google Scholar）、研究之门（ResearchGate）、领英（Linkedin）、脸书（Facebook）等[26]。近几年，出版机构加大了对知识分享领域的投入。2013 年，爱思唯尔以 1 亿美元收购文献管理与在线学术社交平台曼德利（Mendeley）。2014 年，施普林格推出学术社交工具易分享（ShareIt）[27]，致力于实现科研人员之间便捷且合法的内容分享，2017 年该产品被全球学术与专业出版者协会（ALPSP）评选为当年的出版创新奖。借助易分享，作者可以将文章张贴到社交媒体平台、作者网站和机构仓储上，打上浏览或全文阅读的链接，即可完成分享。截至 2016 年 10 月，该平台上已有超过 220 万次文献浏览量[28]。随着知识分享活跃度不断提高，未来面向用户知识共享的服务将朝着更加智能和个性化的方向发展。

5. 知识评价

关于知识评价，本质上是从科研投入产出角度进行的结果评价。良好的知识评价体系有助于科研机构和人员客观评估研究成果的价值。在数据驱动科研环境下，科研成果评价趋于开放透明。2013 年，开放科学研究与出版平台 ScienceOpen 就针对当前同行评议局限，推出"出版后评审"（Post-Publication Peer Review）模式，将评审者、评审过程与内容完全公开，使更多科研人员可以从公开的审稿意见和反馈中受益[29]。2017 年，谷歌学术则推出"经典论文"（Classic Papers），将学术评价对象从期刊转向论文和作者，它以 10 年为期限判断一篇学术论文对本学科的长期影响，使科研成果获得更公正的评价[30]。与此同时，超越原有传统文献计量指标的替代性评价指标不断出现，使得科研成果评价进一步与社会经济发展相适应。施普林格与替代计量（Altmetric）合作推出针对图书和文章的评价指标[31]，相比于传统基于文献引用率的单一评价指标，该指标加入了社交媒体上有关科研成果的讨论和分享的统计，有助于作者本人和读者更清楚地了解相关成果在全社会范围内的影响力。

6. 知识外化

根据知识链理论，知识外化指的是将知识融入组织的产出中。随着科技革命影响范围和程度的加大，相关法律政策的完善，全球科技创新生态逐渐朝着开放协同的方向发展。科研成果的价值不再局限于学术圈内部，而是辐射到更广泛的社会经济领域。学术出版商开始将服务范围渗透到科研成果产业化环节，围绕科研成果后续试验、开发、应用、推广直至形成新产品、发展新产业等活动。替代计量从不同渠道搜集有关科研成果的相关数据和信息，帮助科研人员、科研机构、资助者更好地了解其成果在社会中的应用价值，并为科研成果转化提供基于大数据的决策参考[32]。爱思唯尔的研发解决方案（R&D solution）则利用庞大的研究数据集合分析工具，如 Reaxys、ScienceDirect、Scopus、Embase、QUOSA PV、PharmaPendium、Pathway Studio 等，为医药、化学材料、石油等领域的科技成果转化提供信息支持[33]。

（三）服务生态

整体而言，上述模块围绕科研用户知识创新需求，构成了一个循环往复的知识链生态系统。该系统作为一个动态网络，离不开多元化机构的优势互补与协同支持，具体包括出版机构、图书馆机构、科研机构、情报机构，以及相关产业机构等。

1. 出版机构与图书馆机构协同

从目前情况来看，出版机构与图书馆之间的协同最为普遍。在开放获取的背景下，图书馆参与学术出版服务成为大势所趋。据相关报告显示，出版服务已成为研究型图书馆的标准配置[34]。据美国研究图书馆协会下属的学术出版与学术资源联盟（SPARC）的一项"基于校园的出版合作伙伴"调查显示，"图书馆—出版社"合作的形式约占 2/3[35]，如普渡大学图书馆与普渡大学出版社合作开展 Purdue e-Pubs 开放期刊出版服务项目，此外还有"图书馆—出版社—信息技术部门—院系"等合作方式。从合作内容上，一般包括开放期刊出版服务，围绕某一专题的研究与参考服务等。爱思唯尔与佛罗里达大学合作，推动出版平台与机构仓储之间的互操作，使得该校科研人员发表于 ScienceDirect 上的相关文献及元数据可以自动链接到本校图书馆的数据仓储，从而提升本校科研人员的学术显示度与影响力。

2. 出版机构与其他机构协同

除了与图书馆机构合作，出版机构还与高校、企业等科研机构围绕学术出版服务创新展开合作。2013年12月，爱思唯尔与伦敦大学学院（简称UCL）宣布共同建立UCL大数据研究所[36]。该机构设在爱思唯尔收购的曼德利公司下，旨在帮助研究者运用全新的技术和工具，从海量信息和数据中探索学术与商业价值。2014年，汤森·路透公司与基于自然语言处理的文本挖掘公司计算语言（Linguamatics）合作，推出临床试验信息平台科特里斯（Cortellis）[37]。该平台通过对临床试验信息进行人工审阅，并与汤森路透其他的药物信息及竞争情报整合，为用户临床试验开发决策和产品组合战略提供有效支持。在知识链服务生态中，不同机构之间不是相互取代的关系，而是更好地利用自身优势特色，形成差异化的产业格局。在此过程中，不同机构之间的协作既存在交叉，也有一定的侧重，如出版机构与情报机构重点围绕知识挖掘等领域展开合作，而科研机构与科研用户社群则侧重在知识评价和共享服务方面展开合作。

四、小　结

信息技术迅猛发展与科研范式的革新，使得学术交流需求发生显著变化，由此催生学术出版服务的转型与创新。基于对上述趋势的分析，提出以下几点启示。

一是构建基于数据驱动的学术出版服务环境。在传统出版与早期数字化出版阶段，数据在学术出版中一直扮演着辅助性的角色，无法与图书、期刊、论文等常规出版物形式相提并论。但在大数据时代，通过对学术出版物自身和学术出版应用场景的数字化解构与全息化重构，数据将成为学术出版服务的核心单元。它既可作为一种学术资源形态存在，也为实时、精准和个性化服务的开展提供方向性指导。

二是把握学术出版服务战略的核心，即为用户赋能。正如

PLoS 在其官网上所提到的,该公司未来面临的挑战之一是如何利用技术和互联网为科研人员赋能[38]。在数据驱动环境下,领先的学术出版巨头已经开始由传统文献资源供给的初级模式,向为用户知识创新活动赋能的高级模式转变,爱思唯尔推出的知识赋能项目(Empowering Knowledge)[39]便是其中的典型。该项目通过开放学术信息和数据平台,鼓励科研人员在其平台上开展创新,突破当前知识用途的局限。学术出版服务战略区别于传统出版的关键在于超越现有业务形态,深入目标用户工作情境,从用户价值角度提高后者科研创新活动的效能,进而提升学术出版的社会价值和意义。

三是积极寻求多机构知识链的协同发展。相比于单一技术创新,学术出版服务模式的创新并不是由单一机构完成,而是在开放式创新战略指导下,充分发挥不同机构的独特优势,推动各自知识链的有效嵌套,满足用户知识创新的需求,共同推进知识服务价值的最大化。

(作者单位:上海理工大学)

参考文献:

[1] Tech trends 2021[EB/OL].[2017-08-15].http://www.stm-assoc.org/standards-technology/tech-trends-2021/.

[2] MDPI Sciforum-the platform for open scholarly exchange[EB/OL].[2017-08-15].http://sciforum.net/statistics/papers-published-per-year.

[3] Alper B. S., Hand J. A., Elliott S. G., et al. How much effort is needed to keep up with the literature relevant for primary care?[J]. Journal of the Medical Library Association Jmla, 2004, 92(4):429-37.

[4] Inchcoombe S. The changing role of research publishing: A case study from Springer Nature[J]. Insights, 2017, 30（2）:13-19.

[5] 曾建勋, 刘华. 泛在知识环境中科技期刊的发展方向 [J]. 编辑学报，2010, 22（6）：471-474.

[6] 陈志祥，陈荣秋. 论知识链与知识管理 [J]. 科研管理，2000, 21（1）：14-18.

[7] 张彬. 知识生产服务与知识消费服务——关于"知识服务"概念的哲学解析 [J]. 图书情报工作，2011，55（15）：42-46.

[8] 徐丽芳，丛挺. 数据密集、语义、可视化与互动出版：全球科技出版发展趋势研究 [J]. 出版科学，2012（4）：73-80.

[9] Nature Publishing Group. Data publication survey-raw data[EB/OL].[2017-08-15].http://figshare.com/articles/Data_publication_survey_raw_data/1234052.

[10] 赵文义. 学术期刊大数据出版研究 [J]. 出版发行研究，2016（3）：50-52.

[11] 宁圣红. 学术图书开放获取新模式：Knowledge Unlatched [J]. 图书馆论坛，2015（7）：14-20.

[12] Aalbersberg I. J., Heeman F., Koers H., et al. Elsevier's Article of the Future enhancing the user experience and integrating data through Applications[J]. Insights, 2012, 25（1）：33-43.

[13] The Smart Article[EB/OL].[2017-08-15].http://www.wiley.com/WileyCDA/Section/id-817760.html.

[14] 苏静，曾建勋. 开放信息环境下传统学术出版商的内容运营策略——以英国物理学会出版社为例 [J]. 中国科技期刊研究，2015，26（7）：693-698.

[15] Fuchs V., Vanista J. Nano-Publication in the e-science era[C]// The Workshop on Semantic Web Applications in Scientific Discourse. 2009:245-246.

[16] Baez M., Mussi A., Casati F., et al. Liquid journals: scientific journals in the Web 2.0 era[C]// Joint International Conference on Digital Libraries, Jcdl 2010, Gold Coast, Queensland, Australia, June. DBLP, 2010:395-396.

[17] Clark T., Ciccarese P. N., Goble C. A. Micropublications: A semantic model for claims, evidence, arguments and annotations in biomedical communications[J]. Journal of Biomedical Semantics, 2013, 5（1）:28-28.

[18] 汪名立. 爱思唯尔：数据分析帮助出版决策 [EB/OL]. [2017-08-15]. http://epaper.comnews.cn/news-1146959.html.

[19] Springer's text- and data-mining policy[EB/OL]. [2017-08-15]. http://www.springer.com/gp/rights-permissions/springer-s-text-and-data-mining-policy/29056.

[20] 茹丽洁，顾立平，田鹏伟. 国际出版商对文本和数据挖掘限制的正当性辨析 [J]. 图书馆建设，016（7）：27-33.

[21] Text Mining of Journal Literature 2016[EB/OL].[2017-08-15]. www.publishingresearchconsortium.com.

[22] 野中郁次郎. 创造知识的公司 [M]. 科学技术部国际合作司，1999.

[23] 郭柏寿. 论科技论文的可视化发表与科技期刊的可视化出版 [J]. 编辑学报，2015，27（1）.

[24] Michael J. Ackerman, Elliot Siegel, Fred Wood. Interactive science publishing: A joint OSA–NLM project [J]. Information Services & Use: 30（2010）39–50.

[25] Enhanced Publications [EB/OL]. [2011-02-10]. http://www.driver-repository.eu/Enhanced-Publications.html.

[26] Van Noorden R. Online collaboration: Scientists and the social network[J]. Nature, 2014，512（7513）：126.

[27] ShareIt[EB/OL]. [2017-08-15]. http://www.springernature.com/gp/researchers/sharedit?countryChanged=true.

[28] We've Shared It! Springer Nature completes integration of its content sharing initiative across its entire owned portfolio of over 1,300 journals[EB/OL]. [2017-08-15]. http://group.springernature.com/de/group/media/press-releases/weve-sharedit-springer-nature/10872820.

[29] 梁洁. ScienceOpen 的"互联网＋学术出版"模式介绍、分析及启示[J]. 中国科技期刊研究, 2016, 27（2）: 185-192.

[30] 谷歌学术推出"经典论文"[EB/OL]. [2017-08-15]. http://www.chubantoutiao.com/cbtt/admin/info/viewDetailOnPhone?infoId=7052.

[31] Springer now sharing data from Altmetric on SpringerLink[EB/OL]. [2017-08-15]. http://www.springer.com/gp/about-springer/media/press-releases/corporate/springer-now-sharing-data-from-altmetric-on-springerlink/23770.

[32] Disvover the attention surrounding your research-Altmetric[EB/OL]. [2017-08-15]. https://www.altmetric.com.

[33] scientific and engineering R&D solution[EB/OL]. [2017-08-15]. https://www.elsevier.com/rd-solutions.

[34] Hawkins K S. Report on the pilot phase of the UNT Libraries Scholarly Publishing Services[J]. Unt Libraries Publications, 2015.

[35] Campus-based publishing parternships: Practical parternship issue[EB/OL]. [2017-08-15]. http://www.sparc.arl.org/resources/papers-guides/campus-partnerships/practical.

[36] University College London and Elsevier launch UCL Big Data Institute[EB/OL]. [2017-08-15]. https://www.elsevier.com/connect/university-college-london-and-elsevier-launch-ucl-big-data-institute.

[37] Thomson Reuters and Linguamatics Release New Solution

to Advance Pharma Clinical Trial R&D[EB/OL]. [2017-08-15]. https://www.altmetric.com.

[38] Innovation PLoS[EB/OL]. [2017-08-15]. https://www.plos.org/innovation.

[39] Empowering Knowledge-Elsevier[EB/OL]. [2017-08-15]. https://www.elsevier.com/about/empowering-knowledge.

盘活"小"期刊：特色科技期刊产业集群建设路径

曾建林

摘　要：推动科技期刊集群化和集团化发展已成为当前中国建设一流科技期刊战略的重要目标和举措。国际产业集群理论认为，中小企业的劣势不在于小，而在于孤立。针对中国科技期刊办刊主体分散、出版分散的现状，可以借鉴产业集群理论提出的四类集群发展模式，围绕特定条件（如知名高校）或特定区域，推动建立有一定数量、交流紧密且有一定合作与竞争关系的中小科技期刊产业集群，对外发挥区域规模效应，对内产生知识溢出效应，从而走出具有高度竞争力和创新能力的中国特色科技期刊发展道路。国家和地方政府应积极推动完善相关文化产业政策，加强人才培训与培养，为科技期刊集群化发展构建可持续的生态环境。

关键词：中国科技期刊　集群化　集团化　一流科技期刊

2019年7月，中国科协、中宣部、教育部、科技部等四部门联合下发《关于深化改革 培育世界一流科技期刊的意见》，把"推进集群化并加快向集团化转变"作为"未来五年"的建设目标。2019年10月，中国科协等7部门启动实施中国科技期刊卓越行动计划，首次设置集群化试点项目，提出要"试点探索我国科技期刊集群化发展路径"，"实现旗舰期刊的尖兵突破和高水平刊群的集聚发展"。2020年9月26日，中央办公厅、国务院办公厅印发《关于加快推进媒体深度融合发展的意见》，指出要"尽快建成一批具有强大影响力和竞争力的新型主流媒体"。无论是政策层面，还是实践层面，如何加快推进中国科技期刊集群化建设和集团化转型已成为中国科技期刊界亟需面对的国家课题。高校作为一支重要的科技期刊办刊力量，在集群化方面也在积极尝试探索。[1]本文拟在总结高校科技期刊集群化建设实践的基础上，借鉴产业集群理论，就中国科技期刊集群化发展的可行路径提出自己的思考与建议。

一、产业集群理论对科技期刊的启示

一般认为，产业集群概念发端于经济学家阿尔弗雷德·马歇尔《经济学原理》的"工业区"（Industrial District）理论。马歇尔指出，在某特定地区会出现大量小型专业化公司因业务关联而产生的集聚现象。[2]这些小公司通过集聚、联动，产生了与大企业的内部规模生产相对应的外部规模经济。[3]20世纪80年代美国哈佛商学院竞争战略和国际竞争领域研究权威麦克尔·波特正式创立产业集群理论。波特认为，国家竞争优势的获得，关键在于产业竞争，而产业竞争的核心在于产业集群，产业集群最重要的是集群内部中小企业之间形成既合作又竞争的发展环境。

与偏重大规模一体化大生产的传统经济学理论不同，产业集群理论强调重视中小企业发展以及由集群形成的整体产业竞争优势，认为中小企业通过产业集聚、分工合作、提升效率、降低成本，对外可以形成外部规模效应，在国际竞争中获得整体的品牌优势；对内通过内部合作与竞争，促进企业之间信息交流和知识溢出，激发创新动力，从而为集群在国际竞争中提供持续的领先优势。这可以为当前我国科技期刊的集群化建设提供重要借鉴。

（一）产业集群理论在集群机制建设上的启示

集群研究认为，中小企业的劣势不在于小，而在于孤立。[4] 产业集群理论强调，数量众多的独立企业和相关联组织机构，通过区域集聚产生业务上的分工、合作和竞争。分工合作推动降低交易成本，相互竞争激励企业间开展创新竞赛，这些都促进了生产效率与竞争力的提升。在机制建设方面，波特认为，国家和区域政府组织或行业机构等对产业集群的发展具有重要影响，国家（或区域政府组织或行业机构）应当创造条件，营造合适的制度和文化环境，激励企业之间开展合作与竞争，促进产业集群整体竞争力的提升。[5]

中国科技期刊一直以来存在着办刊单位多而办刊力量分散的特点。据统计，截至 2019 年年底，全国共有 4958 种科技期刊，有 1291 个主管单位、3083 个主办单位、4288 个出版单位。平均每个出版单位仅出版 1.16 种期刊[6]。

目前一般认为，这种办刊单位多而办刊力量分散的状况是导致中国科技期刊整体影响力和竞争力不强的主要原因。因此，中国科技期刊领域需要重点扶持建设若干个大型的期刊出版集团，以尽快能与爱思唯尔、施普林格·自然等国际大出版集团在体量上相抗衡。笔者认为，要提升中国科技期刊的国际竞争力，除了要考虑建设大出版集团之外，还必须直面中国科技期刊历史形成的数量众多且出版单位比较分散的现状，借鉴产业集群理论有关推动中小企业集群化发展的相关理论，建立合作与竞争的集群机制，激发创新，提升效率，盘活存量期刊资源，从而推动在若干个区域培育形成具有国际竞争力的中国科技期刊产业集群。

（二）产业集群理论在集群建设类型上的启示

产业集群因集群内部企业关联方式的不同而形成不同的集群类型。目前较为流行的是马库森在 1996 年归纳出的产业集群四种类型（模式）：①新马歇尔式集群（Neo-Marshallian Industrial District Cluster）。该集群主要由大量小型企业组成，集群内各公司之间联系紧密，专业化程度高。国内学者称之为"市场型"中小企业集群，[7]浙江的温州、义乌等地区一般被认为是这类型的典型。②轮轴式集群（Hub-and-spoke Cluster）。该集群主要以一些大型企业或工厂为核心，周围环绕许多相关联的小公司。国内有学者称之为"中卫型"（中心卫星工厂型）或"椎型"中小企业集群，[8]美国的西雅图波音公司所在地区一般被视作此类型典型。③卫星平台式集群（Satellite Platform Cluster）。该集群主要由跨国公司分厂组成，内部联系较为松散，法国的索菲亚－安提波利斯地区往往被归为此类。④政府支持式集群（State-anchored Cluster）。[9]该集群主要指围绕政府或科研院校等非营利性组织机构所在地区形成的商业组织和企业聚集现象，英国的剑桥地区经常被视作此类典型。

由上述产业集群类型看，常见的集群组织架构，或者是众多小企业之间进行分工合作（新马歇尔集群类型），或者由众多小企业围绕某些核心集团进行分工合作（轮轴式集群），或者是依附于大学等大型学术科研组织培育衍生出众多关联的创新企业（政府支持式集群）。[10]

在分析中国科技期刊分布特点时可以发现，除了在主管、主办和出版单位分布比较分散之外，中国科技期刊还呈现出在部分区域相对集中，以及某些组织机构主管、主办和出版期刊数量相对占有较大比重等特点。如，从地区分布看，北京地区期刊数量就达 1625 种，上海有 355 种，江苏、湖北、四川等地区期刊数量超过 200 种。[11]从主管期刊数量看，中国科学技术学会、教育部主管的科技期刊均超过 400 种，中国科学院也达 284 种。从主办期刊数量看，中华医学会主办科技期刊数量达 143 种。[12]

根据中国科技期刊整体分散而在部分区域或组织机构相对集

中的特点，笔者认为，中国科技期刊集群建设可以相应在三个方向借鉴产业集群相关类型的组织架构：一是在北京、上海等特定区域培育数量众多的中小型科技期刊出版企业及相关联企业，形成新马歇尔式集群；二是以中国科技出版传媒股份有限公司等某一个或几个科技期刊出版集团为核心，培育与其相关联的上下游中小企业，形成轮轴式集群；三是依托教育部等主管的高水平大学等科研机构，培育孵化相关的创新型科技期刊出版企业，形成政府（大学）支持式期刊集群。

二、中国科技期刊集群化建设路径

根据上述产业集群理论对中国科技期刊集群化建设的路径启示，笔者建议，中国科技期刊集群化建设应重点围绕某一特定区域或机构，借鉴吸纳新马歇尔式、轮轴式或政府（大学）支持式集群类型架构的相关优点，通过建立有利于集群期刊开展内部合作、竞争的政策、文化等机制，促进交流，激发创新，从而推动中国科技期刊国际竞争力的整体有效提升。以下拟结合浙江大学等高校的实践从几个方面加以说明。

（一）设计集群发展模式

根据产业集群理论，不同地区不同条件下，集群的类型架构均会有所不同，因此，可以借鉴但并不能完全照搬其他地区的成功模式。如，英国剑桥大学以其悠久的历史、一流的学科和开放的学术态度，深刻地影响着当地的商业和文化，并培育形成了大批技术型中小企业集群（大学支持式集群）。[13]我国大学可以根据自身历史文化、学科水平等条件，有选择地借鉴吸纳各产业集群类型的架构优点，打造符合自身特点的科技期刊集群类型。当前，浙江大学、清华大学、上海交通大学等高校都在探索符合自身的集群化建设路径。如，浙江大学经过多年探索，根据所属出版社期刊相对集中且规模实力较强、多个院系存在零星办刊的情况，总结出了"一核多点，集群发展"的科技期刊集群建设策略。"一核"，就是以出版社为核心，打造面向全校的办刊服务平台；"多点"，就是发动各学院学科参与，调动学科力量，加快提升整体办刊能力；"集群发展"，就是通过集群内部的互动互补和竞争，提升整体实力和竞争力。这一集群发展模式，主要以政府（大学）支持式集群模式为借鉴，同时吸收了轮轴式产业集群的一些做法，既强调大学的创新孵化功能，又突出了出版社作为轮轴核心的作用。

（二）构建集群环境机制

产业集群理论强调集群内部的合作与竞争，并重视政策、文化等环境机制对集群发展的重要作用，把文化、政策和机制等视为集群能否持续发展的决定性要素之一。可以说，大多数期刊如何突破孤立状态，乃是当前"小""散"格局下中国科技期刊的真正问题所在。大多数中国科技期刊一方面无法成为主管、主办单位的业务核心，另一方面又由于办刊自主权等体制原因缺乏交流的渠道与途径。因此，在科技期刊集群化建设中需创新思路，重视交流、合作与竞争机制的建构，以有效打破孤立局面。如，浙江大学、上海交通大学、清华大学等高校通过在校内设立高水平学术期刊资助项目，由职能部门牵头组织期刊评审，学校在多个场合、不同时机强调高水平学术期刊的重要性，逐步强化了集群期刊的竞争机制和文化氛围。浙江大学还通过举办国际交流和内部期刊交流会议，邀请《科学》（*Science*）等知名学术期刊主编来校座谈，探索推动集群内部信息交流机制和环境的形成，从而为加快集群创新提供了可能。

（三）强化集群核心能力

轮轴式集群的一大特点，就是通过某一个或几个实力较强的核心企业发挥产业辐射能力，形成对周边关联企业的良性带动效应。通过扶持培育若干个具有较大规模和实力的核心期刊出版机构，同样可以对科技期刊集群发展起到很好的带动效果。如，浙江大学、清华大学等在推动期刊集群化建设的同时，选择办刊规模、办刊实力和声誉较好的出版社作为集群核心，加大力量投入，从规模、人员、水平等多个维度提升期刊出版实力。通过强化出版社在办刊经验、办刊服务平台等方面的辐射能力，有效地加快了集群整体办刊能力的提升。

（四）推动集群分工合作

集群内关联组织机构的合作、互补和互动，是集群提升整体效率、产生外部规模经济效应、实现优质集约发展的关键一环。集群通过内部分工合作，不仅可以产生外部经济效益，还可以促进集群内的知识溢出，加快推动产业的技术革新和知识创新。如，在北京地区，由于科技期刊数量相对集中，已开始出现了基于科技期刊生产（同方知网、北大方正、北京欣博友等）、数字化（同方知网、北大方正、玛格泰克等）、数据推广（清华AMiner平台等）等多个环节的产业分工。而作为地方出版单位，浙江大学出版社一方面通过与北大方正等国内有实力的IT企业在科技期刊数字化领域建立战略合作关系，协助北大方正在数字生产（如，XML排版技术）、管理（如，期刊数字资源库技术）等科技期刊数字化技术方面的研发改进，以合作互补的形式推动产业链上下游的丰富和完善；另一方面在集群内部通过签订合作协议的方式，从生产、推广等环节切入，组织集群期刊和合作企业同步实施新的生产和管理技术，努力推动区域内科技期刊产业链相关企业加快技术革新和效率提升。同时，集群在参与COPE（国际出版伦理委员会）、

STM（国际科学、技术与医学出版协会）、ALPSP（全球学术与专业出版者协会）等国际学术期刊学协会组织，建立数字门户网站，优化审校、出版和发布系统等国际化、数字化方面，也建立了联动机制。

（五）加强人才队伍培养

产业集群理论认为，集群的创新发展归根结底还在于人才队伍的发展。产业集群为集群内的人员流动、知识交流提供了便利条件，知识的溢出加快了新技术的传播推广，专业的、非编码的知识信息在集群内部不断交流碰撞，为产业创新提供了可能。[14]加强人才队伍培养，是国家或区域政府和相关组织机构在推动产业集群建设中能够提供的一项重要服务。在推进科技期刊集群建设时，同样需要重视人才队伍的建设培养。如，国际上的科技期刊学协会均把培养和培训编辑作为自身最重要的职能之一。浙江大学为此专门成立了由主要校领导牵头的学术期刊工作领导小组，将人事处等职能部门列入成员单位，对办刊人才的培养、引进制订了"一事一议"等特殊政策。此外，通过出版社牵头举办青年编辑沙龙等内部交流活动和"学术交流的未来"等国际研讨会，也为期刊集群人才队伍提供了丰富的学习交流机会。

三、问题与思考

当前，中国科技期刊集群化建设已在多个领域和部门展开了探索，包括中国科协、中科院、教育部等相关下属机构或科研院所的科技期刊出版机构都在科技期刊集群化过程中取得了不少成效。如，浙江大学在"十三五"期间通过启动期刊集群化建设，实现了集群规模由15种增长至30种，SCI收录期刊由6种增长至9种，以及实现在JCR（期刊分区数据在线平台）学科Q1区零突破等多个方面的提升。但与此同时，面对国家和社会的迫切要求，如何进一步加快推进科技期刊集群化建设，仍需要行业做出更多的探索。

（一）科技期刊集群化发展需要完善产业链

近几年国家加大了对科技期刊工作的重视，中国科协等通过举办"中国科技期刊国际影响力提升计划""中国科技期刊卓越行动计划"等活动，推动了科技期刊之间的竞争，促进了期刊之间的交流，对提升中国科技期刊整体办刊水平发挥了积极作用。但这种以国家资金引导提供的驱动力是否能持久，仍需要进一步的论证。

从 WOS（科技文献数据库）的 SCIE（科学引文索引扩展版）核心库统计可以发现，美国、英国、荷兰、德国等 SCIE 收录期刊较多的国家，期刊出版企业（Publisher）会在某些区域形成相对集中的现象。这些区域，既有由众多小科技期刊出版企业组成的新马歇尔式集群，又有围绕某几个大型科技期刊出版集团形成的轮轴式集群，同时，由于科技期刊产业内容的学术特性，这些集群往往与大学等科研机构具有密切的关联。伴随这些科技期刊出版企业集聚的区域会同时形成数量众多的前后端关联服务企业及相应的文化政策环境。比如，在英国伦敦和牛津地区，除了有大量的学术期刊出版企业外，还有 ATYPON 等专门服务期刊出版的国际化专业数字科技公司。在集群内部，各企业通过专业分工和合作，共同组成了科技期刊的完整产业链，为集群的可持续发展提供了机制保障。笔者认为，在推进中国科技期刊集群化建设的过程中，同样需要加大对生产、数字化、传播等相关上下游关联企业的重视和培育。

（二）科技期刊集群化建设要处理好与集团化建设的关系

据相关文献可知，中国学者最早在2006年开始提出文化产业的集群化发展建议，[15]由于文化产业范围比较宽泛，该建议并没有对期刊做特别的关注。此后，邢海涛、杨红、安珍、王锦绣等就科技期刊的集群化问题进行了讨论。这些研究关注中国科技期刊的"小""散"特点，强调集群的联合功能以及由此形成的体量优势。[16]这导致研究者们将大规模的集团化发展视为中国科技期刊发展的最终指归。[17]

笔者认为，在研究中国科技期刊未来的发展方向时，既要看到中国科技期刊缺乏大规模出版集团的现状，也要看到中国科技期刊经过历史形成的办刊布局和力量分散的事实，以及由于体制不同导致各期刊之间整合难度大的问题。产业集群理论强调中小企业通过集聚、合作、竞争以形成整体的产业竞争优势，这为中国数量众多的中小科技期刊出版机构提供了一条新的发展路径。各地区可以视区域条件不同而灵活借鉴不同的建设路径。

（三）科技期刊集群化建设需要完善配套的产业政策环境

产业集群理论越来越倾向于认为，在某些领域，政策文化环境对集群的发展起着决定性的作用，特别是在文化产业领域，一个地区或国家的政策，对集群的影响更加明显。

在产业政策方面，由于当前大部分中国科技期刊缺乏市场主体地位，导致整个科技期刊出版产业的市场发育极不完善，进而导致产业链整体薄弱。这已成为当前中国科技期刊集群化建设面临的一个主要困境。笔者认为，国家应尽快明确科技期刊的市场主体地位，提升市场对科技期刊的资源配置能力，为科技期刊的自我可持续发展建设相配套的产业政策环境。

四、结　语

习近平总书记在党的十九届五中全会报告中指出，要防范风险应对挑战，关键在于"提高发展质量，提高国际竞争力"。[18]产业集群理论强调企业不在于大小，而在于能否有效参与产业链的分工，提升竞争能力，实现高质量发展。目前有关中国科技期刊集群化建设的路径讨论，大多关注于如何建设规模化的大集团问题，但面对中国科技期刊布局分散、出版力量分散的现状，除了扶持建设大集团之外，如何借鉴产业集群理论，盘活大量的"小"期刊，激发创新活力，打造具有高竞争力与创新力的中国特色科技期刊集群，实现科技期刊高质量发展，同样值得关注和探讨。本文作为一个话题，希望能给业界提供一个不同角度的看点。

（作者单位：浙江大学出版社）

参考文献：

[1] 刘俊，张昕，颜帅.大学出版社学术期刊集群化运营模式研究[J].编辑学报，2016（12）.

[2] 阿尔弗雷德·马歇尔.经济学原理[M].宇琦，译.长沙：湖南文艺出版社，2019：209-220.

[3] 仇保兴.小企业集群研究[M].上海：复旦大学出版社，1999：6-7.

[4] 王缉慈，等.创新的空间：产业集群与区域发展（修订本）[M].北京：科学出版社，2019：140.

[5][美]迈克尔·波特.国家竞争优势（上）·新版序[M].北京：中信出版社，2012：XVI-XVII.

[6][11][12] 中国科学技术协会.中国科技期刊发展蓝皮书

（2020）[M].北京：科学出版社，2020：9-10，4，9.

[7] 郑彬.国内产业集群研究述评[J].经济与管理，2008（1）.

[8] 仇保兴.小企业集群研究[M].上海：复旦大学出版社，1999：50.

[9]Markusen A. Sticky places in slippery space: A typology of industrial districts[J]. Economic Geography, 1996, 72（3）.

[10] 李恒.基于FDI的产业集群研究[D].武汉：华中科技大学，2006：76.

[13] 经理人分享百科.集群[DB/OL]. http://www.managershare.com/wiki/%E9%9B%86%E7%BE%A4.

[14] 经济合作与发展组织（OECD）.以知识为基础的经济[M].北京：机械工业出版社，1997：6-7.

[15] 刘纪兴.文化产业应走集群化发展之路[J].政策，2006（2）.

[16] 邢海涛.集群化是科技期刊发展必由之路[J].编辑之友，2009（6）.

[17] 孔庄.中国期刊集群化发展的战略构想[J].编辑之友，2006（2）.

[18] 汪晓东，周小苑，钱一彬.必须把发展质量问题摆在更为突出的位置——习近平总书记关于推动高质量发展重要论述综述[N].人民日报，2020-12-17.

发挥社群网络效应 构建新型参与式出版

陈 洁 吴申伦

摘 要：以移动终端和社交软件为支撑的社群网络和社群网络效应成为我国数字出版产业发展的重要推动力。媒介理论家保罗·莱文森的"新新媒介"概念和粉丝文化学者亨利·詹金斯的参与式文化理论，启示出版商构建以社群网络为基础的参与式出版。参与式出版强调用户在出版生产过程中的参与性，由社群决策选题、用户创造内容、融媒体发行构成。依靠新媒体的发现、评价、支付功能形成的社群决策，实现出版由网民"守门"，促使编辑职能转变，众筹出版是其典型。用户创造内容包括虚构创作和知识共享，借助新媒体的发布功能快速累积，成为可出版的内容资源。融媒体发行通过基于人际信任的社群分享和品牌营销刺激消费，推动传统出版机构与数字出版商以多种思路实现合作共赢。

关键词：社群网络 参与式出版 社群决策 用户创造 媒体融合

自互联网数字化浪潮发生以来，我国数字出版产业飞速发展，并作为国家顶层设计的部分明确写入"十三五"规划。《2016—2017中国数字出版产业年度报告》指出：2016年我国数字出版产业收入达到5 720.85亿元，较2015年增长29.9%，用户总量超过16.73亿人（家/个）[1]（2017—2018年的报告在2018年7月份发布）。但是，以电子书为代表内容的阅读板块占总收入比重低，传统出版机构转型成效平平，日益膨胀的线上阅读流量难以转化为商业利益，致使我国数字出版纵深化、精品化发展陷入瓶颈。目前出版业亟须探索内容阅读与用户规模相结合的发展模式，实现传统出版与数字出版的互补、全民阅读与商业运作的协同。在数字化的各要素中，移动终端和社交软件的影响力与日俱增，逐渐成为我国数字出版产业发展的关键所在，既表现在用户覆盖率上，更表现在出版方式和消费阅读的结构层面。2012年，有研究者就已经根据英国研究机构 Juniper Research 对电子书市场的估测[①]，认为"移动终端正在取代 PC 而成为数字出版的核心传播平台"[2]。移动阅读是数字出版在移动终端传播的直观反映。中商产业研究院的数据资料指出：2017年我国移动阅读市场规模约为148亿元，同比增长19.2%，用户人数达到7.11亿人[②]。与移动终端数字出版市场等量齐观的是社交软件的普及。凯度发布的《2017凯度中国社交媒体影响报告》表明：目前微信、QQ、微博的网民覆盖率分别达到94.5%、83.6%、35.7%，全民微信、全民微博近在眼前，

---

① Juniper Research 在2011年底预测，2016年在移动终端上的电子书销售额将接近100亿美元，将远高于2011年的32亿美元。根据艾瑞咨询发布的《2018年中国移动阅读白皮书》，中国移动终端的网络文学电子书阅读2017年的市场规模为132.2亿元人民币；而奥地利吕迪格·魏申巴特内容咨询公司发布的《2017年全球电子书报告》显示，中国电子书市场占全球比重的17%。照此换算，2017年全球移动终端电子书销售额超过100亿美元（约120亿美元）。移动阅读的实际增长不仅实现了 Juniper Research 的预期，更有远超之势。参见艾瑞咨询《2018年中国移动阅读白皮书》，2018年4月19日，http://report.iresearch.cn/wx/report.aspx?id=3198，2018年5月30日；韩玉《2017年全球书业白皮书：电子书市场因价格而分化 新型数字生态系统建立》，2017年7月31日，http://www.bookdao.com/article/399019/，2018年5月30日。

② 参见中商产业研究院《2018年中国移动阅读市场及预测：市场规模有望拖178亿元（附图表）》，2018年4月26日，http://www.askci.com/news/finance/20180426/103324122236_2.shtml，2018年5月29日。

社交软件的使用正在向大龄群体渗透[①]。一方面，用户在移动终端上安装社交软件得以与他人保持密切联系，也催生出多种多样的人际组群；另一方面，社交软件的浏览、发布、评价、支付等功能提供了一种非垂直的阅读方式。数字出版意义上的社群网络是在此基础上出现的可以发现、支持、分享、讨论数字产品，且具有社交关系的用户集群。社群网络效应在于单个用户行为通过人际交互指数式放大，产生一种符合多数成员心理的社群意志，它对上指导出版生产，对下更易于引发群体消费。社群网络和社群网络效应将是数字出版下个阶段发展的核心动力之一，出版商需要构建社群网络化的出版模式。也正因为其方兴未艾，社群网络出版对传统出版机构和数字出版商一视同仁，是新旧媒体共同的蓝海，它呼唤一种强调社群用户深度介入的参与式出版的出现。

一、"新新媒介"与"参与式文化"：社群参与改写出版方式

智能移动终端和各类社交软件创造了人与人之间的移动互联状态，社群网络由此规模化出现。移动终端最大程度地消除了人们登录电脑的时间差，可以不受时空限制地接受和反馈信息，社群网络具有早期虚拟社区不可比拟的实时在线、即时反馈的特性。高频率的交流增强了彼此的信任感，使社群网络虚拟、临时的人

[①] 社交软件覆盖率数据来自凯度对 CTR 中国互联网网民行为数据分析平台 @Smart DMP 上样本的监测结果（样本总量 18500 个，监测周期为 2017 年 4 月 1 日至 30 日），社交软件使用的年龄分布则基于中国城市居民调查 CNRS-TGi 的数据（样本总量 83118 个，数据期为 2016 年 3 月至 2017 年 4 月）。报告显示，2015—2017 年间，社交软件用户平均年龄从 31.2 岁上升至 33.1 岁，40 岁以上各年龄段用户增长速率（三年分别为 12.1%、28.3%、38.2%）远高于 40 岁以下（三年分别为 3.7%、1.9%、6.3%）。参见凯度《2017 凯度中国社交媒体影响报告》，2017 年 6 月 6 日，http://www.sohu.com/a/146588745_742234，2017 年 11 月 24 日。

际关系变得真实、长久。虚拟与真实的转化又有赖于社交软件提供的平台和空间，社交软件不仅本身可以是某种人际关系的标签，例如微信好友、微博好友，它们所具备的多重功能也让简单的线上关系变得更为复杂，社群网络因而千差万别。美国媒介理论家保罗·莱文森（Paul Levinsen）用"新新媒介"（new new media）（以下用新媒体代替）描述这种依靠虚拟网络技术稳固真实人际关系的媒介，与纸媒、电视等"旧媒介"和互联网早期的电子邮件、网上书店、报刊网络版、聊天室等"新媒介"相对，它宣告了人人参与、人人创造、人际互动的新时代。这种移动互联的人际关系与麦克卢汉的"全球村"不同，莱文森把"电子媒介构成的社区"称为"充分参与的全球性的思想圈子"，认为"电子社区的成员相互认识，就像实际生活中小范围的思想圈子……可是，全球的电视观众并不互相认识"[3]260。在他看来，新媒体的"固有属性是使个人表达最大化"[4]49，而"你坐在电脑跟前录入文字"[4]46的结果是"使消费者成为生产者"[4]1。新媒体带来的是在线化、社交化的发布能力。移动互联的社群网络和传统社区的最大区别在于社群成员自我表达、信息交互的深度与广度，前者甚至可以达到内容获取自给自足的程度。

用户规模庞大是当前社群网络的基本现实。原本存在于成员之间的个性表达如果达到一定的数量级别，其意志往往会强势介入到其他生产生活领域之中。像莱文森一样，许多研究者倾向于用"参与"一词形容这种强介入性的自我表达行为，而社群网络扩大了参与的影响力，使之上升为具有普遍意义的社会文化。粉丝文化学者亨利·詹金斯（Henry Jenkins）提出的"参与式文化"（participatory culture）理论，较为准确地概括了这种社会文化特征。参与式文化一般理解为："以 Web 2.0 网络为平台，以全体网民为主体，通过某种身份认同，以积极主动地创作媒介文本、传播媒介内容、加强网络交往为主要形式所创造出来的一种自由、平等、公开、包容、共享的新型媒介文化样式。"[5]16 詹金斯认为，"与以前把媒体制作人和消费者当作完全分立的两类角色不同，现在我们可能会把他们看作是按照一套新规则相互作用、相互影响的参与者"[6]31，新旧消费者具有积极—被动、流动性—可预测、社交联系—孤立个体、喧闹嘈杂—默默无闻的对比关系[6]50。詹金斯强调，参与不同于互动，互动多"是技术设计者预先架构好的"，"参与的开放性更强，更少受到媒体制作人员的控制，更多地是由媒体消费者自己控制"[6]209。参与就是要通过自主行为将自我意志加入文化商品的物质和意义生产之中。社群网络的参与行为对传统的内容生产体制发出了挑战，继新闻广播业之后，出版业也面临深刻的结构变动。参与式文化理论的直接启示在于，对当前数字产品的生产消费，用户都有强烈的介入欲望，社群网络效应既会产生集体智慧的天才创作、民主决策，又会向作者"公开叫板"，拒绝接受，出版商必须做出"是堵是疏"的选择。

新媒体的技术、平台条件与参与式文化的气质、社会环境相互结合，形成了一种参与式出版的新型架构。参与式出版允许用户使用新媒体参与到出版活动的各个环节，出版内容能够充分反映社群的心声。在这里，新媒体与参与式文化非但不矛盾，在遵循人性的理念上恰恰是统一的。十几年来，我国学界对数字出版发展模式的认知，经历了从最初的技术为王、渠道为王回归到内容为王的转变，但越来越多的人也发现，好的商业模式中技术、渠道、内容缺一不可，最终综合形成了一种强调满足用户的个性

---

① 詹金斯本人对参与式文化的内涵进行了不断拓展，国内也有研究者在詹金斯的基础上提出了自己对参与式文化的定义，其立场均强调用户作为接受者、创造者、传播者的自主性、能动性，同时包括在线社区、全民参与、创意表达、传播平台、集体解决问题等基本特征。对"参与式文化"概念的发展梳理，可参看石义彬、岳改玲《数字时代的参与式文化——以互联网上围绕〈星球大战〉的受众创作为例》，见罗以澄、秦志希主编《新闻与传播评论（2009年卷）》，（武汉）武汉出版社2010年版，第129-134、260、270页。

需求、为用户创造优质阅读体验的用户中心主义。以莱文森的"媒介进化论"理论来看,参与式文化与用户中心主义在人性需求满足这一本质上是一致的,这也是新媒体诞生的根本原因。媒介技术进化的内在逻辑是人性化趋势和补救性技术,即"媒介演化是由人选择的,其趋势是越来越符合人官能的需要"[7]51,并且"人能够理性地设计一些技术以减轻其他技术存在的问题"[7]55,后来的技术不断完善前者的缺陷。人性需求包括"凭借媒介来拓展传播,以求超越耳闻目睹的生物局限","人类在早期的延伸中,可能已经失去了某些生物学传播成分"[8]125。电视赋予人们光与声的观感,电子文本的互动性弥补了印刷文化和电视文化中信息单向流动的局限,移动终端解除了房间、沙发对人移动的束缚,社交软件复原了人与人之间的亲密关系。尽管新媒体注重技术对生理需求的满足,参与式文化侧重制度对心理需求的认同,但与用户中心主义强调的阅读体验一样,都是人性需求的一部分。因此,将新媒体与参与式文化融合而构建的新型参与式出版并不是随意拼凑、盲目跟风。它与用户中心主义一脉相承,契合了以人为本的立场,有着广阔的前景。

虽然大数据精准投放是一种解决用户个性需求的方案,但参与式出版不只是出版商销售模式的调整,参与式文化下用户期望以主动、显在的姿态参与出版生产,改变原有那种自上而下的生产迎合消费的模式。詹金斯说,当前消费社群内部最大的变化是"个性化和个人化的媒体消费向网络化实践式的消费的迁移"[6]355,这意味着消费行为从单纯的接受向生产与接受混合的方式转变,而个人实践的千差万别又导致呈现结果的复杂多变。对出版商来说,一方面要让用户切实感受到自己在创作、决定、集资、传播、评价等方面的参与行为影响乃至决定了产品的最终形式和内容;另一方面,大量用户以社群为单位广泛参与,参与的内容和结果既是对出版生产的制约,又是一种可利用、多形态的出版资源。参与式出版是要在重视用户参与性的理念上，将新媒体中社群网络效应产生的选择行为、创造行为、分享行为贯穿到出版生产的选题决策、内容编辑、营销发行等各个环节，作品内容展现出用户的个性创造和社群的审美取向。据此，参与式出版主要由以网民"守门"和众筹出版为主导的社群决策选题、以虚构创作和知识共享为主要资源的用户创造内容、以社群分享推动品牌营销的融媒体发行三个方面构成。在参与式出版中，社群意志引导出版的选题，社群成员创作了出版的内容，作品又通过社群传播。社群之于出版的价值正在于以量变引起质变，把单独的阅读消费变成集体参与，以集腋成裘、聚沙成塔式的决策能力、创作能力、传播能力弥补传统出版的缺陷。出版商不再盲目预设读者偏好，消费者自己决定并产生阅读内容，既提高了资料利用效率，又减少了市场风险。在特殊的商业模式下，用户甚至成为与出版商共赢的获利者，完全改写了出版商、作品与读者的旧有关系。

二、网民"守门"与众筹出版：社群决策引导出版选题

早期数字出版产业是技术主导型的，由于传统出版社转型缓慢，互联网公司几乎包揽了网络文学、网上书店、数据库等数字出版业务。相比传统出版中人员机构臃肿、出版周期较长的缺点，网络出版更加灵活自由，像网络文学在线发布和互联网自助出版都给予用户简便、快速出版的机会。自助出版通过作者与技术平台商的直接对接，跳过三审三校、入厂印刷、书店分销等环节，大大缩短了出版周期，也降低了出版成本。文学网站的编辑除了基本规范审核，通常也不会故意"设卡"。出版"零门槛"的结果是编辑对出版图书种类的把关环节受到削弱，大众传媒的"守门人"作用式微。与之相对，社群网络中的每一位用户对作品的选择与评价形成了社群意志，决定哪些作品是好的，哪些是不好的。

用户不可能不加区别地阅读所有作品，于是在很多时候，这种社群决策变相地成为把关，影响了读者的意向。把关并没有消失，只是把关的时间从生产转移到了接受，把关的主体由编辑转变为每一个读者和社群网络。豆瓣网的星级评分制（0—5星，对应0—10分）、微信和微博的分享/转发、点赞/打赏功能，都是读者参与作品评价的具体形式，它们很大程度上引导后来的读者有倾向性地阅读作品。如果说编辑的出版"守门"是在"埋葬"坏作品，那么社群决策的"守门"就是在挖掘好作品。

面对社群决策作用愈发显著的趋势，编辑功能与职责的积极转型而非粗暴对抗，是构建参与式出版的必要条件。莱文森认为，"（网络）使人人都出书的技术和逻辑，可以使人人成为网上编辑"，与此同时"网上编辑成了支持者而不是凶恶的门神"[8]247。这种"支持"一方面应当表现在编辑为社群决策提供社群参与的环境与服务，在观念上重视读者的参与行为，在制度上搭建可用、可见、可享的参与平台。目前，不少文学网站编辑的主要工作已经变为发现新人作者、评估作品版权，对读者的管理与服务方式却有待改进。一些文学网站虽然用户基础可观，但要么对读者的留言视而不见，要么根本连读者评论区都没有设置。起点中文网拥有一整套读者互动参与体系，读者可以通过月票、打赏行为将自己喜爱的作者作品推上榜单首页。这类社群决策的结果转而成为文学网站选择版权运营对象的指标。对传统出版社来说，社群决策的图书同样也是出版计划的风向标。另一方面，网络空间鱼龙混杂、良莠不齐，编辑有必要凭借自身的专业技能和文化修养发挥"灯塔"作用。社群参与包含了许多大众文化中根深蒂固的庸俗、落后、武断、偏激的因素，缺乏文化超越的眼光，会埋没一些小众而优秀的作品。社群决策由于尚无明确的责任关系和责任人，恶意"控评"、购买"水军"等现象时有发生。编辑具有标杆、守望、引导的作用，众多理论家和出版人赞同编辑以专业的过滤者身份出现。编辑作为"选书人""评书人""经纪人"对优秀作品给予关照，也是对参与式出版的整体成果负责。法兰克福书展现任主席尤根·博斯说："出版人不再扮演瓶颈的角色，而是具有过滤器的功能，让每个人在需要的时候都可以使用它。"[9]42

众筹出版在资金筹措这一环节上完成出版"守门"，是参与式出版中社群决策的一种典型范式。用户根据个人兴趣选择选题，支付小额资金，得到社群意志，有一定数量用户支持的项目则自然进入正式出版环节。继2013年《社交红利》众筹成功变为当年出版热点话题之一后，触控科技战略总监曾航怀着"这样的模式（众筹）是否可以复制"的疑问发起自己的新书《移动的帝国》众筹项目，仅10天就有214人参与，并筹得21284元的资金①。在国外，启思达（Kickstarter）、潘盛（Pentian）、亚马逊（Amazon）等众筹出版平台早已规模化。在国内，众筹网自2014年底至今总共成功众筹785个出版项目，15个正在众筹中②。其他如中国梦网、亿书客以及部分出版社网站，也均有众筹成功的图书。众筹出版的优势首先是门槛低、受众广、传播快，用户同时是项目的所有者、阅读者和传播者，对项目成功的期待促使他们积极主动地宣传项目。此外，众筹出版具有发现并聚合粉丝的功能。通过《移动的帝国》众筹活动，曾航自称成功找到了1000多名"铁杆粉丝"[10]。《后宫·甄嬛传》画集、《狼图腾》纪念版、《盗墓笔记》话剧版等众筹成功的图书都预先拥有一定的支持者群体。社群网络成员往往有着相近的兴趣爱好，当众筹项目符合他们的期望时，往往能够目标一致，速度极快地完成众筹。这更充分说明了社群资源

---

① 数据来源于众筹网曾航图书《移动的帝国》项目介绍，参见 http://www.zhongchou.com/deal-show/id-1645。
② 数据通过众筹网（http://www.zhongchou.com/browse/id-16-si_c）"行业筛选：出版—项目进程"中"成功结束"和"众筹中"统计所得，该数据统计随着项目的进行处于不断变化中，本文最后一次更新数据的时间为2018年3月31日。

的可利用性。最后，对部分社群成员来说，通过众筹参与内容的出版过程比拥有出版物本身更具有吸引力。众筹出版让普通人化身为出版人，凭借自己的力量让图书问世，是一种奇妙的消费体验。

社群决策在一定条件下具有检测选题风险的作用，这种功能在众筹出版中表现尤甚。图书市场存在高度的不确定性，读者对内容的需求总是模糊的。选题策划的出现即是出版商对读者心理的一种预判，西方现代出版制度的形成一定程度上就是出版商逐步以选题评估、类型出版等固定机制规避图书市场风险的过程。时至今日，市场预判仍是出版人最为关心的问题。众筹项目的成功与否反映读者对项目的接受程度和可能达到的市场容量，众筹由此达到了选题策划的效果。众筹网出版行业合伙人张雁认为，"筹人、钱、智慧"是众筹的核心价值，直接让市场来验证选题的可执行性，是众筹网与全国500多家出版机构建立项目合作关系的基础[11]。所以，"众筹"本质上也是"众议"，它调动社群的集体智慧来对出版项目进行评判，用户既是图书的消费者，也是出版的决策者。众筹出版实际上把出版市场的风险从出版后转移到了出版前，相对于分享、点赞、转发、评分的"事后守门"，众筹出版是超前的"事前守门"，直接由受众自己决定出版书种，降低了选题策划的失败风险，减少了资源浪费。知乎CEO周源在介绍知乎的第一本纸质图书《创业时，我们在知乎聊什么》时说："我们选择了众筹这种方式，邀请作者参与，设定只要1000人愿意为此支付，就证明这本书是有市场需求的，而这1000位出资人也就成为了联合出版人。"[12]众筹出版要求参与者支付酬金，出资者会为自己的利益考虑，这层权责关系保证了社群决策的合理性。

众筹出版并非尽善尽美，众筹出版在我国的接受程度尚低，而且它终究是一种短期、快速的投资，缺少了传统出版选题策划的专业性、整体性，单是完全由普通网民决定出版项目的去留，对出版项目的后续跟进和长期开发是不利的。此外,市场准入、行业标准、版权保护、利益分配等行业通病在众筹出版中同样突出,众筹出版商的不时退出便是现实的映照。然而,在传统编辑面对"人人出版"发生角色失位时,网民选择就是对"守门"的补救,抑或是一种新的"守门",社群决策毕竟为出版的选题策划和内容发现注入了新鲜血液。

三、虚构创作与知识共享:用户创造形成出版资源

电子文本是互动的文本,作为工具和平台,用户能够轻便地创造文本、表格、符号和插图等内容,然后傻瓜式地发布在个人主页和社群空间上。用户创造内容,即这一部分创意独特又数量庞大的内容真正成为可以利用的出版资源。从参与式文化的角度来看,用户创造的内容被出版商赋予物质的形式,象征着用户参与行为被纳入社会文化生产体系之中,既是出版商对用户个性表达的尊重,也是用户中心主义从外围服务转向内容构建的体现。中国网络文学真正兴起并发展成一种文化产业是在21世纪以后,因而它也具有新媒体产生初期特有的过渡性:普通读者是作者的生力军,将业余作者培养为专业作者,再吸引更多读者加入创作。文学网站把阅读和创作在用户身上合二为一,自己则转型成平台服务商和版权运营商。2001年人民文学出版社出版的《风中玫瑰》可以视作用户创造内容的先行者,它由网民"风中玫瑰"在网络论坛上连载的情感经历和网友留言组成,保留了原汁原味的作者与读者互动的部分。

用户创造内容从个别尝试走向常态机制,受益于用户表达参与行为的规模化、深入化,以微小单位创造并发布的内容形成了海量出版资源。新媒体强化了用户表达自我、倾听他人的能力,通过实时在线的搜索、编辑、发布、链接等功能,使用户创造内

容逐渐完成了早期的积累。社交平台上的日常表达和随感笔记在达到一定数量后较早地进入出版领域。以博客书为例，潘石屹的《潘石屹的博客》、徐静蕾的《老徐的博客》、郑渊洁的《勃客郑渊洁》都是名人出博客书的代表。随着网络参与的扩大和深入，普通用户也能把自己的博客出版成书，新浪博客用户 Tanya 就在网上分享了自己的博客印制成纸书的过程。可见博客作为网民表达窗口，是具有潜在出版能力的。但从博客出现到微博时代，博客书只是名人效应下的短期炒作，几乎没有大型出版商将普通用户博客书纳入出版计划，Tanya 的博客书是通过淘宝网个体卖家制作的[13]。因此，用户创造内容首先要求出版商重新进行角色定位，转变为"以社交平台为依托的社群网络出版服务者，出版品牌与专业评价体系的建立者，在作为社群网络内容组织发现者的基础上，进一步成为社群网络出版衍生产业链的开发者"[14]，善于发现潜在的用户创造的内容资源。此外，移动终端的普及使社交软件不断推出移动客户端，逐步取代个人电脑成为用户创造内容的主要工具，形成了庞大的用户个性内容发布和社群传播评价网络。例如，微信朋友圈的个人评论，以及微信旗下两千多万个①公众号中的自媒体及其推送文章，都是可供二次开发的用户创造的内容。其他社交平台也紧随其后推出移动端，微博的博文、百度贴吧的连载贴亦是如此。用户创造内容的模式化标志着从流量赢利到利用流量赢利的转变，流量产生的内容正衍生出新的产业链。因此，在用户创造内容出版中，出版商们需要以对待作者的态度重新审视社群网络。

用户创造内容的产物形式，主要包括发布于新媒体上的艺术

---

① 该数据统计截止时间为 2017 年 7 月 31 日，参见新榜：《微信最新数据：公众号数量超 2000 万，月活用户超 9 亿 | 新榜快讯》，2017 年 7 月 31 日，https://edit.newrank.cn/detail.html?uuid=5C14A617CFE8697C772D341F48B1BEE2，2018 年 5 月 30 日。

作品、知识传递和经验总结。尽管其创造者多为非专业人士，但许多成果却表现出专业化的水准。"虚拟社区之父"霍华德·莱茵戈德（Howard Rheingold）认为参与式文化重塑了社会化媒介创作的方式，"在专业消费者的'多数对多数'网络中，出现了千百万独立制作的作品，它们积聚和互动之下出现的文化当然和批量生产的那种'少数对多数'的文化大不相同"[15]125。就内容用途和可出版种类来分，基于社群网络的虚构创作与知识共享是出版商可利用度较高的两种形式。

与传统写作的作者中心主义相比，社群网络下的虚构创作则是去中心化的，以原创文学和同人作品为主。社群用户自己发起写作，塑造角色外貌性格，共同决定故事情节，作品的思想内涵显示出社群意志，语言风格表现出混合式特征，他们自成讨论组完成文学批评。例如，国外著名的社群写作平台沃帕德（Wattpad），用户以相互续写、连载创作的方式写成一个完整故事，已拥有超过一千万个原创故事。由于创造完全交由用户，出版商主要负责平台管理、用户沟通、衍生开发等整体运营工作，沃帕德就建立了齐全的作者培养和版权运营制度并用来长久开发原创文学。但是像这样"无根"的原创文学毕竟是少数，社群虚构创作仍以同人作品占多数。詹金斯在评价电视粉丝文化时就认为，"事实上对于大多数粉丝来说，意义生产不是单独的、私人的过程，而是社会的、公开的过程"[16]71，粉丝通过情节分析、同人志等手段构建了作品的"理想"版本。新媒体为同人创作提供了绝佳的空间和土壤，同人文本变得更可见而固定，在粉丝社群中快速生长、流传、累积。沃帕德上增长最快的正是同人小说，百度贴吧是国内较大的同人创作聚集地。目前，同人创作主要为粉丝自娱自乐，相比管理严格的网络文学，同人创作受到的关注远远不够。《盗墓笔记》最初是连载于百度"《鬼吹灯》吧"的同人小说，然而百度贴吧没有成熟的开发体系，最终作者南派三叔转至起点中文网。詹金斯甚至提出了"粉丝出版业"一说，认为："作者和读者之间的界限已经变得如此脆弱，同人志的编辑和作者对读者兴趣和爱好的反应比商业制作人迅速快捷得多。"[16]160 生于社群、长于社群的同人创作在市场基础、忠于原著、种类数量上都有独特优势，版权成本和投资风险却比"航母式"巨著小得多，是版权运营"长尾"开发的优秀内容资源。

新媒体上社群网络以知识共享的形式解决问题得到的集体智慧成果，是用户创造内容的另一主要来源。法国哲学家米歇尔·塞尔（Michel Serres）认为，互联网的信息存储与检索功能使知识客体化，"拥有资讯分享功能的连接体将取代象征权威的集体"[17]73。个人的知识通过新媒体外化为社群成员的公共资源，每个人都平等享有碎片知识，在此基础上参与问题的解决。知识共享的去中心化、大众参与特征弥补了生活中专家缺席的常态，也更符合参与式文化的特征。莱文森称维基百科为"大众驱动的百科全书"，它由网民自我创造、自我编辑、自我审查，《不列颠百科全书》则是"专家驱动、有人把关的百科全书"[4]85。维基百科把全世界网民的知识与智慧聚合到了一起，其信息的即时性、全面性有时甚至超过《不列颠百科全书》，国内的百度百科也有相似的性质和功能。在新媒体上的问题解决方案能以图文的形式固定下来，这些非口语相传的、固化为文本的知识共享在出版商手中摇身一变为出版物。网络问答社区知乎联手中信出版社甄选其中的优质回答，推出系列图书《创业时，我们在知乎聊什么？》《知乎金融选修课：金钱有术》《正义女神不睁眼》等，就是一次取自社群、还于大众的知识共享出版。"书，成为知乎社区知识交流的新节点——买书、看书，再将书的内容和思想做更大维度的扩散、延伸和分享，产生新的知识和见解，都可在知乎这一个闭环内完成循环。"[18] 知识共享出版物的优缺点也很明显，社群网络解答以经验总结为主，缺少专业严谨的论证，科学性略显不足；但因为答者多以亲身经历为参考，又没有专业术语限制，也更"接地气"。知识共享出版不会取代专业出版，权威著作和集体智慧各有其适用环境，前者重宏观理论指导，后者偏日常生活解惑。两者的互补不仅丰富了出版物种类，更对人类知识结构的完整性有益。

四、社群分享与品牌营销：媒体融合推动新旧出版

詹金斯认为，媒体产业数字化并非是以新代旧的革命，而是新旧媒体的融合，传统出版机构、数字出版商、草根出版力量正"以比先前更为复杂的方式展开互动"[6]34。融媒体发行就是要在新旧媒体、线上线下融合的基础上，通过社群网络效应打破自上而下单向度的产品分销形式，以社群分享和品牌营销来刺激消费。借助新媒体的移动互联和多媒体显像功能，用户可以快速地把阅读页面、购买链接发送给其他社群好友，相比口耳相传显得更直接、有效。在相互分享中，作品的品牌口碑逐层堆叠累积，用户的消费意愿由此被激发。社群"分享"与知识"共享"的最大区别在于，"共享"行为是以解决实际问题为导向的，其目的性往往使用户以一种冷静、远观的姿态相互面对，而"分享"行为所包含的极大的情感因素拉近了人与人、人与产品的距离。分享的发生一方面代表了用户对内容产品的支持，并在社群网络传递中强化；另一方面体现了用户对自我和他人主体性的关注，突出了具有积极主动意义的"我—你（他）"关系。分享多的作品即表明多数用户的肯定，这类作品的性质很大程度上反映了社群的取向，象征着一种社群意义的构建。社群分享和品牌营销有赖于信任在社群关系链中的传递，社群中每个人的消费结果都可能是另一个人消费质量的保障。消费动力从用户对商家的信任变为社群成员的相互信任，失信者在社群中会被边缘化、被排挤。国内一些具有社交性质的网站率先引入组群信任营销，像豆瓣网就在不同兴趣的

话题频道中加入图书、电影、居家、租房等电商平台链接，用户在小组中讨论互动后，出于对组群的信任更愿意消费。《读书》、《读库》、三联书店、凤栖梧书店等图书出版发行相关品牌都在豆瓣设立了自己的小组。

传统出版社、报刊社、自媒体进行社群分享和品牌营销有多种结合形式，传统出版社通过新媒体平台推介图书，是融媒体发行中新旧媒体合作的第一种思路。每人每天公平地拥有24小时，内容产品又以占用消费时间为基础，因而内容生产商不得不相互争夺用户的注意力。莱茵戈德声称："注意力不仅是你可以自行掌握的工具，也是其他人尝试控制的经济要素。"[15]148 新媒体长于掌握用户的关注度，却往往陷入内容资源不足的境遇，只能东拼西凑、复制抄袭；传统出版单位拥有大量的内容资源，但在让读者翻开书本上一筹莫展。新旧媒体的互补性是合作的前提条件，传统出版社借助"新新媒体"渠道持续引发读者对内容的关注，社群营销自然成为它们的首选。一种方式是传统出版社自己在新媒体平台建立"根据地"，像人民文学出版社、译林出版社、广西师大出版社等都拥有自己的微博账号和微信公众号，粉丝数量从几万到几十万不等。它们向用户推送图书咨询，转发分享相关评论，提供购买链接。另一种方式是出版社与知名微信公众号、微博"大V"合作，借它们已有的粉丝社群推销图书。中信出版社在推广图书《S.》时，通过知名微信公众号"一条"连续两日发文宣传该书，推文的最后添加了二维码供读者直接扫码预订。《S.》两篇推文在微信朋友圈快速传阅，阅读量均超10万，2天之内售出25000册，预售两周共销售超过14万册[19]。社群分享与品牌营销中还存在着某种互惠关系，社群网络用户积极分享产品，而新媒体和出版商给予社群网络用户"优待"，则用户对社群网络的认可会增强，从而转化为高黏性的品牌消费。《S.》的社群营销中，"一条"关注者可以抢先预订到特别定制版，提高了用户的社群

· 389 ·

参与感，大大激发了消费意愿。

　　传统报刊社依靠社群网络形成消费渠道，是融媒体发行的第二种思路，它关系到传统报刊社的生存境遇与转型方向。学术出版和教育出版往往走在数字化前列，大众出版进展缓慢；大众出版中，又以传统报刊社遭受冲击最大。图书系统完整、体量庞大，看重出版商的编辑能力，而报刊的文章以短小精悍见长，与知识共享和自媒体在功能上存在一定的重复。网络的海量信息、短平快阅读使传统报刊陷入"酒香也怕巷子深"和"随意粘贴复制"的困境之中，传统报刊社需要主动"送货上门"，把内容放到用户触手可及之处。新媒体解决了报刊营销棘手的渠道问题，通过社群网络让用户与报刊建立长期售订关系，在持续关注中产生消费。社交平台发动用户在线订阅就是部分报纸杂志融媒体发行的尝试。《人物》《中国新闻周刊》《环球时报》等报刊社联合新浪微博在2014年发起的"微博订阅季"活动，吸引了众多微博用户，仅一天就卖出报刊22761份[20]。微博在线订阅扩大了读者范围，《中国国家地理》微博旗舰店负责人说："我们纸刊的主要订户多是偏爱纸质阅读的中年读者，而这次微博征订，从后台数据中可以发现有非常多的大学生、刚入职的年轻人成为我们的新订户。"[21]但新媒体联系用户只能说是初级阶段，当前在线订阅入口混乱，下一步有必要建立具有整合社群网络功能的、规范的报刊在线订阅平台，分享营销和版权保护"双管齐下"。学术期刊已经嗅到了社群网络的开发前景，像爱思唯尔已经推出了在线学术社群平台。今日头条通过聚合他源内容被大量用户接受，渠道整合起了重要作用，用户只需一个端口就可以对分散信息归类阅读。可见，大众报刊的社群整合平台是大众出版数字化转型的重要组成部分。

　　融媒体发行的可行思路还包括新媒体上的自媒体主动与传统出版机构合作，利用自己粉丝圈产生的社群网络效应推销实体图书。新媒体之长在渠道、创意、用户，旧媒体则多内容资源和编辑力量；新媒体善于线上主题的发起与互动，旧媒体重线下实体出版和活动策办。传统出版社、数字出版商和社群网络将会越来越多地呈现"你中有我、我中有你"的面貌。一些网络自媒体在这方面已经颇有成效，形成了以品牌信任为基础进行分享和营销、多家传统出版机构"众星拱月"的态势。以"罗辑思维"为例，它作为自媒体推送创意内容吸引用户，但本身却不售卖内容，通过 VIP、会员专属等方式增强关注者的社群感，依靠品牌信用销售月饼、"柳桃"、图书等商品赚取社群"红利"。在新旧媒体融合上，作为新媒体的"罗辑思维"与中信出版社、社会科学文献出版社、新华文轩等传统出版发行商合作，在微店积极推广新书、再版书。截至 2016 年 5 月，"罗辑思维"公众号上的 90 种图书完成了 1.7 亿的销售额，包括不少冷僻、小众图书[22]。在线下推广方面，"罗辑思维"在全国范围内组织大大小小的读书会，比如 2014 年 4 月 23 日的"4.23 史上第二大读书会"。"罗辑思维"融合了电子产品、纸质图书、电子商务、线下聚会等新旧媒体元素，可以说是以社群分享和品牌营销达到融媒体发行的典型。从社群参与的角度来看，线上宣传强调用户对社群的归属感，线下活动侧重个人的亲身经历，两者结合的目的在于用户参与性的整体提升。同时，线下活动把消费理念从在线社群根植到用户个人，个人良好的参与体验才是购买意愿的保证。参与式出版的核心正在于把多样的社群参与转化为实际的内容消费。

由于网民知识结构和文化水平的参差不齐，社群网络效应有时会产生整体素质不高、容易被偏见引导的现象。但参与式出版并非一个封闭的环境，无论是社群决策、用户创造，还是融媒体发行中的社群分享，它们既发生于社群成员之间，也允许社群外用户出入，社群网络是一个开放、流动的体系。参与式出版的最终产品通常凝聚着社群成员的智慧与才能，写作者与阅读者、提问者与回答者、分享者与索取者这些关系都表现出个人的资讯、知识和创作能力以出版物的形式,从高处流向低处、从少数流向多数的特点,一定程度上反映了网络空间的民主、平等、自由趋势。出版产业创造的是精神文化产品,分享者之间是思想与思想的交换,让双方都拥有了双倍的收益,众筹决策、共同创作、集体智慧最终会让整个社群的素养得到提升。因此,我们应当对参与式出版抱有足够的信心,甚至期待它能够更好地完成提高国民素质的使命。

(作者单位:浙江大学)

参考文献:

[1]魏玉山:《国家知识服务中心建设开始:2016～2017年中国数字出版产业年度报告》,《中华读书报》2017年7月19日,第6版。

[2]任翔:《移动互联时代数字出版的商业模式创新》,《出版广角》2012年第2期,第72-75页。

[3][美]保罗·莱文森:《思想无羁》,何道宽译,南京:南京大学出版社,2003年。

[4][美]保罗·莱文森:《新新媒介》,何道宽译,上海:复旦大学出版社,2011年。

[5]周荣庭、管华骥:《参与式文化:一种全新的媒介文化样式》,《新闻爱好者》2010年第12期,第16-17页。

[6][美]亨利·詹金斯:《融合文化:新媒体和旧媒体的冲突地带》,杜永明译,北京:商务印书馆,2012年。

[7][美]保罗·莱文森:《软利器:信息革命的自然历史与未来》,何道宽译,上海:复旦大学出版社,2011年。

[8][美]保罗·莱文森:《数字麦克卢汉:信息化新千纪指南》,

何道宽译，北京：北京师范大学出版社，2014年。

[9]方世忠：《书的世界与世界的书》，上海：上海译文出版社，2013年。

[10]曾航：《从〈社交红利〉到〈移动的帝国〉出版众筹走了多远？》，2013年12月18日，http://www.bookdao.com/article/71756/，2017年10月9日。

[11]孙悦海：《大数据时代，学术出版怎么走？》，《中国新闻出版广电报》2017年2月6日，第1版。

[12]米粒：《知乎第一本书的诞生过程》，2014年8月26日，http://www.ebusinessreview.cn/articledetail-245763.html，2017年7月15日。

[13]Tanya：《把博客印成书》，2015年3月4日，http://blog.sina.com.cn/s/blog_62c83ada0102vf8k.html，2017年11月1日。

[14]陈洁、吴申伦：《社群网络出版中出版商的角色定位》，《现代视听》2017年第5期，第16-20页。

[15][美]霍华德·莱茵戈德：《网络素养：数字公民、集体智慧和联网的力量》，张子凌、老卡译，北京：电子工业出版社，2013年。

[16][美]亨利·詹金斯：《文本盗猎者——电视粉丝与参与式文化》，郑熙青译，北京：北京大学出版社，2016年。

[17][法]米歇尔·赛尔：《拇指一代》，谭华译，上海：华东师范大学出版社，2015年。

[18]张稚丹：《知乎：从知识分享到图书出版》，《人民日报海外版》2016年9月28日，第11版。

[19]卢扬、郑蕊：《〈S.〉热销的背后》，《北京商报》2016年7月12日，第D3版。

[20]科文：《微博再次发起媒体订阅季》，《科技日报》2014年12月10日，第9版。

［21］李淼:《微博订阅季,媒体收成不错》,《中国新闻出版广电报》2015年1月13日,第6版。

［22］沈世婧:《罗辑思维的商业逻辑》,《出版人》2016年第5期,第24-26页。

书籍的革命

耿相新

摘　要：随着内容表意符号、载体材料技术、复制技术和传播方式的革命性变革，书籍的概念需要被重新定义。书籍不是一件恒久不变的物品或商品，它会随着技术和社会需求的变化而变化，而每一次的书籍革命，都不可避免地带来新的社会秩序的革命。

关键词：书籍革命　内容符号系统　载体材料技术　复制技术　传播方式

随着电子书的崛起，以纸为介质的封装型书籍的概念的稳定性岌岌可危：以磁介质和光介质为载体的电子出版物，内容符号信息需要借助计算机或类计算机功能设备读取，而读取设备通常以不同规格和形式的屏幕呈现内容符号，这种符号信息载体与呈现载体分离的出版物，是不是还属于书籍的范畴？这种革命性的媒介变革，给书籍生产和传播究竟带来了哪些革命性的改变，以至于我们不得不重新思考书籍的概念和边界？这种变革是不是意味着书籍的消亡、受众模式的革命以及出版价值链的重组？这一系列疑问笼罩在出版人和读者的头顶。本文试图从书籍的概念及变迁出发，在内容符号、载体材料技术、复制技术和传播方式的革命等方面，梳理书籍革命的历史线索，对这些问题做出回应。

一、书籍的概念及变迁

虽然书籍是最常见的一种物品,但要给书籍一个准确的定义,依然十分困难。联合国教科文组织将书籍定义为除封面外篇幅不少于49页的非定期印刷出版物。这个定义是相对于期刊和报纸而言的。《不列颠百科全书》给书籍的定义是:"手写的或印刷的,有相当长度的信息,用于公开发行,信息记载在轻便而耐久的材料上,便于携带;它的主要目的是宣告、阐述、保存与传播知识和信息。"这个定义试图强调书籍的功能和传播性。《牛津英语大词典》对书籍的释义是:"写就或印刷的文字篇章,不管是附着在纸张上还是其他物体上,把它们连缀在一起,形成一个物质形态的整体。"这个解释关注书籍的文本特征和物质特性。《中国大百科全书》对书籍的定义是:"用文字、图画和其他符号,在一定材料上记录各种知识,清楚地表达思想,并且制装成卷册的著作物,为传播各种知识和思想、积累人类文化的重要工具。"这个定义重视书籍的思想性和工具性。《说文解字》说:"著于竹帛谓之书。"这个解释将人们的目光引向书籍材料和书写的动作,是中国在纸普及之前的一个关于书籍的定义。无论是纸时代还是纸时代之前,人们对于书籍的理解明显存在着偏差。这些偏差恰恰折射出了书籍的共性,构成书籍的要素包括符号系统、知识内容、载体材料、编辑加工、复制手段、发行传播、一定规模,而这些要素在不同的历史时期无一不是变动着的,正是这些变动造成了不同时代、不同文明对于书籍定义的分歧。

书籍首先是一种直观的物品,这是它留给读者和非读者的第一印象。物质性是书籍的重要属性,甚至可以说是首要属性。拉丁文 liber(书)的原义是树皮,指的是树外皮和木头之间的薄皮。日耳曼语 bokis(英语:book;德语:buch),意为山毛榉。希腊语 biblion(书)来自埃及纸莎草的名称 biblos。西文中书籍的原义均指向构成书籍的材料，从语源学的角度向我们展示了书籍的最早定义。汉字中的"书"，最早见于商代的甲骨文，上下结构，上半部象形，为一个人手握毛笔；下半部为一个人的口，原义为手握毛笔记录声音，含有书写的意思。商代的书籍被称为"册""典"，在甲骨文中多次出现，册像若干竹木简编连在一起，典则像编连起来的册放置在几案上。《尚书》中周公旦训诫商朝遗民说："惟殷先人，有典有册，殷革夏命。"周公所说的"典""册"，就是当时的书籍。春秋时《墨子·尚贤》说："书于竹帛，传遗后世子孙。"又说："先王之书，圣人一尺之帛，一篇之书。"《论语·先进》中说："何必读书，然后为学？"墨子口中的书是简帛，与孔子眼中的书大体相同。孔子读《易》，"韦编三绝"，可见孔子时期书籍的形状就是简册。东汉时，许慎所说的"著于竹帛谓之书"正是对商代以来书籍定义的总结。典、册、竹帛均强调了文字载体的物质性特点，载体材料成为书籍的代名词。虽然材料不同，但东西方文化不约而同都将构成书籍的材料作为书籍的代称，可见外观形制是书籍定义的核心因素。后人发明的关于书籍的名词，如莎草纸书、泥板书、贝叶书、石头书、竹书、帛书、牛皮书、羊皮书、纸书等，无一不是着眼于书籍的载体材料而定义的。

然而，当磁、光成为介质，成为文字、图像、音频、视频的载体材料时，书籍在人们眼中的物质性开始解构。传统的书籍概念似乎解体了，电子书还是书吗？试图准确回答这一问题，必须回到构成书籍的要素上。从物质性角度而言，书籍的物质性体现于各种载体材料上，在磁介质（固定磁盘、可移动磁盘）和光介质（光盘）成为计算机数据存储材料之前，无论是硬质材料还是软质材料，其外观都是可视的，文字和图像符号系统与载体材料是一体的；磁、光作为符号系统载体后，书籍的整体性遭到分离，其可视性转移到了读取设备的屏幕上，各式各样的显示屏成为类似纸张的载体，更准确地说，屏幕只是一种接收和显示设备。相对于纸介质封装型书籍，电子书的物理性并没有消失，只是它让书的物理状态发生了改变。这是定义新型书籍的一个基点。

构成书籍的可变性要素，还体现于符号系统、复制技术和传播方式。自书籍诞生以来，构成书籍的符号系统就长久地被各种文字符号和图画符号所占据，但自照相技术、录音录像技术、计算机技术等出现之后，音频视频符号系统和虚拟现实符号系统也相继进入书籍行列或内部；同时，随着数字技术、通信技术、互联网技术介入书籍生产，承载书籍内容的符号系统更加趋向多样化，并朝融合化方向前进。书籍的复制技术一直是书籍生产的核心技术，书籍从手工抄写，发展到手工印本（雕版和手动印刷机）和机器工业印本，再到今天的数字复制和数字印刷，单位成本不断下降，单本复制数量不断增加，书籍生产力的突飞猛进不断提高书籍对社会的影响力。物理状态的书籍传播长久依赖人与公路、铁路、水路、航路等交通途径和车辆、船舶、飞机等交通工具的结合，计算机和互联网技术出现之后，电子书籍与通信网络完美地结合到一起。从有线互联网逐步转向移动互联网，电子书籍革命性地抛弃了以往所有的运输方式，书籍传播进入通信系统，改变了书籍本身的面貌和出版产业的格局。

构成书籍的要素中，可变量较小的要素有书籍内容表现形式、编辑加工方式和内容数量规模。构成书籍内容表现形式的要素无外乎数据、信息、知识、原理和思想、智慧，这是书籍内容表达"变"中之"不变"。书籍区别于档案文书文献等原始材料和书稿的关键因素是必须经过编辑加工整理，而编辑加工整理的方式无外乎使其科学化、系统化、规范化和社会化，手段多种多样，但方法、原则、途径则变化不大。书籍内容数量达到一定规模，这是其区分于报纸、杂志等媒体的重要因素，书籍必须具有一个相对集中的内容主题，必须具备一定的内容数量和规模，必须具备明确的意义和价值,这也是内容主题"变"中之"不变"的数量标准。

综合以上要素分析,书籍是一种将不同内容主题以不同符号系统表达的、经过编辑加工整理的、通过不同技术复制于不同载体材料之上的、具有一定数量规模和价值意义的、通过不同渠道传输传播的、供不同用户使用的物品或商品。

二、内容符号的革命

如果说人类文化从口头文化发展到书面文化是一次革命性变革,那么我们也可以说从书面文化过渡到数字文化也同样是一次革命性变革。作为一种媒介,书籍是书面文化的重要组成部分,而书籍的诞生则始于文字符号的发明。如果从书籍史的角度出发,手写本书籍的诞生和发展相对于口头文化是一次媒介革命,而从手写本书籍发展到印本书籍则是第二次革命。目前,我们正在经历的以电子计算机为技术基础的数字革命,将书籍从印本形式引向数字形式,从印本书籍转向数字书籍是第三次革命。

传播是人类社会生存和发展的基础。一个完整的传播过程由传播者、传播内容、传播媒介、传播对象、传播效果和信息反馈六要素组成。迄今为止,我们可以将传播媒介分为五种形态——口语媒介、文字媒介、印刷媒介、电子媒介和数字媒介。麦克卢汉说,媒介即讯息。所谓讯息,是指在传播过程中由传播者发出、受传者接收的信息的具体表现形式,"讯息由特定的表意符号组成,通过一定的形式,如声音、图像、文字等传达给受众"[1]。由此可见,特定的表意符号系统是构成传播媒介的基本形式。表意符号构成媒介内容,每一次表意符号系统的变革,都意味着传播媒介的一次飞跃。

构成书籍的最初表意符号是文字。文字是记录语言、数据、信息、知识和画面的约定符号系统。人类最早的文字符号系统可追溯到公元前3500—前3300年间苏美尔人创造的楔形文字,其后陆续又有诞生于约公元前3000年的古埃及象形文字、约公元前3000—前2400年的印度河流域的印章文字、约公元前1650—前1200年的爱琴海线形文字(线形文字A和线形文字B)、约公元前1500年的中国甲骨文字、约公元前800—前700年的希腊字母等。在文字演变为权力、社会知识和神谕的载体之后,其准确性、权威性和神圣性伴随着宗教和世俗势力的消长,长期地影响着人类社会的发展。文字是人类社会进入文明的三大标志之一,这一事实印证了文字及其后的书籍在社会转型的历史中,具有摧毁原有社会秩序和重建新的社会秩序的巨大作用。书籍作为一种文字媒介,它的诞生与发展促进了阶级社会的发展和繁荣。由口语媒介向文字媒介过渡的历史时期,恰恰与原始社会向阶级社会过渡的历史时期相吻合。

图像作为表意符号的一种表现形式进入书籍内部,无论是东方还是西方,其历史均可以追溯到手抄本时期。现存最早的书籍插图是古埃及人画在莎草纸上的《亡灵书》中的图画,出土于中国战国中晚期之交《楚帛书》上的图像也可视为早期书籍插图。基督教世界中,大量手抄本的精美插图和装饰画充满神性意味,对推动基督教的传播和巩固其思想控制起到了巨大作用。现存最早最完整的木版雕印画是印于公元9世纪中国唐代的《金刚经》。15世纪中叶,谷登堡发明铅活字印刷术前后,西方的书籍插图主要由木版雕印,16世纪末金属雕版的铜版画开始推动插画本图书的繁荣。1839年法国达盖尔发明摄影术,照片开始进入书籍的页面。今天,随着智能手机照相功能的普及,以图像为主体的图书开始与以文字为主体的书籍分庭抗礼。图像符号系统占据书籍页面的比重越来越大,数量越来越多,重要性越来越强。

声音是最古老的媒介,但记忆和记录声音却是人类社会长久的难题。迄今所知,人类记录声音和书籍发生关联的最早形态是乐谱，中国《汉书·艺文志》中著录《河南周歌声曲折》7篇、《周谣歌诗声曲折》75篇。"声曲折"即曲调，是被记录而成篇和成书的乐谱。公元800年左右，西方纽姆记谱法发明，手抄本乐谱登上书籍舞台。西方最早的印刷音乐乐谱书籍可追溯到16世纪初的威尼斯印刷商，音乐书籍自此成为一个专业印刷门类。记录声音方面的革命性变化始于1877年美国爱迪生发明的留声机，这是一种"记录声音的机器"，此后录音技术不断完善。20世纪以来，家用留声机、唱片、盒式录音磁带使得录音业成为与图书出版业并驾齐驱的大众媒体行业。1982年，采用数字压缩技术存储声波的压缩磁盘CD面世，数字化声音很快转移到了互联网上，声音这个古老媒介在数字化时代重新焕发青春。

承载表情和动作的影像作为表意符号同样是一种古老的媒介。舞蹈、杂技、讲唱、说唱、戏剧等表演艺术源远流长，作为影像的表演艺术与书籍媒介的早期联姻，应追溯到古希腊、古罗马时期的戏剧剧本和表演脚本。表演悲剧和喜剧的演员必须依据剧本抄本记忆台词，古希腊时期的剧本抄本是表演艺术进入书籍行列的早期媒介。无论是中国的木版雕印，还是西方谷登堡的铅活字印刷，又或者是19世纪以来的工业印刷，小册子式的戏剧剧本一直是畅销书和常销书。与印刷品不同，承载影像最成功的载体是电影、电视以及数字化的视频。1888年，美国爱迪生与狄更斯发明活动图片摄像机和活动电影放映机。1923年弗拉基米尔·佐利金发明光电摄像管，1929年他又发明电子图像显示管，这两项发明成为电视摄像机和电子电视的技术基础。1973年，计算机技术开始应用于电视，采用数字编码与数字传输技术推动电视数字化。目前，影像符号已经可以全部用数字技术进行表达。

表达书籍内容的符号系统在不同历史时期有不同的偏重，长期以来主要是图文关系，以文为主或以图为主或图文并重。计算机技术的发明使得构成书籍内容符号系统的革命真正到来。为了存储和处理数据，计算机采用二进制的"0"和"1"作为数字语言（一个比特），采用"0"和"1"编码技术，实现对一切文字、图像、声音、视频等信息媒体的编码解码，并于1980年代逐渐发展成多媒体技术，在原有的分散的信息媒体之间建立联系并集成为一个具有交互性的系统，文字、图像、音频和视频构成一个新的整体并以数字形式呈现，多种符号系统集于一身的多媒体数字书籍由此诞生。

三、载体材料的革命

用于书籍的载体材料与其所处文明国家的地理环境、生产力发展水平和社会秩序息息相关。书写与权力如孪生兄弟，而书写载体材料则依赖生产技术的进步。但反观之，每一次承载知识和思想的书籍材料的变革无一不影响着生产关系、社会秩序与生存状态。作为权力的象征，书籍材料的物理外观和便携性，影响着其传播的速度和广度，也影响着宗教、文化和价值观的传承，甚至还影响着国家统治的根基。书籍载体材料的变革往往成为社会变革的导火索。

书籍及其材料生产具有地域性、独立性和历史性，但随着工业化、信息化、数字化和互联网化的进程，又呈现出全球化、标准化和同时空化的特点。根据迄今为止的书籍史，我们可以将纸的发明和应用作为分水岭。纸作为书写和书籍材料，最具全球性和世界意义。纸前时代基本是人类古典文明时期和西方的中世纪时期，纸后时代可以从20世纪50年代开始算起，其显著特征是以计算机技术和数字技术为基础的信息文明开始登上人类历史舞台，目前我们正处于纸媒介和数字媒介并行的时代。

纸前时代，书写和书籍作为古代文明的重要标志之一，其载体材料在东西方呈现出显著不同的特点。在西方，两河流域的苏美尔人以及后来的巴比伦人、亚述人使用黏土制成泥板作为书写和书籍的材料,埃及人将产于尼罗河三角洲的纸莎草制成莎草纸用于书写和记录。在东方,印度河流域的印度人将贝多罗树叶制成长条形的贝叶作为刻写材料,中国则将竹片、木片和缣帛用于书籍材料。与中国的简帛被纸替代不同,西方的泥板书和莎草纸书均被羊皮纸书所替代。古希腊、古罗马前期使用从埃及进口的莎草纸,公元前2世纪古希腊晚期羊皮纸开始较大规模用于书写和制作书籍,公元1世纪羊皮纸替代了泥板书,公元4世纪羊皮纸取代了莎草纸成为书籍的主要材料。泥板书存在了3500年左右;莎草纸于公元前3000年左右被用于书写,公元3世纪开始衰落,其作为主流书籍材料存世时间有3300年左右,至公元9世纪消失。羊皮纸出现于公元前2世纪,从公元4世纪左右,经过三个世纪的莎草纸、羊皮纸的并存,羊皮纸在罗马帝国终于取代莎草纸而成为书籍的主要载体材料,直到15世纪中叶羊皮纸被纤维纸取代,羊皮纸在整个中世纪一直是欧洲书籍的主要材料,被使用了1700年左右。就泥板书和莎草纸书的存世寿命而言,它们在3000多年的时间里服务于埃及帝国、苏美尔帝国、巴比伦帝国、亚述帝国和波斯帝国,在维系帝国的空间统治并保持知识和思想的时间传承上起到了不可替代的媒介作用。此外,羊皮纸经卷对于基督教教会的扩张和教义的传承也起到了不容忽视的助力作用。

中国成熟文字符号系统最早的载体材料是龟甲和牛肩胛骨,约始于公元前14世纪的殷商中晚期。商代后期,青铜器上也开始铸刻文字,见于文献记载的书籍——典册已经出现。典册的材料是竹简和木简。西周时期文字的主要载体是青铜器,自春秋时期竹简书籍开始增多,至战国时期简帛开始成为书籍的主要载体材料。迄今出土发现的竹简书籍和帛书,其最早年代在战国时期的公元前300年左右。帛书便于携带、易于收藏,但价格昂贵;竹书是战国时期直至秦汉时期中国书籍的主流。相对于龟甲、青铜,竹简和木简仍是便于流通的书写材料，因此它也成为百家争鸣的主要论争工具。战国时期，私学林立，诸子百家纷起并争相著书立说，知识和思想竞放异彩，乱世之间的文化一派繁荣，竹简书籍不仅成为知识和思想的载体，同时还成为促进天下走向一统的媒介。竹简书籍作为一种媒介，在助推秦汉帝国建立、助推秦汉帝国开疆拓土、助推汉帝国政权稳固方面起到了不容置疑的支撑作用。

纸将人类带入一种新文明。纸是中国贡献给世界文明的巨大财富。公元前2世纪，中国发明造纸术，公元2世纪初蔡伦改良造纸术，纸张用于书写并开始普及，公元5世纪初纸张取代简帛成为书写和书籍的主要载体材料。简帛与纸并用时期正是东汉帝国走向衰落、天下合久必分的三国鼎立、西晋短暂统一又陷入东晋十六国南北分裂的时期，传播介质的混乱与帝国政治的纷争相一致。在纸上升为书籍主要材料之后，儒家、佛家和道家无一不将纸作为思想和经典之载体，互相攻击而又相互吸收思想文化营养。随着以纸为载体的佛教大藏经、道藏和经史子集四部书籍的确立，纸介质书籍在唐代达到了写本书籍的文化高峰。此时，唐帝国雄踞东亚，与基督教文明、阿拉伯文明并立于世界。纸对中国文明的恩赐一直延续至今。中国文明数千年绵延不断，纸介质在后两千年起到了黏合作用。

纸传入西方后，也改变了西方世界的历史。一是造纸术在西传的过程中逐步替代了西方原有的书籍材料。公元751年造纸术传入大食国（今阿拉伯），公元793年巴格达建立造纸工场并开始形成纸张交易市场，纸张首先在阿拉伯世界取代羊皮纸。公元900年左右，造纸术传入埃及的亚历山大和开罗，莎草纸被迅速淘汰。公元1150年，处于阿拉伯人统治的今西班牙沙迪瓦城建立起欧洲第一家造纸工场。公元1276年蒙第法诺城建起意大利第一家造纸工场。14世纪，造纸术开始在西欧普及。到15世纪，羊皮纸逐渐被植物纤维纸取代。二是纸的新媒介身份开始挑战以羊皮纸为代表的旧媒介的知识垄断，进而影响教会和修道院思想、知识中心的权威地位。12世纪，大学开始兴起，新的知识中心形成，低成本的纸张满足了大学教科书的大量需求，由此也推动了13世纪以来起源于意大利的文艺复兴运动。三是纸催生了谷登堡铅活字印刷术的发明，造纸术和雕版木版画印刷技术是谷登堡印刷术的基础。15世纪中期，铅活字印刷术发明和广泛应用之后，植物纤维纸迅速替代了羊皮纸，这两项变革在16世纪初有效助力了马丁·路德发起的宗教改革运动，低成本的纸和高效率的印刷术成为马丁·路德反抗教会和广泛唤醒民众的有力武器，自此，基督教会陷入分裂，拉丁文地位剧降，民族语言兴起，世俗文化走向繁荣。由纸媒介拉开的历史序幕，继续影响后世的启蒙运动、资产阶级革命和工业革命。

用于书籍的载体材料中，比纸介质更具颠覆性的是磁介质和光介质。1946年，计算机发明，人类社会从此进入信息文明时代。计算机的数据存储介质主要是磁介质和光介质，这两种介质比纸介质具有更强的生命力和更大的容量。基于计算机网络的互联网普及之后，其在空间上的传输和传播能力更是纸介质望尘莫及的。理论上讲，由计算机的比特数据编码、解码的书籍内容可以永久地保存下去，书籍内容的时间传承问题将被彻底解决。同时，世界性的互联网络也让书籍内容可以随时传播到世界各地，书籍内容的传播空间被无限放大。

磁性记录技术发明于1898年，丹麦人波尔森成功研制出钢丝带式录音机，这是磁性记录技术的开始。1936年，塑料基磁带替代钢丝带。1956年，IBM公司成功研制出第一台磁性存储器、第一台磁盘存储器；1972年，成功研制出软盘。磁性记录介质可分磁盘和磁带两大类，磁盘又分为固定磁盘（硬盘）和可移动磁盘（软盘、盒式磁盘）。磁性记录介质材料分为两个部分，一是磁性材料，一是非磁性金属或塑料或其他基体。

· 405 ·

光学存储介质是随着计算机技术的进步而发明的。1972年，荷兰飞利浦公司成功研制出激光视盘。光盘的介质材料可分为金属存储介质、硫族元素半导体合金存储介质、硅类元素存储介质、多元合金存储介质和有机物存储介质。光盘是用聚焦的氢离子激光束高能量集中到存储介质上，使介质的光照微区与四周介质形成较大的对比度以实现信息存储。读取信息时，用另一束低功率密度的激光扫描信息轨道，其反射光的变化通过光电器件检测、解调以取出存储的信息。光盘分为不可擦写光盘（如CD、ROM、DVD-ROM）和可擦写光盘（如CD-RW、DVD、RAM）两大类。生活中最常见的光盘存储介质是聚碳酸酯（PC）塑料基体。光介质所承载的容量是纸介质无法比拟的，一张普通的CD-ROM光盘容量为680兆字节，相当于20卷本中文版百科全书的容量，而一张DVD光盘的容量约与25张CD-ROM光盘相当。

随着磁光介质材料技术和存储技术的进步，其存储容量达到了惊人的地步，一块可移动硬盘甚至可以装下20世纪前中国所出版的所有书籍（20万种）。书籍载体材料从此不再是限制书籍生产的外部因素。

四、复制技术的革命

一部书籍史实际上也是一部书籍复制技术发展史。书籍复本的复制，大体经历了四个历史时期：人工抄写时期、手工印刷时期、工业印刷时期和数字生产时期。手工印刷包括雕版印刷和手动印刷机印刷两种形式。除手工抄写外，每一次复制技术的变革都具有革命性。追求单位时间内复制最大数量的复本，是复制技术共同的主题。书籍复制技术生产力的提高与书籍的受众数量、受众范围、受众效果成正比，甚至它还影响到书籍的传承和生命力。书籍出版的核心，归根结底是复制技术。

不同的载体材料，影响到了复制工具的选择，尤其是在书籍的写本抄本时期，不同文明的人们选择了不同的书写工具。两河流域的泥板书使用的工具是芦苇笔或木杆笔，其是一种前端呈三角形的笔状工具，在黏土板尚湿软的状态下压印或刻写文字。古埃及在莎草纸上书写的工具是芦苇笔，是将芦管以专用的笔刀削尖、切口，以笔蘸墨书写，墨水以天然原料制成，分黑、红两种。古希腊、古罗马时期还流行一种木质涂蜡写字板，用铁笔刻写文字。古印度在贝叶上的书写工具是类笔的小尖刀或铁簪子，用笔先在贝多罗树叶上刻写，然后再涂上用植物果油混合烟灰制成的黑色颜料。中国在制作简帛书籍时，使用的是毛笔，墨为松烟墨和油烟墨，有黑墨、朱墨之分。进入中世纪，欧洲自公元200年左右，开始普遍使用鹅毛笔在羊皮纸上抄写书籍，鹅毛笔作为书写工具一直延续到19世纪。抄本时期书籍的书写工具各不相同，但不同的文明中的制书人却不约而同地朝着职业化和专门化的方向发展，书记员、抄写员、书史、书吏、誊写匠、抄工、书手、抄书匠等不同称谓都是指抄本时期书籍的实际制作人。

相对于手工抄写书籍，印刷术的发明是书籍复制技术史上的第一次革命。雕版印刷术是将文字和图像雕刻于木板上，将墨刷在木板的文字和图像之上，再铺上纸张进行刷印的技术，发明于公元8世纪上半叶的唐帝国。雕版印刷最初用于印刷佛经，如密教经典《陀罗尼咒经》《大随求陀罗尼经》。印造于唐咸通九年（868）的《金刚经》，图文并茂，图像刻印线条流畅、细腻、娴熟，是现今所藏最早的、最成熟的印刷书籍。唐代印刷术主要应用于佛教和民间，五代时期朝廷开始雕造儒家经典。自北宋开始，雕版印刷广泛应用于经史子集、佛教道教各类书籍的印造，经过元明的不断发展，清代时雕版印刷达到顶峰。其间，北宋时期毕昇发明了泥活字印刷，元代王祯发明了木活字印刷，明清时期铜活字印刷十分流行。雕版印刷使书籍复本的数量大为增加，如元文宗天历元年（1328），以大小不同的三个版印刻造了3123185册历书，即使放在当下，这也是超级畅销书的印量。当然，历书属于小册子，是特例，一般雕印书籍的平均复本数约为100部。雕版印刷大大降低了单本复本成本，据学者考证，"从9世纪到16世纪末，抄本和印本的书价比例大约是10比1"[2]。

15世纪中叶，德国古登堡发明的铅活字印刷术，不仅使书籍成为人们了解世界和控制世界的有效工具，更重要的是，给西方世界带来了一系列的社会变革、宗教改革和科学发现。古登堡印刷术作为中世纪后期的一项技术发明，以改变书籍生产方式为切口，引发了一场开启近代文明的传播革命、知识革命和科学革命。首先，印刷术直接导致书籍产量爆发式增长。在德国，1500年的书籍生产数量是1400年的3倍多。在整个欧洲，15世纪的书籍版本数量约为2.7万种，印数为1200万到1500万份；而16世纪则大约印刷出版18万种书籍，总印数达到了1亿份。其次，印刷术直接导致现代书籍形式的确立和发展。西方早期印刷书的装帧形式完全模仿羊皮纸手抄本，但至16世纪初，印刷书即开始朝现代书籍形式演进，书名、作者、印刷商、印刷时间和地点、商标、图书版本等开始标注于书前书后，插图大量增加，字号字体变化增多，开本变得多样灵活，封面出现并越来越受重视，目录、索引、页码、章节、段落、标点、卷首、扉页等逐渐成为标准配置，现代书籍的形式和风格逐渐形成。最后，印刷术直接导致书籍生产成为一种商业活动，成为一个影响社会变革的体面的产业和生意。在印刷术发明之后的50年里，印本书比手抄本的成本下降上百倍，印刷业迅速成为一种有利可图的产业，而在短短的100年里印刷术即传遍了整个欧洲。相对于手抄本偏重收藏和文化传承的特点，印刷书则成为纯粹的商品，更偏重于利润和批量化的大范围传播，出版的天平倒向利益。

工业革命改变了人类历史的走向，印刷工业革命则改变了人类文化的走向。印刷复制技术的工业化标志是印刷机动力的巨大变革，自古登堡发明铅活字印刷机以来，印刷机一直是人工动力，但自进入第一次工业革命后，1811年德国人F.柯尼希（Friedrich Koenig）和A.鲍尔（Andreas Bauer）设计了由蒸汽机驱动的间歇滚筒印刷机，每小时可印1100张纸，远远超过古登堡印刷机的每小时200—250张纸。1844年美国人R.M.霍伊（Richard March Hoe）设计的轮转印刷机，每小时可印8000张纸。1865年美国人W.布洛克（William Bullock）制造的第一台卷筒纸轮转印刷机，每小时可印12000张纸。至20世纪初，轮转印刷机将电作为驱动力之后，每小时可印48000张纸。蒸汽与电力印刷机的发明，标志着人类开启了第二次印刷革命。与手动机械印刷机有所不同，工业印刷机在19世纪、20世纪乃至今天呈现出新的特点：一是工业印刷机使大规模书籍生产成为现实，书籍这个古老的媒体成为与报纸、期刊、广播、电影、电视一样的影响力巨大的大众媒体；二是工业印刷机成为工业标准化体系中的一部分，它自身也成为欧美向外扩张的工具和武器，成为全球化和现代化的标志之一；三是由工业印刷机技术带来书籍生产力的巨大提高，书籍的传播力猛增，书籍的影响力从单个民族语言国家扩张至世界各地，书籍也成为社会变革甚至革命的重要动因之一。

以计算机技术为底层技术的信息革命，将人类从工业文明引向信息文明。作为印刷媒体的书籍复制技术，也随之进入数字技术时代，书籍的复制朝向两个方向发展：一是工业印刷机朝向数字印刷机变革，二是数字书籍（电子图书）在互联网、移动存储器上直接复制。数字印刷是将文图经过数字编码输入到计算机中，再经过成像处理，直接或通过网络传输到数字印刷机上印刷的一种新型印刷方法。数字印刷是工业印刷和数字技术的结合，由数字印刷机生产出来的书籍，其实体依然是纸质书。数字印刷具有按需性、即时性、异地加工性、适合短版印刷等特点，此技术依然处在演化的进程中。相对于印刷实体书籍，以电子书为代表的数字书籍的复制技术是最具革命性的，它摆脱了实体的限制和束缚。电子出版物是将文字、图像、声音、视频等信息，以统一的二进制代码形式存储于磁性或光学信息存储介质（如 CD-ROM、软盘、磁盘）上，再通过计算机读取数据进行呈现，其产品可以是单机型的磁盘或光盘，也可以是在线的即通过服务器直接对内容进行浏览、复制、打印、下载。磁盘或光盘之间可通过计算机下载和复制，而在线文本复制则通过网络传输实现，二者的边际成本几乎为零。电子书籍的复制技术完全颠覆了印刷工业时代的想象，书籍复制技术的第三次革命真正到来。

五、传播方式的革命

书籍生产的根本目的在于书籍被传播、传承和阅读。书籍传播分为商业性传播和非商业性传播。书籍传播受限于其所处的历史时期的语言、文化、民族和国家，也受限于识字人群、宗教信仰、阶级阶层、性别和职业，同时它还普遍受限于交通运输。所有这些限制，也都成为书籍传播方式变革的动因和动力。

从传播的角度而言，我们将书籍分为实体书籍与数字书籍两种类型。实体书籍体现书籍的物理性、物质性和可视性，数字书籍体现书籍的数据化、交互性和虚拟性。书籍在农业文明和工业文明时期均以其实体性而被视为一种特殊的物品，但在信息文明时代的计算机系统里，书籍的整体性被瓦解，物质性被数字化，视觉中被视为书的文字、图像和音视频只是映现于屏幕的表象，这些被数字化的符号存储于磁盘内，表意符号与屏幕呈现分离，但它们却共存于单体计算机内或计算机组成的系统网络内。计算机网络、有线和无线通信网络、有线电视网络相对于公路、水路、铁路、航路是一场传播学意义上的革命，这两大传播网络系统正对应于数字书籍和实体书籍——前者应用于数字书籍,后者应用于实体书籍。因此,我们将书籍传播分为两个时期,一个是实体书籍传播时期,另一个是数字书籍传播时期。两个时期内又各分两个阶段,实体书籍传播分为实体书店和网络书店两个阶段,数字书籍传播分封装型电子书籍和网络型电子书籍两个阶段。也许这两个阶段的划分并不十分科学和严谨,说是两种类型可能更贴近实际。划分为两个阶段,主要是基于两种书籍形式传播的历史性,以此可以直观看出传播技术的发展变迁。

当书籍成为当代人与人和古今人与人之间的传播媒介后,书籍的传播方式便成为衡量当时社会生产力发展水平的一把尺子。不同的时代,书籍的传播方式也不同。手抄本时期,书籍传播主要依赖抄写员、佣书等职业抄书手完成复本复制,西方的修道院、中国的寺院道观以及不同的学校是书籍传播的重要场所。国家公共图书馆、皇室图书馆和各种私人藏书馆更偏重于书籍的纵向传承式传播,满足个人阅读需求的个人抄写是普遍现象。无论是西方的罗马,还是东方的长安、洛阳,大城市中的书籍交易和书籍商铺均已产生。手工印本时期,书籍产量剧增,新书品种和单本书复本量均前所未有地增长,书籍传播的商业化市场形成,新的书籍传播网络形成,城市中专业零售书店如雨后春笋般涌现,印刷商兼营书籍批发和零售,集市中交易书籍的场所和专门性的书市趋于固定并定期活动,流动书贩活跃于全国的城市和乡村,国家间书籍贸易也频繁展开,国家和私人藏书家依然是书籍交易的大户。工业印本时期,新书品种和复本数量逐年剧增,书籍传播呈现崭新面貌,书籍由精英媒介成为大众媒介。书籍生产成为工业产业的重要组成部分,书籍传播的商业化特征越来越显著,书商独立于印刷商、出版商而更加专业化和职业化,分工越来越细,作为中间商的批发商和零售商分离。商业性专业书店充斥街头巷尾,全国性零售连锁书店呈垄断趋势,非专业书店如大型零售商场、超市、杂货商店、文具店等数量更多,它们的市场份额几近三分天下。封闭式直销网络如读书俱乐部、图书馆等带来的大宗交易活动也颇受书商、出版商重视,同时书籍传播的国际化程度越来越深。

实体书籍传播方式的最新革命始于1995年7月美国亚马逊网上书店的创建,直到2021年,亚马逊网上书店一直是全球销售图书品种和数量最多、体量最大的网上书店。亚马逊公司从书籍交易起步,开创了全球性的电子商务模式,实体书籍传播从此进入互联网时代。亚马逊电子商务模式的巨大成功,吸引了全球各国模仿者的目光,中国的当当网、卓越网分别成立于1999年、2000年,是模仿者中的先行者。实体书籍的规格标准化和内容大众化特点,也吸引了非专业书籍电商平台的青睐,它们也纷纷加入到销售书籍的行列。截至2021年,具有较强影响力的书籍电商平台有京东、天猫、当当、文轩网、博库网、新华书店网上商城、苏宁易购、中国图书网、孔夫子旧书网、多抓鱼等。据北京开卷信息技术公司统计,2020年,中国图书零售市场中传统实体书店销售占比为21%,电商销售占比为79%。实体书籍的传播方式已经彻底改变。

书籍传播最具颠覆性的变革为数字书籍的面世。数字书籍还有电子出版物、电子图书、电子书籍、网络书籍等不同名称,分为离线和在线两种类型,也可表述为单机型和网络型。单机型数字书籍是指通过实体渠道运输发行并借助单机服务的电子出版物;网络型数字书籍指通过计算机网络传输的电子出版物,属于联机型或计算机通信型。实际上单机型和网络型往往处于交叉状态,大多数数字书籍既可以用于单机,也可以通过网络传播。单机型数字书籍的载体介质主要是封装型的软磁盘、移动磁盘和CD-ROM光盘,封装型的磁盘和光盘的传播依赖物理渠道,其发行方式与实体书籍有较多类似之处。网络型数字书籍的传播方式是前所未有的,其载体主要是计算机硬盘。网络型数字书籍的早期类型主要是百科全书、词典等参考工具书，其后扩延到各个门类，目前以网络文学作品为最大宗也最具影响力。网络型数字书籍通常是作者或出版者将作品内容制作成网页，或直接以某种形式存储在互联网的服务器上，为用户提供访问服务，用户可直接阅读、保存、复制、打印，从输入到输出的一切操作均在线上完成。综合而言，网络型数字书籍传播的革命性变化主要表现于：第一，其传播渠道由依赖于公路、水路、铁路和航空，转向计算机网络（互联网）、电信网络（移动互联网）和有线电视网络（IPTV），由商业运输转向国家公共服务，由物理交通运输转向虚拟数字传输。第二，其传播摆脱了时间和空间限制，其内容能够永久保存，其传播可以24小时即时传播，并且可以抵达世界上任何连接网络的终端。第三，其传播方式从单向传播转向双向和互动性传播，受众变成了传播的另一个主体，变成了传播内容创造的主体，变成了文化价值自我实现的主体。数字书籍的传播最具颠覆性和革命性。

综上所述，书籍不是一件恒久不变的物品或商品，构成书籍的表意符号系统会随着承载它的载体材料技术而变迁，会随着将它转移到另一个材料之上的技术的变化而变化，会随着将书作为一个整体传递给不同时代的受众而获得价值和意义。每一次的书籍革命，都不可避免地带来了新的社会秩序的革命。所幸，我们正身处书籍的革命中。

（作者单位：中原出版传媒集团）

参考文献：

[1] 熊澄宇.媒介史纲[M].北京：清华大学出版社，2011：22.

[2] 钱存训.中国古代书籍纸墨及印刷术[M].北京：北京图书馆出版社，2002：264.

我国出版科研协同创新的模式、瓶颈与对策研究

黄逸秋

摘　要：本文在总结出版科研协同创新不同模式及特点的基础上，指出出版科研协同创新仍面临着研发投入较低、企业创新动能不足，资源配置效率不高、协作泛化、同质化，企业自身吸收能力不足、成果产出和转化效率有待提高等发展瓶颈，分析了瓶颈的成因，并从政府的外部保障、协同创新载体的组织保证及出版企业的自我完善三方面给出了对策建议。

关键词：出版企业　出版科研　协同创新

协同创新由美国麻省理工学院研究员彼得·葛洛最早给出定义："由自我激励的人员所组成的网络小组形成集体愿景，借助网络交流思路、信息及工作状况，合作实现共同的目标。"根据这一定义，结合我国出版业实际，可以将出版科研协同创新界定为"出版企业、科研机构、高校、其他企业（数字出版技术商、相关行业企业）等利益主体在资源共享基础上，以互惠互利为目的形成的科研集群合作"。它以出版科学发现为源头，以出版科研成果产业化为终点，是一个需要各利益主体协同配合以取得最大创新绩效的过程。

在媒介融合日益深化、市场竞争环境发生根本变革的背景下，创新研发作为维持企业长远发展、实现行业转型升级的必要手段，

已经受到出版企业的广泛认可,出版科研领域中基于利益驱动的自愿协同创新已基本成形。但如何强化出版企业在科研协同创新中的主体地位,充分激发出版科研协同创新的强大势能,仍是需要出版业思考的重要问题。

一、出版科研协同创新的模式及特点

当前,许多出版企业都在不同程度上开展了科研协同创新。从出版企业参与科研协同创新的不同阶段及其与利益主体合作的密切程度出发,可以把协同创新模式总结为如下几类。

(一)委托研究

委托研究是最简单、最常见的模式,也是出版企业参与科研协同创新的起点。委托研究的内容包括且不限于战略咨询、管理规划、数字出版技术开发、技术咨询与服务等。在这种模式中,出版企业是知识/技术需求方,仅提供资金和必要的支持条件,科研机构、高校、技术企业等是知识/技术供给方,进行研究并提供科研成果,通过双方协同完成科研项目、实现成果在出版企业中的应用,达到提高出版企业知识/技术储备和经济效益的目的。这种模式基于出版企业的市场自发行为,注重短期利益和效果,通过一次性交易实现一次性收益,其最大优点是适合几乎所有类型、规模的出版企业,且受边界条件的约束相对较小。有些科研项目尽管起点低,但契合出版企业需求,实施起来方便快捷,具有良好的成长性。

(二)联合攻关

出版企业与其他利益主体以科研项目为依托,组成联合研究团队,统一协调、分工合作完成项目的研究和开发。与委托研究模式建立在需求和供给的双边关系上不同，联合攻关模式中，出版企业与各方之间达成合作关系，企业既是知识/技术的需求方，也是供给方。科研项目难度越大、需要投入的资源越多，参与的利益主体也会越多，出版科研协同创新也随之从双边向多边延伸。这一模式中，协同机制的核心是彼此需要、相互支撑、优势互补。实践中，联合攻关可以是出版企业的市场自发行为，也可以是政府引导下的合作攻关行为。

这种模式在涉及出版产业升级、转型发展的重大科研项目、重大研发工程中具有明显优势。由于这类项目、工程的复杂度和创新程度较高，只有通过企业、高校、科研机构各方的联合研发，才能顺利完成并实现科研成果产业化。例如，数字版权保护技术研发工程，是被列入国家"十一五"与"十二五"时期文化发展规划纲要的重大科技专项，工程共18个分包、26项课题，涵盖技术研究、系统开发、平台搭建、标准制定、总体集成、应用示范等多个方面。参与工程管理、研发和集成任务的单位达24家[1]。除工程总体组牵头单位中国新闻出版研究院外，还包括3家科研机构、6所高校、6家出版单位和8家技术企业。经过24家单位2000多名人员花费5年时间的协同攻关，工程才完成了预定任务。这是任何一家企业或研发机构不可能独立完成的。

联合攻关不仅能够实现出版企业与其他利益主体的资源整合，达到的社会效益和经济效益也往往惠及更大范围。但这种模式以科研项目的存在为基础，项目完成后协同创新即宣告结束，无法形成出版企业与其他利益主体的长期、深入科研协同，长期来看不利于企业知识资源的积累与沉淀。

（三）共建协同创新载体

这是当前大多数出版企业乐于采取的模式。出版企业与其他利益主体通过共建实验室、研发中心、产学研战略联盟等载体开展协同创新，及时解决出版实践过程中遇到的相关问题，较早介入融合发展前沿研究。这种模式以载体内各利益主体的战略利益为导向，各方努力的目标是通过合作研究并推广研究成果，将协同创新效益固化在创新载体之中。在这种模式中，出版企业往往不再满足于参与、协作，而是在科研协同创新中跃居主导地位。2012年，时代传媒作为发起单位，联合10余家业内外机构共同组建了"数字与新媒体出版产业技术创新战略联盟"。2016年，由时代新媒体出版社牵头建设的"教育内容产品互联网传播与营销重点实验室"入选国家新闻出版广电总局首批新闻出版业科技与标准重点实验室。目前，实验室的研究成果——"时代出版在线"平台，已为联盟的50余家成员单位所深度应用，在联盟内实现了资源的有效聚合、共享与应用，完成了科研协同创新的完整周期。

共建创新载体模式中，载体内各利益主体通过战略协议等契约建立起长期合作机制。理想状态下，各利益主体注重长远发展和规划，能够避免委托研究和联合攻关的短期行为弊端，为出版企业与其他利益主体之间的资源流动和整合提供更优良条件。但在实践中，由于载体的组织结构松散，缺乏稳定性，出版企业的收益情况依赖其对创新载体的把控能力、载体的具体目标和各利益主体的实际资源投入。

（四）以资本为纽带建立科研实体

出版企业与其他利益主体通过注入资本或以技术出资的形式组建科研实体，该实体作为独立法人，自主经营、自负盈亏。科研实体可以把企业与其他利益主体结合成紧密的利益共同体，各方都在科研实体中拥有权益，合作成功可获得长期、稳定的收益。如2016年9月，中国大地出版社（地质出版社）所属中地数媒（北京）科技文化有限责任公司、知识产权出版社全资企业北京中献电子技术开发中心、镇江睿泰联合投资有限公司联合投资设立了融智库（北京中地睿知管理咨询有限公司）。融智库科研业务涉及开展前沿性研究、主导标准研制等方面。成立以来先后承接了知识服务国家标准、AR 出版物行业标准、人工智能与新闻出版发展研究等课题。融智库还面向国内相关研究领域的高校、科研机构、出版企业发布课题，公开招标。

以资本为纽带建立新型研发机构，要求出版企业有大量的资金投入，企业与其他利益主体具有强烈的合作意愿、共同的合作目标和长远的战略规划，同时要承担一定的经营风险，因此采用这一模式的出版企业目前仍是少数。

二、出版科研协同创新面临的瓶颈分析

从对不同协同模式及其特点的分析可以发现，随着出版科研协同创新不断深入，各利益主体协同的内容由单一的项目研发向共建各种创新组织转变，协同机制从传统双边合作向多边合作转变，协作形式从松散型向紧密型转变，出版企业在协同创新中的主体地位也逐渐凸显。但在实践中，受到诸多制约因素影响，无论是开展的广度还是发展的深度，出版科研协同创新均存在不足之处。

（一）投入阶段：研发投入较低，企业创新动能不足

研发经费投入强度指一个国家或地区研发投入总量与国内或地区生产总值之比。从企业层面看，研发经费投入强度指企业的研发费用与营业收入之比，是反映企业科技投入水平的核心指标。高水平的研发投入强度被认为是提高企业自主创新能力的重要保障。但出版企业的研发投入普遍较低。以在我国上市、资产总额超过 100 亿元的出版公司为例，根据各公司 2018 年年报数据计算，其研发投入强度均远远低于所在省份的全社会研发经费投入强度。

研发投入过低，无法强有力地推动出版创新资源聚合，企业创新动能不足，出版科研协同创新也就无法向更高水平发展。

造成这一局面的原因，一方面，政府在出版科研协同创新中的投入不足，无法对企业研发投入形成显著带动作用。已有研究表明，在文化产业与科技融合的初期阶段，企业创新存在明显的政府扶持效应，企业获得的政府补贴越高，企业的创新投入和创新产出越多。当前我国还未设立出版科研协同创新的专项资金，对出版企业的创新扶持以文化产业专项、出版重大科技工程等项目形式呈现，资金来源有限，且以竞争性经费为主[2]。另一方面，鼓励企业研发投入的政策体系尚待完善。随着出版业转型升级、融合发展迈向深化，出版科研也从以战略、规划、政策、管理等"软科学"研究为主转向"软硬兼施"。数字出版关键技术研发、数字化内容产品开发、数字化生产线与运营管理系统建设等已成为出版科研的重要组成部分，具有多学科交叉、设备昂贵复杂、研究目标宏大等特点，且投资强度大、所需时间长、研发结果具有不确定性。当缺乏相应的政策保障时，企业只能减少研发投入以降低成本风险和收益压力。

（二）桥连阶段：资源配置效率不高，协作泛化、同质化

绝大多数出版企业不具备完整的科研创新链，需要通过协同创新来整合其他主体资源，弥补自身科研资源和能力的短板。迫切的创新需求催生行业中大量涌现联盟、基地、中心等协同载体，协同效应已经显现，但市场、技术、知识、资本等资源并未得到高效整合与利用。一方面，高校、科研机构以事业单位为主，出版企业也有国有、民营之分，体制断层及由此带来的文化政策差异，导致各个利益主体之间难以建立紧密、互信且有约束力的协作关系。在这种情况下，由于对协同载体的掌控力度明显不足，风险意识使出版企业很难将自身的优势资源投入载体中去，各利益主

体间联而不合，竞争效应仍强于协同效应。加之规范协作各方行为的政策法规缺失，"共同投入、联合开发，利益共享、风险共担"的目标难以实现，协同创新的努力只能停留于一纸协议文书。另一方面，大量的协同载体定位模糊，业务泛化、同质化，科学研究、技术开发、人员培训、论坛举办、评奖评优，无所不包，且不同载体之间的成员单位多有交叉，造成协同的低水平重复。

（三）产出与转化阶段：企业自身吸收能力不足，成果产出和转化效率有待提高

科研协同创新以科研成果转化为现实生产力，即通过科研成果在企业中应用、推广进而提高企业竞争力为价值体现。企业吸收新知识（采用新技术）的能力对科研成果产出和转化效率有重要影响，较低的吸收能力会降低效率甚至抑制企业自身的发展。

决定出版企业吸收能力的因素包括以下几个方面。一是企业现有的物质资源，包括生产资源和知识存量，这是企业开展科研协同创新、采用创新成果的基本条件。企业生产资源越丰沛，知识存量与新知识的相关度、广度、深度越大，吸收新知识（采用新技术）的能力就越强，科研成果产出和转化的效率就越高。二是管理水平。协同创新不同于原始创新过程的协调合作，其本质是一种重要的管理创新。尤其在融合发展环境下，传统出版企业必须在出版战略、商业模式、业务流程等层面对出版资源进行整合、重构、更新和再造，使之与新技术发展相适应。这些措施能否成功，与管理水平密切相关，管理水平高则科研效率高，成果产出和转化快。三是创新意识。企业的创新意识越强，对科研协同创新的认同感和投入力度越大，成果产出和转化的效率也会越高。

随着新闻出版改革的不断深入，我国出版业发生了深刻变化，出版能力和市场化水平大幅提高，但与发达国家相比还有很大差距。企业实力总体不足，管理水平、创新意识和人才队伍的专业

知识水平与融合发展的要求尚有距离，造成企业知识吸收能力不足，成果产出和转化效率较低。

三、促进出版科研协同创新的对策建议

破除发展瓶颈，建立以企业为主体、市场为导向、产学研相结合的技术创新体系，离不开政府的引导扶持、不同创新主体间的相互配合和出版企业自身能力的提升。出版科研协同创新持续健康发展需要三个关键条件：政府的外部保障、协同创新载体的组织保证以及出版企业的自我完善。

（一）政府的外部保障

一是进一步制定和完善科研协同创新方面的政策法规。近年来我国出台了一系列促进科技成果转移转化的政策法规，但还缺乏明确规范科研协同创新，特别是企业与科研机构、高校协作的门槛、产出分配、知识产权保护方面的政策法规。应尽快研究制定相关政策法规，同时注重提高出版产业政策法规与科技发展政策法规的契合度，为出版科研协同创新的有效开展打造一个法律定位清晰、政策扶持到位、监督管理严格、市场竞争平等的良好环境。

二是加大财政支持力度。增加财政直接投入，设立出版科研协同创新专项扶持资金，完善财政经费支持的科研计划项目，以经费匹配为纽带，吸引出版企业增加研发投入，提高研发质量。

三是进一步深化科技体制改革和出版体制改革。政府进一步简政放权，明晰政企间的权责范围，破除不同性质主体在协同创新中的体制机制障碍，从而引导科研创新要素向出版企业聚集，实现创新资源在企业、高校和科研机构间的无障碍流动。推动发展科技金融，创立出版科技创新基金，推动产业、科技与金融融合，

为出版企业科技创新提供更好的资金支持。

(二)协同创新载体的组织保证

以共建创新载体为出版科研协同创新的主要模式,是符合我国出版业发展现阶段要求和产业结构特点的。当创新载体发展成熟时,再以资本为纽带建立科研实体,并向新型出版研发机构转型升级。当前,创新载体要在目标方向和内部协调管理上下功夫,提高资源整合效率,才能为出版科研协同创新提供组织和行动保证。

一是明确出版科研协同创新的目标方向,避免载体功能定位泛化。出版企业规模不同、资源禀赋不同,应根据自身资源特点和发展需求,组建(参与)科研协同创新载体,避免创新资源的重复配置。载体内各利益主体应通过一致的目标形成执行层面的协同,立足实际、突出特色,将有限的出版资源和科研资源投向最有可能取得成功且收益最大的领域,避免业务泛化。

二是加强内部协调管理,促进形成持续稳定合作的责任机制、信用机制和利益机制。在签订战略合作协议的基础上,载体内应进一步制定和实施详细的协同创新规章制度,如实施联席会议制度,研究制定科研合作计划,协调处理研发中的重大问题。各方须事先确认各自利益范围与责任边界,利益共享、风险共担,也要拓宽视野、着眼长远,克服利益短视。要秉持各司其职、开放兼容的合作精神,建立充分的信息共享渠道,如建立协同创新数据库,实现出版科研信息、出版市场信息、企业生产信息的及时沟通与交流,使各个彼此独立又利益相关的主体真正整合为一个系统,获得整体大于局部之和的效果。

出版科研协同创新的最根本目标在于通过科研成果产业化推动出版行业整体发展,因此应强化出版企业尤其是大型出版企业在协同载体中的主体地位。一方面,充分发挥其科研引导作用,使科研成果更贴近出版实践需要和出版市场需求;另一方面,大型出版企业具有更强的资金实力、管理水平和创新意识，能够提高科研产出和转化效率，并对实力较弱的中小出版社产生扩散和示范效应。

（三）出版企业的自我完善

强化出版企业的主体地位，促进出版科研协同创新，关键是要提高企业创新的内生动力。出版企业只有真正建立起创新驱动的发展模式，尽快提升自身能力，才能从根本上承担出版科研协同创新的主体责任。

一是要加快建设现代企业制度。目前国有出版传媒企业的管理制度、股权结构、公司治理、企业运营机制等方面还有待进一步完善，诸如在融合出版发展这种事关企业发展方向的重大决策上，存在战略不明晰、执行不能善始善终、决策效率低等老问题[3]。要通过建设现代企业制度，完善公司内部治理结构，在体制与机制上适应融合发展的需要，使自身真正成为技术创新的投资主体、利益主体、风险主体。

二是提高自主创新能力。要把出版科研协同创新放在企业发展的战略高度，对外用好政府调控的各项政策和其他创新资源，对内以数字出版先进技术的研发应用为支撑，以复合型出版人才的培养为主要抓手，在内部管理、分配与激励、人才建设、企业文化等方面采取有力措施。具备条件的大型出版企业可成立独立的研发部门，全面负责公司科研的系统规划、实施和转化，通过建立有效的研发管理机制和团队运作模式，提高企业与各个协同创新主体之间、企业内部不同环节之间的资源共享和科研创新质效。应建立基于分类评价的分配与激励机制，围绕出版科学研究、数字出版技术研发与应用等，科学合理设置评价指标，突出创新质量和贡献，营造鼓励科研、提倡创新的企业文化，激发员工科研积极性。主动推进与高校、科研机构间的人才交流与互动。近年来政府出台了一系列鼓励、支持科研人员到企业兼职的政策，但出版企业专家在高校、科研机构兼职多，科研人员在企业兼职少的情况还未改变，出版企业应积极吸纳高校、科研院所、合作企业的骨干到企业任职，参与或主导研发，快速提高企业新知识储备和技术创新能力，也为企业科研人才培养创造条件和资源。

出版科研协同创新是出版业整合科技创新资源、提高创新发展能力的重要途径。要进一步深化以企业为主体的出版科研协同创新，在实现一般性资源共享的基础上，通过市场、技术、知识、资本等资源的对接和紧密结合，提高企业应对技术发展与市场变化的能力，从而提高我国出版产业的整体竞争力，实现科研成果与生产力的协调发展。

（作者单位：中国新闻出版研究院）

参考文献：

[1] 欣闻. 数字版权保护技术研发工程竣工. 出版参考，2017（1）.

[2] 肖洋，谢红焰. 数字时代出版产学研协作模式中的共性问题与对策分析. 出版科学，2012（3）.

[3] 周百义. 融合出版发展中国有出版传媒企业体制机制问题探析. 中国编辑，2020（1）.

后 记

中华优秀出版物奖设立于2006年,是与"五个一工程"奖、中国出版政府奖并列的国家级三大奖项之一,其获奖作品反映了中国出版行业的最高水平和最新成果。全国优秀出版科研论文奖是中华优秀出版物奖的子奖项,每两年评选一次,至2019年已成功举办7届,共评选出优秀论文318篇。

因新冠肺炎疫情影响,第八届论文奖评选延至2023年6月启动,参评论文发表时间范围从2018年1月至2022年3月,与第七届参评论文发表时间范围衔接。评选工作根据中共中央办公厅、国务院办公厅《全国性文艺新闻出版评奖管理办法》和中共中央宣传部《关于中华优秀出版物奖、韬奋出版新人奖的批复》精神,遵照制定的评奖标准、程序和办法开展。在坚持高标准、严要求的基础上,重点选拔具有正确政治方向、较高思想价值和学术价值的优秀、原创作品,通过论文评选倡导原创、科学、务实的出版科研观,推动出版业基础研究与应用研究发展。

作为唯一的国家级出版科研论文奖项,全国优秀出版科研论文奖始终受到出版界、学术界的高度关注和重视。本届评选中,全国26个省(区、市)的新闻出版管理部门和出版协会、中央军委政治工作部宣传局、在京中央单位所属出版发行单位、出版科研机构和高校以及出版专业媒体共推荐论文314篇。经过初评、终评两级评审,30篇论文获得本届全国优秀出版科研论文奖。这些获奖论文针对出版业改革发展的重大理论与现实问题开展研究,提出了具有一定创新性的见解和观点,不仅反映了近年来出版业改革发展和出版科研工作的丰硕成果,也为出版实践工作提供了参考和借鉴。据此,我们将本届获奖论文汇编成册,以便出版从业者借鉴,也为有关部门和领导决策提供参考。

中国新闻出版研究院魏玉山、崔海教、黄逸秋、逯薇等同志参与了本书编审工作。由于时间有限,本书有不当之处,恳请广大读者见谅,并予以批评指正。

全国优秀出版科研论文奖办公室

2023 年 8 月